Franz Mon
Gesammelte Texte 1

Essays

Franz Mon

Gesammelte Texte 1

Essays

Gerhard Wolf **Janus**
press

ISBN 3-928942-12-3

1. Auflage 1994
© 1994 by Gerhard Wolf Janus press, Berlin
alle Rechte an dieser Ausgabe vorbehalten

Umschlagabbildung:
Blatt 20 der Mappe Franz Mon, *Knöchel des Alphabets*

Schrift   rotis antiqua
            rotis semigrotesk
Layout   Martin Hoffmann
Druck   Hilberts & Pösger, Berlin
Binden   Wenig, Berlin

Inhalt

Wie was begann

Meine 50er Jahre

1979

Tabula rasa voller Brocken

Nach meiner Erinnerung bekam ich im Mai 1945 in der Lagerzeitung eines PoW-Lagers [1] in Belgien die ersten expressionistischen Bilder meines Lebens zu Gesicht. Es waren Bilder von Schmidt-Rottluff, Kirchner, Pechstein ... Ich erinnere mich ferner, daß einer meiner Klassenkameraden ein Album mit Zigarettenbildern besessen hat, von denen eines den *Turm der blauen Pferde* von Franz Marc zeigte. Und der einzige expressionistische Autor, den ich als Schüler gelesen habe, war der damals wie heute nahezu vergessene Reinhard Johannes Sorge. Das war in den vierziger Jahren. Die Nazis hatten die »Entartete Kunst« mit einer Perfektion ausgetrieben, von der man sich heute im Zeitalter der grenzüberschreitenden Massenmedien keine Vorstellung macht. Nicht nur waren die Museen gereinigt, die Bibliotheken gefilzt, die Lesebücher »entjudet«, auch in den Buchhandlungen und nicht einmal in den Antiquariaten, die ich damals häufig aufsuchte, war etwas vom Verpönten zu finden. Wer keine privaten Quellen hatte – und die meisten, und so auch ich, hatten sie nicht –, war abgeschnitten von der relevanten Kunst und Literatur dieses Jahrhunderts. Wobei solche Ungereimtheiten, daß Gerhart Hauptmann gefeiert wurde und Barlach verfemt war, nichts besserten. Auch Hauptmann war nicht in seinem authentischen Zusammenhang zu erkennen, sondern der deutschen Seele einverleibt und also amorph. Selbst Pound und Marinetti, die sich dem verbündeten Faschismus an die Brust geworfen hatten, waren bei uns keine Namen. Zu der Schülergeneration der vierziger Jahre drangen nicht einmal die Namen von Kandinsky, Klee, Braque, Joyce, Arp, um nur ein paar der Standbilder der Moderne zu nennen.

1945 bestand daher ein qualitativer Unterschied im Bewußtsein derjenigen, die die Nazijahre als Schüler durchlebt und derjenigen, deren Erinnerung in die Zeit vor 1933 zurückreichte. Die Generation der Eich, Huchel, Weyrauch, Krolow, Schwitzke ..., die auch erst in den fünfziger Jahren zur Entfaltung kam, hatte zwar die Verdrängung der Moderne in Deutschland erlebt und darunter gelitten, aber sie wußte, was geschehen war, und sie wußte, um welche Autoren, Werke, Tendenzen es sich gehandelt hat. Für die Jahrgänge etwa ab 1925 dagegen, denen die produktive Auseinandersetzung mit der aggressiven Moderne fehlte und bei denen die außerprivate

---

1) PoW – Prisoner of War: Kriegsgefangener

Gegenwart nur die Gefühle von Abwehr, Ohnmacht, Ausgeliefertsein, schließlich Abscheu und Wut hervorbrachte, blieb als Orientierungshilfe nur der Rückgriff auf die ältere und älteste Vergangenheit. Die blieb zugänglich, trotz der Bemühung der Nazis, auch sie aufzuspalten in den Teil, der zur deutschen Seele gehörte, und den anderen, der zur Fratze verzerrt wurde.

Meine wichtigsten Leseerfahrungen waren in jenen Jahren Hölderlins *Empedokles* und *Hyperion* und Nietzsches Schrift *Über die Geburt der Tragödie aus dem Geist der Musik.* Mit diesem Bewußtsein saß der 19jährige 1945 mit zwanzig Leidensgenossen auf einer Teerpappe im PoW-Zelt und schrieb mit einem Bleistiftstummel auf graues Klopapier oder Stücke von Papiersäcken melancholisch-ideale Geschichten seiner Innenwelt auf – eine hemmungslose Flucht nach innen vor den zusammenstürzenden Brocken dessen, was man Deutschland genannt hatte. In den Träumen hockte die Wahrheit, und jahrelang noch verfolgten mich im Traum die Zwangsvorstellungen, mich den Appellterminen des Nazisystems stellen zu müssen, obwohl im Traum zugleich das Bewußtsein wirkte, daß es das alles nicht mehr gab.

Glücksfälle zur Auswahl

Die Älteren, die Väter und Großväter, holten hervor, was sich in den fatalen zwölf Jahren hatte verstecken müssen, was nicht existent gewesen war. Plötzlich blühten tausend Blumen. Ich erinnere mich, daß um 1947 die kleinbürgerliche Tageszeitung *Neue Presse* die ganze zweite Seite als Feuilleton gestaltete und dort Gedichte verfemter und verdrängter Autoren abdruckte. Noch vor der Währungsreform erschienen Zeitschriften, wie die *Aussaat* und *Das Kunstwerk*, die das vernebelte Panorama der Moderne hervorzauberten. Leopold Zahn, der langjährige Herausgeber des *Kunstwerks*, war einer der kundigsten Vermittler. Er machte seine Zeitschrift zu einem Archiv der modernen Kunst und gab eine Bestandsaufnahme dessen, was verloren und was geblieben war. Für uns, die wir nichts davon wußten, war zum Beispiel der lexikonartige Überblick über die abstrakte Kunst im Jahrgang 1950, Heft 8/9 äußerst hilfreich.

Ein paar Glücksfälle halfen mir, mein Defizit zu verringern und brauchbare Spuren zu finden. Dazu gehörte der Zugang zu zwei Privatbibliotheken aus den zwanziger Jahren, welche die Bomben überlebt und Wichtiges aufbewahrt hatten, darunter Kandinskys Schrift *Über das Geistige in der Kunst* von 1911, die für mich zum Theorieschlüssel wurde. Ein Glücksfall war auch die Einrichtung der Zimmergalerie Franck seit 1949 in Frankfurt und die dort angeknüpfte Freundschaft mit dem Maler Karl Otto Götz und seiner Frau. Götz, Jahrgang 1914, hatte – im Gegensatz zu mir – konturierte und im eigenen Werk ausgewiesene ästhetische Vorstellungen, er wußte, was in der bildenden Kunst vorging, er war mit der Generation der zwanziger Jahre, u.a. mit Willi Baumeister und Herbert Read, durch Freundschaften verbunden, er hatte damals bereits persönliche Kontakte zu Malern und Literaten im Ausland. Er war dort anerkannt, so daß man ihn in die Gruppe

»Cobra« (Abkürzungen von Copenhagen, Brüssel, Amsterdam) aufgenommen und ihm die Herausgabe einer deutschen Nummer der Gruppenzeitschrift anvertraut hatte, die gerade 1950 erschienen war und der Anknüpfungspunkt unserer Freundschaft wurde. Götz beeinflußte im Sinn der jüngsten westeuropäischen Avantgarde das Ausstellungsprogramm von Franck. Die »Cobra«-Maler dürften dank seiner Initiative in den fünfziger Jahren alle bei Franck ausgestellt haben. Ihn interessierte aber auch die Literatur und zwar bevorzugt die aus dem Surrealismus hervorgegangene, unter dem Pseudonym André Tamm sind surrealistische Texte von Götz erschienen. Er und seine Frau, die unter ihrem Mädchennamen Anneliese Hager veröffentlichte, übersetzten in Deutschland völlig unbekannte Texte der französischen Surrealisten. Anneliese Hager hat sich vor allem um Lautréamont bemüht. Von der Existenz dieser ganzen Literatur, ihrer Geschichte, ihren Verzweigungen und ihren Querelen erfuhr ich zum ersten Mal bei Götz.

Götz schätzte auch Schwitters. Er hatte Kontakt mit dem schwierigen Schwitterssohn Ernst aufgenommen, der tatsächlich eines Tages auf der Durchreise zu Besuch kam und Götz bei dieser Gelegenheit einen Packen ungedruckter Manuskripte des Vaters zum Abschreiben überließ. Einer der Texte, *Der Schürm*, wurde dann in *movens* gedruckt. Verbreitert wurde die Kenntnis von Schwitters' Werk durch den Maler und Schwittersfreund Karl Buchheister, der in der Zimmergalerie Franck ausstellte und den ich bewegen konnte, mir Texte von Schwitters, darunter die *Ursonate*, auf Band zu sprechen. Dabei bemühte er sich, aus der Erinnerung die Intonation von Kurt Schwitters wiederzugeben. Groteske Anekdoten aus Schwitters Leben und vor allem von seinen öffentlichen Auftritten erzählte auch Ella Bergmann-Michels, die mit Schwitters befreundet gewesen war und die in der Zimmergalerie verkehrte. Sie vermittelte mir übrigens die Abschrift der Schwitters-Erzählung *Auguste Bolte*, deren Struktur mich faszinierte und zu deren Abdruck in den *Akzenten* ich Höllerer später bewegen konnte. An Schwitters kommt man nicht vorbei. Das war mir damals klar, und es gilt noch immer. Erst später begriff ich, daß Schwitters einer – vielleicht sogar der Entdecker des Intermediums in der Kunst ist. Die *Ursonate* hat er als Musikstück aus Sprachlauten komponiert; in den Merzsäulen verband er plastische, malerische und architektonische Elemente; in den Collagen kamen Objekte, Farben, Texte zusammen.

Wir – d.h. Götz und ich – haben uns damals auch eingehend mit Raoul Hausmann befaßt, den Götz in Paris kennengelernt hatte. Götz berichtete von dem Eindruck der Hausmannschen Lautgedichte, und es ergab sich ein Briefwechsel mit Hausmann, in dem dieser auch seinen Prioritätenstreit mit Schwitters hinsichtlich der Erfindung der Lautpoesie fortsetzte und von seiner Erfindung eines Optophoniums sprach, das die Synthese von akustischen und optischen ästhetischen Materialien ermöglichen sollte. Hausmann schickte Götz das opulente Manuskript seines autobiographischen Romans *Hyle*, für den wir vergeblich – trotz Höllerers Befürwortung – einen Verleger zu interessieren versuchten. Horst Bingel hat in den sechziger Jahren einen Teil des Romans im Heine-Verlag veröffentlicht. Höllerer gelang es Ende der fünfziger Jahre, von Hausmann ein Exemplar der privat geschnittenen Schallplatte mit dessen Lautgedichten zu erhalten. Auch in Hausmann kam ich mit einem Künstler in Berührung, für den es zwischen den Künsten keine scharfen Grenzen gab.

Die erste Generation der Kleinverleger

Die etablierte literarische Öffentlichkeit der Verlage, Kritiker, Medien hat bis Ende der fünfziger Jahre – von wenigen Ausnahmen abgesehen – so gut wie keine Notiz von dem, was man plakativ experimentelle Literatur nennt, genommen. Es bildete sich daher eine eigene Publikationslandschaft, die von Einzelinitiativen und immer neuen Improvisationen lebte. Vor allem entstand eine ganze Reihe von Zeitschriften. Sie brachten es meistens nur zu wenigen Heften.

Bei Götz hatte ich, wie schon erwähnt, 1950 die Hefte der Zeitschrift *Cobra* vorgefunden, deren deutsche Ausgabe gerade erschienen war. Die Gruppe vereinigte jüngere westeuropäische und skandinavische Maler und Autoren, denen gemeinsam die Imprägnierung durch den Surrealismus war. Von diesem hatten sie die Freisetzung archetypischer mythischer Figuren, den enthemmten Umgang mit dem künstlerischen Material, die alogische Kombination und Korrespondenz von Sprach- oder Bildelementen, die Wertschätzung des Zufalls, die Methode des Automatismus übernommen. Für ihr Verständnis war damit der Affront gegen die wieder etablierte Nachkriegsgesellschaft verbunden. Bis 1951 erschienen von der *Cobra* zehn Nummern. – An ihre Stelle trat seit 1954 die in Paris von Edouard Jaguer redigierte Zeitschrift *Phases*, die in stärkerem Maße als *Cobra* auch französische Künstler einbezog und daher noch deutlicher die Spuren des Surrealismus zeigte. Auch die *Phases* dokumentierten Literatur und bildende Kunst gleichermaßen und brachten daneben kritische und theoretische Beiträge. Die kleinere Schwester von *Cobra* war die von Götz seit 1949 publizierte Zeitschrift *Metamorphose*, von der 3. Nummer an *META*. Ihr Zweck war es, in Deutschland jüngere und jüngste Maler und Autoren aus dem Ausland, aber auch aus Deutschland vorzustellen. Von *META* wurden 700 Exemplare je Heft gedruckt, doch es meldeten sich nur wenig über 100 Abonnenten, obwohl Götz durch den Versand von Probeheften wichtige Leute und Institute dafür zu interessieren versuchte. Als typisch kann die Reaktion der städtischen Kunstsammlungen Bonn gelten, die schrieben: „Anbei senden wir Ihnen die uns freundlicherweise übersandten Hefte *META* 7 und *META* 8 wieder zurück, da wir keine Gelegenheit sehen, diese dünnen, flugblattähnlichen Schriften sinngemäß in unsere Handbibliothek einzubauen."

Diese Einstellung erschien umso betrüblicher, als in *META* 7 (November 1951) mein erstes Gedicht gedruckt wurde (*Die Lüge ist der Paß unsres Grenzübertritts / Land des Lächelns Infame / Straßenbahn Wanderung durch die / Kioske der unverkäuflichen Gespräche ...*). Man konnte es sich offensichtlich leisten, nicht nur darauf, sondern auch auf die, wenn auch spärlichen, Informationen über *Maler und Poeten in Paris* (*META* 4), in England

(*META* 5), in Holland (*META* 6), in Deutschland (*META* 7), in Österreich und Dänemark (*META* 8), in Mexiko (*META* 9) zu verzichten, die alle 1951/52 angeboten wurden. Eine internationale Nummer 10 beschloß im März 1953 die Reihe.

1950 erschien Max Hölzer auf der Durchreise in Frankfurt. Er war in Österreich als Staatsanwalt tätig gewesen, hatte aber die Robe an den Nagel gehängt und schüttelte sich, wenn von seinem früheren Beruf die Rede war. Er brachte das erste Heft seiner Zeitschrift *Surrealistische Publikationen* mit, dem 1954 ein weiteres folgte. Hölzer versuchte, einen authentischen Surrealismus – soweit es das überhaupt geben kann – zu vermitteln. Es erschienen bei uns noch nicht bekannte Texte von Breton – aus dessen frühen Manifesten –, Lautréamont, Artaud, Césaire, Péret, Arp, Gracq, ferner von deutschen Autoren, die eine entsprechende Diktion schrieben, und Hölzers eigene. Der Maler Edgar Jené zeichnete als Mitherausgeber, und so war auch die surrealistische Malerei mit Max Ernst, Yves Tanguy und anderen vertreten. Wieder ein Beispiel für die selbstverständliche Symbiose der Künste.

Einen Traumtext von Hölzer habe ich mir damals in dem Heft 1 der *Surrealistischen Publikationen* angestrichen, da er mich beeindruckte. Er lautet:

„Ich kam bei einem einstöckigen Haus vorbei. An einem Fenster des ersten Stockes saß ein Knabe, der eine schwarze Schnur abwickelte und auf die Straße herunterließ. Er sagte mir: Wenn die schwarze Schnur sich auf der Straße genügend anhäuft, wird ein Fahrzeug kommen, das mich mitnimmt. Sein Gesicht war wie aus Federn, und ich hatte Angst, es könnte bald aus Wasser sein und mir auf die Hände tropfen."

Zwischen 1952 und 1955 publizierte Rudolph Wittkopf in Heidelberg die Zeitschrift *Profile*, von der mir zehn Nummern vorliegen. Nach wenigen Heften konzentrierte sich das Programm dieser Zeitschrift auf die Vermittlung von Texten aus dem Umkreis des Surrealismus. Zu nennen sind vor allem die Berliner Lyriker und Übersetzer Johannes Hübner, Lothar Klünner und der jüngere Joachim Uhlmann, deren anerkannter Meister René Char war. Von diesen erschienen Übersetzungen, ferner kamen Texte von Arp – begleitet von einem Originalholzschnitt –, Michaux, Hölzer, Celan, Guttenbrunner, Dupin, Garnier und anderen. Für mich war es die zweite Gelegenheit, eigene Texte gedruckt zu sehen. Um die Verbreitung surrealistischer und nachsurrealistischer Literatur hat sich auch die Zeitschrift *DAS LOT* verdient gemacht, die von Bosquet und Roditi herausgegeben wurde.

1951 ergab sich der Kontakt zu Rainer M. Gerhardt in Freiburg, der damals gerade seine hektographierten *Fragmente, Blätter für Freunde* zu einer gedruckten Zeitschrift auszugestalten im Begriff war. Die Adresse erhielt ich von einem Freiburger Buchhändler, bei dem ich mit *META* 3 hausieren ging. Von den *Fragmenten* erschien 1952 eine zweite und letzte Nummer. Gerhardts besonderes Interesse galt der Vermittlung der amerikanischen experimentellen Literatur. Er übersetzte selbst Ezra Pound, Charles Olson, Robert Creeley. Ferner brachte er u.a. Michaux, Saint-John Perse, Claus Bremer und eigene Texte.

Götz, Wittkopf und Gerhardt haben neben den Zeitschriften auch Bücher und Broschüren verlegt. Ihre Programme waren umfangreicher als die Mittel, und so ist manches Plan geblieben. Götz, der Gedichte von René Char (*Das bräutliche Antlitz*) und Hans Arp (*Behaarte Herzen und Könige vor der Sintflut*) herausbrachte, mußte das Vorhaben, *Die Gesänge des Maldoror* von Lautréamont in Lieferungen zu verlegen, aufgeben. Anneliese Hager und Max Hölzer hatten weite Passagen bereits übersetzt. Das Werk erschien – einsamer weißer Rabe – von Rè Soupault übersetzt, 1954 bei Wolfgang Rothe in Heidelberg und wurde nicht beachtet. – Der Profile-Verlag von Rudolf Wittkopf brachte Gedichtbände von René Char, Johannes Hübner und Joachim Uhlmann heraus. – Das umfangreichste und aufregendste Programm hatte Rainer M. Gerhardt entworfen. Ich bewahre noch den Leporelloprospekt, den der Verlag der »Fragmente« zusammen mit der Galerie Ubu – vermutlich 1952 – drucken ließ. Er kündigte neben einer Reihe von Taschenbüchern, für die als Autoren Confucius (Band 1!), Weyrauch, Claire Goll, Pound, Artaud, Breton, Marquis de Sade, Archibald Macleish, Yvan Goll, Apollinaire, R. M. Gerhardt selbst und andere vorgesehen waren, das Gesamtwerk von Hans Arp in vier Bänden, bibliophile Ausgaben von Max Ernst (*Paramythen*), Yvan und Claire Goll und manches andere an. Ein solches Programm hatte damals kein deutscher Verlag vorzuweisen. Gerhardt nahm sich 1954 das Leben. Erschienen sind in seinem Verlag Gedichtbändchen von Claire Goll, Claus Bremer und ihm selbst.

1951 drang ein Heft der hektographierten Zeitschrift *Publikationen* aus Wien nach Frankfurt durch. Es war bereits die Nummer 4, die sich im Vorwort als Nachfolgerin der Zeitschrift *Neue Wege* vorstellte, welche „dem ständig zunehmenden Druck aus Kreisen des Unterrichts nachgegeben und die Tätigkeit ... praktisch abgestellt" hatte, wie es hieß. Okopenko war Herausgeber. Die Namen von Artmann, Bayer, Mayröcker, Jandl tauchten für uns hier zum ersten Mal auf. Die Zeitschrift dürfte bis 1957 existiert haben.

Zu erwähnen ist auch die Zeitschrift *Alpha*, die Hanns Weissenborn in Wien herausgab.

Ein Teil der während der fünfziger Jahre von Artmann, Bayer, Rühm geschriebenen Texte sind auf Initiative Konrad Bayers in den Heften der *Edition 62* (1962), also Jahre nach ihrem Entstehen, gedruckt worden – »Kommissionsverlag und Druck: Ferd. Kleinmayr, Klagenfurt«. Artmann, der Sprecher der »Wiener Gruppe« (die es seiner Meinung nach gar nicht gegeben hat), artikulierte die triste Situation 1953 ironisch in einer *Acht-Punkte-Proklamation des poetischen Actes*:

„... 1/ Der poetische Act ist jene Dichtung, die jede Wiedergabe aus zweiter Hand ablehnt, daß heißt, jede Vermittlung durch Sprache, Musik oder Schrift.   2/ Der poetische Act ist ... reine Dichtung und frei von aller Ambition nach Anerkennung, Lob oder Kritik.   3/ Ein poetischer Act wird vielleicht nur durch Zufall der Öffentlichkeit überliefert werden ... Er darf aus Rücksicht auf seine Schönheit und Lauterkeit erst gar nicht in der Absicht geschehen, publik zu werden, denn er ist ein Act des Herzens und der heidnischen Bescheidenheit ...   7/ Der poetische Act ist materiell vollkommen wertlos und birgt deshalb von vornherein nie den Bazillus der Prostitution. Seine lautere Vollbringung ist schlechthin edel. 8/ Der vollzogene poetische Act, in unserer Erinnerung aufgezeichnet, ist einer der wenigen Reichtümer, die wir tatsächlich unentreißbar mit uns tragen können."

1955 erweiterte Max Bense seine Aktivität in Sachen ästhetische Theorie durch den Start einer eigenen Zeitschrift mit dem Titel *Augenblick*, die er zusammen mit Elisabeth Walther herausgab. Im Vorspann schrieb er damals: „ ... Polemik, Widerstand, Opposition können durch anderes Sein, durch andere Tendenz, durch bewußte Destruktion, durch Intoleranz zum Ausdruck gebracht werden. Experimente: wir halten sie für notwendig, wo es um ein neues Sein geht. Destruktion: wir halten sie für legitim, aber selbstverständlich gibt es Zustände, deren Zerstörung schon nicht mehr lohnt. Toleranz: wir halten sie für relativ, aber selbstverständlich wollen wir nicht, daß ihr Wesen von den Dunkelmännern beschädigt werde, die mit dem Hinweis auf sie ihre Anstrengungen rechtfertigen."

Tendenz, Theorie und Experiment lauteten die Stichworte der Herausgeber, die sie durch den Abdruck auch von strukturell Unvereinbarem mit Substanz zu füllen suchten. Max Bense erschien gesellschaftspolitisches Engagement keineswegs unvereinbar mit dem Verfechten einer puristischen ästhetischen Theorie.

Der *Augenblick* hat 1958 den Verlag gewechselt und eine zweite Folge erlebt, die meines Wissens auch nur einen, allerdings intensiven Jahrgang gezeitigt hat. Die Fortsetzung auf anderer Ebene und nun konsequent auf Experiment und Theorie bezogen geschah dann seit 1960 in der »Reihe Rot«. Von ihr sind mir 44 Hefte bekannt. Das vermutlich letzte erschien 1971.

Ende der fünfziger Jahre entstanden zwei weitere Reihen, die sich mit der konkreten Poesie befaßten. Eugen Gomringer, der schon in den frühen fünfziger Jahren die Zeitschrift *Spirale* als Dokumentation konkreter Poesie gestaltet hatte, belegte mit einer Heftfolge seit 1960 den Stand der konkreten Poesie: Gomringer selbst, Heißenbüttel, Rühm, Jandl, Bremer, Belloli, Morgan, Achleitner sind die wichtigsten Autoren.

Ausdrücklich auf die Programmatik Gomringers bezog sich Daniel Spoerri bei der Vorstellung seiner seit 1959 erscheinenden Zeitschrift *material,* die zunächst in Darmstadt, später in Paris verlegt wurde. Mir sind 5 Nummern bekannt. Diter Rot, Emmet Williams und Pol Bury haben Einzelnummern in der Reihe gefüllt. *material* diente auch als Materialgeber für *movens.*

Mit einer Bestandsaufnahme der konkreten Poesie startete im Mai 1959 die in München von v. Graevenitz und Morschel herausgegebene Zeitschrift *nota.* Auch hier wurden Literatur und bildende Kunst gleichermaßen berücksichtigt und als verschiedene Ausprägungen experimenteller Fragestellungen betrachtet.

Die Auflistung der Einmannverlage bliebe unvollständig ohne die Erwähnung von V. O. Stomps und seiner *Eremitenpresse,* obwohl Stomps selbst keine Beziehung zur experimentellen Literatur hatte. Er akzeptierte, was irgend interessant war, und sammelte wie ein Walfisch alles, was auf ihn zuschwamm. Dutzenden von Autoren hat er zur ersten Publikation verholfen, experimentellen wie konventionellen. Selten hat er einen Autor mehrmals gedruckt. Viele sind wieder vergessen. Die professionellen Verleger betrachteten die *Eremitenpresse* als Probierfeld für neue Autoren und suchten sich das Beste heraus.

Kooperation mit Walter Höllerer

Eine punktuelle Ausweitung der Publikationsmöglichkeit kam durch Walter Höllerer. Wir hatten uns 1954 im Seminar von Kurt May, als dessen Assistent Höllerer nach Frankfurt gekommen war, kennengelernt. Seine literarische Position, die in manchem von der meinen abwich, war an seinem Gedichtband *Der andere Gast* (1952) und an der Herausgeberkonzeption der *Akzente* abzulesen. In zahlreichen Gesprächen näherten wir uns gemeinsamen Vorstellungen von einer Literatur als einem Ding in Bewegung, als einem offenen Prozeß. Wir faßten den Plan, eine neue Poetik zu entwerfen, in der der poetische Materialbegriff geklärt und Methoden des Textverfertigens dargestellt werden sollten. Als vorbereitendes und die Materialbasis klärendes Medium sollte ein Jahrbuch erscheinen. Das Vorhaben der Poetik ist über Notizen nicht hinausgediehen. Das Jahrbuch dagegen gelang in Gestalt des 1960 im Limes-Verlag erschienenen Bandes *movens*. Allerdings ist es dann bei diesem einen Band geblieben.

movens ist eine Kollektivarbeit im besten Sinn. Wesentlich beteiligt war Manfred de la Motte, der etwa seit 1958 mit Jean Pierre Wilhelm in Düsseldorf die »Galerie 22« betrieb und seine Kontakte zu Malern und Musikern für das Buch mobilisierte. Bazon Brock, der kurz vorher nach Frankfurt gekommen war, stellte die Verbindung zu Spoerri und dessen gerade entstehender Reihe *material* her. Bernard Schultze, langjähriger, intensiver Gesprächspartner und selbst in *movens* vertreten, hatte auf Carlfriedrich Claus in Annaberg/DDR hingewiesen, mit dem er in Korrespondenz stand. Erstmals konnte in *movens* ein mikroskopisch-kalligraphischer Text von Claus publiziert werden. Kurt Leonhard, nach Beiträgern befragt, empfahl den noch unbekannten Peter Weiß, und so wurde ein umfangreicher Auszug aus dem Manuskript *Der Schatten des Körpers des Kutschers* aufgenommen, das Peter Suhrkamp Jahre vorher abgelehnt hatte. Günter Bock und Ulrich Conrads gaben Gesichtspunkte für das Konzept einer offenen, mobilen Architektur. Götz wurde veranlaßt, seine Gedanken einer elektronischen Malerei als adäquater Kunstform für den Fernsehschirm zu fixieren. Höllerer brachte die amerikanischen Autoren ins Ensemble.

So entstand ein Geflecht der verschiedensten Bestrebungen und Tendenzen, die wir abtasteten auf ihren kategorialen Hintergrund mit der Absicht, in der Bewegung zwischen Experiment und Reflexion, Dokument und Theorie, Beobachtung und Analyse ein Instrumentarium für die Diskussion über experimentelle Kunst und Literatur und Methoden ihrer Fortentwicklung zu ermitteln.

movens ist damals als Verlagsprodukt eine Ausnahme geblieben, wie auch sein Verleger Max Niedermayer eine Ausnahmeerscheinung unter den Verlegern blieb. Wie schwierig das Einfädeln experimenteller Literatur ins etablierte Verlagswesen war, konnte an dem Entstehen der Anthologie *Transit* beobachtet werden, welche Höllerer als *Anthologie der Jahrhundertmitte* für Suhrkamp zusammenstellte. Höllerer war es 1955/56 klar, daß dies nicht mehr ohne die in kleinen Zeitschriften oder überhaupt nicht publizierten experimentellen Texte denkbar war. Die „unverständlichsten" Texte hielt Höllerer zurück, als er das Manuskript zu seinem Verleger trug, und fügte sie erst nachträglich in die Satzvorlage ein. Was er vorzeigte, ging immer noch so gegen den Strich, daß Suhrkamps Lektor Friedrich Podszus darüber in Streit mit seinem Arbeitgeber geriet, der allerdings Höllerers Votum das größere Gewicht beimaß.

Auch die *Akzente* öffneten sich etwa seit 1957 hin und wieder der Art von Literatur, die wir in unseren *movens*-Gesprächen zu definieren versuchten. Höllerer verdanke ich es schließlich, daß Günter Neske in seiner Lyrikreihe 1959 auch meinen ersten Band *artikulationen* verlegte. Wenn überhaupt, waren es eher die kleinen Verlage, die sich auf unsere Texte einließen. Zu ihnen gehörte auch der Bechtle-Verlag in Esslingen, der (beraten von Kurt Leonhard u.a.) Heißenbüttels *Kombinationen* und *Topographien* auflegte.

Was heißt experimentell?

Karl Otto Götz bezeichnete *META* als »Zeitschrift für experimentelle Kunst und Poesie«. Er schloß sich damit einer Programmatik an, die bereits die Zeitschriften seiner westeuropäischen Freunde – *Rixes* und *Cobra* – bestimmt hatte. *Cobra* trug den Untertitel »Revue international de l'art experimental«. Die Zeitschrift *Phases* nannte sich dann »Cahiers internationaux de recherches littéraires et plastiques«. Damit wurde die Ablehnung jeder Art von Indoktrination und Dogmatismus und die Offenheit gegenüber dem Neuen ausgedrückt. Mich überraschte damals die unbekümmerte Selbstverständlichkeit, mit der von ‹Poesie› gesprochen und ein scheinbar im Kitsch verlorener Begriff mit dem Ziel rehabilitiert wurde, die Freiheit und Autonomie ästhetischer Sprachprodukte gegenüber einer Praxis wiederherzustellen und zu behaupten, die Literatur in ideologische Dienste genommen hatte. In solcher Auffassung trafen sich die zwei theoretischen Tendenzen, welche in den fünfziger Jahren die experimentelle Literatur bestimmten: die surrealistische („durch psychischen Automatismus und Paroxysmus das Wunder beim Schopfe packen") und die der Konkreten Poesie, deren Programm auf dem Hintergrund der ästhetischen Theorie von Max Bill Gomringer seit 1954 in verschiedenen Ansätzen formulierte und Max Bense systematisch zu fundieren strebte.

Die surrealistischen Verfahren waren deshalb so faszinierend, weil sie auf alogische Bildlichkeit aus waren und Inhalte hervorzubringen erlaubten, die von der Methode verantwortet, aus dem Unbekannten hervortraten und nicht von irgendeiner Instanz vorgegeben, gar oktroyiert wurden. Man muß die Allergie gegen Inhalte begreifen, wenn man die Entscheidung für bestimmte Schreibhaltungen in jenen Jahren verstehen will. Die Methoden boten gewissermaßen die Oberflächenstruktur einer Inhaltlichkeit, die von keiner fremden Instanz festgelegt wurde. Für den Leser wäre auch der Autor selbst als fremde, oktroyierende Instanz erschienen.

Wenn eines in der ersten Welle von Kunst und Literatur nach dem Kollaps des Nazismus gewiß war, so war es die Ablehnung, der Ekel vor jeder Art von Indoktrinierung. Uns schien damals keine Instanz, welcher Art auch immer, und schon gar keine politisch-gesellschaftlich-staatliche Instanz denkbar, der zugestanden werden konnte, daß sie Werte aufs neue oktroyierte. Denn die Erfahrungen, die diese Generation mit der Wirkung von Werten gemacht hatte, betraf nicht nur das Bewußtsein und die Gesinnung, sondern traf direkt die eigene physische Existenz. In den Extremfällen, die hunderttausendfach vorkamen und daher schon fast Normalcharakter annahmen, waren die Werte nur winzige Elemente in einem riesigen Prozeß, der die Opfer erfaßte, von ihnen selbst jedoch nicht erfaßt werden konnte. Aus der Distanz aber entdeckt man, daß die Werte nicht winzige, gar überflüssige Partikel waren, sondern die eigentlichen Knüppel, mit denen ge- und erschlagen wurde.

Ich skizziere diesen Sachverhalt nur metaphorisch abkürzend. Er ist aber unentbehrlich zum Verständnis der Allergie, welche die Generation der fünfziger Jahre mindestens partiell gegen die sogenannten Inhalte hatte. Es waren aber nicht die Inhalte, es waren die Werte, um die der Bogen gemacht wurde.

Wenn in den fünfziger Jahren in der Literatur und in der Kunst der Begriff ‹experimentell› eine Rolle spielte, so deshalb, weil er das Primat der Methode beim Entstehen von Texten gegenüber den inhaltlichen Festlegungen, den ideologiebestimmten Wertsetzungen ausdrückte. Es ging darum, daß potentielles Material befragt, daß dem Leser eine offene Struktur angeboten werden sollte, aus der er zu seinen Ergebnissen gelangte, statt daß ihm eine vorab existierende Weisheit ästhetisch eingekleidet wie eine verzuckerte Pille gereicht wurde.

Eine solche Haltung war in den fünfziger Jahren nicht selbstverständlich, im Gegenteil, sie war die einer Minorität. Das konnte man an den Wellen der Rehabilitierungen und Wiederentdeckungen ablesen, die an den Künstlern und Autoren vorbeigingen, die vor 1933 experimentell gearbeitet hatten, wie Schwitters, Holz, Arp, Max Ernst und viele andere. Diese blieben *Poètes à l'Ecart* – Dichter im Abseits, wie eine wichtige Anthologie hieß, die Carola Giedion-Welcker 1946 in der Schweiz herausgab. Diese Leute boten kaum etwas für die Regeneration der geborstenen deutschen Seele, sie waren für keine Art von Restauration zu gebrauchen. In den sechziger Jahren ging dann die allmähliche Aufnahme der experimentellen und konkreten Kunst und Literatur Hand in Hand mit der Wiederentdeckung und Aufwertung der Vorgänger aus den zwanziger Jahren. Der Musterfall ist Kurt Schwitters, von dem lange Jahre der einzige gedruckt zugängliche Text *Der Schürm* in *movens* blieb. [1]

Ein Hindernis bei der allgemeinen Rezeption der experimentellen Literatur war wohl auch ihre intermediale Tendenz. Schon die Künstler und Autoren des Dadaismus und des Surrealismus hatten die strikte Trennung zwischen Wort- und Bildkunst aufgegeben. Arp, Schwitters, Hausmann, Ernst und viele andere haben Texte wie Bilder produziert. Literatur und bildende Kunst sind bei ihnen durchlässig, ergänzen sich, entstammen analogen künstlerischen Verfahren. Die oben erwähnten Zeitschriften boten selbstverständlich beide Aspekte, den verbalen wie den bildnerischen. 1956 veranstaltete die Galerie Parnass-Jährling in Wuppertal eine Ausstellung »poème-objet«, in der Blätter gezeigt wurden, die in Koproduktion von Malern und Dichtern entstanden waren. Ihr war 1955 eine Ausstellung in Paris mit dem sprechenden Titel »paroles visibles« vorausgegangen. Bei der Eröffnung der Wuppertaler Ausstellung gab der französische Kunstkritiker Pierre Restany die folgende Begründung:

„Das Aufkommen der abstrakten Kunst hat, weil sie die Hierarchie der Beziehungen umstürzte, die zwischen den einzelnen Kunstgattungen vorausgesetzt worden waren, die Schaffung einer neuen Sprache begünstigt, die zwischen der bildnerischen und der literarischen Sphäre liegt. Die hier gezeigten Arbeiten haben teil an diesem Grenzgebiet, an einer von den Grundelementen des Kunstwerks ausgehenden Bemühung um Kommunikation. Und gerade hier, in der Schicht des Elementaren (Wort, Strich, Linie und Farbe), vollzieht sich die Verschmelzung, und zwar durch die Grenzüberschreitung zweier Schriften ...“

Der intermediale Gesichtspunkt spielte in der akzeptierten Literatur der fünfziger Jahre keine Rolle. Walter Höllerer hatte einen Sinn dafür, als wir an unserer Poetik zimmerten, und unser Jahrbuch sollte – ehe es *movens* hieß – den Titel *Quadriga* erhalten, um auszudrücken, daß Literatur, Kunst, Musik und Architektur an ihm beteiligt waren. Die intermediale Auffassung hat sich dann in den sechziger Jahren in der Breite ausgewirkt in der scripturalen Malerei, im Happening, in den grafischen Notationen von Komponisten, in den optischen Texten, im Prinzip Collage usw. Vorgedacht und in Prototypen ausgeführt wurden sie jedoch bereits während des vorangehenden Jahrzehnts.

Die eigenen Linien

Die Situation des Schreibens war paradox in diesem Jahrzehnt: immer auf der Fährte nach den vermuteten, andeutungsweise bekannten Vorgängern, nach den aufregenden Mustern, die dieser verschatteten, disparaten Existenz in einer diffusen, ausgebrannten, von Schein, Illusion, Hoffnung und Gewalt besetzten Gesellschaft adäquat sein könnten, immer wieder überrascht von Funden – und zugleich von dem Bewußtsein bewegt, daß Unbekanntes auf uns wartet, dem die Sprache nicht gewachsen ist, das mit neuen

1) Zu ergänzen ist der oben erwähnte Abdruck der Erzählung *Auguste Bolte* in Heft 1/63 der *Azente.*

Befragungen, neuen Verfahren anzugehen sei. Es war die Überzeugung wirksam, daß das Vergangene, auch wenn es aktuell verdrängt würde, nicht verschwinden würde ins Nichts, sondern unter der Hand präsent bliebe – und was für Vergangenes war dabei! Und die andere Überzeugung: daß in diesem zivilisatorischen Prozeß, den wir beobachten konnten, das Unwahrscheinliche gerade das Wahrscheinliche sein konnte. Daraus ergab sich die, wenn auch utopische Forderung an den Schreibenden nach einem Bewußtsein, das diesem Prozeß adäquat sei. Wobei von vornherein die diesem Prozeß leicht abzugewinnende Einsicht in die prinzipielle Unerreichbarkeit eines adäquaten Bewußtseins bestand. Es handelte sich also um ein regulatives Moment, das immer wieder die Sicherheit des Wissens stören und als dogmatisch ausweisen mußte und das dafür sorgte, daß auch bei der Konzentration auf das scheinbar so naheliegende Material der Sprache deren Verwendungen und mit diesen die geschichtliche und politische Praxis im Spiel blieb. Je mehr in diesen Jahren offenkundig wurde, was sich in den zurückliegenden Jahrzehnten abgespielt hatte, um so stärker wurde die Nötigung zur Differenzierung im schwingenden Vorgang des Einlassens und Abrückens. Angesichts der Erfahrungen mit dogmatischen Fanatikern, denen viele von uns noch eben und vielleicht nur zufällig durch die Finger geglitten waren, war der Schreibende definitiv von den Machern, die ja wissen, wo's langgeht, getrennt – und zugleich mit einem Vermögen zur utopischen Erwartung begabt, das vielleicht die eigentliche gesellschaftliche Leistung seines Tuns ist.

In dieser Richtung etwa bewegten sich, oft noch ungenau und sehr vorläufig, unsere Gespräche über eine neue Poetik in der Mitte des Jahrzehnts. Was an Reflexion damals möglich war, wurde in den entsprechenden Passagen von *movens* festgehalten, das 1960 erschienen ist. [2] 1959 sammelte ich in dem Band *artikulationen* Typen experimenteller Texte, die mir damals relevant erschienen. Ein paar Prosatexte hatten die *Akzente* bereits gedruckt; eine längere Prosaarbeit – als »Kurzroman« bezeichnet [3] –, die viele Stadien durchlaufen hatte, fand zwar im Manuskript Leser, aber keinen Verleger und wurde dann abgelegt unter dem Druck eines Konzeptes, das mich seit 1951 beschäftigt, für das mir jedoch noch die Zugriffe fehlten. Eine damalige Tagebuchnotiz, die sich darauf bezieht, lautet:

„Man muß den Roman schreiben, der keinen Anfang und kein Ende hat. Der auch keinen leitenden Gedanken hat. Der kein Ganzes ist. Der keine Gestalt hat. Der eine Totalität ist: balancierend montiert aus den zufällig zusammengeschossenen Momenten, deren Gegenteiligkeit die Schwebe erhält. Einzig dein Interesse muß dasein."

Im Blick auf die *artikulationen* und *movens* erscheinen mir heute die folgenden Gesichtspunkte am wichtigsten. Sie haben sich teils in experimentellen Texten, teils in theoretischen Entwürfen niedergeschlagen:

---

2) Vgl. unten die Texte S. 57 und 156
3) Gemeint ist der 1984 in dem Band *Es liegt noch näher* unter dem Titel *Der General* abgedruckte Text.

- die Schärfung des Blickes für die Parameter eines Textes analog denen einer Partitur: die Fläche, auf der er sich befindet, die Konstellation der Textelemente auf der Fläche und zueinander, die Bewegungsführung des Auges, die Größe und Type der Schrift usw;
- die Ausweitung des Schriftbegriffs auf alles, was Zeichencharakter hat, also in irgendeiner Weise der Vermittlung von Bedeutung und Sinn dient; dadurch wurde der Transfer vom Text zum Bild und umgekehrt möglich;
- die Reduktion auf die Artikulation der gesprochenen Sprache, die Konzentration auf die Abfolge der Bewegungen der Artikulationsorgane ohne Rücksicht auf den sprachlichen Sinn; dadurch Zugang zur phonetischen Poesie;
- als Korrektiv ein Materialbegriff der Sprache, der die Totalität der Verwendungszusammenhänge, den geschichtlichen Zustand der Wörter, Redensarten, Formulierungen einbezieht; also die Erinnerung, die der Einzelne und die Gesellschaft mit den Wörtern usw. verbindet, als Materialdimension;
- die Diskrepanz zwischen Ausdruck und Geäußertem, zwischen der Innen- und Außenansicht von Gesprochenem; die Entfernung des Ausgedrückten in die objektivierte, fixierbare, kontrollierbare, kritisierbare gesellschaftliche Sprachhandlung;
- damit zusammenhängend die Verdinglichung von Sprache, die Verhärtung von subjektivem Ausdruck, persönlichem Impuls, privater Meinung zum Klischee, ja zum beliebig verwendbaren, manipulierbaren Versatzstück; also der Collageaspekt von Sprache;
- das Querstellen des Lesers, das damit nun wieder zusammenhängt; der Leser als Entzifferer des Spurensystems Sprache; und der Leser als der Erfinder seines eigenen, aus dem angebotenen strukturierten Material entstehenden Textes;
- die Unmöglichkeit des absoluten Anfangs, ‹der nie begonnene Beginn› eines jeden Textes; also der mit der menschlichen Existenz und mit der Geschichtlichkeit des Gesellschaftsprodukts Sprache in Gang befindliche Prozeß, in den sich jede neue Sprachhandlung, jeder neue Text einfädeln muß.

Wenn ich die *artikulationen* heute nach 20 Jahren durchblättere, so fallen deutlich die Stellen ins Auge, an denen die Distanzierung von den Anregern und Mustern versucht wurde. Eine Distanzierung, die zwar nötig, aber zugleich auch schwierig war, weil die Aneignung noch immer im Gang war, noch längst nicht abgeschlossen sein konnte. Der Hiatus der Nazijahre zwang zum Nachholen im Eilverfahren. Ich habe erwähnt, wie wichtig für viele, die um 1950 zu schreiben begannen, die Verwendung von Schreibmethoden war, die die Surrealisten erfunden hatten, – die Verwendung alogischer Metaphern-Konstruktionen, das freie, traumanaloge Spiel mit Bildern und Bedeutungen, das Einbeziehen des Zufalls und anderes mehr.

Eine mühelos und beliebig anwendbare Methode aber wird zur Manier, und unbetroffene Kritiker haben damals oft darüber gehöhnt. Es wurde spürbar, daß das somnambule Umgehen mit den Sprachbildern dazu führte,

17

daß man sich in die eigene und nur eigene Bilderwelt einsperrte. Die Lösung
aus dieser Befangenheit schien mir möglich durch die Konzentration auf das
isolierte Wort und weiter auf die kleinste sprachliche Einheit und durch den
Versuch, daraus methodisch Texte aufzubauen, die in irgendeinem – und
nicht unbedingt sprachlich-rationalen Sinn – ‹lesbar› waren. Mir schien es
ferner notwendig, mich auf das Gegenteil von Privatheit, auf durch und
durch öffentliches Material zu beziehen, und dazu bot sich die Zeitung an.
Ich zerschnitt z. B. Zeitungstexte senkrecht zu den Zeilen in schmale Streifen und gruppierte diese neu. Dabei blieben Reste von Lesbarem, und es
tauchten Buchstabenpartikel, Wortkerne, Silbenstücke, Satzansätze auf, die
sich zu einer unbekannten Textur verhaken. Was in der Zeitung geschieht,
nämlich die Zerbröselung der realen Zusammenhänge durch die journalisti-
sche Schreibe, wird potenziert und zugleich in einem künstlichen, ästhetisch
organisierten Gebilde aufgehoben. Es waren dies Ansätze und Überlegungen, die dann in den sechziger Jahren zur Produktion von Textcollagen,
optischen Texten usw. führten.

Ich habe einige Linien nachgezogen, die mit meiner Erfahrung der fünfziger Jahre zusammenhängen. Sie berühren nur gelegentlich die etablierte
Literaturszene, im wesentlichen dort, wo ich mit Walter Höllerer zusammen-
arbeitete. Die *artikulationen* und *movens* blieben am Rande. *movens* hatte
eine Auflage von 2000 Ex., von denen anfangs der siebziger Jahre immer
noch 200 Stück übrig waren.[4] Die Anreger und Vorbilder, die mich beschäftigten, waren in den fünfziger Jahren nicht ‹in›. Von Arno Holz z.B. gab es
nur eine schmale Publikation in der Reihe »Verschollene und Vergessene«
des Steiner-Verlages. Sehr zögernd kamen die Expressionisten wieder zutage. Van Hoddis, Alfred Lichtenstein, Albert Ehrenstein waren unbekannte
Wesen. Gottfried Benn verdankt es dem Außenseiter unter den Verlegern,
Max Niedermayer, daß er so früh wieder aufgelegt und ins Bewußtsein
gebracht wurde. Wobei auch noch die fatale Legende entstand, Benns
bekannte Marburger Rede von 1951 hätte für die Entstehung einer neuen
experimentellen Literatur irgendetwas bedeutet.

Meine Erfahrung war, daß sich diejenigen, die bei uns die Literatur mach-
ten, nicht für das interessierten, was mich bewegte. Ich fand das, was sich
in der bildenden Kunst und in der Musik tat, wesentlich aufregender als die
damals gegenwärtige Literatur. Die Transferschwelle zwischen Bildern und
Texten, zwischen Kompositionen und Bildern, zwischen Texten und Kompositionen schien mir viel niedriger zu liegen, als man es allgemein wahrha-
ben wollte. Ich lernte bei den Malern mehr als bei den Literaten. So geschah
es, daß damals die Galerien mehr für die Literatur dieser Art taten als die
Verlage. Daß die Seminare der Universitäten blind waren, überrascht danach
nicht mehr. Sie sind es zum größten Teil noch heute. Doch da die Eule der
Athena erst nachts fliegt, sehe ich darin ein Zeichen, daß für die experimentelle Literatur noch längst nicht aller Tage Abend ist.

---

4) – und durch Initiative von Klaus Ramm, in Broschur gebunden, vom Luchterhand-Vertrieb
im Handumdrehen unter die Leute gebracht wurden.

Artikulieren

Die zwei Ebenen des Gedichts

1957

Erinnern wir uns der Selbstverständlichkeit, daß die Leseordnung poetischer Texte anders ist als die von Mitteilungstexten. Während diese ein nur schwach widerständiges Ineinanderschachteln der aufeinanderfolgenden Aussagegruppen zulassen und im, sei es auch zögernden, Fortgang des Lesens sich hinreichend darbieten, löst sich bei jenen zunächst einmal die Folge der Gruppen, prägt sich das Einzelbild, die Einzelgruppe hart isolierend hervor, stellt sich neben frühere und spätere und verlangt für sich, was dem ganzen Text natürlich gegönnt wird, zunächst nur als sie selbst wahrgenommen zu werden. Auch intellektuell stark durchgegliederte Texte reißen, wenn sie mehr bieten wollen, immer wieder ab wie Wassertropfen vom Rohr.

Wie groß kann oder muß eine poetische Gruppe sein? Ein Satz – gewiß. Manchmal aber schließt sich der Tropfen schon um ein, zwei Laute, die Wörter mit sich führen – genaue erregende Gebärde, die Lippen und Zunge miterleben während der Artikulation, ein Skelett im Treibsand des Vokabelsinnes, das mich plötzlich erinnert. Auf das allein es vielleicht ankommt. Schon die Geste einer kleinen Lautfolge kann genug sein, kann das Gedicht sein. Ein epigonaler Lettrismus vergaß nur, daß Gebärden sich nicht unvermittelt setzen lassen, daß sie Zusammenhang, einen Hintergrund nötig haben, damit ihre Formalität zur Leseart wird. Das kann, wie es Raoul Hausmann tut, durch begleitende Mimik geschehen. Das kann der Sinn der Vokabeln mitbringen, in denen die gestischen Laute stecken. Es kann durch den Bedeutungsstrom geschehen, der sich in uns erinnernd bewegt – zumeist kaum erreichbar, im Tagtraum plötzlich blendend an der Oberfläche. Wenn ihn ein mir bedeutsames poetisches Zeichen berührt, so dient er dem als Kontext; der riesige Stromkreis latenter Bedeutungen, den wir jahre- und jahrzehntelang aufgespeichert haben, schließt sich, und die Blinklichter leuchten ineinander. Die einzelne poetische Figur ist Katalysator jenes nie völlig ‹vorhandenen› Ganzen, das wir vermuten, sobald wir uns bemühen, auf der Höhe zu sein.

Zunächst noch einmal zum Lesen: Die Poesie heute reflektiert die eigentümlichen Bedingtheiten der Sprache, des Sprechens selbst. Die Form der ‹poetischen Gruppe› stellt sich ein, sobald man auf die Form des sprachlichen Augenblicks acht hat. Die Zeitordnung der ausgeübten Sprache ist nicht das locker sich fortbewegende Kontinuum, wie man angesichts der geschriebenen, der vorbereiteten Aussage überhaupt meinen möchte, sondern Zusammenschluß weniger Elemente um die eine gedankliche Spur, die aus dem Gewirr vieler gewählt wurde. Sprechen geschieht wie die Wanderung eines Scheinwerfers: fleckenhaft und doch ununterbrochen. Die Fleckennatur des gewöhnlichen Sprechens folgt aus der konstitutiven Schwäche unseres Bewußtseins – es ist immer zugleich auch abwesend, abgesogen von im Untergrund hausendem Nichtbewältigtem, Nichthervorkehrbarem. Somnambul bedingt ist auch das Fleckenhafte der poetischen Sprache: Die ‹kleine Form›, eines Wortes, einer Verbindung, fängt die Aufmerksamkeit ein – nicht weil sie ästhetisch reizt, sondern sie fasziniert, weil sich darin plötzlich mehr vorfindet, als im Kranz meines Bewußtseins vorhanden sein kann. Nichts scheint selbstverständlicher als meine Rede, und doch stürze ich in die dunkle Grube eines Wortes, das ich schon immer zu kennen glaubte. Ein Augenblick winzigen Schreckens bildet den poetischen Augenblick, ja man wird sagen können, die poetische Gruppe ist die sprachliche Fügung, die uns mit dem, was wir ‹nicht wissen wollen› und was uns dennoch nächstens betrifft, in Rapport bringt.

Als Bewußtseinswesen haben wir die heteronomen Ordern, die ständig auf uns gerichtet sind und in Krankheit, Affekten, Tod sich von Fall zu Fall durchzusetzen wissen, verschalt. In den Pausen zwischen den Verwundungen aber können wir uns herumwenden und uns gerade in Anstrengung des Bewußtseins dem Heteronomen, das schon unserem Keim und jedem Atemzug beigemischt ist, ausliefern. Dies und die Vorbereitung fürs Gedicht ist derselbe Vorgang. Der Eintritt ins Unterschwellige (nennen wir es vorläufig so, mitgemeint ist alles ‹jenseits der Grenze›) geschieht nicht gegen, sondern mit dem Bewußtsein auf Wegen höchster Wachheit, einer Wachheit, die sich den Schlaf einverleibt hat. Von ihr hängt alles ab. Während sie eintritt, schmilzt die Konformität mit der Umwelt, die wir zum Leben brauchen, ab, ein Hohlspiegel bleibt, ein Ohr, welches endlich nur noch ein Punkt ist mit Namen Ich. Dieses Ich hat es nicht mehr nötig, sich abzusetzen, es ist mit den Figuren, die dort erreichbar werden, einverstanden, es bewegt sich in deren Gestik mit, ohne sich verlieren zu können.

Die Grenze gegen den Traum kann jedoch nicht scharf genug gezogen werden. Dieser überliefert das Ich dem Getriebe der heteronomen Ordern, setzt seine Selbständigkeit außer Kraft. Die Figuren drängen heran und hinweg, sammeln sich um den Ichpunkt und haben ihn doch nicht zum Zentrum. Was geschehen ist, ist auch schon wieder gelöscht, kaum einer Erinnerung fähig in dieser Luft, nur als Impuls, als Provokation an die folgenden Szenen weitergegeben. Der Traum ist reinste Sukzession, wie sie hinfälliger das Wachbewußtsein nicht erleben kann. Das Ich ist Mitspieler, aber einer der schwächsten, es kann nichts aufheben, nichts ansammeln, es ist nur noch ein Rest, alles andere ist ‹draußen› in den Figuren der Szene. Dieser Ausverkauf hat nichts gemein mit dem Abschmelzen, aus dem jene ‹Wachheit› entsteht. Ein Reiz muß sie einstoßen, einen Einfall provozieren. Es braucht dazu wenig, ein Wort, eine Lautordnung. Nicht jedes Gebilde erweist sich eben als geeignet, die Sympathie ist plötzlich und unmotiviert – tatsächlich freilich auch auf Grund einer Antwort, wie im Traum die Figuren ‹antworten›.

An dieser Stelle wird die Sprache in ihrem Elementaren wieder hart, frisch, genießbar. Das Urwortstadium scheint zu wetterleuchten, und der Spaß an der bloßen und doch komplexen Vokabel mag dem des Grammatikers Schottel gleichen, der solche Reihen fand: „Raub, Tod, Sand, Scham, Fried, Schlaff ..." oder: „Leder, Luder, Messer, Ohr, Paar ...". Die Wörter waren Gehäuse der Dinge, jetzt sind sie eine neue Art von Dingen selbst, ebenso innig wahrgenommen. Was sie einmal namhaft umfingen, ist mit darin, auch die metaphorische Verfassung, eine Weile abgründiges Entzücken, ist mit eingesunken wie eine der Stadtschichten Trojas. Die verzweigten Ereignisse der Begriffe, Vorstellungen, Metaphern, Assoziationen sind alle mit da, bewirken das Zugleich von Kontur und Diffusion. Davor aber tanzen Lippen, Zunge, Zähne im Artikulieren, vollbringen Gebärden, die erst angesichts jener Bedeutungsaura zu funkeln vermögen und sich doch so reichhaltig anfühlen, als brauchten sie nichts als ihre Sekunde. Und sie bringen aus der Kraft der gestischen Artikulation neuen Sinn auf, gelten plötzlich als Gebilde, als Gegenstände, von Mund und Gaumen getöpfert, die nahezu einer Bezeichnung fähig wären, die jedoch niemand bezeichnen wird, weil sie sich von ihrem Namen nicht unterscheiden lassen.

Alte Freundschaft gilt wieder. Aber sie tönt auf einem Grund, der nicht mit ins Wort, in die Gebärde der Vokabeln tritt, den die Wachheit als ihren intimen, kurzfristigen Gewinn zeitigt. Gläsern und dunkel (wie ‹Geist›) fordert er dazu heraus, der sympathetischen Figur eine andere, eine durchaus andere zu gesellen, zu der hin offenbar keine Assoziationsbrücke zu schlagen ist: Und wenn sie Zusammengeraten sind, zeigt sich's, daß nichts enger zusammengehört als das, was nichts miteinander zu tun hatte. Die Formel Lautréamonts [1] fällt uns hier ein. Wir verstehen diese Erfahrung als Äußerung des ‹Grundes›, dessen Natur dem Tanz auf den Zehenspitzen günstig, zum Salto zwischen den Hörnern des Stiers, zum Versuch an der Grenze lockt. Dessen Natur ‹Grenze› ist und sich darin immer wieder darzustellen verlangt. Nur der eigene Versuch kann dich überzeugen, daß dort nicht wahllos alles mit allem verspannt werden kann, vielmehr genaue Sympathien bestehen, die aufzuspüren Sinn des Poems ist. Gewiß, es ist alles mit allem verflochten, und die Sprache ist ein riesiges Netz, von unabsehbaren Bild- und Sinnschüben verfilzt, doch die Konstellationen sind einmaliger, wenn auch vieldeutiger Art, nicht starr übrigens, sondern stillstehende Dramen, die auf das ‹wache› Bewußtsein warten, um ihre Geschichte herzugeben (wie der königliche Hof unter den Dornen). Das Bewußtsein bringt seinen Begriff des Ganzen mit, der formend am Fond beteiligt ist; das Ereignis zwischen Entferntem jedoch bezeugt eine Wirklichkeit, die wir nicht zu erfinden vermöchten, obwohl wir mit ihr, ist sie erst einmal aufgewiesen, völlig einverstanden sind.

Alexandrinische Verhältnisse bestimmen unseren Tag, und den Dingen der Umwelt kam die Grenze, die Bruchfläche abhanden, durch die sie entzückten. Noch blieb, oder vielmehr jetzt finden wir die Konkretheit in der

---

1) „(...) beau (...) comme la rencontre fortuite sur une table de dissection d'une machine à coudre et d'un parapluie!" *Les Chants de Maldoror*, Paris-Brüssel 1874, S. 289 f.

Sprache, dem flüchtigsten Wesen. Mit ihrer Hilfe erfahren wir Unmittelbarkeit und Vermittlungen eigener Art, wie jede Zeit die ihren.

Das homöopathische Gedicht genügt. Es wird, krasse Unterscheidung vom Traum, gekennzeichnet durch die Übersicht, das Zusammen- und Zugleichhaben der Elemente, wie es im Hin- und Herwandern entsteht, Grund intellektueller Heiterkeit. Überschüssiges schießt mit ein aus dem Hintergrund des Bedeutungsstromes, bis im Bewußtsein endlich das Gedicht in höherer Potenz da ist, als es die Figuren zuerst ahnen ließen. Die erste Stufe, deren Kristalle aufgezeichnet erscheinen, entstand vor der leeren Membran, über dem dunkel-gläsernen Grund. Hier hatte der Versuch sein Feld. Der Überschuß aber, das Zwischen steht nicht auf dem Papier, es läßt sich nicht mitteilen, entspringt vielmehr jeweils dem Spaß und der Übung des Geistes, Gelegenheit zu bisher nicht gewohnter Selbsttätigkeit des Lesers.

Artikulationen

1958

1

Die Ordnung von Sprache schwingt zwischen dem flüchtigen Wirbel des Artikulierens, dem Vertönen des im Augenblick gefaßten Materials und dem Scherensystem von Bedeutungen, dessen Elemente konventionell festliegen, das mit Hilfe von Erinnerung und Erwartung das nun Gemeinte identifiziert und es aus der vagen Allgemeinheit, in der sich alles Isolierte befindet, als Bestimmtes um so zwingender herausschneidet, je weiter sich die Glieder der Bedeutungsschere zurück und voraus erstrecken. Neues wird, man weiß es, nur mit Hilfe und auf Grund des Schonformulierten formuliert. Die Erscheinung der Metaphorik ist dafür der einleuchtende Beleg. Außerhalb der Kindersprachen hat noch niemend beim Erscheinen einer neuen Sache das Entstehen eines neuen Wortes beobachtet. So beruht die Verständigungs- und Mitteilungsmöglichkeit darauf, daß die sekundenhaften Artikulationswirbel als Momente einer wiederholbaren, vom Empfänger mit Recht in jedem Sprachvorgang erwarteten Systems von kategorialen Formen, syntaktischen Regeln und so weiter eingestellt werden. Die tönende Substanz selbst muß in diskontinuierlichen Charakteren auftreten, die sich wiederholen und wiedererkennen lassen. Und mit der Verschriftung erliegt die sekundenhafte Fassung, die einmalige Konstellation des Artkulierens „jetzt und nie wieder" völlig. Die Erinnerung soll wiederkommen. Eine abgegrenzte Ordnung von einander tragenden und ergänzenden Zeichen löst den Sog der Sekunde und opfert ihre blitzenden Gesten zugunsten einer Unabsehbarkeit fixierter und fixierbarer Mitteilungen.

2

Dennoch, der Charakter dessen, was sich bedeutend im artikulierend-wiederholbaren Ablauf einstellt, hängt ab vom Maß an Wiederholung, dem semantischen Wert der benutzten Elemente und der Geschwindigkeit, der Dichte des Ablaufs. Es ist dabei möglich, das Maß an Bedeutungswerten so weit herabzusetzen, daß sie von der Kraft und der Eigentümlichkeit des bloßen artikulatorischen Ablaufs vollends aufgesogen werden, daß dieser Ablauf selbst als Charakter, nämlich der sich ereignenden und darstellenden Zeit, hervortritt, während er sonst kaum bemerkt und erkannt wird, und gestischen Wert gewinnt. Abwandlung, Verschiebung, Spiegelung, Sprung des artikulatorischen Materials stellen sich spontan aus der je erreichten Konstellation des Sprechereignisses, aus dem gegenwärtigen Gewicht des Ablaufs ein. Die Artikulationsorgane wandern von sich her genötigt von Einstellung zu Einstellung.

Man kann beobachten, daß sich die motorische Intensität eines solchen Ablaufs jedoch sehr rasch verbraucht, wenn sie nicht von neuen Vokabelelementen, Bedeutungswerten, die nicht aus dem artikulatorischen Prozeß selbst sprossen, aufgeladen wird.

Bei semantischer Reduktion ist eine prägnante Artikulationsgestalt darauf aus, sich selbst zu erhalten. Sie kann es, da mit der Reflexion auf Bedeutung auch die Erinnerung verschwindet und jeder Augenblick nur den benachbarten spiegelt, nur, indem sie sich selbst reproduziert, also ‹Reihe› bildet. Ihre Identität bewahrt die Artikulationsform unter diesen Bedingungen nicht durch starres Wiederholen, sondern durch Abwandeln des gerade Bekannten ins Ähnliche und so weiter. Wird so das Nichtidentische in den Vorgang eingelassen, so bleibt unterschwellig die Ausgangsform gegenwärtig, tritt vielleicht auch irgedwann wieder hervor und entwickelt sich zu dem, was man gestische Kurve nennen kann. Wird dagegen das Identische unnachgiebig behauptet, so erlahmt der immer noch vorhandene Bedeutungsbezug sehr schnell, der Lautkörper wird zum Katalysator beliebiger und völlig verfremdeter Assoziationen: dem Nur-Identischen gesellt sich das durchaus Fremde.

Die gestische Kurve treibt mit in der Kraft des Exspirationsstromes, sei es, daß sie seinem Gefälle folgt, sei es, daß sie ihm zuwidersteigt und sein Absinken abbricht, um neu anzusetzen. In jedem Fall hängt sie ab von der Dichte der aufeinanderfolgenden Artikulationseinheiten. Echospannen, die unter anderen Umständen so wesentlich sind, dürfen die Folge nicht unterbrechen (Erinnerung und Besinnung bestimmen hier nichts), sonst zerfällt das Kontinuum der Reihe; sie sind nicht nötig, da das modifizierte Gleiche wiederkehrt und der gestische Charakter im Ablauf als Ganzem erst sich darstellt.

3

Der eben beschriebenen Form des artikulatorischen Ablaufs steht eine Reihenentwicklung gegenüber, die nicht vom artikulierenden Augenblick und seiner sich wandelnden Wiederholung getragen wird, sondern einer vorgegebenen Enfaltungsregel folgt, deren Arbeit erst die Tragweite einer Einzelgestalt enthüllt. Nach einer bestimmten metamorphotischen Regel bewegt sich die Ausgangsgestalt durch alle vorgezeichneten Formen und bringt dabei ein Ganzes hervor, das den Grund seiner Vollständigkeit in sich trägt und vorweist. Der urspürngliche Bedeutungswert, das ehedem Bekannte mag unterwegs verschwimmen und verschwinden beim Verschieben der Signalordnung und die semantische Ebene ins Schwingen geraten. Doch indes die bekannte Mitteilung diffus wird, bietet sich aus der verschobenen Zeichenordnung neue an, ist doch jede konsequente Ordnung, scheinbar nur formal bestimmt, immer auch schon wieder lesbar.

Wesentlich dabei ist, daß die metamorphotische Entwicklung im Ganzen zugegen ist, die Leserichtung also nicht festliegt, sondern sich Beziehungen nach allen Richtungen herstellen lassen. Das entwickelte Ganze wird notwendig zum ‹Muster›, zum simultan lesbaren Gebilde, das deswegen an die bildlich-schriftliche Vergegenwärtigung gebunden ist. Während die zuerst beschriebene Wiederholungsstruktur, vom Sprechvollzug hervorgebracht, den Empfänger in ihre Kurve sog, an ihre Kraft oder ihr Erlahmen band, gibt das Simultanmuster dem Betrachter die Zeit frei, die er insistierend und aufschlüsselnd daran wenden will: ja, das Gebilde entsteht überhaupt erst in seiner konzentrativen Anstrengung – das Notierte allein ist nur Plan, Anweisung aufs Nichtfixierbare und mag außerhalb des meditativen Stromes dürftig erscheinen. In dem nach einer Regel hervorgebrachten Ganzen sind die semantischen Werte der Ausgansgestalt zu einem Beziehungsgeflecht reduziert, das wie eine homöopathische Substanz unerhörte Komplexe in Bewegung zu bringen vermag.

4

Während hier die Partikel vom Ganzen aufgehoben und in der zuvor beschriebenen Wiederholungsstruktur das Ganze jeweils nur in den Partikeln aktuell wird, bleibt zu fragen, was geschieht, wenn das Ganze sich von keiner Regel objektivieren läßt oder das Kontinuum des Ablaufs aussetzt, also das integrierende Moment nicht von Anfang an zugegen ist. Das bloße Insistieren des Empfängers auf einer bestimmten Einzelform, die monomane Besinnung hebt diese Ordnungen auf: Das simultan zu Vernehmende oder das sukzessiv Hervortretende geraten aus dem Bewußtsein – dieses selbst mit seinem unabsehbaren Fonds tritt als das Ganze hervor, und die gegenwärtige Einzelform erweist sich als Exponent dieses riesigen Grundes genau bestimmt, wie sich zeigt, sobald eine zweite auftaucht: Sie sind sich sowohl ihrem semantischen wie ihrem artikulatorischen Charakter nach fern oder nah. Wobei man im semantischen von einer »paradoxen Entfernung« sprechen muß: Denn unter den jetzt geltenden Bedingungen entspringen die Sympathien der Vokabeln nicht aus ihrer Bedeutungsnachbarschaft; die Dichte ihrer Freundschaft wird von der Geschichte des Bewußtseinsgrundes bestimmt, über dem sie erscheinen. Seine Erinnerung legt die Konstellationen an, in denen die semantischen Nachbarschaften verschleiernd und abschwächend wirken.

Genau besehen ist an der Konsistenz der Vokabelkonstellationen auch die Artikulationsform wesentlich beteiligt. Die Entdeckung, das Aufladen einer

Wortgestalt geschieht doch vornehmlich auf dem Wege des artikulatorischen Erprobens, Wahrnehmens, Innewerdens, wobei die Bedeutungswerte ins Schwingen geraten und unabsehbar Vergessenes durchscheinen lassen. Die Reproduktionsgeschwindigkeit ist dabei gering, im Gegensatz zu jenen Wiederholungsstrukturen. Die Echospanne vergrößert die artikulatorische Partikel und läßt, unter ihrem Bedeutungswert, die unmittelbare Gestik auch der winzigsten Sprechbewegungen und -einstellungen spürbar werden.

Im Übergang von einem Artikulationscharakter zum nächsten und in der Erwartung des dritten auf Grund der eben erfolgten geschieht jetzt Sprache. Auf sich reflektierend, hat die artikulatorische Handlung in jeder Einstellung, die ja zugleich schon Suche, Übergang zur nächsten ist, wie sie selbst aus früheren ähnlich oder überraschend hervorgetreten war, bestimmten Charakter: stoßend, zerfasernd, explodierend, rollend, zuckend, insistierend, kleiner werdend, erlöschend, anschwellend, offen tönend, winzig tönend, springend, schaukelnd (p-k) und so weiter. Darauf beruht ihre Gestik. Ja, es liegt, einmal hier angelangt, nahe, die eingeübten Einstellungen zu unterlaufen, zu überspringen, zu zerfasern, sie anzusetzen und die Erwartung enttäuschend in der Schwebe zu lassen, also die Mikroartikulationen vernehmbar zu machen, die gewöhnlich nicht zu erfassen sind. Ansätze dazu glauben wir in den artikulatorischen Passagen von Raoul Hausmann zu finden.

Die artikulatorische Gestik, die allein im Mit- und Nachvollzug der Organeinstellungen erfaßt werden kann, und die Bedeutungswerte, die nie völlig verschwinden, arbeiten ineinander, jene als unmittelbares Sichzeigen, diese als Vergegenwärtigen aus dem Grund von Erinnerung. Beide zusammen wirken ein aktuelles Bedeutungsnetz, in dem auch das scheinbar Nur-Syntaktische, die Leerformen mit ihrer Monotonie oder Variabilität Bedeutungswert gewinnen und darum faszinieren. Denn auf der artikulatorischen Ebene gilt die Unterscheidung zwischen Bedeutung und Bedeutungsträger, die an diesem wieder nur-syntaktische Elemente unterscheiden ließ, nicht mehr. Jede Einstellung ist vielmehr in sich syntaktisch, da sie bereits auch Übergang zur nächsten ist, und semantisch, weil als Organgebärde physiognomisch zu nehmen.

Text und Lektüre

ca. 1959

Es wird immer zu wenig bedacht, daß Lesen ein umfassenderer Vorgang ist als das Entziffern von Buchstaben, das Ordnen fixierter Zeichen zu einem Sinn. Es gibt nichts Wahrnehmbares, was nicht auch ‹lesbar› wäre. Alles Erscheinende zeigt eine Lesephysiognomie, wenn wir es nur lange genug wahrnehmen und den Hof, den Spielraum, in dem erst es physiognomisch, gestisch wird, zu ermitteln und aus seinem gleichgültigen mundanen Kontinuum herauszuschneiden uns die Mühe machen. Ein Blatt Papier, von ein paar Wasserspritzern getroffen, ist bereits Lesezusammenhang, ja es würde allein durch die zarten Schatten, die winzigen Spuren in der Oberfläche lesbar. Die Mitteilungen mögen da noch ganz vage und in anderen Artikulationssystemen noch gar nicht zu erfassen sein, sie reichen doch hin, uns auf die Spur von unbekannten, herandrängenden Artikulationen zu bringen. Der Spielraum dieses Papiers ist während der Lesekonzentration das ‹Ganze›, die Welt, ohne andere Konkurrenz als die der Erinnerung im Leser; eine Ordnung, die mit rechts und links, oben und unten, dicht und weit, gekrümmt, gerade, zugewandt, abgekehrt, straff und gelähmt ... die Orientierung unseres eigenen Körpers spiegelt; wir entziffern den Spielraum mit seinen Spuren, indem wir seine Formerscheinungen und -beziehungen abtastend uns aneignen, durchspüren und über dem Grund unserer eigenen Körperorientierung identifizieren. Es ist darum nicht belanglos, ob wir von links nach rechts oder umgekehrt das Auge lesend bewegen, ob das nächste Wort auf gleicher Höhe bleibt oder um eine Zeile hinabtritt, herauswandert, wieder vorne, am ‹Nullpunkt› ansetzt. Gerade diesen Griff, das sinnkumulierende Kontinuum, unbeschadet seiner fortdauernden Gültigkeit, anzuschneiden, eine Aussage abermals im Beginn anzusetzen, nutzt der ‹Vers› (von vertere – umwenden) aus. Das Verrücken eines Wortes auf dem Papier ist gestisch und gehört zu den Aussagemitteln der geschriebenen Sprache. Ebenso wichtig ist natürlich das Format des Spielraums und der Lichtwert der Druckbilder, also die Stärke und Größe der Schrift, nicht nur um die Bedeutung eines Wortes von den benachbarten zu unterscheiden, sondern weil sich auf diese Weise Lesewerte über den bloßen Wortsinn hinaus verkörpern.

‹Text› stellt sich her aus der Bewegung zwischen dem riesigen Hof eines alles gegenwärtig habenden Gedächtnisses, in den wir, kaum geboren, hineinstolpern und -gestoßen werden, wenn wir nicht wollen, und -rennen, kaum daß uns einer gestoßen hat, diesem Gebirge des Bewußtseins und der winzigen semantischen Partikel, die fast nichts mitzuteilen hat, ein Riß in die Wand mit dem Nagel, das Zucken einer Hand. Angesichts der Unabsehbarkeit jenes Hofes versagen alle auf Vollzähligkeit bedachten Mitteilungssysteme; angesichts der Omnipräsenz alles Wißbaren in jedem Gewußten sind sie zudem überflüssig. Die partiellen, den verschiedenen Wissensdisziplinen angemessenen Systeme dienen nur dazu, Bewußtsein überhaupt in die Fähigkeit des Vergegenwärtigens einzuüben und die in jedem Fleck wirksame Ordnung des ganzen Hofes begreifen zu lehren. Dabei merkt man, daß das ‹Ganze› so real und irreal ist wie das Partikularste – daß das Winzige, gehört es einmal zu dem Hof an bestimmter Stelle, und nur das Winzige imstande ist, die unabsehbaren Geflechte andeutend erfahren zu lassen, die Stromverläufe zwischen den Stellen, die allen anderen Zeichenordnungen nach scheinbar nichts miteinander zu tun haben, zu markieren, den Vorrat der Erinnerung, nicht nur dieses einzelnen, der Erinnerung, in der alles enthalten ist, zu mobilisieren.

Gruppe und Reihe

ca. 1959

Jede Rede hat ihre eigentümliche Geschwindigkeit. Ein Maß dafür gibt der Abstand und die Zahl der Wiederholungen: Je spärlicher die Wiederholungen (auch die stellvertretenden), desto langsamer der Fluß der Rede, mag sie gesprochen sein oder nicht. Langsamer nicht nur in Rücksicht auf das Verständnis des Hörers, der mit wenigen Stützpunkten auskommen muß, sondern auch in Hinsicht auf die Rede- und Wortbewegung selbst: Artikulationen, die nichts identisch haben, dauern länger, Vokabeln, die wie Inseln kaum mehr assoziierbar sind, halten die Folge auf. Denn wo die horizontale Kette am Schwinden ist, taucht vertikal Grund unter Gründen aus dem Vokabelhof hervor und fesselt die Aufmerksamkeit. In der gegenwärtigen Vokabel spiegelt sich der unabsehbare Schwarm ihrer Verwendungen; nicht nur ihre historischen Bedeutungswanderungen – die vielleicht am wenigsten –, sondern auch die vielfältigen Verbindungen, Mißbräuche, Gefechte, Gelage, Hochzeiten, die sie erfahren, die ihre wüste und leuchtende Physiognomie geprägt haben. Das Lesen selbst setzt aus, indem es der Form des geschehenden Geschehens angemessen wird; es schaukelt sich in der Artikulationsgestalt, vernimmt die vielen Echos. Lesend hört der Leser auf zu lesen, und Vergessenes, das noch in keinem Bewußtsein war, weil es von der Qualität dieses Lesers in diesem Stadium seiner Lektüre abhängt, dringt auf ihn ein. Das Redekontinuum erlischt, die Vokabel hat keine Folge mehr, ist nur noch Anweisung zu artikulierender echofähiger Bewegung, insofern also immer noch sprachförmiges Kontinuum, Artikulationsgestalt, aber nun winziger Wirbel in einer unabsehbaren See von Beziehungen, Bedeutungen, Erinnerungen, die gleichzeitig, hintereinander, ineinander und sich verdrängend hervorkommen, eben von diesem Wirbel gerufen. Der Wirbel erhält sich, sorgfältig gekaut – und verändert das Geflecht der an ihm entstehenden Schatten: die ersten kommen, weil sie bereits bewußt waren und sich nicht selbständig gegenwärtig halten konnten, der Wirbel dagegen derselbe bleibt, nicht genauso wieder, wenn sie überhaupt wiederzukommen vermögen.

Diese Vokabeln sind nichts, wenn nicht Gegenstand für Bewußtsein. Wie sie sich zu erhalten trachten, springt das Bewußtsein, je mehr es sich auf ihren Focus konzentriert, desto unwiderstehlicher von ihrer Gestalt ab, von den Bedeutungswellen – nicht weitergetragen, aber doch langsam kumulierend auf eine neue, fremde Reizgestalt begierig gemacht, die der gegenwärtigen zwar fern und äußerlich ist, von deren nächstliegender Bedeutungsstelle aus auch nicht assoziierbar wäre, die das Bewußtseins- geflecht jedoch zu einer Fortbewegung erwartend provoziert und augen- blicklich erkennt, wenn sie erscheint. Je höher die Wachheit über dem Traum ist, desto sicherer gelingt die dichte Ordnung der beziehungslos aufeinanderbezogenen Vokabelhöfe in der poetischen Gruppe.

Werden im Gegensatz zu dieser vertikalen Orientierung des Textes die Wiederholungen zahlreicher, so nimmt auch die Geschwindigkeit der Rede zu. Im äußersten Fall, wenn eine einzige Artikulationsform durch den ganzen Redeverlauf erhalten werden soll, schwinden die Pausen, schwingt eine Sprechsekunde an die andere, erfüllt von der kostbaren Lautgestalt. Dabei zeigt sichs jedoch, daß der semantische Wert sich gründlich verwan- delt, wenn die zugeordnete Artikulationsform beharrlich durchgehalten wird. (Kandinsky hat als erster darauf aufmerksam gemacht.) Soll darum der anfängliche semantische Wert mitgeführt werden, so muß die Artikulations- gestalt sich modifizieren im Ablauf des Sprechkontinuums, ja völlig darin verschwinden, so daß Strecken mit unvorhergesehenem semantischem Werte hervortreten. Dennoch bleibt sie als steuernde Form unverlierbar darin und taucht irgendwann mit dem unversehrten Wert wieder auf.

Artikulationen

ca. 1959

Anschaulichkeit als höchste Qualität von einem Text zu fordern, gehört zu den nicht aussterbenden Gedankenlosigkeiten. Gewiß, die Sprache bringt auch das Bild fertig, doch nur in harter Bewußtheit, einen Augenblick lang, und unweigerlich wie der Stein des Sisyphos rollt die unscheinbare Beweg- lichkeit des Gesprochenen, der Artikulationsspannen und -gefälle darunter hinweg und den eigenen Rinnen nach, Babbeln und Kritzeln sind Äußerun- gen tastender Organvorgänge, unter dem Visionablen, unter der Haut: nicht ins Beliebige, wenn auch oft genug ins Leere tastend. Das monotone aufge- dröselte Gebabbel kann somnabul sicher die Artikulationsschwelle finden, wo sich eine Geste erregend ereignet. Im Grunde schafft man es nur von unten, aus der Untertreibung, die dichte, prägnante Folge von Lauten in-

und auseinanderzuwinden, die als Spur unvergeßlich bleibt und wiederholbar, also ‹Sprache› ist, weil sie gestisch verläuft.

Unmittelbar an der Artikulationsschwelle, wahrnehmbar im genauen, kauenden Bewegen der Sprechorgane, liegt die Schicht von ‹Kernworten›, die diesseits der Bildhaftigkeit schon uns unter die Haut gehen. Erotisches und vorerotisch Elementares ist darin konkret, Wörter sind Reizgestalten einer Wirklichkeit, die wir oft nur mit ihrer Hilfe zu erreichen vermögen, erschreckend, heiter, wüst oder wie sonst auch – nicht ‹innen›, nicht außen, sondern der geträumten vergleichbar aus Körperlichkeit und Einbildung zugleich erstellt und darum unüberbietbar real, der geträumten ungleich jedoch uns frei verfügbar. Aus den konkreten Formen der Vokabelabläufe, der Artikulationsgebärden stellt sich Welt als unsere Eigenwelt her. Sprechen unmittelbar an der Artikulationsachse ist Tanz der Lippen, Zunge, Zähne; artikuliert, also prägnante Bewegung; Vokabeln die Grundfiguren des Tanzes, führen zwar die Bedeutungen, Beziehungen, Bildschatten mit, doch in einen Bewegungscharakter verschliffen, der seine Richtungen aus sich selbst gewinnt.

Sprechen, das sich zur Poesie umkehrt, ist ein Versuch, des Selbstverständlichsten, das unter den komplizierten und aufreibenden Arbeiten der Sprache vergessen wurde, habhaft zu werden. Poesie geht darin nicht auf, aber sie fahndet danach, sie braucht die primitive materiale Erfahrung. Sie kann dem Elementaren gar nicht ausweichen, denn früher als das Sprechen übten die Lippen, Zunge, Zähne die Tätigkeiten des Einverleibens, des Zerstörens, des Liebens, der Lust. Sie sind von diesen Erfahrungen besetzt, wenn sie sich zum Sprechen bilden; unvermeidlich werden sich die Sprechgesten mit den Charakteren jener Tätigkeiten mischen, kreuzen, sich daran unterrichten und steigern. Sie werden feinere Versuche des Zerreißens machen; sie nehmen dazu die flüchtigste Speise, die Luft, quetschen, stoßen, saugen sie, um die elementare Gestik zu erforschen, von der die Welt voll ist. Wir sind hier Hund, Schwein, Stier und Hahn; wir mischen uns in ihre Charaktere, wenn die Sprache es mit ihnen zu tun hat, zerreißen die bekannten Erscheinungen und stoßen auf elastisches, finsteres, leuchtend durchlässiges Gewebe, Schwellungen, tönende Dehnungen, rasselnde Skelettformen, Tiere, die es sonst nirgends gibt.

Ausdruck und Äußerung

ca. 1959

Beim Gedanken an das Elementar-Sprachliche bestehen wir zu gern auf seinem expressiven Charakter. Wir übersehen die riesige Wunde, die im Glück des Ausdrucks klafft, kaum daß er geschehen. ‹Ausdruck› ist früher als ‹Äußerung›, aber er vergeht in der erschreckenden Physik des Äußerns: außerhalb meiner existiert plötzlich eine Gestalt, die von mir herkommt, aber nichts mehr von mir an sich hat. Ein selbständiges Gebilde, aus eignem Stoff, mit mir fremden Formgesetzen, das nun so mächtig in sich besteht, daß ein jeder wie zu einem öffentlichen Denkmal hinzutreten und seine Ansicht davon abnehmen kann, die völlig verschieden von der sein kann, die ich davon habe. Selbst das primitive Wehgeschrei, das zäh auf seinem Ausdruckscharakter zu beharren, nichts weiter herzugeben scheint, wird zu einer knolligen Fahne, deren Knattern Verschiedenstes signalisiert, je nach Sinn und Ort des Beobachters. Das Ausgedrückte wird in der Äußerung Material: nicht nur in dem Sinn, daß es in ein beliebig gewähltes Medium eingegangen ist, sondern infolge der Auslieferung an die Präformationen und die jedem Ausdruck gegenüber indifferente Eigengestik des Mediums. Eine Spur von Besinnen genügt, und die Scholle bricht herab. Der Ausdruck trägt die Bedingungen der Entfernung von seinem Ursprung und dessen Absicht schon in sich, ja dies Entfernen vom Ursprung ist geradezu seine verborgene Absicht. Denn ‹Ich› will mit seinen expressiven Impulsen nicht bei sich bleiben, sich darstellen, seiner selbst inne werden; es will ‹provozieren›, etwas hervorrufen, was für es nicht gegenwärtig ist, und um der Erwartung willen sich von sich abstoßen, und sei es nur in der Gebärde des sich Ablösenden, verselbständigenden Schreis. Antworten sollen kommen, und sie kommen. Es kommt vor allem die Antwort des Echos, die der Verstummende wahrnimmt: nicht als bloße Äfferei, sondern vom Grund des ergriffnen Mediums her schlagen Wellen zurück, die mit dem Ursprung des Ausdrucksimpulses und seinem Entwurf nichts gemein haben, jenseits alles zu Erwartenden und zu Erratenden liegen.

Der Sender des Ausdrucks wie auch der Beobachter rücken in dieser Echospanne aus dem expressiven Strom, stellen sich, vom ersten Ausdruck befreit, quer dazu. Das Sende-Ich erfaßt unter dem Eindruck der Rückmeldung, wie unmanifestierbar ‹ich selbst› ist; der unbeteiligte Beobachter, der zuerst im Schrei den Schmerz hörte, entdeckt darin alsbald auch den Panzer des Schreis, im Ausdruck das Dementi des Ausgedrückten. Ja es zeigt sich: Je intensiver der ursprüngliche Impuls war, je radikaler der Ausdruck sich gebärdete, desto härter wird die Veräußerung, desto mehr löst er sich von dem erzeugenden Ich – und dem Beobachter ist er umso faszinierender, je weniger von dem Ursprung sich noch darin, je eindeutiger sich der diffuse Charakter des Mediums durchsetzt. Das expressive Ich selbst wird in der unvermeidlichen Spanne der Rückmeldung zum Beobachter. Im Innewerden des Ausdrucks verschwindet der Ursprung des Ausdrucks.

In dieser kritischen, von Leere bedrohten Situation hat das Ich nur die Wahl, die Maske des Beobachters vorzuziehen, sich nicht der Erinnerung an die Ursprünge des Expressiven auszuliefern, sondern das Medium, in dem seine Expressionen aufgegangen sind, das Feld beherrschen zu lassen, die Signale, die es hergibt, aufzufangen und sich mit ihrer Entzifferung die Zeit zu vertreiben. Gegenstände bieten sich von dort her an, Fossilien, Scherben, Splitter, Hülsen und Gehäuse fremder Darstellungen und Expressionen (darunter vielleicht auch auch die der eigenen). Sie bringen in den Ritzen, Bruchkanten, Abdrücken, Vernutzungen die Regeln und Hinweise des Umgangs mit ihnen heran. Diese Sprache kommt durchaus ‹von drüben›, taucht wie von Wasserwirbeln hervorgeworfen auf. Das Beobachter-Ich entdeckt mit wachem, konzentriertem und immer auch ein wenig am Gegenstand vorbeistreifendem, abwesendem Blick die Chancen und Andeutungen der tausend Partikeln. Es wählt aus und spiegelt, es erprobt die Nähen und Fernen des Zusammengeratenen, es erforscht die Mitteilungen, die auf den Konferenzen des Nichtzusammengehörigen laut werden. Das Kontinuum entsteht dank der meditativen Kraft des Beobachterbewußtseins, und es muß bei jedem Leseakt aus den mundanen Splittern und Brocken aufs neue und anders hergestellt werden; der Grund, die Dichte und Haltbarkeit der Zuordnungen liegt jedoch in den Materialien selbst, in ihren semantischen und syntaktischen Krallen, Armen, Wimpeln, Spiegeln usw.

Der nie begonnene Beginn

ca. 1959

Da Gedicht Vorgang, Geschehen, Ablauf winziger Dramatik ist, muß es immer schon begonnen haben. Niemand vermag sich seinen Beginn auszudenken. Man sagt: Er fällt einem ein. Besser hieße es: Man gerät, sich konzentrierend, in den Ablauf hinein – was so spezifisch sich als Anfang darbietet, ist die Verdichtung beim Übersprung aus Hinfälligem ins hochgespannte Fluidum, in dem sich der unabschließbare Prozeß abspielt. Prozeß im Sinn von Vorgang und Verhandlung. Mag er hinterm Milchglas vorgehen, wir wissen schon von ihm, wir murmeln ihn mit, wir kritzeln die Phasen auf, wir wissen: was wir tun, ist schon getan und längst in der nächsten Instanz. Es ist nicht sonderlich schwer, den anderen Mund wahrzunehmen, der an der Peripherie spricht, am Rand des scharfen Bewußtseinsfocus. Er spricht alles, was wir verlauten lassen, noch einmal; ja wir horchen, denn dann sind wir einverstanden mit seiner Wiederholung, die Übersetzung ist, Phasenverschiebung des Bekannten ins andere Bekannte, das dort erscheint wie ein Körper und nicht mehr als Wort hinter Wort, Laut von meinem Laut: Körper mit einer Physiognomie, in der – obwohl doch nichts von außen hat mitspielen können – nicht zu vermutende Spuren, Lesarten eingeritzt sind. Denn nicht ich habe die Artikulationen erfunden, ich benutze sie nur. Ich meinte dabei, ihre Schemata seien beliebig zur Hand, beliebig verwendbar. Diese Schemata (das sind sie, Worte, Silben, Buchstaben ..., weil beliebig wiederholbar und halbwegs neutral gegenüber dem Gebrauch), sie sind doch nichts als Spuren, die von jeder Berührung neue Spuren empfangen, sich so langsam verschieben, daß sie als stabil gelten, indes sie wie Dünen voranrieseln. Und sie verlieren nichts. Alles Geschehene ist in ihnen bewahrend ‹vergessen›, Spur von Vergessenem sind sie, die mir nicht erwartet entgegentritt, während es mir doch nur um das Nächstliegende zu tun war. ‹Ich› bin vergeßlich. ‹Ich› sage nur das Nächstliegende. Mir ist wohl ganz nah am Nullpunkt der Rede. ‹Ich› wende mich, kaum habe ich mich ins wachsende System der Mitteilungen hinausgewagt, wie ein Stein wieder in den Nullpunkt. Nur weil die Erinnerung ist (immer schon ist, merkwürdigerweise, darum kaum von mir allein aufgebracht sein kann), nur darum beginne ich immer wieder. Die Erinnerung an Geschehenes enthält die Erwartung von Geschehen. Der Text ist ein Versuch, der Erwartung recht zu geben, ohne die Erinnerung zu vermehren. Erinnerung ist das Material für Text: Text jenes lautlose Aufdröseln, Freispinnen, Abfeilen, Übersetzen von Erinnerung in eine Realität, die nicht mehr erinnerungsfähig ist. Der Vorgang soll sich dabei so völlig in Geste verwandeln, als Spur niederlassen, daß kein Gedächtnis seinem wieder- und wiedergesponnenen Gespinst mehr gewachsen ist, das Ereignis sich nur hier an Ort und Stelle, in diesen Artikulationsspuren erhalten kann. Jedem steht es frei, daran teilzunehmen, seine Erinnerung mit in Kauf zu geben, die Reichweite des eigenen Gedächtnisses daran zu erproben. Im Grunde aber ist so einer schon entbehrlich. Auf sich selbst reflektierend, merkt er, der Text weist auf ein unbewegliches Gedächtnis, das wie ein vieldimensionales Koordinatensystem allen Krümmungen voraus ist und auch das gegenwärtige Spurengebilde lesbar macht. Zwischen das Spurengebilde hier und das riesige, starre poetische Gedächtnis: gerät der Leser und Betrachter.

»geschnürter wind«

1966

geschnürter wind

wortsiebtel weit im rücken geblieben
sehr weit vorn in der schlinge

einiger tage lichtempfindliche haut schützt
vor dem anprall brüchiger lippen

nah so nah ist's darum nicht zu greifen:
insekt zwischen den backenzähnen zerbrächs

reden die rede flinker eidechsen quer
über die fährten die mehrere tage gehäuft haben
wortsiebtel: eines wespenleibs ring lose vorn über
den fahrbahnen die laufen sogleich in ihm zusammen
wird nur das rad in der hand
nicht bewegt

wirds dunkler an den dreimaldrei fahrbahnen auf dieser haut
wie greifen die sprünge springender aus [1]

Der formale Befund zeigt: 6 Gruppen, die bis auf die 5. alle zweizeilig sind
und außer der sechsten jeweils mit einer Hebung beginnen. Die Zeilen laufen fast ohne Interpunktion in freien Rhythmen und haben keinen Reim.
Sehr häufig erscheinen Wörter mit den Vokalen *i* und *a* und artikulatorisch
prägnante Wortgruppen wie *nah so nah*, *reden die rede*. Die meisten
Gruppen sind zugleich syntaktische Einheiten, jedoch mit einer deutlichen
rhythmischen Zäsur am Ende der 1. Zeile; die Bewegung bleibt dort in der
Schwebe; man könnte die Gruppen 1, 2, 4 und 6 auch als freie Langzeilen
mit Zäsur bezeichnen. Dagegen findet sich kein syntaktischer Übergang von
einer Gruppe in die andere. Die Betonung auf jeweils der 1. Silbe (Gruppe
1-5) setzt sie vielmehr hart gegeneinander ab. Es gibt auch keine inhaltlichen Übergänge zwischen den Gruppen. Die Syntax ist in einzelnen Gruppen fragmentarisch; der Leser müßte sie ergänzen, wenn er könnte. Der
Leser ist so zunächst ganz auf den rhythmischen Verlauf und die artikulatorische Verfassung angewiesen.
Die artikulatorische Gestik des Textes ist stark durch die Vorliebe für die
Vokale *i* und *a* bestimmt, d.h. für den Vokal mit der größten und für einen
mit kleinerer Mundöffnung. Die 1. Zeile setzt jedoch noch darunter an

1) Gedicht in: franz mon, *artikulationen*, Pfullingen 1959, S. 48

33

bei *o*: *wort-* und läuft dann flach durch *i, ei, ü, i* in die 2. Zeile, wieder auf
ein *o* zu, das in dem am stärksten betonten *vorn* tönt, und schließt mit
einer *i*-Hebung. Die beiden gewichtigsten Hebungen liegen auf den *o*-Silben
und verbinden das Subjekt *wortsiebtel* mit einer der beiden Richtungsan-
gaben. *weit im rücken* und *weit vorn* erweisen sich jedoch durch ihre analoge Artikulation als gleichwertig: Die Pole bleiben in der Schwebe. Das *w*
identifiziert *wortsiebtel* mit den beiden *weit* ; es ist ein kontinuierliches
Schwingen zwischen den entgegengesetzten Richtungen.

Die 2. Gruppe hat ihr Subjekt *haut* weit in die 1. Zeile zurückgezogen.
Die rhythmische Geschwindigkeit aus dem *lichtempfindlich* mit seiner
schwachen Zwischenhebung staut sich dort, nur eine Pause trennt das
Sujekt *haut* von seinem Prädikat *schützt* : Das Satzzentrum ist kompri-
miert, wie ein Knoten, dem Zu- und Ablauf der beiden Zeilen aufgesetzt.

Die 3. Gruppe ist analog gebaut: Die beiden Zeilen pendeln um *insekt*
am Anfang der 2. Zeile. Von den Entfernungen wird jetzt – im Gegensatz
zur 1. Gruppe – die Nähe angesprochen, im großgeöffneten doppelten *a*
vergegenwärtigt (*nah so nah*). Mit *insekt* wird der Versuch gemacht, das
unbestimmte Subjekt *es* der 1. Zeile zu identifizieren; doch es wird sofort
wieder in den Irrealis (*zerbrächs*) verschoben, nämlich: wäre es ein *insekt*,
dann *zerbrächs* ... . Der Fixpunkt ist labil, transitorisch und erweist die Nähe
als trügerisch. Es bleibt nur die Erinnerung an ein Wort.

Einförmig setzt die 4. Gruppe ein mit *reden die rede* , in deren *e* verblaßt
das *ä* vom Ende der 3. Gruppe echot, und läßt das *e* auch weiter den Ton
bestimmen. Sie zeigt kein Subjekt, nachdem das vorige so desavouiert
wurde, wenn man nicht die *eidechsen* (vgl. *insekt*) als Spiegel eines unbekannten Subjekts benutzten will. Die ganze Gruppe ist höchst transitorisch,
passierend, wozu genau der flinke, gemischte Rhythmus mit raschen Passagen und kurzen Fixpunkten paßt.

Die 5. Gruppe weist einen von den übrigen abweichenden Bau auf. Sie
wendet sich offenbar aus dem bisherigen Prozeß heraus und greift zurück
auf das noch unbestimmbare erste Wort *wortsiebtel* . In einer Paraphrase
wird es nachgebildet, indem die Andeutung des Fragmentarischen (*siebtel*)
und die gescheiterte Identifizierung in der 3. Gruppe als *insekt* umgesetzt
wird zu *eines wespenleibs ring* . Dabei ist die Wahl von *wespenleib* wohl
artikulatorisch angestoßen von *wortsiebtel* (*w* – *w*). Bezeichnenderweise
kommt in *ring* auch wieder das *i* zu Tage; sonst in der 5. Gruppe nur noch
an einer betonten Stelle (*wird*). Die weiteren Auskünfte stützen sich auf das
größere *a* und das kleinere *o*, schwingen also um die ausgesparte Mittelstel-
lung *i*; das *a* konzentriert in *fahrbahnen* und *das rad in der hand* , das *o* in
lose vorn . Syntaktisch holt diese Gruppe am weitesten aus, schrumpft dann
jedoch durch die 3. zur 4. Zeile zusammen, bis ihre Bewegung in *nicht*
bewegt stillsteht. Ob sich auch darin die Nicht-Auskunft über *wortsiebtel*
anzeigt? Das Wegschrumpfen der Bewegung ist vielleicht bedingt durch
die fehlende dialektische Spannung der Gruppe, die die vorangehenden
kennzeichnete.

Durch den jambischen Auftakt liest sich die folgende Gruppe, als wäre
unterschwellig die Bewegung noch immer in Gang, als wäre sie unter dem

Versuch der 5. Gruppe weitergelaufen. Auch die Inversion *wirds* deutet darauf hin. Sie benutzt zudem einen sonst fast unbekannten Vokal, das kleinstartikulierte *u*, in der ersten Hebung. *haut*, in der 2. Gruppe bereits vorgekommen, wird auch jetzt wieder hervorgetrieben als Ziel eines artikulatorisch streng gedrechselten Verlaufs, der sich in der letzten Zeile fortsetzt und mit einer Hebung den ganzen Text abschneidet, nicht abschließt.

Die Fahndung nach der Füllung von *wortsiebtel* hat nur problematische Ergebnisse gebracht. Sie sind momentan und zerfallen, wie sie gewonnen werden. Dennoch ist diese Fahndung nicht bloßer Vorwand für die beschriebene rhythmisch-artikulatorische Bewegung. Erst ihre verschiedenen Stationen, ihre Anstrengung, ihre Versuche charakterisieren die Bewegung zur Geste. Es ist denkbar, daß im genauen Vollzug der gestischen Bewegung auch die Fahndung an ihr Ziel kommt.

Dies Ergebnis unserer Untersuchung besagt zugleich, daß die Interpretation eines solchen Textes nur die beiläufige Leistung haben kann, die nur reflektorische Beschäftigung mit ihm abzuweisen und dafür dem lesenden Vollzug Kraft und Freiheit zu geben. Die Identifikation ist ja Sache des einzelnen Lesers, er muß zu seinem Ergebnis kommen, indem er liest, und kann es sich von keinem Interpreten vorbereiten lassen. Es ist wichtiger, daß er liest und lesend zu irgendeinem Ergebnis kommt, als daß ein anderer für ihn das absolute Ergebnis destilliert.

Ein Ereignis namens Bild

Ein Ereignis namens Bild

Zum Werk Bernard Schultzes

1957

„Das Bild ist jedesmal ein Abenteuer. Wenn ich die weiße Leinwand
in Angriff nehme, weiß ich nie, was daraus entstehen kann. Das ist ein
Risiko, das man auf sich mehmen muß. Ich sehe nie in meinem Geist
das Bild vor mir, ehe ich zu malen anfange. Im Gegenteil glaube ich,
daß mein Bild erst fertig ist, wenn die Idee, die anfänglich darin enthalten war, völlig ausgelöscht ist."
Diese Aussage von Braque, die dem ästhetischen Automatismus, der puren
Spontanität die Tür zu öffnen scheint, legitimiert tatsächlich zugleich auch
die Wirkung des reflexiven Moments im ästhetischen Tun – eine Legitimation, die auch heute noch nicht ganz überflüssig ist. Erst wenn die anfänglich im Bild enthaltene Idee ausgelöscht ist, gilt das Bild als fertig. Es
geschieht bei Braque unterwegs also eine Umkehrung des ikonologischen
Ausgangsbewußtseins; die Substanz der ersten Konzeption, des Einfalls,
des Zugefallenen muß soweit übersetzt werden, bis etwas völlig Neues entstanden ist. Der künstlerische Vorgang bewegt sich im Sinn der Verneinung
des ursprünglichen Stadiums. Im Zentrum finden wir also eine Kategorie
der Reflexion, die nicht erst vom späteren Betrachter als Hilfskonstruktion
eingeführt wird, sondern die die Bewegung selbst adäquat beschreibt.
Wir als die Beschauer kümmern uns dennoch zuerst um die Ordnung von
Form und Farbe, um die Qualität des fertigen Werkes – aber können wir auf
die Dauer dabei den Vorgang, der zu diesem Ergebnis führte, übersehen?
Ist die merkwürdige Bewegung durch die Negation zum endgültigen Aufbau
belanglos für die Art unseres Sehens, für die angemessene Art des Erlebens?
Sehen ist doch immer schon bestimmter Stil des Sehens, statisch oder dyna-
misch, zentriert oder exzentrisch, also vom Bewußtsein und seinem Hintergrund, seiner kategorialen Struktur her angelegt.
Hinzu kommt, daß die moderne Kunst ein umso differenzierteres
Beschauerbewußtsein verlangt, je nichtillusionistischer sie wird. Es reicht
nicht mehr, nur das Ergebnis am Rande zu betrachten, da es ihr längst nicht
mehr so sehr auf den raffiniert und perfekt gemischten Eindruck ankommt,
als auf die Erfahrungen unterwegs in den Farbspuren, mit den Dialogen der
Linien, den Definitionen und der Nichtdefinierbarkeit der Grenzen zwischen
den Formen, auf alle Überraschungen, die zu Tage treten und nur angesichts
des Vollzuges zu erkennen und zu werten sind. Nicht die Haut, die Anato-
mie ist die Hauptsache.

In dem Sinn wollen die folgenden Überlegungen aufgenommen werden. Da wir eine Sache am sichersten erfassen, wenn wir sie mit ihrem Gegenteil zusammenbringen, erinnern wir uns bei der Betrachtung der Bilder Bernard Schultzes immer wieder der Arbeiten seines Antipoden im Handwerk, Karl Otto Götz.[1] Sehen wir also zunächst zu, wie die Beteiligung von Bewußtsein und Spontanität bei den beiden aussieht.

In den Bildern von Götz mit ihren aus dem ganzen Arm vollführten schwarz-grauen Schwüngen wird das Bewegungsmuster vor der Aufzeichnung meditativ festgelegt und dann in einem kontinuierlichen Zug verwirklicht. Wird es verfehlt, so wiederholt sich der Versuch: Das Bewußtsein tritt genau ins Spontane, schreibt den unterschwelligen, psychogrammatischen Impulsen, die im Schwung des Armes freigesetzt werden, ein bestimmtes Bewegungsmuster vor, das allerdings selbst schon Ergebnis von Reflexion und unterschwelligem Formwillen ist. Nie läßt sich der vorgenommene Bewegungstyp rein verwirklichen, die spontanen Impulse werden graduell zugelassen, nicht unterdrückt.

Die Bildungordnung ist in doppelter Weise antithetisch: einmal in den Gegenläufen der Schwünge selbst, die sich durchdringen, widersprechen, neutralisieren – Ereignisse streng in den Ablauf weniger Sekunden gebannt, demonstrativ für die Härte der Sukzession, der Zeitspur an sich; dann aber vor allem in den Positiv- und Negativformen, die aus der Antithese von Farbführung mit dem Pinsel und Wegschaben der Farbe entstehen: Die Sukzession als solche kommt zum Stillstand, Formen treten hervor, die in der ursprünglichen Meditation nicht vorherzusehen waren, ja dort gar keinen Platz hatten, weil nur Bewegung entworfen wurde; Formen allerdings, die keine klassische Umgrenzung haben, zwar Zentren und Achsen aufweisen, an der Peripherie jedoch ins Strömen und Schieben geraten, so daß sie noch zu diesem und schon zu jenem Komplex gehören können: D.h. die scharfe bewußtseinsmäßige ‹Orientierung› der verräumlichten Zeitspur bringt eben in ihrem Vollzug auch die Negierung des Diskreten zustande und offenbart Möglichkeiten des quer zu den Abläufen, quer zur Zeit stehenden Kontinuums. An solchen Stellen kommt auch die zunächst neutralisierte, bloß als Bewegungsträger verwandte Farbe, meist Schwarz, mit ihrer Tonqualität zur Geltung – Grauschleier entstehen, subtil im Spiel mit den flüchtigen Tönungen des Grundes, diese mit in die einzige aktive Ebene ziehend. Bewegung und Stillstand erweisen sich als vereinbar – wir verstehen diese Bilder als Zeichen für die Möglichkeit des hohen Augenblicks.

Der Wahl des Schwarz auf den Bildern von Götz liegt die Einsicht zu Grunde, daß es allein fähig ist, die beabsichtigten Bewegungsmuster rein zu verwirklichen, da es als Farbe keine autonome Bewegungsqualität hat. Schultze dagegen setzt, wie wir sehen werden, gerade die Farben als Form- und Bewegungscharaktere ein, rechnet mit ihrer expansiven oder intensiven Natur. Seine Anfangsverfassung ist nicht zeitdimensional und formimpulsiv wie bei Götz, sondern die Konzentration auf ein Thema, das noch nicht da ist, aber sogleich erscheinen könnte. Götz beginnt erst, wenn das Bildthema

1) Vgl. unten S. 49 ff.

Bernard Schultze: Submarin, 1954/55

die spezifische Gebärde, entworfen, gegenwärtig ist; Schultze beginnt das Bild, damit allmählich und am Ende sich das Thema enthüllen kann.

Elemente davon sind im Bewußtseinszentrum da, sie werden auch reflektiert, geschärft, vervollständigt, versuchend angesetzt – zugleich jedoch verfällt dieses unter der Ich-Kontrolle entwickelte thematische Konglomerat der ‹Ungläubigkeit›, weil es so ganz in der Nähe ist und weil das konzentrative Ich von einem zweiten Ich, einem Wahrnehmungsorgan in der Peripherie des Bewußtseinsfocus weiß, ja mit diesem in Kommunikation steht. Bewußtseinskonzentration und Aufrichten des anderen Ich gehen Hand in Hand, das eine ist bei dem anderen, das Helle horcht auf den Einfall des Dämmrigen. Wer einmal in diese Konstellation hineingeraten ist, wird seinen Wunsch von nun ab auf eine Form von ‹Ganzem› richten, die aus allen Möglichkeiten zusammenschießen kann. Die Peripherie ist unanbschließbar, keine verbindliche Kosmologie rahmt sie ein; alles scheint uns möglich, übrigens nicht nur in Bildern, sondern ebenso in der Realität, und dennoch wird die Erscheinung von ‹Ganzem› erwartet: Alle Anstrengungen des ästhetischen Prozesses sind darauf gerichtet, die lähmende Vielfalt der absoluten Möglichkeit, d.h. das labyrinthische Ganze aufzudröseln und in die Zeitspur, mit der wir identisch sind, einzubeziehen.

Die Sphäre ist ja nicht leer, so wenig wie das Zentrum. Keiner beginnt am Nullpunkt – es gibt nur eine tabula rasa, und die ist nicht im Bewußtsein, sondern auf dem weißen Viereck eines Malgrundes. Wir dagegen sind immer schon in ‹Prozesse› verflochten, deren ursprüngliches Stadium gar nicht mehr zu erinnern ist. Deren unterschwellige Ordern erreichen uns, ohne daß wir uns dagegen verwahren könnten, bei Tag und bei Nacht, dem großen Stromkreis entsteigend, der durch das ‹Ganze› zieht, nach dem das ästhetische Bewußtsein fahndet. Nur von der harten Genauigkeit des Bewußtseinsherdes her erscheint die Peripherie dämmrig, vage, nahezu leer. Damit der Prozeß auf die Bühne dazwischen übertrete und also unter ihren Bedingungen durchgespielt werden kann, wird ein Reizmoment gesetzt, somnambul sicher, wie ein Stein geworfen, ein Pfeil geschossen wird. An einem Farbton oder in den entsprechenden poetischen Versuchen einer Vokabel, einer Lautgeste bildet sich der archaische Wirbel: Heteronomes wird sichtbar, weil uns gegenüber jedes Material heteronom ist bei aller späterer Vertrautheit, Fremdes schießt mit an, bringt doch jedes Material Züge, die unerwartete Beziehungen, Aussagen enthalten und mit denen, da sie einmal da sind, gerechnet werden muß.

Der erste Ansatz konkreten Materials enthält schon alles Folgende. Farbe ist ja nicht bloß gefärbte Fläche, sie ist, wir sagten es schon, Form mit je eigentümlicher Bewegung, ein- oder zweidimensional, schwirrend, schwingend, splitternd, zusammenziehend oder wie auch immer. In ihrer ersten Geste ist ‹Bild› bereits da, weil das Gebilde lesbar ist. Und lesbar ist es, weil es bereits zwei Momente aufweist: Tönung und Bewegung, die sich bestätigen oder bestreiten, – die in ihrer Koexistenz jedenfalls Beziehung schaffen und das heißt: mehr repräsentieren, als die Momente einzeln (ließen sie sich überhaupt isolieren) hergeben. Die winzige, ästhetisch bedeutsame Gruppe ist wichtiges Kennzeichen der Arbeiten Bernard Schultzes, der Graphiken wie der Bilder, wie sie übrigens auch für die neue Poetik grundlegend ist. ‹Ganzes› ist in der Gebärde schon da, der kleine Komplex ist, ästhetisch gesehen, vollständig, autonom, wie ein Wort für uns bereits ein Gedicht sein kann. Es ist gut, sich darauf einzustellen, denn man weiß nicht, ob das unerhörte ‹Ganze›, das alles Partikulare aufgenommen hat, für uns je noch erreichbar ist, ja ob es überhaupt möglich, ob überhaupt erwünscht ist.

Die Farbereignisse provozieren einander, wandern voran in einer Zeitspur, die ihren inneren Bewegungsimpulsen entspricht, sprunghaft oder schiebend, schleirig oder punktuell gespritzt. Folgen dabei doch nicht nur der immanenten Bewegungsordnung, werden vielmehr auch schon beordert von dem großen Gerippe, das sich vom Bildviereck her bildet; sie werden von ihm geführt und bleiben ihm gegenüber doch eigenwillig, es mit heilem Fleisch, leuchtender Haut begabend oder den Wunden und dem bläulichen Aussatz, den wir nicht wahrnehmen. Ist das nun bloß psychographisch, also im Grund eine Art introvertierter Naturalismus? Noch einmal besinnen wir uns auf die Anfangsphase und wieder im Abhub gegen die Arbeiten von Karl Otto Götz. Dieser verlangt das weiße, leere Viereck, das von seinen vorentworfenen Bewegungstypen durchschossen wird; es ist da als die reine Möglichkeit der Koordinaten, verschwindet im Zugriff ins dynamische Gebilde der Schwünge, Gegenläufe, Splitterungen, Positiv- und Negativformen. Mißlingt ein Anlauf, so hilft nur der nasse Lappen, der die tabula rasa wiederherstellt. Götz kennt nicht das Einbeziehen gescheiterter Formen in ein neues Bild.

Genau das Gegenteil ist bei Bernard Schultze der Fall. Übertrieben könnte man sagen, seine ideale Gelegenheit des Ansatzes ist gerade das gescheiterte Gebilde. Von Götz gibt es Bilder, denen zehn oder zwölf vollkommen ausgeführte Versuche vorausgingen, die schon auf der Leinwand waren, aber wieder verworfen wurden – von Schultze gibt es Bilder, in denen Bilder untergegangen sind mit ihrer ganzen Fracht, Bilder, die doch eine Zeitlang als fertig und gelungen galten. Es ist nicht nur der Drang zur Vollendung, wenn er sie eines Tages wieder vornimmt und ihnen Stücke neuer Haut aufpflanzt, ihnen das Skelett biegt, vielmehr drängender noch die Lust, Vorhandenes auf seine Zuverlässigkeit, auf die Kraft seines Widerstandes zu prüfen und längst geronnene, schon abgekehrte Farbenereignisse als Grund von neuen zu erfahren, so daß im malenden Gemurmel einiger Tage unaufhaltsam ein neues Bild entsteht. Man kommt hinzu und erfährt: Dieser Komplex oder jener stammt aus der alten Konzeption, aber nun neu ausgeschnitten, von einem Prozeß ringsum zusammengefressen, daß keine sichtbare Verwandschaft mit der früheren Ordnung mehr erscheint.

Ist das nur spielerische Laune oder Verlegenheit um neue Leinwand? Sieht man genauer zu, so erkennt man die Notwendigkeit des Vorgangs: Nicht nur, daß Vorstrukturiertes zum Material neuer Strukturen, sondern daß des Malers eigene frühere Phase zur Basis der späteren wird. Die Technik bleibt fast dieselbe, nur der ‹Grund›, über dem er sich bewegt, ist ein anderer. Indem er das eigene Gebilde fremd nimmt, ‹negiert›, destruiert, erreicht er eine neue Ebene des Form- und Materialverhältnisses überhaupt, gelingt es ihm, sich der Gefährdung durch die drohende bloße Subjektivität

zu entziehen. Er nimmt sich, vermutlich kaum reflektiert, ‹objektiv›. Seine
abgeschiedene alte Aussagewelt wird ihm zum Widerstand wie dem Bild-
hauer die Fasern und Äste im Holzstock.

Es ist Schnitt in die eigene Haut und zugleich Potenzierung der früheren
Ergebnisse. Folgerichtig bündeln sich die Motive, spröderen Gegen- also
Widerstand vorauszusetzen und die malerischen Formen zu potenzieren,
in den neueren Arbeiten. Elemente, die nicht zuerst dem psychographischen
Ausdruck dienen, Lappen, Drähte, Strohzeug, Geäst, was eben an mundanen
Scherben zur Hand ist, ordnet sich auf dem Malgrund als undurchdringliche
Erinnerung einer harten Tageswelt. Ihre knöcherne Wirklichkeit macht den
Malgrund tastbar – keine Spur von der Reinheit des leeren Quadrats, wenn
das Geschäft der Farbe beginnt. Die Farben, die jetzt ansetzen, tasten sich
als Antwort, als Beschwichtigung oder Widerrede, als Spott oder Zustim-
mung in das knurrende Formengemenge. Auch etwa als Deutung und Verdeutlichung, als Vergewisserung und Versuch, das Unleserliche zu entziffern. Nur die Hälfte des Bildes entstammt noch der malerischen Spontaneität, die andere wartet schon mit eigenem Sinn.

Gegen-stand ist wieder handgreiflich da, in kompliziertem Prozeß
gewonnen, Gegen-stand vor allem als Widerstand begriffen, wie es die
Kunst immer tat. Dieser Einbezug des Heteronomen scheint mir für die
Arbeiten von Schultze besonders bemerkenswert zu sein. Des für das Ich
und seine Ausdrucksimpulse Heteronomen: der undurchdringlichen Dinge
um uns, der von uns abgefallenen Gebilde, die wir selbst einmal gemacht
hatten. ‹Natur› wird wieder alles, was nicht mehr warm ist von unserer
Berührung. Auch die zivilisatorischen Dinge werden wieder Natur in dem
Sinn von Welt, die an uns vorbeisieht. Kunst aber ist Natur, die es nicht
gibt. Öd, wenn die ästhetische Tätigkeit, der künstlerische Zugriff mit den
Assoziationen zur Naturwelt nicht fertig wird, wenn das Reliefgerippe auch
am Schluß noch an das Skelett eines in der Wüste gebliebenen Tieres erinnern sollte. Die Assoziation ist in irgendeinem Stadium der Arbeit da, und
sie schwingt auch jetzt noch mit im Bild, aber negiert, überholt von einem
Form- und Farbenereignis, das es nirgendwo sonst gibt als hier an dieser
Stelle mit dieser Materie. Das Heteronome, das uns hart anweht aus der
Erinnerung an das Gerippe, das irgendwo im Sand liegt und die heteronomen Ordern mitsignalisiert, die auch uns betreffen, wird überführt in
die Fremdartigkeit des Noch-nicht-Vorhandenen, des Unerhörten, feindlich
und doch vertraut, weil in einer Atmosphäre, die uns im Wunsch nach
dem Spiel in Freiheit allein angemessen ist.

Der Art, wie Schultze arbeitet, liegt die Gefahr, Stimmungen, Natur-
erinnerungen zu manifestieren, sehr nahe – in seinen gelungenen Arbeiten
ist er damit fertig geworden und in den Bezirk eingedrungen, wo in den
Zwischenräumen, dem Dialog der Elemente das Überraschende hervortritt,
das ‹Unbekannte in der Kunst›, von dem Baumeister sprach. Erscheinung,
in der sich alles spiegeln kann und die doch mit nichts konform ist, archi-
medischer Punkt angesichts des Gegebenen, Labyrinth vor allem, in dem
Glück und Schrecken beieinander sind und nicht aufhören.

Bemerkungen zu einer Theorie der bildenden Kunst

ca. 1958

1

Malerei ist das Ergebnis von realer und indizierter Bewegung. Die reale Bewegung – der Hand, des Armes, des Pinsels – hat ihren Grund in der Provokation durch die nichtreale Bewegung der Farbe, die der Farbe als Farbe eignet, so daß jeder Farbwert seinen eigentümlichen Bewegungscharakter hat. Der Eingriff des Pinsels, des malenden Organs ist der Farbe selbst durchaus äußerlich; er wäre zu entbehren, wenn sie sich ihrem Charakter gemäß wie das Licht, die absolute Bewegung, selbst bewegen könnte. So vermag sie nur (durch ihre Bewegungsindices) das malende Organ zu verlocken, ihre verborgenen Bewegungsereignisse hervorzukehren.

Je weiter dies voranschreitet, desto deutlicher erweist sich jedoch die reale malende Bewegung mit ihren Spuren als bloßer Ausleger der nichtrealen, in den verfügbaren Dimensionen nicht zu manifestierenden Bewegungen, die sie aus dem Farbfond heraus mit zunehmendem Zwang steuern, bis der verborgene Bewegungsplan artikulkiert ist und die reale Bewegung in der imaginären, indizierten verschwindet. Wenn die Artikulation gelungen ist, tritt an die Stelle der absorbierten malenden Bewegung die des zur Entzifferung bewegten Auges. Das Spurengeflecht treibt eine Bewegung hervor, deren vollständiger Verlauf auch die nicht mehr erscheinende imaginäre Bewegung umfaßt.

2

Da die Bewegungsindices zum Farbmaterial gehören, ist es nicht von dem Bewußtsein zu trennen, das diese Indices im Lesen setzt. Der Leser vollbringt dies, weil er Farbe je schon ‹gelesen› hat: Er liest die aktuelle Farbe auf dem Grund aller seiner vergangenen Farblektüren. Lesen ist eine Übung im Überführen realer in irreale Bewegung; die Spuren, welche die reale Bewegung steuern, indizieren die irreale. Diese, wie der aus einem leibhaftigen Bein aufsteigende imaginäre Engel in den Kuppeln des 17. Jahrhunderts, ist aktivierte Erinnerung aller früheren Lektüren. In der Konstellation, zu der sie eben zusammengewachsen sind, individualisiert sich das aktuelle Material. Der malende Organismus, von diesem noch nicht artikulierten Material gereizt, sucht wie ein Tastorgan zugleich die Konturen und Spuren jenes aus Erinnerungen sedimentierten Grundes ab, indes er sich auf das neue Material einläßt. Die erinnernden aufgehobenen Materialmuster sind, als ehedem reale Bewegungen, in das Phantasma seines Organismus eingegangen und wirken in dessen Steuerungssystem, unbeschadet ihres Materialcharakters, der von außen angerufen im Augenblick wieder seine eigentümliche Geschichte fortweben kann – eben mit Hilfe des phantasmisch tastenden, übersetzenden Organismus. Die graphisch arbeitenden Finger, die malend bewegte Hand suchen somnambul sicher das aufgehobene Muster hervor, das diesem Material eigentlich gehört, dessen Webkante, von einer bestimmten Summe individueller und allgemeiner Anstrengungen bis hierher geflochten, auf Fortsetzung wartet. Obwohl doch jede gewonnene Phase schon in sich lesbar und zureichend schien.

So überflüssig das Bewußtsein bei der Tätgkeit der phantasmisch gesteuerten Organe ist, so wenig ist es bei der Artikulation selbst zu entbehren, Bewußtsein diesseitig von Reflexion, als reines konzentriertes Dabeisein verstanden. Indem es sich ganz auf das Material da sammelt, sich von ihm geradezu aufsaugen läßt, wird es – unablässig ‹nach hinten› diaphan – zu einer Art ‹negativer Erinnerung›, wie sie dem Zustand des noch unartikulierten Materials entspricht: Leerform gespannt von der Gewißheit einer genauen Ordnung, einer Ordnung jedoch, die es noch nicht gibt, die es so noch nie gab. Dieses Bewußtsein hat Erinnerung an etwas, was noch in keinem Bewußtsein war.

Artikulieren heißt demnach nicht, einem Stoff die Form geben, sondern die geschehene Geschichte dieses Materials ins Noch-nicht-Gesehene fortführen, seine aktuelle Phase hervortreiben, seine gegenwärtig zutreffende Verfassung in dem unabsehbaren Geflecht von Material überhaupt erkunden. Artikulation meint weder freischöpferische Formgebung noch Manifestation psychographischer Ordern. Da das aktuelle Material, mit dem konzentrativen Bewußtsein verbündet, selbst ‹negative Erinnerung› ist, kann sich auch das aus der positiven Materialerinnerung gesteuerte malende Organ nur negativ zu seiner Erinnerung verhalten. Obwohl aus dem Erinnerungsfond gesteuert und ihm ununterbrochen hörig, vollbringt es seine Bewegungen doch im Sinn der ‹leeren›, erwartenden, und zwar bestimmtes erwartenden, Erinnerung. Diese gespaltene Übersetzung ist die rätselhafte Leistung des malenden Organismus, sie entscheidet über den Wert des entstehenden Werkes.

Material ist also nicht nur das aktuelle Material der auf Leinwand erscheinenden Farbsubstanz, sondern untrennbar davon das dichte Geflecht aller früheren Bewegungspläne dieses Materials, die sich in den abgeschlossenen Werken sedimentiert haben und dort für jedes neue Bewußtsein nachzulesen sind.

3

Den Experimenten der bildenden Kunst fehlt die Grundlage einer auf dem Material beruhenden Kompositionstheorie; sie sind eigentümlich spontan, schwer zu beschreiben und theoretisch kaum zu begründen. Betrachtet man ihr Material, so sieht man, der verwandte Farb-Stoff ist selbst nicht substantiell ‹Farbe›, nur Medium zur Ordnung des in seine Farben zerlegten Lichts und bringt immer auch eine taktile, farbgleichgültige Qualität mit ins Bild. Denkbar wäre eine reine Lichtkunst, die mit dem spektralen Material arbeitend auf die graphische Gestik eines Organismus verzichten könnte und mit Hilfe der Spektroskopie eine bemerkenswerte experimentelle theoretische Genauigkeit gewänne. Sie erst würde den reinen Zeit- und Bewegungscharakter von Farbe erweisen.

Doch das Thema der Malerei in ihrer noch andauernden Phase heißt nicht Farbe = reine Bewegung, sondern sich sedimentierende Bewegung, Bewegung von positiver in negativer Erinnerung. Während in den Künsten, deren

Material sich durch die reale Zeit bzw. den realen Raum bestimmen läßt (Musik und Architektur), Werk und Notierung bzw. Plan des Werkes zwei Sachen sind, können diese in den mit irrealen Zeit- bzw. Raumstreckungen arbeitenden Künsten (Malerei, Plastik, Sprechgedicht) nicht getrennt werden: Werk und Partitur sind identisch. Was auf der Leinwand erscheint, ist Vollzug des Werkes und dessen Notierung, die den Leser instandsetzt, den Vorgang adäquat aufs neue zu vollziehen.

Während ein musikalisches Werk durch konventionelle Zeichen zuverlässig aufgehoben werden kann, verträgt das malerische keine stellvertretende Zeichenordnung, weil es selbst konkretes Zeichengewebe, Index für..., nämlich nichterscheinende Farbbewegung, ist.

Eine der musikalischen Kompositionslehre vergleichbare Theorie ist für die Malerei nicht zu entwickeln, weil ihre Zeitdimension nur teilweise faßbar ist. Der malend-tastende Vorgang spielt sich zwar real in der Zeit ab, doch macht er nur den kleineren Teil der Bewegungen aus, der größere stützt sich auf die Indices und muß imaginiert werden. Da die realen und die irrealen Bewegungen jedoch ineinanderlaufen, fehlt die Möglichkeit, die Zeitebene herauszulösen, um sie theoretisch zu organisieren.

Die Tätigkeit des malenden Organismus hat ein Ergebnis gezeitigt, das unserer eigenen Individualität bemerkenswert analog ist. Das Bild als Übersetzung von positiver in negative Erinnerung über die Kante einer ganz bestimmten Konstellation hin ist im Grunde eine Art von Gehirn, von Gegen-Gedächtnis, dessen Hof offen erscheint und das gegen Verletzungen ebenso empfindlich ist wie das des menschlichen Körpers.

Artikulieren und Lesen

1959

1

Spielraum – immer ist es ein Spielraum, der artikuliert wird. Ein Organ artikuliert den Raum, in dem es sich bewegen kann. Indem es sich bewegt, entsteht diese bestimmte Artikulationstopographie. Sie ist das Ergebnis, sie markiert die Stellen, wo Organ und Spielraum aufeinandertrafen, wo die Bewegung zwischen Raum und Organ zu einem Ziel kam, wo Raum und Bewegung sich ihre Charaktere gaben. Die Artikulationsbewegung unterscheidet sich von jeder anderen organischen dadurch, daß sie zwar als Kontinuum abläuft und ihr Glück darin besteht, in dichter Kohäsion zu geschehen, daß sie sich aber unvermeidlich in kleine, sekundenhafte Einheiten zerlegt. Jedes Moment, durch das diese Einheiten sich bewegen, hat Richtungswerte, die die Bewegung von ihm zu bestimmten anderen besonders leicht überspringen lassen, die zu befolgen Kohäsion und Prägnanz, denen zu widersprechen Diskontinuität, Kontrast, Härte, Willkür, Beziehungslosigkeit ergibt.

Jeder Artikulationsvorgang ist körpergestische Äußerung und bereits mit Bedeutung besetzt, wenn die Aussagen vielleicht auch noch unterhalb der geläufigen Sprachebene bleiben und nicht übersetzbar sind in ein anderes als das gegenwärtige Medium. Die Mikroartikulatorik, die nichts mitteilt als diesen Ablauf, die Ordnung seiner Impulse, Zuckungen, Lösungen, Weigerungen ..., gibt der großartikulatorischen gesprochenen Sprache den Resonanzboden, die Feinstruktur, durch die sie sich von der geschriebenen Sprache unterscheidet. Wenn sie auf die Erfahrung sich verräumlichender Bewegung, aufs Berühren, Streifen, Anreiben, Festrennen, aufs Hüpfen und Aufsetzen und wieder Hüpfen, auf den Stich, aufs Sticheln undsoweiter einläßt, dann nicht um des puren Vollzuges willen, sondern zum Innewerden, zum Feststellen, zum Abheben, zum Zeigbarmachen und zum Zeigen. Sie erkundet dabei den Darstellungswert, die Mittelbarkeit der gestischen Bewegungen.

Erst wenn der Artikulationsablauf auf ein vernehmendes Ich reflektiert (und sei es auch das hervorbringende selbst), kommt er ganz zu sich: er schließt sich selbst ein Empfangsorgan an für sein Echo, für die Antwort, für die widertönende Erinnerung. Durch diese Reflektoren wird die Artikulation scharf, bekommt sie die Prägnanz, die sie unverwechselbar macht. Je durchdringender die Rückmeldung an das hervorbringende Ich selbst ist, desto stärker erscheinen die Pausen mit im Spiel. Hat doch das Rückgemeldete ein (substratloses) Echo, ein Besinnen, ein Wiederholen zur Folge, durch das Erinnerung diaphan und die Artikulationsform identifiziert wird. Die Artikulationsgeste, so spontan sie entstehen mag, ist immer auch Wiederholung, steht in Analogie zu einer früheren. Ihre Zeitgestalt verwächst zu einer Marke, die sich auf eine frühere bezieht und damit die Zeit, vergangene und gegenwärtige und umgekehrt, ordnet.

Sobald nur eine Identifikation gelungen ist, steht die ganze Artikulationsbewegung senkrecht zu ihrem Ablauf, wird, kaum sich ereignend, zu Marken geprägt, in denen sich die vergangenen Verwendungen spiegeln, mit ins Spiel kommen. Das Nichtgegenwärtige, das, ehe die Artikulation begann, nicht vorstellbar war, ist während ihrer unvermeidbar. Der Anfang aber läßt sich nicht ableiten: Artikulation wird eine Bewegung auf dem Grund von Erinnerung, doch Erinnerung verdichtet sich nur mit Hilfe von Artikulation.

2

Jede Artikulationsspur läßt sich konservieren. Dabei sind notierende und sedimentierende Konservierung zu unterscheiden. Diese ist bloße Spur, jene bedient sich eines festen Zeichensystems. Mit Hilfe moderner Vorrichtungen kann man jeden ästhetischen Vorgang auch sedimentieren: während früher Musik allein auf notierende Zeichen angewiesen war (wenn man von der Sedimentierung im Gedächtnis absieht), hebt heute das Tonband auch ihre Spur auf.

Die Möglichkeit der Notierung, der Schrift, beruht auf der Stabilität der Artikulationsräume und ihrer Beziehungen. Die Unverrückbarkeit der Artikulationstopographie wird ermöglicht durch das Einrasten der Erinnerun-

gen. Über diesem Grund können die darüberhingleitenden Artikulations-
bewegungen sich orientieren, wiedererkennen. Freilich wird die Erinnerung
nur stabil, weil und insofern sie sich mit Hilfe der artikulierten Marken
unterscheiden und die unterschiedenen Gestalten immer wieder an die
Oberfläche ziehen kann.

Die Anzahl der topographisch bemerkten Stellen ist endlich, so daß ihnen
bestimmte Zeichen zugeordnet werden können. Sie kann endlich sein, weil
die Artikulationsbewegung kein bloßes Kontinuum ist, sondern die Rückmeldung, das Echo dazu gehören, die die Elemente trennen.

Wie für die Sprache, die Musik, die Architektur, den Tanz, deren notier-
bares Material Ordnung und Bewegung von Raum- und Zeitverhältnissen
ist, wäre grundsätzlich auch für die bildende Kunst Notierung (und damit
beliebige Reproduktion) denkbar. Sie ist zuletzt nichts als sedimentierte
Bewegung des Pinsels, der Hand, des Arms – Artikulation eines zweidimen-
sionalen Spielraumes. Selbst die scheinbar nur sedimentierend festzuhalten-
den Taktilwerte des bewegten Farbmaterials könnten als chemische Strukturen mit je bestimmtem Lichtwert gewählt und eingesetzt und damit
notierbar werden.

Nicht so sehr die malerische Tradition als der nicht vorausformulierbare
Impuls der graphisch-psychographischen Bewegung der Hand, des Armes,
des Körpers steht dem im Wege. Diese Bewegung ist wohl die einzige ästhetische Erscheinung, die sich nur sedimentieren, nicht jedoch als reine
Raum- und Zeitordnung notieren läßt. Das von einer graphischen Bewegung durchspurte und artikulierte Blatt ist Werk und Partitur in einem.
Die Geschwindigkeit, das Beben, die Härte ... des arbeitenden Organs, sei
es der Hand, sei es der Sprechorgane, lassen sich zwar aus dem Werk, dem
Blatt, dem aufgeschriebenen Gedicht nachher ablesen, doch gibt es für sie,
weil sie nicht wiederholbar sind, keine Zeichenordnungen, mit denen sie
vorausgeplant werden könnten. Als einziges mundanes Material ist der
Ablauf von subjektiver Zeit und ihre Spur in der Organbewegung dem Subjekt selbst nicht frei verfügbar. Es findet sich immer schon in diesem Ablauf
vor. Es kann ihn verändern (durch Konzentration, durch Drogen ...), es kann
ihn vielleicht auch abbrechen, nie jedoch von sich aus beginnen und beginnend den Verlauf bestimmen. Das artikulierende Organ selbst ist nur End-
phase eines Puls, Atmung, Stimmung usw. umfassenden Vorgangs. Insofern
subjektive Bewegung an einem Werk beteiligt ist, ist es nicht notierbar.

3

Ebenso fundamental wie das Artikulieren ist das ‹Lesen›. Es gibt nichts, was
nicht in irgendeine Artikulationstopographie einbezogen werden könnte
und also lesbar würde. Diese ist die Voraussetzung der Lesbarkeit: ein endlicher Spielraum, in dem jede Stelle ihren charakteristischen Wert erhält.
Ein Element, das gelesen werden soll, wird in und mit Hilfe des Spielraums
lesbar, das Lesegeflecht insgesamt wird deutbar durch die Rückverweisung
der Elemente aufeinander, die Geschlossenheit des Systems.

Das wählende Konstituieren einer solchen Lesetopographie – die schon in
einer leeren (und doch auf jeden Fall schon geometrisch gewerteten) Fläche

bestehen kann – ist der erste Schritt der ästhetischen Hervorbringung. Der zweite ist der psychomotorisch mitbedingte Entschluß, an irgendeinem Punkt das Wahrgenommene, Gelesene zu verändern, – Schaffen im ästhetischen Sinn ist aktives Lesen, dem sich als Alternative nur die reine psychographische Expression stellt, die irgendein Medium ergreift und im nächsten Augenblick schon, allein durch die verdeckte Physik des Mediums, abgelenkt und aus seiner Sicherheit geworfen wird. Das lesende Hervorbringen ist demgegenüber die weiterreichende Methode.

Und sei es nur die ‹leere Leinwand›, immer ist schon ein wahrgenommener Kontext da, der in den entstehenden miteingeht, diesen mitbestimmt, wie der nun jenen angreift, ja sich als dessen Ab- und Umbau ausweist. Dabei spielt nicht nur der gegenwärtige Lesefond, der die neue Formation auffängt, eine Rolle; ebenso wirksam sind die erinnernd aufgehobenen Lektüren, die Erfahrungen früheren Umgangs mit analogen Formulierungen, ermöglicht doch das erinnernde Wiedererkennen der Artikulationsstellen und -charaktere überhaupt erst wiederzuartikulieren und zu lesen. Zu dem wahrgenommenen Kontext gehört seine Verflechtung mit der Erinnerung. Während das Lesen als solches sich mit der bloßen, durch die inzwischen darübergeschobenen Erfahrungen, die gelebte Zeit bedingte Phasenverschiebung der wiedererkannten Formen zufriedengibt, ‹übersetzt› der auf die Lektüre reagierende Eingriff den Lesezusammenhang, das Lesematerial in eine Ordnung, die von einer Art ‹negativer Erinnerung› oder ‹erinnerter Erwartung› gesteuert wird. Diese entspringt der eigentümlichen Nullpunktsituation, die das ästhetisch handelnde Subjekt erreicht haben muß. In dieser Situation hat es alles Gelesene vergessen, ohne die Fähigkeit des Lesens verloren zu haben. Da Lesen jedoch immer Wiederlesen ist, liest es, ohne zu lesen, d.h. es muß in seiner Aktivität Erinnerung gewinnen, die es nicht hat. Die ästhetische Aktivität, die einen Kontext zerstört, zerstört etwas, was erinnerungslos unleserlich geworden ist, und errichtet nun im lesenden Umbau zugleich die Erinnerung, in der schließlich die vergessene enthalten sein muß, ohne doch je als ursprüngliche wiedergefunden zu werden.

4

Will man die Natur des Lesevorgangs verstehen, der die malende Bewegung begleitet, so muß man in dem Lesematerial die reine Farberscheinung sondern von den graphischen Gesten, die diese real in Bewegung bringen, auftragen, verteilen, durchspuren. Die reine, abstrakt betrachtete Farbe ist, wie man bemerkt hat, nichts als Grund eines im Beschauen entstehenden Raumes, von einer dieser Farbe eigentümlichen Dichte, Tiefe, Geschwindigkeit des Entstehens.

Eine Farblichtkunst ließe sich denken, die ohne Farbträger arbeitet und mit Hilfe der Spektroskopie zu genauen Notierungen käme. Wird das Farblicht jedoch nicht unmittelbar, sondern an einer chemischen Substanz reflektierend geordnet, so tritt als weiteres Moment die Oberfläche mit ihren Taktilwerten hinzu. Auch wenn diese nur durchs Auge wahrgenommen, nicht betastet werden, aktiviert sich die Tasterinnerung und die Körperphantasie. Die Taktilwerte stehen fremd und selbständig in dem reinen, schauend entstehenden Farbraum, bringen in ihn Anweisungen, Anregungen realkörperlicher Bewegungs- und Berührungsphantasmen hinein.

Auge und Hand sind beide am Malvorgang beteiligt, jenes auf den Licht-Raum, diese auf den Tast-Raum bezogen, nicht voneinander zu trennen, sondern als Doppelorgan zu verstehen, als Zange mit gegeneinander beweglichen Backen, die einen Raum packt, den es nur an der Stelle ihres Angriffs gibt. Farbe, gelöst von ihrem Träger gesehen, ist jenseits der Berührbarkeit, sichtbar, in sich von je eigentümlichen Bewegungswerten, doch von keiner fremden Bewegung erreichbar. Farbe ist der Grund, der von drüben, von sich selbst her kommt. Das ihr angemessenste Substrat ist flüssig und nimmt wie das Wasser keine graphischen Spuren auf, folgt nur der eigenen Ausdehnung. Die Malbewegungen der Hand tasten sich, indem ihnen das Farbsubstrat ausgeliefert wird, in den Farbfond hinein, artikulieren ihn, d.h. suchen tastend die diesem Farbcharakter und seiner Entstehungsgeschwindigkeit und -tiefe entsprechenden Knoten, Kurven, Verbindungen ... der verborgenen Artikulationsorte auf. Die dabei erscheinenden Graphismen, die Schwellungen, Wirbel, Strähnen, Furchen, Risse sind jedoch nicht nur Spuren eines erledigten Artikulationsgeschehens, sondern dauernde Anweisungen zu neuen analogen Lektüren, Anweisungen, wie der Farb-Raum, der ursprünglich nur dem auf keine Berührung ausgehenden Auge zugewandt war, tastend körperphantasmisch erreicht werden kann. Diesseits eines Farb-Raumes sind die Graphismen nur Artikulation von Fläche, allenfalls von Fläche in Fläche, Fläche hinter Fläche; erst durch die Bewegungstiefe des Farb-Raumes interessieren sie auch das Körperphantasma. Die Farb-Räume, von sich her jeder Körperlichkeit überlegen, werden zu Körpergebilden artikuliert, zu Körpern jedoch, die nichts als Artikulation sind, nur während des Artikulierens existieren. Es sind Bewegungskörper, angesogen, hervorgewirbelt und wie umgekehrte Fontänen in Gang gehalten von der Unerreichbarkeit der Farbgründe, und sie hinterlassen einzig die Anweisung zu ihrer Realisierung, sobald die Artikulation abbricht.

5

Die experimentelle Entwicklung führt folgerichtig zur gesonderten Behandlung des Farb-Raumes als bewegten Lichts und des Farb-Raumes als Artikulationsgrund. Die andere Reihe spitzt sich zur Auseinandersetzung zwischen dem imaginativ entstehenden Farb-Raum und den realen Körperspuren, den Taktilwerten des Bildes zu. Die von den Artikulationsprozessen in Gang gebrachten Bewegungen reizen, den Malgrund zu vergrößern und zu differenzieren, um die Bewegungen zu differenzieren. Die Differenzierung gelingt nicht durch bloße Vergrößerung der Fläche, sondern dadurch, daß die Taktilwerte präformiert, vorartikuliert werden, wie dies früher hinsichtlich der Vorbereitung des Farbgrundes geschah. Es wird nicht bloß Fläche, sondern Körperfläche vorgegeben. Körper wird Teil des Bildes und geht also auch schon in den Malgrund ein, ja löst die neutrale Fläche des klassischen Malgrundes teilweise ab, ist selbst Grund des Bildes.

Die Farbe nun besteht die Gegenprobe, daß sie jenseits der Berührbarkeit siedelt: Die Körperelemente können, solange sie ‹Bild› bleiben, nicht bemalt, nicht mit der Farbe in einem Zug, auf derselben Ebene behandelt werden. Wo dies geschieht, wird die Farbe zum Attribut des Körpers, erscheint Plastik. Die Farbe im Bild tritt wohl an den Körpergebilden auf, aber nicht als deren Färbung. Sie bringt, von den Artikulationsgesten getrieben, Raumereignisse, Bewegungsgestalten hervor, deren Irrealität sich gerade auf dem Grund und an den realen Volumen beweist. Die winzigen und geschwinden Farbgeschehnisse ebnen durch ihren fremden Maßstab die Volumina wieder zur Haut ein, während sie doch eben von der Diskrepanz der Maßstäbe profitieren – die Körperwerte können also nicht vergessen werden. Der Betrachter ist körperphantasmisch in den plastischen Elementen und zugleich imaginativ in den ‹verschwindenden› Bewegungsfarbgestalten. Diese Spannung ist legitim, solange das Bild aus Farb- und Taktilwerten besteht. In den Reliefbildern von Schultze oder Burri, die hier stellvertretend für alle vergleichbaren Versuche stehen mögen, hat das Tastorgan seinen Maßstab neben dem des Farborgans durchgesetzt. Beide Maßstäbe arbeiten im Bild. Das Bild ist nun auch Sache des plastisch artikulierenden Körpers. Es ist, wenn man nach dem systematischen Ort sucht, jetzt Phase von Architektur.

Zu den Bildern von Karl Otto Götz

1960

Von Anfang an ist es das Problem des kinetischen Bildes, das Götz beschäftigt. Es erschien zuerst 1934 - 36 in Bildern, deren Formen mit Hilfe von Schablonen über- und nebeneinandergespritzt wurden, und zwar so, daß bestimmte Züge vorangehender Schichten durchscheinend in den späteren erhalten blieben und deren Gestalt mitbestimmten. Diese Bilder sind im Krieg verbrannt. Eine Vorstellung von ihnen vermittelt eine Abbildung im Katalog der eben erwähnten Quadriga-Ausstellung.[1] – Das Thema ist in sich schon filmisch und führte folgerichtig zu den beiden kurzen Experimentalfilmen, die Götz 1935 - 36 herstellte. Er benutzte auch hierbei Schablonen, indem er in Zellophanwalzen bzw. Gummitücher Formen schnitt und diese Figurenträger mit verschiedenen und wechselnden Geschwindigkeiten drehte bzw. nach verschiedenen Richtungen verzog und die Figurationen auf einen Schirm projiziert sich über- und nebeneinanderlegen ließ, wo sie dann gefilmt wurden. Leider sind auch die beiden Filmstreifen verloren.

In diesen Versuchen war das spontane Moment sehr stark. Dem neuen Ansatz nach dem Krieg in den Serienbildern von 1947 - 48 geht eine analy-

---

1) *Quadriga 52* – Tachismus in Frankfurt – Kreutz, Götz, Greis, Schultze.
Historisches Museum Frankfurt, 1959

Karl Otto Götz: Schwarze Rhythmen, 1951

tische Besinnung auf die Formelemente des Bildes voraus. In der *Fakturen-
fibel* werden die Buchstaben ermittelt, aus denen sich das Bild notwendig
und autonom aufbauen läßt. Was früher mit lockerer Hand in- und überein-
andergeblendet wurde, liegt jetzt analytisch erarbeitet und Phase für Phase
begründet nebeneinander, etwa in dem sechsteiligen Wandbild, das in der
Zeitschrift *Cobra* abgebildet wurde, oder in der Holzschnittserie in
14 Variationen zu einem Thema. Das umfangreichste Werk dieser Zeit ist
ein vierundzwanzigteiliges Wandbild, das mit seiner kühnen Flächenartiku-
lation und den vielfältigen offenen Möglichkeiten der räumlichen Anordnung das Verhältnis von Malerei und Architektur neu angreift, ohne daß
dies bisher weitere Folgen gehabt hätte. – Der Ansatz dieser neuen Phase ist
das kleinste formale Element, die kleinste Einheit des Bildes, noch ohne
scharfe Reflexion auf das Feld selbst, in dem sie erscheint, auf die Negativ-
figur, die zugleich entsteht. Das Problem der Positiv-Negativ-Formen und
ihrer Beziehungen, von Baumeister bereits aufgegriffen, schiebt sich unterwegs immer mehr in den Vordergrund. Das Bild wird zwar aus Formelemen-
ten aufgebaut, aber es sind keine Buchstaben und das Bild ist keine Schrift:
Es bringt seinen ganzen Flächenkörper mit ins Spiel, und die Arbeit der
malenden Hand ist, ungleich der der schreibenden, in Spannung und Auseinandersetzung mit dem, was sie am Bild nicht berührt, was sie auslassen
muß und was dennoch von ihr mitzubestimmen ist, wie sie sich von ihm
bestimmen lassen muß: dem Weißen, dem Leeren, der Vierung, dem Grund.

Die prägnanten Flächenformulierungen dieser Bilder scheinen in ihrer
Perfektion ein Endstadium anzuzeigen. Tatsächlich enthalten sie jedoch
schon den Grund für ihre Überwindung insofern, als der Prozeß zwischen
Figur und Fond, Schwarz und Weiß dazu führte, daß das scheinbar inaktive
Weiß des Malgrundes plötzlich unerhört ‹wirklich› wurde und sich auf gleicher Höhe, gleichwertig mit den dunklen Formen darzustellen begann. Noch
galt das gewohnte Verhältnis von Form und Fond, aber der Grund meldete
seine Autonomie an: Das Weiße wog auf einmal so viel wie das Schwarze,

Karl Otto Götz: Bild vom 5.2.1953

das Leere war so wichtig wie das Volle, ja das weiße Leere war schwerer als das schwarze Geformte, es war früher, es war faszinierender, denn es kam von sich her, war eben kein Psychogramm, keine Erfindung, sondern selbständige, das Unbekannte enthaltende Macht.

Daß es kam und daß es erkannt wurde, war nicht selbstverständlich. Götz war darauf vorbereitet durch seine früh geübte Beziehung zum Surrealen. Er hatte zur Zeit der Serienbilder schon mit dünnflüssiger Farbe von einer Glasplatte abgezogene Monotypien gemacht, deren rasche Herstellung überraschende und erregende Zufallsbildungen einschloß. Diese aus dem Umkreis surrealer Techniken stammende Arbeitsweise springt nun ein, wenn die klassisch fixierten, mit unendlicher Geduld und Akribie gefertigten Positiv-Negativ-Bilder ihre Grenze erreichen, ihr eigentliches Problem neu stellen. Das zwischen diesen Stadien vermittelnde Bild, die *Komposition II* von 1952, finden Sie ebenfalls im Quadrigakatalog; auf ihm zeichnen sich die fortgeschrittene Dynamisierung der Figuren und die Revolte des Weiß im Schwarz bereits ab, doch schaffte hier die übliche Arbeitsweise mit dem Pinsel offensichtlich nicht das, was da kommen will. Das klassische Problem von Form und Fond wird, das ist der winzige, entscheidende Schritt, mit Hilfe einer nichtklassischen Arbeitsweise angegangen und damit ins Nichtklassische transponiert: Denn die Revolte des Weiß, die Aktivierung des Leeren mit dem Versprechen der unerwarteten Figuration ist schon im surrealen Horizont zu Hause und ergibt sich nur einer dem gemäßen Technik. Das Positiv-Negativ-Thema wird nun in zwei Phasen mit Pinsel und Rakel ausgeführt und zunächst mit Hilfe einer Glasscheibe als Monotypie bearbeitet. Später überträgt Götz die Methode, die von der Leinwand her nicht zu erfinden gewesen wäre, auch auf deren traditionellen Malgrund.

Wer die präzis formulierten Serienbilder vor Augen hat, versteht, welche Rolle auch bei den neuen spontan ‹geschriebenen› Bildern die formale Konzeption eines bestimmten Themas (etwa der sogenannten U-Boot Serie: *dominierende Waagerechte mit intervenierender Senkrechten*) spielt. Es bleibt so ein klassisches Moment in der spontanen Methode bewahrt, ein Moment freilich, das der Reflexion entspringt und durch sie experimentell und keineswegs traditionalistisch wirkt. Während jedoch früher das Bildthema minutiös auskalkuliert wurde, wird nun seine beste Fassung in einem experimentellen Prozeß ermittelt. Die rasch hingesetzte Form fällt dem Lappen zum Opfer, das Leere wird wieder hergestellt, wenn der Ansprung nicht gelungen, die unerhörte Form sich nicht eingestellt hat. Es ist kaum auszumachen, was in dem Prozeß eines Arbeitstages, in dem Dutzende von Bildern verurteilt werden, vor sich geht, bis dem einen die Existenz gestattet wird. Es ist sogar denkbar, daß der Prozeß, den ein Thema bis zu seinem Freispruch durchmacht, wichtiger ist als sein endliches Ergebnis. Nicht nur weil die Leinwände nicht in genügender Menge zu beschaffen wären, werden die Versuche wieder gelöscht (und dabei ohne Zweifel Fassungen vernichtet, die bereits ihren Wert in sich tragen); es entspricht vielmehr dem Charakter des Vorganges selbst, daß er zu neun Zehntel aus Vernichtung, Negation, Aufhebung, Vergessen besteht, ehe er im ‹Bild› zur Lösung und Ruhe kommt.

Die erste, schwarzgeschriebene Phase des Bildes ist rein kalligraphisch, wie wir es dann auch bei den neuen Japanern kennenlernten. Die zweite ist, könnte man sie isoliert sehen, für sich ebenfalls kalligraphisch und modifiziert dabei die Schriftzüge der ersten. Indem sie jedoch mit dem Rakel negativ in die noch nasse Materie der ersten eingetragen wird, reißt sie deren Bild auf, das Weiße tritt nicht nur als negatives Schriftbild, sondern als Kraft vom Grund her mit ein. Der Ansprung des Schwarzen, die erste formulierte Form und die weiße Negation müssen so zueinandergeraten, daß nun aus ihrer splitternden Vermischung nicht die bloße Unleserlichkeit übrigbleibt, sondern sich in den Wirbeln, Grenzvermischungen, Querverläufen ein Neues zeigt. Dies Neue rechtfertigt das Bild und läßt den Prozeß am Ziel erscheinen. Die Schreibrichtungen werden darunter so beiläufig wie die imaginären, überkippenden Räume, welche aus den dynamischen Schwüngen hervortreten. In den querverlaufenden Passagen, die unvorhersehbar sich in den Zusammenstößen und Vereinigungen der Pinsel- und Rakelzüge bilden, gerät das ganze positiv-negative, schwarz-weiße Strömen in die Schwebe, das Eindeutige der Antagonie setzt aus. Die Dynamik, die diese Bilder mitteilen, hat, sehr im Gegensatz etwa zu der der Bilder Sonderborgs, mit denen sie gerne zusammengehängt werden, winzige Flecken des Innehaltens, Wirbel des Stillstehens; sie ist augenblickshaft im genauen Sinn des Wortes und nicht nur transitorisch. Die Farbe, ursprünglich nur als indifferentes Substrat der Bewegung gedacht und darum bevorzugt aus dem Bereich von Schwarz und Grau gewählt, hat plötzlich an Ort und Stelle einen Ton, ist weich, intensiv, schleirig, hat ihren Hof und ihre Atmosphäre.

In der jüngsten Phase gibt es Bilder, bei denen der Widerstreit zwischen Form und Fond, Schrift und Grund, Schwarz und Weiß nahezu zur Ruhe gekommen ist. Das Schwarz überzieht in breiten, leise sich windenden Strömen die Fläche. Es hat an Farbigkeit gewonnen und an kalligraphischer Prägnanz verloren. Es ist fast einsinnig mit dem Grund, es ist beinahe der Grund selbst, ein schwarzes Weiß, ein weißes Schwarz, in dem die Qualitäten von Form und Fond nicht mehr miteinander kämpfen, sondern ineinandergefallen sind. Daß das Weiß nicht ausgeschieden, sondern unterschwellig wirksam bleibt, zeigt ein Bild wie *Hommage à Jules Verne I*, in dem schwarze Pinselfahnen, mit dem Blau des Malgrundes dicht verwoben, an einem Fleck plötzlich aufreißen und das vernarbte Weiß aus einem Grund hervortritt, dessen Lage vom übrigen Bild her gar nicht mehr zu bestimmen ist. Und diese Spur von Weiß ist stark genug, die riesigen Flaggen von Schwarz und Blau aufzuwiegen.

In diesen jüngsten Bildern scheint wieder einmal ein Problem ans Ende gebracht und aus der Endstellung sich eine neue Fragestellung zu formulieren: die nach der Feinanalyse der Farbwerte, zunächst im Schwarz- und Graubezirk. Gedankengänge, die in diese Richtung zielen, hat Götz in seinem Beitrag zu dem Sammelband *movens* formuliert. Was über das reine Methodische hinaus daraus werden kann, ist vorläufig noch sein Geheimnis. Die Frage jedenfalls hat sich ihm gestellt, und damit ist bereits ein Stück Zukunft gewonnen.

Diese Toten haben ihre eigene Welt

Über die späten Bilder von Jawlensky

1988

Mein Weg zu Jawlensky führt über den unvergessenen Clemens Weiler, der in der Nachkriegszeit das Museum in Wiesbaden leitete. Weiler war damals einer der wenigen, wenn nicht gar der einzige Museumsleiter, der eine Nase für Kunst im Entstehen hatte und durch sein ungeniertes Engagement Ermutigung bewirkte. In Erinnerung ist mir noch die erste größere Ausstellung informeller Malerei aus Frankreich und Deutschland, die Weiler 1957 unter dem Motto »couleur vivante« organisierte. Im Laufe der Jahre kam im Wiesbadener Museum dank Weilers programmatischer Ankaufslust eine Sammlung experimenteller Malerei zustande. Es kann kein Zufall sein, daß ein Mann, der Malerei als couleur vivante begriff, die Gelegenheiten nutzte, seinem Museum eine breite Auswahl aus dem Lebenswerk Alexej Jawlenskys zu sichern, der 1941 in Wiesbaden gestorben war. Von der informellen Malerei ins Wiesbadener Museum gelockt, entdeckte ich Beziehungen zwischen ihr und bestimmten Werkperioden Jawlenskys. So paßte auch die Auflösung des Bildgrundes in ein Ensemble von Pinselstrichen in den spätesten Arbeiten – den *Meditationen* – ins Vorfeld des Informel.

Mich beschäftigten diese späten Bilder wieder, als ich Malerei als visuelle Sprache zu entziffern begann. Schon in Jawlenskys *konstruktiven Köpfen* aus den zwanziger und frühen dreißiger Jahren (auch davon hinreichend Anschauliches in Wiesbaden) waren die Lineaturen in ein standardisiertes Schema gebracht worden. Zieht man es heraus, erhält man ein Gesichts-Ideogramm. Eine vergleichbare Struktur haben die *Meditations*-Gesichter der folgenden Jahre. Über die erwähnten ‹informellen› Farbfelder legen sich in breiten, schwarzen Pinselstrichen die Elemente eines Gesichts: Nasenbalken, Stirn-, Augen- und Mundbalken. Sie verklammern die anfänglich autonomen Farbfelder und orten sie als Lider, Wangen, Lippen, Bart. Alle Bilder dieser Serie behalten das Grundmuster des Balkengefüges bei, und so bildet sich durch Konstanz und Wiederholbarkeit eine immanente Zeichenkonvention: das Ideogramm ‹Gesicht›.

Dabei schreibt sich unverkennbar und anders als bei den *konstruktiven Köpfen* die arbeitende Hand mit ein. Ihr Duktus artikuliert das Gesichtszeichen, verschiebt es von Fall zu Fall und findet nur an der Blattgrenze definitiven Halt. Sichtbar wird die qualvolle Mühe der arthrosegelähmten Hände, die beide benötigt werden, den Pinsel zu halten. Doch unverkennbar ist auch der entschlossene Drang zum Notieren, zum Formulieren, der sich auch darin äußert, daß Jawlensky gleichzeitig an acht, in zwei Reihen angeordneten Bildern arbeitet.

Nimmt man die Behinderung der Hände nicht nur als Defizit, sondern als methodisches Moment im Arbeitsprozeß, dann trägt sich in diese Bilder nicht nur die Pathologie ihres Malers, sondern die unseres Zeitalters ein.

Alexej von Jawlensky: Die Winternacht, wo die Wölfe heulen, 1936

Diese Gesichter mit ihren geschlossenen Lidern, geschlossenen Lippen schweigen und machen den Betrachter schweigen. Sie schauen, nach innen gewandt, niemanden an. Sie sind durch ihre ideographische Reduktion, die nurmehr gerade Striche, (fast) keine Rundungen mehr kennt, entindividualisiert. Die dunklen Pinselbalken verweisen auf Abgeschiedenheit, Endgültigkeit.

In Anbetracht der über siebenhundert entstandenen Bilder, die kaum überblickbar erscheinen, steigt die Imagination der riesigen Totenscharen auf, die in Wellen unser Jahrhundert und die Lebenszeit Jawlenskys überzogen haben: die des Ersten Weltkriegs, dann die von Stalin bewirkten, auch in der Zeit, als diese Bildchen entstanden, und schließlich die, die in diesen Jahren (1934 bis 1937) in dem Land, wo Jawlensky Zuflucht gesucht hatte, vorbereitet wurden. Das Feld dieser vielen Gesichterbilder erscheint da wie eine Kontrafaktur zu den gerasterten Gräberfeldern, in denen sich doch nur der kleinere Teil der Toten zusammenfand: Jedes der Bilder, trotz der ideographischen Identität mit allen andern, von eigener Anmutung – eigentümliche Ausprägung eines Ideogramms, das die Verfassung von ‹Totheit› zur ‹Sprache› bringt.

Als exemplarisch habe ich – unter Qual der Wahl – das Bild *Die Winternacht, wo die Wölfe heulen* ausgesucht (1936 entstanden; der Bildtitel, wie die Bildtitel der *Meditationen* insgesamt, führt in die Irre).

Vom matten graugrünen Gesamt heben sich im linken Lidfeld ein dunkelrotes und im rechten Bartfeld ein dunkelblaues Farbfeld ab. Bei genauerem Hinsehen erweist sich, daß die düsteren Wangenfelder gelb grundiert sind. So erhält das Bild zwar Varianten der drei Grundfarben, ihre Korrespondenz wird jedoch durch die Verdrängung des Gelb unterbunden. Erst zum Schluß, wenn das Balkenantlitz bereits aufliegt, werden neben die Nasenwurzel links und rechts leichte gelbe Striche gesetzt: winzig im Ganzen, doch die Dreiheit der ersten Farbwahl memorierend, mit der die Unendlichkeit aller Farben angesprochen war. Blau und Rot – dieses von überlagernden grauen Pinselstrichen beeinträchtigt – werden ohne das leuchtende Dritte vom Balkenschwarz eingebunden und verstärken dessen sinnliche Präsenz. An den äußersten Rändern unten und oben gibt es noch Streifchen von Weiß – Restlicht? Die Gesichtsgrenzen rechts und links lösen sich auf in kurzen, lockeren Pinselstrichen, in die auch etwas Gelb eingemischt ist.

Einen Moment lang glaubt man, durch die Balken wie durch Fensterrahmen in ein Inneres zu blicken. Die Wangenfelder weiten sich jedoch, sobald das Auge sich völlig auf ihre gebrochene Tönung einläßt. Die Begrenzung entfällt. Wie Membranen mit kaum wahrnehmbarer Vibration wirken die Wangenfelder, und es mag dabei das Gelb im Untergrund mitspielen. Nicht sofort, doch allmählich wird die Botschaft ambivalent. Das Schweigen der geschlossenen Lippen, die Abweisung durch die schwarzen Balken sind nicht mehr eindeutig. Zwar bleibt die ‹Totheit› des Ideogramms unverrückbar. Es springt ihr jedoch wie ein Aszendent eine Durchlichtung, eine Heiterkeit bei, die sich hinter den geschlossenen Lidern ausbreitet. Die Farbflächen unter den Balkenzeichen gewinnen eine eigene Dimension, gewinnen sie zurück, jetzt jedoch – anders als vor der Überlagerung und Einbindung – durchweht und verrätselt von glückhaftem Schrecken, der nicht von dieser Welt ist. Diese Toten haben ihre eigene.

Die Bilder altern nicht – vielleicht weil ihr Ideogramm ein Unveränderliches weitergibt, im Sinn der Ikonentradition, auf die sich Jawlensky auch bezogen hat, obwohl für ihn ihre Regeln nicht gelten konnten. Offensichtlich bewahrt ihre ideographische Verfaßtheit sie vor dem Verschleiß durch wechselnde Sprachregelungen und erhält sie lesbar auch für all die Toten, die noch am Leben oder noch gar nicht geboren sind.

Inszenierte Architektur

Entwurf zur Theorie einer Architektur

In Zusammenarbeit mit Günter Bock

1958/59

1

Jede Kunst wird durch ihr Material bestimmt, das Material der Architektur ist nur in vorläufigem Sinn der Baustoff der zu fertigenden Gebilde – ihr tatsächliches, die Formen und den Vorgang des Bauens bestimmendes Material sind die Kräfte, gegen die der Baumeister mit seinen Baustoffen aufkommen muß, Wind- und Nutzkräfte und vor allem die Schwerkraft. Jeder Backstein ist Schwerkraft, potentielle Bewegung mit dem Bestreben, sie anderen Körpern mitzuteilen – der ganze Bau ein System potentieller Bewegungen, so daß der Statiker den Begriff des bloßen Ruhens nicht kennt, der Ruhezustand für ihn vielmehr ein Gleichgewichtszustand einander entgegenwirkender Kräfte ist.

Dieser Charakter bewegungsloser Bewegung unterscheidet die Architektur von der Maschine, die aus einem System endloser Bewegungen besteht.

Daß die dynamische Auffassung der Architektur ihrem Wesen näher kommt als die statische, belegt die Entwicklung zur völligen Aktivierung des Baukörpers, wie sie seit Jahrzehnten zu beobachten ist.[1] Der Gedanke des optimalen Baues sucht darin seine Verwirklichung. Von den technischen Mitteln, die im Hinblick auf die endlose Bewegung der Maschine erfunden wurden, übernimmt die Architektur, was diesem Trend nützlich ist: Rohr, Träger, Seil, Stahl, Beton, Glas. Damit wird es möglich, über den Skelettbau, in dem aktives Gerippe eine passive Haut trägt, hinaus noch zu Konstruktionen vorzudringen, die jedes Bauelement durch und durch aktivieren, die Passivmassen des Systems von Lasten und Tragen völlig in ein Zug-Druck-System überführen. Die Aktivpunkte beherrschen den Baukörper und charakterisieren ihn als schwebend-gespanntes Kräftesystem.

Arbeiteten in der überlieferten Bauweise die Holz-, Stahl- und Mauerteile unter den äußeren Einflüssen jeweils für sich und gefährdeten die Sicherheit des Baues, wenn sie zu innig verbunden waren, so leben nun alle Teile in einer Bewegung des Ausdehnens oder Schrumpfens, der Baukörper bleibt in jedem Zustand im Gleichgewicht, weil die Formveränderungen an sehr vielen Stellen in sehr kleinem Ausmaß auftreten und sich gleichmäßig über

---

1) Die geistigen Voraussetzungen dafür liegen in der Funktionalisierung von Raum und Zeit im cartesianischen Denken. Über diese Zusammenhänge handelt Sergio Bettini, *Critica Semantica*. (*Zodiac*, Intern. Zt. f. moderne Architektur, Mailand, Band 2, vor allem S. 22 ff.; die englische Übersetzung ist beigegeben.)

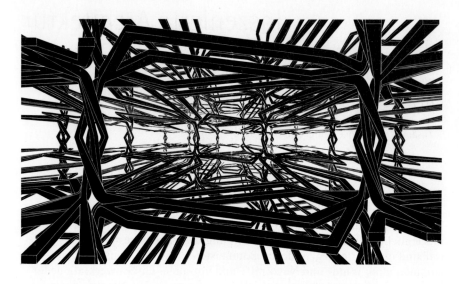

Konrad Wachsmann: Perspektive einer Struktur aus einem Standardkonstruktionselement gebildet, deren Anwendung in einem fünfetagigen Bauwerk angedeutet wird

das Ganze verteilen, indes es zuvor besonders gefährdete Querschnitte gab. Das klassische Vorbild ist das Gewölbe, das jede Beanspruchung mit allen seinen Punkten aufnimmt. Dasselbe gilt für ein Zuggebilde, etwa ein Draht-seil, das jede Beanspruchung bis zum Augenblick der Zerstörung unter Aus-nutzung jeder Faser trägt – es würde bei Überbeanspruchung theoretisch an allen Stellen zugleich reißen, wenn nicht Unregelmäßigkeiten im Aufbau bestünden. Konrad Wachsmann hat einmal als das Ideal des Statikers den Bau bezeichnet, der an allen Stellen zugleich bricht; er kommt daher zu der Konsequenz, durch konstruktive Maßnahmen die gefährdeten Querschnitte (Eckpunkte der Konstruktionsrahmen und Mittelpunkte der Knicksäulen und Biegebalken) zu verstärken, ungefährdete Querschnitte hingegen zu verrin-gern, so daß das statisch überall gleichwertige Konstruktionsglied materiell und der Erscheinung nach an- und abschwillt, während sonst Wand und Decke optisch gleichmäßig und statisch ungleichmäßig waren und durch verdeckte Maßnahmen für den Ausgleich gesorgt werden mußte. Bei Wachs-mann ist Bewegungsform der Bauelemente Konsequenz des optimalen Bau-gedankens, nicht stilistische Beigabe. Auch das An- und Abschwellen der Schalen Castiglionis folgt dem statischen Kräfteverlauf. Die plastisch-künst-lerische Behandlung fällt also (anders als bei Le Corbusiers Wallfahrtskirche Ronchamp) mit der konstruktiven Notwendigkeit zusammen.

Dies dynamische Bauprinzip wurde in reiner Form wohl zum ersten Mal im Raleigh-Stadion (North-Carolina, USA) von Matthew Nowicki, Fred Severud und William H. Deitrick (1953-54) verwirklicht, während R. Buck-minster Fuller die Prinzipien der Druck-Zug-Konstruktion etwa zur gleichen Zeit experimentell erforschte. Im Raleigh-Stadion werden zwei mit den Schenkeln sich kreuzende, entgegengesetzt aufsteigende Parabeln durch eine Hängekonstruktion miteinander verspannt und ins Gleichgewicht gebracht, so daß nun jede Beanspruchung das ganze Bauwerk trifft. Alle Elemente sind im Zug oder Druck aktiv, das Kräftegschiebe durchwirkt den ganzen Körper, es gibt keine toten Massen und keine selbständig arbeitenden Glieder mehr. – Dieselbe Funktionstrennung von Zug und Druck auf verschiedene Glieder führt Eero Saarinen in seinem, ebenfalls mit dem Statiker Fred Severud gemeinsam gearbeiteten Hockeystadion für die Yale-Universität in New Haven von 1958 durch. Das Thema der Sportarena mag zu der bewußten Darstellung des Dynamischen, des ‹tug-of-war between pull und resistance›, gereizt haben. Beherrscht wird der Bau von einem längs durchlaufenden, geschwungenen Betonboden, dessen Form sich in den beiden gekurvten Wänden wiederholt. In diesen Wänden ankern die von dem Bogen herabgespannten, das Dach tragenden Drahtseile. Bogen und Seile sind innen sichtbar. Das Ineinanderübergehen konkaver und konvexer Wölbungen innen wie außen läßt den Baukörper mehr als plastisches Kontinuum denn als schützende Höhle erfassen.

2

Die Beziehungen zwischen Entwurf, Plan und Realisation sind wohl in keiner künstlerischen Disziplin vielfältiger als in der Architektur – wobei wir unter Architektur nur solche auf die Raumwünsche des menschlichen Organismus bezogene Gebilde verstehen, die es mit dem maßhaften Raumbewußtsein und -empfinden zu tun haben. Wenn man die steinzeitlichen monolithischen Male und die Pyramiden bereits als Vorphasen von Architektur gelten läßt, die durch die in Holzkonstruktion gedachten, in massivem Stein errichteten antiken Tempel zum eigentlich Architektonischen sich wenden, so stößt man in Anbetracht der verfügbaren Mittel (hölzerne Hebewerkzeuge und Rollen, Seile, Muskelkraft) auf das Phänomen des Übermaßes im Ursprung der Architektur: Sie beginnt jenseits dessen, was ein Mensch konkret-körperlich leisten und erfahren kann, sie beginnt als Werk der größeren gesellschaftlichen Gruppe, nicht mehr der Familie oder des Einzelnen, und sie beginnt als Widerspruch, im Widerspruch zur Natur: Die bis zu 50 t schweren Monolithen des steinzeitlichen Stonehenge sind über 250 km weit transportiert worden.

Die frühe Tektonik verweist durch ihre plastische Qualität – zu denken ist vor allem an die schwellenden Steinsäulen, die Architrave, die oft aus raffiniert berechneten Quadern gefügten Mauern – auf die Rückbezogenheit auf die Erfahrungen mit der Skulptur, der Plastik. Immer wieder hat sich Plastik als prototypisch für die Architektur erwiesen – noch die Bauhausarchitekten haben wichtige Impulse von der kubistischen Raumanalyse und ihren plastischen Konstruktionen empfangen. Heute rufen plastische Gebilde, die mit dem Raum arbeiten (Moore, Hepworth, Hajek), nach architektonischer Realisation, und im Architekturmodell wirken sich unwiderstehlich plastische Formwendungen auf die baumeisterliche Phantasie aus. Die Legitimation dieses Verhältnisses gibt das beiden Disziplinen gemeinsame Maß des menschlichen Körpers. Plastik ist, solange sie es mit dem Volumen zu tun hat, wesentlich bestimmt durch die körperanaloge Schwell- und Führkraft;

für die Architektur hatte Le Corbusier das am menschlichen Körper gewonnene Maßsystem seines Modulors als optimal und unbewußt immer schon gültig erwiesen. Man kann Architektur als die Maßnahme bezeichnen, den Bewegungscharakteren des menschlichen Körpers Raumformen zu schaffen, an denen er seiner Bewegungsgesten innewerden, sich orientieren und differenzieren kann, und konsequent für den architektonischen Entwurf eine Art von Raum- und Bewegungssyntax entwickeln.

Der Bezogenheit auf die Raumerwartungen des menschlichen Körpers widerspricht es, Architektur bis ins einzelne auf dem Papier festzulegen und dann mechanisch ausführen zu lassen. Eine Architektur, die uns wieder ganz gehören soll, wird den Plan als eine Partitur auffassen, in der nur die im Hinblick auf die Bedingungen des Ganzen notwendigen Momente festgelegt sind, zugleich aber dem Baumeister, wie dem realisierenden Dirigenten, die Möglichkeit der Variation, der Modulation, der sich in der gegenwärtigen Phase des Baus aufdrängenden Improvisation offenbleibt. Die Entwicklung freiverformbarer Materialien (insbesondere auch für die Installation) liefert die Grundlage dafür. Architektur ist nicht nur von der Vollendung des Baus her zu sehen als ein Gebilde bewegungsloser Bewegung, wie es eingangs dargestellt wurde, sie ist auch sukzessiver Vorgang, der vom Entwurf über das Ausführen, Bewohnen, Verwittern, Erneuern bis zum Zerfallen viele Phasen hat. Angesichts der Entwicklungsmöglichkeiten des Baumaterials sind architektonische Konzeptionen denkbar, die je nach den Bedürfnissen der Benutzer weiter- oder umzugestalten erlauben. Da Architektur als einzige Kunst bewußt die unabsehbaren Einwirkungen der Natur auf sich nimmt, ja als ihr Widerpart errichtet wird, damit aber zugleich die fortdauernde Arbeit von Wasser, Wind, Sonne, Frost als berechtigt anerkennt, muß der Baumeister bei der Wahl der Mittel und ihrer Anwendung eben auch ihre entferntere Reagibilität als ästhetisches Moment in Rechnung stellen, so daß das Gesicht des Baues nach zehn oder zwanzig Jahren noch seinem Willen entspricht.

3

„Die Architektur", schreibt Le Corbusier,[2] „ist kein synchronisches Phänomen, sondern ein allmählich erlebtes, es besteht aus Schauspielen, die sich aneinanderfügen und in Raum und Zeit folgen, wie es übrigens auch in der Musik geschieht." Le Corbusier nimmt damit Stellung gegen die über geometrisch-rationalen Formen errichteten Architekturen, deren Ordnungen nicht mehr sinnlich zu erleben sind. Uns scheint es wesentlich, zu dem Aspekt des „Schauspiels", also der sich ineinander verwandelnden Bilder, noch den der Folge und Ordnung verschiedener Bewegungscharaktere der Bewohner und der spezifischen Raumsituationen hinzuzufügen und so das Gehäuse durch den sich bewegenden Körper in Besitz zu nehmen.[3] Zumindest als Hilfskonstruktion ist die Vorstellung einer absoluten Architektur nützlich, die keine anderen Gesichtspunkte gelten läßt als die der Beziehung zwischen dem wahrnehmenden bewegten Körper und der künstlichen

---

2) *Modulor* 1, Stuttgart 1953, S. 75

Anordnung endlicher Räume. Nur so wird die gestische Kraft einer aus je bestimmter Richtung erreichten Situation des Bewohners in den ihn eben umgebenden verschiedenen Dimensionen deutlich und der Begriff von Architektur als ‹Kunst› wieder elementar bewußt. Was mit Raumsituation gemeint ist, wird klar, wenn man sich die verschiedene gestische Valenz vergegenwärtigt, die die Beziehung und Entfernung etwa zur Decke für den Stehenden im Unterschied zum Sitzenden hat, oder man die ausgezeichneten Punkte jedes Raumes zu ermitteln versucht, an denen sich die Maße gegenseitig stillstellen, wo man den Umraum wahrnehmend ‹bleiben› kann, während andere Stellen durch eine vorherrschende Richtung gleitenden Charakter haben und so weiter. Die auf das Subjektzentrum des Raumes zielenden Richtungen des Raumes geben von sich aus schon an, was an diesem Ort seiner Lage, seinem Raumwert nach sinnvoll vollzogen werden kann, welche Funktionen hier am Platz sind.

Für den Entwurf heißt dies, den Grundbewegungswünschen des Menschen, soweit sie in diesem Gebäude statthaben sollen, das situationsbildende Gehäuse herzustellen. Es lassen sich auf Anhieb folgende Bewegungsformen unterscheiden:
a) die beginnende (eintreten, aufstehen);
b) die erlöschende (niedersitzen, schlafengehen);
c) Tätigkeit an Ort und Stelle (essen, nähen, schreiben);
d) Zielbewegung auf eine bestimmte Tätigkeit hin, um einer bestimmten Tätigkeit willen – Bewegung, die sich also vielfältig differenzieren kann;
e) die passierende, die in die kreisende (hin- und hergehen, durchwandern einer Raumfolge) übergehen kann;
f) die auf- und absteigende, die nicht nur Zielbewegung zu sein braucht, sondern sich in die kreisende eingliedern kann, etwa wenn zwei Treppen vorhanden sind.

Die bei uns üblichen Gebäude erweisen sich vor allem hinsichtlich b), e) und f) als unzureichend. Das hat seinen Grund in der Orientierung am Rechteck, indes diese Formen auf Krümmung aus sind. Das allein am Rechteck orientierte Haus entspricht nur dem Teil unserer Bewegungswünsche, die auf Richtungsentschiedenheit und Handlungsfähigkeit aus sind. Ungestillt läßt es das Verlangen nach dem spiraligen Raum, der unsere sich mindernden und nach innen verlaufenden Bewegungsgestalten aufnimmt und auslaufen läßt, nach Unterstützung der Introversion und Konzentration, wie sie auch so einfache Vorgänge wie Essen, Einschlafen, Nichtstun erfordern, und schließlich den nach der vagabundierenden, endlos sich windenden Bewegung zur Lösung und Übersetzung unterschwelliger, versperrter Impulse.[4]

---

3) Hinsichtlich der ‹Subjektivierung› des Verhältnisses zwischen Mensch und Architektur sei nochmals auf den Aufsatz Bettinis, a.a.O., hingewiesen

4) Adolf Behne kritisierte schon in den zwanziger Jahren diese Entwicklung, wenn er schreibt: „Der rechtwinklige Raum, die gerade Linie sind nicht funktionale, sondern mechanische Gebilde. Gehe ich konsequent von der biologischen Funktion aus, so ist der rechtwinklige Raum zunächst unsinnig, denn seine vier Winkel sind toter Raum, unbenutzbar. Umgrenzte ich den faktisch ausgenutzten, ausgeschrittenen Raum etwa eines Zimmers, so käme ich unbedingt zu einer Kurve." (Zitiert nach A. Kultermann, *Une Autre Architecture*, in: *Baukunst und Werkform* 8/58)

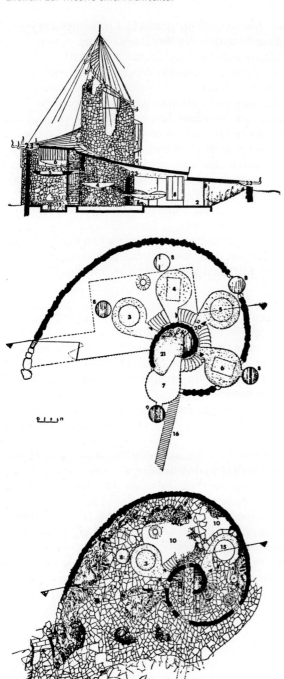

Bruce Goff:
Bavinger-Haus

Aufriß und Grundrisse
der unteren und oberen
Geschoßebene

 1 Terrasse
 2 Eingang
 3 Wohnen
 4 Eltern
5, 6 Kinder
 7 Studio
 8 drehbarer Schrank
 9 hinausgebauter
   Schrank
10 innerer Wasser-
   garten
11 Feuerplatz
12 Küche
13 Frühstücksplatz
15 Eßplatz
16 Hängebrücke
17 Stahlmast, an dem
   Dach, Wohnschalen,
   Treppen und
   Brücke hängen
21 Gäste
23 Oberlicht

Ansätze dazu sind nicht nur bei Wright vorhanden, sondern auch im »fließenden Raum« Mies van der Rohes, dessen bestechende Entwürfe doch gerade die kubische Bauweise durchgesetzt haben. Den Durchbruch zu einer nichtrationalen, ‹labyrinthischen› Bauweise bereitete abermals, wie jenen zum Bauhausstil, die Plastik vor. Man braucht nur die Einbeziehung des höhlenden Raumes ins Volumen bei Tatlin, Moore, Hepworth, Hajek und anderen zu betrachten, um die Nötigung zu spüren, diese Raumimaginationen mit dem ganzen Körper durchwandernd wahrzunehmen.

Unter den realisierten Gebäuden scheint uns das Bavinger-Haus von Bruce Goff, 1951 bis 1956 in Norman (Oklahoma, USA) geplant und errichtet, am kühnsten in dieser Richtung vorzustoßen.

„Vor allem", schreibt Goff von seinen Auftraggebern, „haben sie eine Abneigung gegen die Vorstellung, in dem üblichen Konglomerat von kleinen Kästen mit Löchern für Fenster und Türen zu leben ... Sie wünschen einen großen offenen Raum, der allen ihren Bedürfnissen Genüge täte ... Da die Bavingers den an diesem Platz vorkommenden Sandstein sehr schätzen, wurde er für die zusammenhängende Mauer von etwa 29 Meter Länge insgesamt verwendet, die in der Nähe des Eingangs aus dem Boden steigt und spiralförmig einen Stahlmast umläuft, an dem das ganze Dach, die innere Treppe, die verschiedenen Wohngehäuse im Innern und die Brücke aufgehängt sind ... In keinem Augenblick können wir den gesamten Innenraum auf einmal überblicken ... Das ganze Innere ist eine kontinuierliche Raumbewegung, in der weder die Wände, noch Boden und Decke parallel verlaufen. ... Vollständiger als in irgendeinem anderen Haus dieser Zeit wird hier dem ‹way of life› des Bauherren ein architektonischer Ausdruck gegeben ..." [5]

Unsere Körperbewegung unterscheidet sich von der einer Maschine dadurch, daß sie eine phantasmische Seite hat: also nicht nur in der realen Lageveränderung der Glieder besteht, sondern von einem unbewußt-bewußten Bewegungsentwurf je bestimmten Charakters geführt wird, dessen Elemente früher da sind und der selbst länger währen kann als die Gliederbewegung. Wesentlich für seine Qualität und Reichweite sind nun die Raumgesten und Signale, die ihn von außen umgeben. In dem Augenblick, da man die fortdauernde Einwirkung des architektonischen Gehäuses auf den ihn betretenden Körper wünscht, wird es klar, daß in den architektonischen Bewegungsplan auch die Oberfläche des Baukörpers einbezogen werden muß. Die Oberfläche aus Beton, Holz, Glas soll nicht nur die innere, angehaltene Dynamik des Baukörpers sichtbar machen, sie soll auch die funktionelle Seite des Bewegungsplanes mitteilen und hervorheben, und sie hat vor allem auch den aus der realen in die imaginative Bewegung (und umgekehrt) weiterlaufenden Bewegungsgestalten zu dienen. Wenn zudem eine Architektur, wie es unsere Beispiele zeigen, mit dynamischen Formen zu arbeiten beginnt, wird auch ihre Oberfläche in einem ungewohnten Maße

---

5) In: *Architectural Design,* Mai 1957, S. 170 f. Das Heft ist fast ausschließlich dem Werk Goffs gewidmet. Dem deutschen Leser zugänglicher ist das Material in der *Bauwelt,* Heft 4/ 1958.

empfindlich. Im Gegensatz zu den kubischen Formen, die als reine Raum-
spannungen fast farbindifferent sind und intensive Farborganisationen nur
im isolierenden Rahmen, dessen Viereck das Kubische spiegelt und abweist,
erträgt, verlangen die aktiven Gebilde ihre Textur, ihre Färbung. Dies kann
durch die rein technische Behandlung der Oberfläche, durch die Führung
des Lichtes [6] oder (und) durch die bewußte bildnerische Auseinandersetzung mit ihnen geschehen. Ohne Bewußtsein ihrer architektonischen
Bedeutsamkeit ist ein Zweig der gegenwärtigen Malerei mit der Erforschung
der Beziehungen zwischen Farbe und farbempfänglichen Körpern beschäftigt. Ihre Ergebnisse können sich der Architektur zuwenden, sobald diese die
Notwendigkeit verstanden hat. Wenn der Maler sich auf diese vorgeformte
Gebilde einlassen wird, dann nicht mehr mit zusätzlichen Dekorationen,
sondern vom inneren Grund des architektonischen Körpers selbst her.

4

Der Grund für den Maler, sich dieser Aufgabe zu unterziehen, ist nicht, wie
es scheinen könnte, äußerlich. Der malerische Vorgang wird zwar, indem er
sich auf dem isolierenden Feld der Leinwand abspielt, aus seiner Umwelt
gelöst, durch die Differenzierung des Bildes in Makro- und Mikroordnungen
jedoch läßt es den Betrachter in realem Annähern und Abstoßen, im Hin-
und Herwandern vor seiner Fläche pulsieren, bringt es eine vielfältige,
Raum beanspruchende Bewegung vor seiner Fläche zuwege. Es gewinnt die
ganze Spannung zwischen Groß- und Kleinstruktur überhaupt erst, wenn
sein Ausgedehntsein auch als reale Ausdehnung, gewissermaßen im Maßstab 1:1, erfaßt wird, wenn es an das organismische Maß des menschlichen
Körpers angeschlossen wird, was nur im architektonischen Ort, als Teil eines
unserem Körper angepaßten Gehäuses, möglich ist. Wie wesentlich das
anthropomorphe Maß der Malerei geworden ist, zeigen etwa die Arbeitstechniken von Pollock, Mathieu oder Götz, die den ganzen Körper einsetzen.

Die andere Nötigung für die Malerei, sich einer ‹labyrinthischen› Architektur zuzuwenden, liegt in dem Problem ihres Malgrundes. Je eindeutiger
sich Malerei einerseits als Farbraumbewegung versteht, um so aktiver ande-
renteils ihre Taktilwerte, also die Oberfläche, werden, desto unzureichender
wird der am bewegungsneutralen, isolierenden Rechteck orientierte Grund. [7]
Die Bewegungsstruktur des bildnerischen Materials bewirkt nicht nur, daß
die Ereignisketten sich in einem endlosen Feld (das nie völlig erscheinen
kann) ausbreiten, sie verlangt auch danach, daß neue Konstellationen auf-

---

6) Die in diese Richtung weisenden Experimente Moholy-Nagys, zuletzt in seinem *Vision
in Motion* berichtet, haben für die Architektur offenbar keine Folgen gehabt. Es wäre den
Fortsetzern, die heute am Werk sind, etwa Mack mit seinen Vibrationsstudien, eine weiterreichende Wirkung zu wünschen.

7) Gerhard Hoehme schreibt: „Den Gesetzen der Fläche bin ich immer widerwillig gefolgt,
weit mehr hat mich die Gesetzmäßigkeit der Farbe, ihr Strömen und Wachsen, ihre Materie und Struktur interessiert. Beim Umgang mit ihr, beim Eingehen auf ihre Möglichkeiten
hemmten mich oft die Ränder des Rechtecks. Meine Sehnsucht war der weite Raum, der
dritte, vierte, fünfte – nach oben, zur Seite, nach vorn, ja sogar nach hinten, aber ohne
illusionistische Tiefe." (Ausstellungskatalog Galerie 22, Düsseldorf)

tauchen. Das Unerwartete, das der Gewohnheit immer aufs neue Widerstehende, wodurch das bloß Dekorative überwunden wird und Anstöße zu einer intensiven Bewußtseinslage ausgehen, von der wir während keiner Stunde abgeschnitten sein wollen, gewinnt in der bildenden Kunst zunehmend zeitliche Ordnung. Wir verlangen es nicht mehr nur von der betrachtenden Insistenz vor dem gegenwärtigen Bild, wir erwarten es auch im Augenblick heranspringend, dem gerade Erfaßten ähnlich oder fremd. Sowohl für die unabschließbare Dramatik des malerischen Geschehens wie für die Erwartungsspannung liefert die Oberfläche des ‹labyrinthischen› Baukörpers – innen und außen – den endlosen, in sich verlaufenden Malgrund.

Öyvind Fahlström hat der neuen Erwartungsgestalt in seinem *Opera*-Band, das bei einer Breite von 27 cm 11,75 m lang ist und aus zahlreichen, nur von einem Betrachter in Bewegung abzulesenden Phasen aufgebaut ist, einen Prototyp gestellt. Obwohl es nicht ausdrücklich auf Architektur bezogen ist, demonstriert es die Konvergenz der bildenden Künste und der Architektur. Ein erster tastender Schritt zur Realisation dieser inneren Verbindung ist in dem Wettbewerbsentwurf abzulesen, den G. Bock für den Wiederaufbau des Augsburger »Goldenen Saales« von Elias Holl einreichte und in dem die Interpretation der Wände und Decke durch die malerisch-plastischen Mittel B. Schultzes vorgesehen war. [8]

Wenn die Malerei heute den eigentümlichen Wert der Taktilmomente herausstellt und den Malgrund aufklüftet, so unterwirft sie sich derselben Standortbezogenheit wie die Plastik. Es kann ihr nicht mehr gleichgültig sein, wie der Umraum beschaffen ist, in den ihre Elemente hineingreifen; sie verzahnt sich mit dem Ort und charakterisiert zudem den Grund, der sie trägt, in ungewohnter Weise – Wand ist nicht mehr nur Wand. Sie muß also in Kenntnis der Raumformen wie des Baukörpers, die sie aufnehmen sollen, gearbeitet sein. Die fortschreitende Erschließung aller in den Baumaterialien liegenden Möglichkeiten macht zudem die Baustelle zunehmend zu einem künslerischen Experimentierfeld ersten Ranges. Der den Talktilwerten seines Materials nachspürende Maler wird unweigerlich an diese Stelle der optimalen Gelegenheiten geführt werden. Der Architektur hingegen bietet sich hier eine Bildtechnik an, die wieder unmittelbar ins architektonische Material eingreift, seine Natur auswertet und dabei die Mikrostrukturen bilden kann, deren Fehlen die gegenwärtige Architekturmalerei so verzweifelt langweilig macht.

5

Die Raumgestik und Bewegungsführung, die aus dem Zusammenspiel von Architektur und indizierend-zeichenhaften Impulsen auf der Oberfläche sich ergeben, sind infolge ihrer formalen Art so offen, so wenig thematisiert, daß sie je verschiedenen Wohnfunktionen begleitend dienen, nicht vorgesehene auffangen können. Vorausgesetzt wird nur ein auf gestische Werte bedachter Bewohner oder Benutzer, ein Mensch also, dem es darum zu tun ist, sei-

---

8) In: *Bauwelt*, Heft 21/1958, S. 498 f.

ner Handlung und Befindlichkeit inne zu werden, sie je ihrer Natur nach geschehen und möglichst wenig seiner Lebenszeit unbedacht durchs Sieb fallen zu lassen.

Das Doppelgesicht der bildenden Kunst als Zeichen von ... und Zeichen für ... ist genau darauf eingestellt, dabei behilflich zu sein. Die bilderischen Strukturexperimente (Zeichen von ...), die zunächst nichts als dem gewählten Material immanente Ordnungen hervorzubringen scheinen, geben uns zugleich Muster, Sedimente typischer, grundlegender Verfassungen, in die wir mit Haut und Haaren, als geistig-seelische, körperliche, gesellschaftliche, geschichtliche Wesen einbezogen sind: des Zitterns, der Stille, der winzigen Störung, der Leere, des An- und Abschwellens, der langen Verwandlung und so weiter.

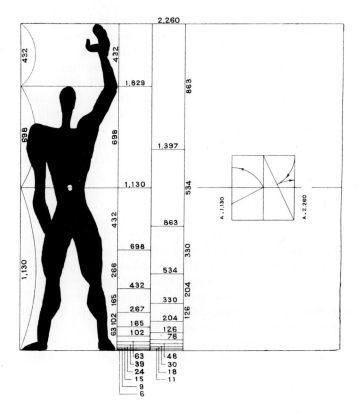

Le Corbusier: Der Modulor, ein den Proportionen des menschlichen Körpers entnommenes Maßsystem

Ihre entropischen Gegenformen erscheinen etwa als riesige Waben zivilisatorischer Architektur und werden dort von einem Kopf wie Le Corbusier im gleichen Sinn wie in der bildenden Kunst umgewertet, geordnet, gespannt, wenn er etwa in seinem Hochhaus von Algier die Rasterformen auf der dem Meer zu liegenden Seite größer werden läßt, unterbricht, versetzt.

Die strukturellen *Raumknoten* Hajeks, die Gespinste der Claire Falkenstein sind als metamorphotische Alternativen zu den toten Skeletten der Hochhäuser, deren Raster sich der Form nach ins Endlose fortsetzen ließen, zu betrachten: Vorschläge zu einer ‹anderen›, gegenläufigen und eben darum auch wieder spielbezogenen Architektur, in dem das dem Raster widersprechende Prinzip der Kunst, nämlich der unerwarteten Nuance, des winzigen, folgenreichen Eingriffs, mit am Werk ist und nun durch seine Wirksamkeit zugleich auch die Endlosigkeit, die Monotonie als mächtige Zeichen von ... interpretiert. Die strukturellen, bildnerischen Erscheinungen sind in solcher ‹anderen› Architektur Spiegelungen, Steigerungen, Bewußtwerden des innersten Baugedankens selbst.[9] Zwischen die architektonische Groß- und die bildnerische Kleinstruktur gespannt, nimmt der Mensch die Verfassungen, die Grundordnungen wahr, in denen er da ist, die ihn bestimmen, ob er es merkt oder nicht – nicht mehr entropisch ins Gleichgültige gekehrt, sondern mit den Spuren seines Willens, seines Eingriffs, wie sie bestimmter Ordnung einwohnen.

Die oben beschriebene ‹labyrinthische› Qualität der Architektur, die hier zur Erörterung steht, gibt zugleich auch der als Zeichen für ... auftretenden Kunst den offenen und doch in jeder Krümmung, jeder Raumsituation unerhört geladenen Beziehungshorizont für ihre Erfindungen und Formen. Ihre aus dem erschreckenden Entzücken, dem unleserlich Eindeutigen, dem Absurden steigenden Formen sind nirgendwo besser am Platz als in der Atmosphäre des Wohnens mit ihren Verdichtungen und Auflösungen, wenn das Wohnen nur in allen seinen Erstreckungen zu sich kommen darf. Regression und Meditation, Vitalschicht und Bewußtsein, Familie und Einzelner werden von ihren zwiegesichtigen Gebilden bedient, ja können eigentlich erst mit solcher Förderung ganz ihre Natur hervorkehren. Dieser umfassenden ambivalenten Auffassung des Wohnens antwortet die ‹labyrinthische› Architektur. Auch sie bedarf, wie die menschlichen Befindlichkeiten und Wohnhandlungen, der bildnerischen Elemente auf ihrer Haut, damit sie gestisch-deutlich wird. Ja, ihre labyrinthische Qualität erscheint überhaupt erst durch die bedeutende Haut mit ihrer Macht, anzuziehen und abzustoßen und die reale Bewegung in dem Gehäuse so zu führen, daß sie auch ihre irrealen Dimension erreicht.

6

Die ‹labyrinthische› Architektur ist ein Programm auch für die bildende Kunst. Sie konkurriert mit den Museen, nicht um an ihre Stelle zu treten, sondern ihre am Boden schleifenden Funktionen zu übernehmen. Sie gibt zehntausend Malern und Bildhauern eine fundamentale gesellschaftliche Aufgabe, die ihnen weder Mäzene noch der Staat geben können. Dagegen und gegen die präzisen Einfälle junger Architekten, ihren Bauten aus elementarem Duktus und raumgestischer Konsequenz gar zwecklose Glieder

9) Le Corbusiers Bericht, daß ihm die Strukturskizze zu einem seiner Bilder den Anstoß für den Entwurf eines bereits erwähnten Hochhauses in Algier gegeben habe, belegt, daß die Beziehung auch umgekehrt verlaufen kann.

zuwachsen zu lassen, wie die obersten Windungen eines Schneckenhauses nicht mehr bewohnbar sind, ist das ökonomische Argument nicht stichhaltig, da es in einer Gesellschaft vorgebracht wird, die um ihres wirtschaftlichen Funktionierens willen den zerreißbaren Nylonstrumpf dem unzerreißbaren vorziehen muß und die Milliarden investiert, um den Mond von hinten zu sehen.

Notizen zu einer labyrinthischen Architektur

1967

Ein Haus ist ein Gebrauchsgegenstand. Denken wir an die Schnecke oder an den Maulwurf oder an die Schildkröte, den Storch, die Honigbiene. Sie alle bauen keine Häuser und sind doch geschützt gegen Wind und Wetter, Stock und Stein, Mann und Maus. Der Mensch aber, gebrechlicher als sie und höchst anfällig gegen Husten und Haarausfall, errichtet sich Schutzhütten und stellt Schutzmänner dazwischen auf. Das ist Grund genug, sich genauer zu überlegen, was wir außer dem Dach über dem Kopf brauchen, um uns der Sonne, den Sternen, den Heuschrecken, den Ameisen, den Obsthändlern, den Helikoptern und der allgemeinen Unlust zu entziehen.

Beginnen wir mit der Sammlung von Details: eine Kuhle, ein zwei drei vier fünf Buckel am Boden, eine hohle Birne, groß genug, sich mit mehreren Personen darin bequem aufhalten zu können, Treppen, mehrere Treppen von verschiedenem Steigungsgrad und verschiedener Breite, darunter wenigstens eine Wendeltreppe und eine Treppe mit verschieden hohen Stufen, ferner Öffnungen, Öffnungen nach allen Seiten, auch nach oben und unten, offen oder verglast, nicht nur Fenster, sondern auch Ritze, Schlitze, Spalten, Löcher, ferner Besenkammern an verschiedenen Orten, nicht nur für Besen, überhaupt nicht für Besen, nur so schmal und tief, und darunter eine, in der eine Fahnenstange oder ein Signalmast Platz hätte, auch eine sehr lange, möglicherweise mit mehreren Knicken, ferner plattgedrückte Räume, wo man mit dem Kopf an die Decke stößt, wenn man einen hat und kein Zwerg ist, und auch Räume, wo selbst ein Zwerg an die Decke stößt, sehr hell durch zahlreiche runde Fenster auf der gegenüberliegenden Seite.

Jedes Haus folgt einem Bewegungsplan. Die meisten Häuser haben abgeschnittene, gestauchte, zu kurz gekommene Bewegungspläne. Ein Haus, egal welchem Zweck es dient, sollte man nicht in Erinnerung an sein Modell statisch sehen, denn es gibt den menschlichen Bewegungsverläufen, die sich in ihm abspielen, die Negativform. Da wir den größten Teil unseres Lebens in irgendwelchen Häusern verbringen, haben wir einen Anspruch darauf, daß es darunter welche gibt, die den Bewegungswünschen unseres Körpers gemäß sind: z.B. zu steigen, zu kugeln, in der Spirale zu laufen – Bewegungen, die in den üblichen Häusern nicht oder nur mühsam möglich sind. Es gibt Bewegungen, die nur in Gehäusen, nicht im Freien, weder in der Stadt noch in der Natur geschehen können: Bewegungen, die auf den Reflex von Wänden, Decken, Böden, konkav oder konvex, steigend oder fallend, verengend oder erweiternd, auf den Widerstand von Treppen oder Türen, auf die Führung durch geschlossene oder offene, gekrümmte oder gestreckte Räume angewiesen sind und nur mit solcher Hilfe überhaupt erfunden und empfunden werden können. Die Bewegungen des menschlichen Körpers werden von Bewegungsentwürfen und -imaginationen vorbereitet und begleitet, und sie laufen darin weiter, wenn der Körper selbst bereits zur Ruhe gekommen ist. Sie entwickeln und bestimmen sich an dem jeweiligen Raum und seinem Bewegungsplan, zugleich akzentuieren und artikulieren sie ihn aber auch. Eine absolute Architektur- wenn man sie für einen Augenblick wenigstens als Gedankenexperiment gelten lassen will – läßt zwei extreme antithetische Konzeptionen zu: den aus einem geometrischen oder mathematischen Prinzip entwickelten Bau, dessen Elemente ohne Rücksicht auf Begehbarkeit oder Bewohnbarkeit komponiert sind, dessen Räume bewohnbar und begehbar sein können, aber nicht sein müssen, und der den subjektiven Bewegungswünschen entspringende labyrinthische Bau, der erst in zweiter Linie fürs Auge, in erster Linie für Abläufe der Raum- und Bewegungsimagination bestimmt ist. Diese richtet sich nicht unbedingt nach der körperlichen Bequemlichkeit, ja der Bau folgt seinem phantasmischen Gesetz vielleicht am besten, wenn er Stellen hat, die die Begehbarkeit erschweren wie eine alpine Wand oder eine überschwemmte Felszunge. Der Körper will nicht nur sich in seinem Volumen, mit seinen Kraftpunkten, seiner Schwer- und Spannkraft erfahren, er führt auch einen Um-raum mit sich, der aus dem Zusammenspiel von Körperimagination und Erfahrung des realen Raumes entsteht. Alle diskutable Architektur ist von solchen Raumphantasmen bestimmt, mag sie im übrigen auch nach bestimmten geometrischen Maßen angelegt sein. Man braucht daraufhin nur einen doppelseitigen Treppenaufgang in einem Barockschloß und die Verengung im Übergang zu einer Zimmerflucht zu prüfen.

Es ist klar, daß der Spiegel hier seinen originären Platz hat als Mittel, die Raumimagination über das Mögliche hinaus ins Spiel zu bringen. Es ist ebenso klar, daß die Farbformen der abschließenden Flächen eine wichtige Rolle spielen. Denn Farbe hat imaginative Bewegungsqualität und läßt sich ohne weiteres im Kontinuum mit der realen Körperbewegung in einem Raum erfahren und reflektieren. In unserem Modell einer absoluten Architektur labyrinthischer Machart wird die Oberflächenfarbe zum Kontrapunkt der Raumform: Sie kann diese einfach bestätigen und verstärken, sie kann sie differenzieren, desavouieren und negieren. Sie kann den Raum ebenso faßlich wie unfaßlich machen, sie kann ihn verkleinern und vergrößern, stillstellen oder in strömende Bewegung verwandeln, sie kann ihn seiner abstrakten Natur entkleiden und zu einem Brötchen oder einem Bügeleisen machen. Die Farbe fängt die Bewegungswünsche des Körpers auf und übersetzt sie ins Sichtbare. Aus einem Gehäuse, das in seiner Abmessung irgendwie doch am menschlichen Körper orientiert war, wird eine Art plastischer Malgrund, dessen Maß-System völlig offen ist und erst von der Farbe bestimmt wird – ohne daß die architektonische Qualität darunter leiden müßte. Die architektonische Qualität wird aufgehoben und doch nicht bestritten. Haus ist kein Haus mehr, obwohl es begehbar und bewohnbar bleibt.

Es gibt keine Maltechnik und Stilrichtung, die für diesen Malgrund ungeeignet wären außer denen, die auf der illusionistischen Wiedergabe von optischer Realität bestehen. Informelle, abstrakte, op-artistische, popartistische Malweisen können ihn für sich ausnutzen. Die architektonischen Orte – Boden, Decke, Wände, Winkel, Ecken, Übergänge von Raum zu Raum, helle Stellen, dunkle Stellen usw. – sind Provokationen malerischer Erfindung. Der überdimensionale Malgrund des Baukörpers liefert ein kontinuierliches Diskontinuum, da der Betrachter jeweils nur Ausschnitte aufnehmen und aneinanderreihen kann, wobei ständig wieder welche aus dem Blick geraten. Keine Distanz bringt das Ganze vors Auge, nur in der Erinnerung sammelt sich eine Pauschalvorstellung. Es schadet nichts, wenn die Farbformen stellenweise von Gebrauchsgegenständen verdeckt werden. Sie können mit diesen ebenso in Kontakt treten wie mit den architektonischen Orten. Die Objekte treten über ins artifizielle Funktionengeflecht, ohne ihre praktische Funktion zu verlieren. Auch sie können natürlich von einer Farbform überzogen werden und wie der Baukörper zum Malgrund werden. Eines Tages wird jeder selbst die Farbhäute seines Gehäuses und seiner Dinge anlegen, wie er sie braucht, und verändern, wenn er es braucht.

Schwieriger wird es mit der plastischen Verformung der Räume, die in der Konsequenz des Gehäuses als Malgrund und der Veränderlichkeit seiner Farbhaut liegt. In der gewünschten Leichtigkeit wird dies erst möglich, wenn wenigstens stellenweise die starren konventionellen Baustoffe durch Kunststoffe ersetzt werden, die immer wieder in einen Zustand der Verformbarkeit gebracht werden können. An solchen Kunststoffen und entsprechenden technischen Verfahren wird wohl bereits gearbeitet. Die Farbe braucht dann nicht mehr auf einen starren architektonischen Körper zu antworten, sondern dieser tritt selbst aktiv in den Farbformprozeß ein, ändert sich mit dessen Veränderung. Eine labyrinthische Architektur kommt erst dann ganz zu ihrer Wirklichkeit, wenn nicht nur ihre Bauelemente versetzbar sind, wie es heute eine mobile Architektur anstrebt; denn dies kann immer nur innerhalb eines kubischen Schemas geschehen; sondern wenn sie nach allen Richtungen beliebig verformbar wird, wie ein Ballon, ohne daß bestimmte geometrische Grundformen sie einengen. Der statische Unterschied der Funktionen von Wänden, Decken, Böden verliert dabei an Gewicht. Der Baukörper besteht durchgehend aus einem Material. Die unterschiedlichen Belastungen von Zug und Druck werden durch örtliche Verstärkung des Materials ausgeglichen. Ein solches Gehäuse tauscht die archetypische Überlegenheit des ‹Hauses› gegen die Kameraderie eines Anzuges oder Notizbuches. Es ist nicht mehr Besitzsubstanz, sondern Daseinsmaterial, Medium für einen bestimmten Existenzvollzug. Wir hinterlassen beim Benutzen nicht nur unsere Spuren, sondern wir verwandeln es im Laufe der Zeit bewußt in das Agglomerat unserer Spuren. Vielleicht erreicht es dabei den Zustand eines abgetragenen Anzugs, vielleicht aber auch den eines gefüllten Notizbuches. Auf jeden Fall muß es leicht auswechselbar bleiben und darum ebenso billig herzustellen sein wie ein Konfektionsanzug. Geliefert werden schließlich nur mehr industriell gefertigte Leergehäuse in verschiedenen Typen, die wie Anbaumöbel kombinierbar sind. Erst der Bewohner gibt ihnen die Form, die er will, wenn er sie nicht in der simplen Industrieform zu benutzen vorzieht. Diese Gehäuse können konventionellen Bauten aufgesetzt oder angehängt oder in riesige Leergerüste eingehängt werden, die an Stelle von Hochhäusern entstehen.

Wohnen in beweglichen, kombinierbaren und verformbaren Gehäusen wird mobiler, das heißt aber zugleich: es können gesellschaftliche Gruppen, die miteinander sympathisieren, leichter zusammenziehen als beim gegenwärtigen Wohnsystem, und sie können ohne große Mühe ihre Zusammensetzung ändern. Das rationellere Wohnsystem könnte daher als beiläufiges Ergebnis eine größere gesellschaftliche Kohärenz bewirken als das traditionelle.

Der in hohem Maß private Innenraum, der den subjektivsten Verformungen zugänglich ist, verlangt einen urbanen Außenraum, in dem zur Orientierung, zur Provokation oder zum Kontrast der subjektiven Leistungen die ‹Zeichen der Zeit› nicht mehr nur als Symptome – im Massenverkehr, in der Plakatschwemme usw. –, sondern in bewußt artikulierten Signalen, Monumenten, Projektionen erscheinen. Die bisherige Stadtlandschaft, die weder Stadt noch Landschaft ist, wird zum artifiziellen Verband von Stadt-Bildern. Da hier die Öffentlichkeit Auftraggeber ist, andererseits die Qualität nur bei rücksichtsloser künstlerischer Freiheit gesichert ist, ist noch nicht abzusehen, welche Instanzen dabei steuern, kontrollieren, finanzieren sollen. Die trübseligen Erfahrungen mit amtlichen Baubehörden und dem, was sie unter ‹Kunst am Bau› verstehen, lassen an deren Qualifikation für eine so dynamische Aufgabe zweifeln. Signalbilder, Licht- und Geräuschspiele, mobile Maschinenplastiken, Objektplastiken von übergroßen und ungewohnten Dimensionen reflektieren heute bereits das zivilisatorische Material und verlangen die öffentliche und dauernde Installation, nicht die gelegentliche Darbietung oder museale Hortung. Ihr Substanzwert ist verschwindend gegenüber dem ästhetisch-zivilisatorischen Kommunikationswert. Denkbar ist es auch, daß die Werbeproduktion ihren Mehr-Wert, ihren Spielraum erkennt, der ihr durch die Stellung zwischen wirtschaftlichem Auftraggeber und allgemeinem Publikum, durch die Verpflichtung nach beiden Seiten, nicht nur gegenüber dem Auftraggeber, zuwächst: in ihrem Medium die ‹Züge der Zeit› zu reflektieren, soweit sie der industriellen Produktion anhaften – und welche tun das nicht ...

Es ist längst erwiesen, daß die Architektur individueller Bauten wie ganzer Bauagglomerate nicht mehr in die traditionelle gesellschaftliche Repräsentanz eintreten kann, weil die Gesellschaft in sich zu sehr divergiert, weil sie, auf ein hohes Maß an Reflexion angewiesen, ihr Bewußtsein zu schnell ändert, als daß irgendeine Architektur zu folgen oder gar zu führen vermöchte, wie es einstmals der Fall war, und endlich weil die Signalphänomene nicht mehr auf die Darstellung einer stabil gegebenen Gesellschaftsordnung bezogen, sondern an deren Beweglichkeit beteiligt sind: ihre ‹Bedeutungen› stellen sich erst ein, wenn sie konzipiert und realisiert sind, und es können von Fall zu Fall andere sein. Architektur und Städtebau sind auf die Ergänzung, auf das Korrelat empfindlicher und veränderbarer Künste angewiesen, und diese sind bereits auf dem Weg, ohne Auftrag, sondern in Vorleistung die Medien für die Ausfüllung der zeitgenössischen Stadt-Bilder zu entwickeln.

Die Wahrscheinlichkeit ist groß genug, daß konkurrierende gesellschaftlich-politische Tendenzen, deren Proben wir hinreichend zu schmecken bekamen, die Verwirklichung hintertreiben. Aber es ist auch denkbar, daß irgendwo in den divergierenden zivilisatorischen Organisationen das angebotene Zusammenspiel gelingt und artifizielle Stadt-Bilder entstehen, die die Züge zivilisatorischer Produktivität, Mobilität, Massenhaftigkeit, Illusivität, Unbestimmbarkeit, Reflexivität erscheinen und transparent werden lassen – die Destruktion produzieren, Produktion destruieren, die den Zeitgenossen öffentlich mit seiner Wirklichkeit konfrontieren.

über ein automobiles theater

1967

benötigt wird ein haus der jahrhundertwende.
je mehr etagen es hat, je mehr treppen es hat, je mehr türen es hat, je höher die räume sind, je verschiedener die grundrisse der einzelnen räume sind, desto besser.

es wird mit quadratischen, rechteckigen, länglichen, sehr langgestreckten räumen gerechnet. erwünscht sind auch runde, ovale, tonnen- und birnenförmige, sehr niedrige, sehr enge räume.

der fußboden soll jedenfalls stellenweise gewölbt oder gemuldet, mit hockern und warzen versehen sein. es gibt räume, deren fußboden knöcheltief mit sand, mit heu, mit sägespänen, mit papierschnitzeln, möglicherweise auch mit schlamm oder wasser bedeckt ist. die zugänge erheben sich so allmählich, daß man beim Übergang nicht stolpert.

es gibt räume, die leer sind. es gibt räume, in denen einzelne, viele, sehr viele beliebige kleine gegenstände herumliegen. es gibt räume, in denen sich große oder sehr große gegenstände gleicher oder verschiedener art befinden. ihre zahl kann zwischen eins und unendlich schwanken, und ihre aufstellung hängt nur von ihrer zahl ab. es kann räume voller gegenstände geben, die kaum oder nicht passierbar sind. die gegenstände können, aber müssen nicht zur art der haushaltsgegenstände gehören.

es kann niemandem verwehrt werden, einen kaum oder nicht passierbaren raum, auf welche weise auch immer, zu betreten und zu passieren.

eine versicherung oder haftung findet weder für die gegenstände noch für die person statt.

fußböden, wände, decken sind so, wie sie vorgefunden werden.

es kann räume mit und ohne lichtquelle geben. die verteilung der licht-quellen kann zufällig sein oder im freundlichen oder hinterlistigen zusammenhang mit dem zustand des betreffenden raumes stehen.

die zustände der räume eines hauses sind sein statischer aspekt, wenn sie auch veränderbar sind. das haus ohne rücksicht auf den zustand seiner räume ist die darstellung eines bestimmten bewegungsplanes. auch die orte, wo die bewegung der im haus befindlichen personen zur ruhe kommt, sind momente seines bewegungsplans. ein haus ist die negativform von bewegung, übrigens auch im architektonisch-technischen sinn. seine räume sind leerformen für bewegungsweisen.

auch das inventar der räume bezieht sich auf die bewegungen der darin befindlichen personen, indem es z.b. zum näherkommen reizt, den durchgang erschwert, verhindert oder beschleunigt.

als gehäuse hat jedes haus eine akustik. sie ist eine eigenschaft seiner form und seines materials und kann von raum zu raum wechseln.

als eine eigentümliche wahrnehmungsstruktur des gehäuses kann die akustik mit ‹gegenständen› besetzt und charakterisiert werden. sie bestehen aus geräuschen, tönen, lauten. es ist ein akustischer plan denkbar, der in beziehung zu dem bewegungsplan seines gehäuses steht. man kann z.b. aus elektroakustischen geräten entlang einer bestimmten bewegungsbahn einen satz verlaufen lassen, so daß er sich im selben tempo entwickelt, wie sich die betr. person bewegt. man kann die entwicklung des satzes mit demselben tempo, mit dem sich auch die person bewegt, beginnen, ihn dann aber vorauseilen lassen, vielleicht so geschwind, daß die person bei ihrer ankunft nur noch ein zusammenhangloses ende hört.

die tonstärke eines akustischen ablaufs kann so eingestellt sein, daß er nur in unmittelbarer nähe, daß er nur in dem betr. raum, daß er auch in den benachbarten räumen, daß er im ganzen gehäuse zu hören ist. füllt z.b. ein tonmaterial das ganze gehäuse, so sind weitere akustische erscheinungen denkbar, die mit ihm teilweise oder total konkurrieren. es kann sich eine hierarchie von akustischen erscheinungen ergeben, in der sich der besucher des gehäuses bewegt, aufmerksam auf die winzigen tonquellen an unerwarteter stelle, auf die mischungs- und kontrastverhältnisse, auf die übergangszonen.

das material, das ertönt, kann verschiedartiger natur oder gleicher natur sein. es sind akustische hierarchien nur aus sprache denkbar, die sich aus allen stufen zwischen (technisch erzeugtem) kaum oder nicht mehr identifizierbarem brüllen und intimem flüstern aufbauen. es gibt keinen sprachlich formulierbaren stoff, der nicht seinen platz in einer solchen hierarchie eines akustisch interpretierten gehäuses finden könnte.

ein zeitplan kann abfolge und wechsel der akustischen ereignisse bestimmen. es ist denkbar, daß die besucher selbst an den geräten die qualität und den wechsel der akustischen ereignisse beeinflussen können. ein regulativ hat dafür zu sorgen, daß immer wieder zeitspannen eines hochgradigen, die grenze des erträglichen berührenden lärms entstehen als mittel, die mitgebrachte banalität der besucher zu kupieren.

der besucher wird zum element der szenik des gehäuses und seines inventars. es kann besucher geben, die nichts tun als der optischen, akustischen und motorischen szenik beizuwohnen. es sind auch besucher denkbar, die die akustische und optische szenik auffassen und mitspielen. das akustische material kann in gestalt von aufforderungen, provokativen fragen, beleidigungen, verführungen, imperativen die besucher zur reaktion veranlassen.

die beleuchtungsweise kann solche reaktionen fördern oder hemmen. indem sie z.b. plötzlich wechselt, kann sie reaktionen entblößen oder verhüllen. optische projektionen statt direkter beleuchtung können reaktionen differenzieren.

optische projektionen können mit akustischen koordiniert oder disordiniert sein. sie konnen eine raumpassage füllen, so daß der passierende besucher von ihren bildern bedeckt wird und sie anderen besuchern sichtbar macht.

gruppen von besuchern können zu schauspielern werden. zu der szenerie des hauses kann planmäßig an verschiedenen stellen szenik entstehen. sie kann auf die laufenden optischen, akustischen oder motorischen sendungen antworten, sich einfügen oder sie bestreiten.

die an verschiedenen stellen spielenden szenen können aufeinander abgestimmt sein, etwa indem die phasen eines lebenslaufes auf sie verteilt werden, die der zuschauer abwandern und kombinieren muß. die szenen können alle zugleich stattfinden, sie können gegeneinander versetzt sein, sie können in beliebigen zeitlichen abständen stattfinden.

die schauspieler befinden sich möglicherweise unter den zuschauern, nur durch das wissen unterschieden, daß sie was und wann sie es spielen sollen, ohne daß die zuschauer wissen, wer es ist, der wo wann was spielen soll, oder wann wer was wo spielen soll, oder was wer wann wo spielen soll. da die möglichkeit besteht, daß auch zuschauer irgendwann irgendwo irgendwas zu spielen beginnen, ist es nie ganz sicher, daß es schauspieler sind, wenn wo was gespielt wird.

auch die darstellung eines zustandes, einer haltung, eines organischen ablaufs gehört zum spiel. unerläßlich ist nur, daß dargestellt oder vollzogen wird, was den zuständen und den medien des gehäuses entspricht, seine szenerie auffaßt und zur szenik macht, nicht wozu einer lust und laune verspürt. es ist kein gesellschafts-, sondern ein gehäusespiel. es ist darum zulässig, sich hinzusetzen und sitzenzubleiben, sich hinzulegen und liegenzubleiben, aufzustehen und stehenzubleiben, zu laufen und in gang zu bleiben. wenn das du im ich neben dem ich steht wie die bilder bei der unscharfen einstellung eines entfernungsmessers, ist der erfolg sicher.

Schrift als Sprache

Texte in den Zwischenräumen

1961

Je weiter wir in dieses Jahrhundert geraten, desto selbstverständlicher gewöhnen wir uns an die eigentümliche Weise, unsere Gegenstände auf ein ihnen fremdes Bezugsfeld hin zu durchdringen: Wir betrachten sie und erkennen an oder in ihnen Bezüge, Ordnungen, Verläufe, die mit ihnen, unseren eingewohnten Begriffen nach, kaum etwas zu tun haben. Wir sehen sie, als sähen wir nicht nur sie. In dieser Auffassungsweise wirken die verschiedensten Verhaltensnötigungen nach, die uns die zitternd-irrsinnige Geschichte unseres Daseins in diesem Jahrhundert übergezogen hat. Keiner von uns ist um Beispiele verlegen. Das Eindeutige ist wie ein Witz, dessen Pointe noch nicht bemerkt ist. Manche Witze übrigens, die wir kennenlernen, schlitzen ihre Eindeutigkeit soweit auf, daß von ihrem Lachen eigentlich nur das Vibrieren noch übrigbleibt. Doch nicht davon soll die Rede sein.

Das Uneindeutige ist das Konkrete. Was identifiziert ist, ist auch bereits verschwunden. Die Beschreibung von Oberfläche mit Wörtern, die sich ihrer gar nicht erinnern, ist eine Methode, sie nicht zu verscheuchen. Doch wer macht das schon. Noch zuverlässiger ist die Methode, es gar nicht auf die Oberfläche abzusehen, – nicht einmal in Gedanken und Heimlichkeit (: sie merkte es doch), sondern sie kommen zu lassen, ohne hinzusehen, ohne hinzudenken, indem man nur die Wörter (oder ihnen Äquivalentes) kommen läßt. Das Konkrete ist das, an das nicht gedacht wird.

Gedacht wird an das, was es nicht ist. Daran zu denken, ist auch um des Konkreten willen unentbehrlich. Denn daran setzt es sich an, siebt es und bricht es sich; es sind die Fragen, an denen es sich krümmt, die Pläne seiner Zusammenrottungen. Sie haben wir leicht zur Hand, sie lassen sich ohne ausgiebige Mühe erfassen. An ihnen zeigt sich, was es alles gibt. Manches zeigt sich dabei auch, was es gar nicht geben kann. Immerhin, es zeigt sich. Eine Menge hat sich schon gezeigt.

Doch davon soll nicht die Rede sein. Es gibt noch soviel (zuviel), was sich nicht gezeigt hat. Wir sind unbelehrbar neugierig darauf. Wir verstehen unter Kunst die verschiedenen Methoden, das, was es noch nicht gibt, sich zeigen zu lassen. Wenn vorhin die Beschreibung als eine davon empfohlen wurde, dann nicht die, die nur beschreibt, was es schon gibt: Das kenne ich vermutlich schon, und wenn nicht ich, dann mein Nachbar oder ein Satz in der Zeitung eines Nachbarn, den ich kennen könnte und nur aus Umständen oder Zufällen (noch) nicht kenne, obwohl es doch da ist; nein, wennschon, dann Feststellung von dem, was es noch nicht gibt: das es erst gibt, indem es festgestellt wird. Man entdeckt dabei die infinitesimale Beschaffenheit dieser Gegenstände, mit der sie unaufhörlich jede Art von eingerichteter Sprache desavouieren. Indem sie sich nur an den Sprachmedien zeigen, saugen sie diese in ihr Nochnichtgegebensein hinaus, ironisieren, was hervortritt, durch das Wissen, daß es überhaupt erst hervortritt und genausogut nicht hervorgetreten sein könnte, und jagen die Sprache in den Abgrund der winzigsten Artikulationen.

Mag man behaupten, es sei müßige Akrobatik. Weder müßig noch Akrobatik weisen in diesem Jahrhundert der schauerlichsten Industrien eine verächtliche Alternative nach, das Nutzloseste könnte sogar von höchster Nützlichkeit sein. Das eben noch stumpf Lesbare zittert in der Erwartung des Textes, der nicht vorgesehen war. Das Plakat ist plötzlich etwas Zerreißbares, es widersteht meinen Händen und singt plötzlich. Es antwortet auf Fragen, die ihm noch nie gestellt worden sind. Die Zeitung: Dünntrockenes mit feinen schwarzen Sprenkelungen, die ich kenne; sie öffnen sich vor der Schere, und ich erkenne sie dabei wieder, aber was ich jetzt lese, kannte ich eigentlich noch nicht, es kommt nur entlang diesem Schnitt vor. Ziffernfolgen stellen sich ein, die ich nicht mehr aussprechen, doch immer noch oder gar jetzt überhaupt erst lesen kann.

Daran unterscheiden wir uns: Wer darauf besteht, auch ‹dies da› zu erfahren und nicht Ruhe gibt, bis es tatsächlich hervortritt, und wer ‹sonst was› vermittelt haben möchte. ‹Sonst was› beansprucht mich dauernd; ‹dies da› gibt es fast nicht, oder besser: Ich bin nicht bei ihm, weil ich mich von dem ihm aufsitzenden ‹sonst was› weglocken und abführen lasse. In allem, was mir begegnet, sind beide Momente da, am wirksamsten das ‹sonst was› in den zu verweisenden Zeichen verkürzten Bildern und besonders den Schriftzeichen. Sie leisten ihre Sache am besten, wenn ihr ‹dies da› völlig verschwunden ist vor dem ‹sonst was›, auf das abgezielt ist. Ein Buchstabe hat nichts mehr mit einem Bild zu tun. Niemand sieht mehr, daß *M* einmal ‹Wasser› bedeutete. Wozu auch. Alles kann jetzt kommen, nicht nur das Angedeutete: Auch das, für das sich gar kein Bildzeichen einrichten ließe, wird erreichbar.

In dem Augenblick, da Schrift sich vom Bild absetzt und einer ins Begriffliche unabsehbar vordringenden Sprache verfügbar wird, gibt sie ihre elementare Sprachqualität auf. Ihre gestischen Bildzeichencharaktere fixieren sich an bestimmte Silben, schließlich an bestimmte Laute und büßen ihre Spontaneität ein. Schrift ist nunmehr bloßes Vehikel der Sprache, allerdings unersetzliches Vehikel für die aufschichtende geschichtliche Arbeit in der Sprache. Ihre Zeichen verändern sich nur noch äußerlich, auf ihrer eigenen Ebene geschieht nichts mehr.

Es ist nun ein Maß der Bewußtseinsanreicherung denkbar, bei dem das objektive Ausmaß der Inhalte und ihre Differenzierung die Fassungskraft des einzelnen überschreitet und angesichts der universalen Verfügbarkeit und Gegenwärtigkeit der Inhalte sich das Verlangen nach ihren ‹Zwischenräumen› meldet. Da diese sich nicht abermals als bestimmte Inhalte zeigen können, muß ich mich an den Prozeß halten, der sie mir zugeführt hat, und in seine Ordnung eindringen. Die Hinsicht, in der ich Sprache und Schrift verwendet habe, wird gewendet. Die Sprache verschwindet unter der Schrift. Die Schriftzeichen bleiben einen Augenblick wie petrifizierte Gerüste, doch nur solange sie nicht beansprucht werden. Das *M* wird nie wieder ‹Wasser›, aber es ist auch plötzlich nicht mehr das eindeutig handhabbare *M* mit seiner festen Stellung im Lautsystem. Je nach dem, was ihm auf dem Weg zu einer neuen Textur, nämlich der ‹Zwischenräume›, zustößt, flimmert es in einer Bedeutsamkeit, die durch nichts anderes als es selbst an der gegenwärtigen Stelle wiederzugeben ist: Es ist jetzt Zeichen und Mitteilung zugleich.

In der Neugier auf die ‹Zwischenräume› sind bei den Texten, die den *Plakattexten* zum Material gedient haben, die geläufigen Bedeutungen und die eingefleischte Syntax aufgedröselt: eine Neugier, die aufs Ganze geht, nicht nur auf die Fragmentierung der Lettern und ihre Neugruppierung entlang einer Schnittlinie, auch auf das Verhalten des Papieres, das Hervortreten etwa der Papierfasern in und zwischen den angerissenen Buchstaben, das Entblößen der bedeckten Fläche. Ist die Vereinbarung, Schrift sofort in Lautung und diese in Bedeutung verschwinden zu lassen, erst einmal außer Kurs gesetzt, gerät alles in den Sog der sich neu bildenden Gefüge: Eine Falte oder ein Riß gewinnt plötzlich in der Verquickung mit fragmentierten Lettern den Wert einer Interpunktion. Schnittlinien verbinden einander bisher fremde Zeichen zu Zentauren, sie üben wie der Raum und die Zwischenräume selbst syntaktische Funktionen aus.

Das Medium ist hier ausschließlich optisch, diese Sprache gilt nur dem Auge, wenngleich sie die Lautsprache und ihre ausgiebige Verwendung voraussetzt. Alle Signale bleiben gegenwärtig, das lesend wiederkehrende Erinnern springt auf ihrer Fläche. Ihre Simultaneität ist nicht nur das Beieinander des Gleichzeitigen, es sammelt sich vielmehr der ganze, an vielen Stellen schon gelesene Text in seinem Bild an. Im Lesen vermehrt sich unablässig der gegenwärtige Text durch den bereits gelesenen.

Zur Poesie der Fläche

1963

Mit Mallarmés *Un Coup de dés* ist in die Literatur ein Phänomen zurückgekehrt, das ihr völlig entschwunden schien: die Fläche als konstitutives Element des Textes. Wir sind es selbstverständlich gewohnt, bei der Betrachtung eines Bildes die Negativformen der Figuren so wichtig zu nehmen wie diese selbst, also die gegliederte Fläche als Ganzes zu ‹lesen›. Doch Geschriebenes dient uns am besten, je weniger seine optische Dimension ins Auge tritt. Von seiner Anordnung auf der Fläche wird allenfalls harmonische Unbemerkbarkeit verlangt; die Fläche selbst aber spielt bei der Syntax des Textes keine Rolle. Ohne Schaden zu nehmen, kann der Text verlautbart, aus dem optischen ins akustische Medium gebracht werden, und ebenso schlägt sich das Nacheinander des Gesprochenen im Nacheinander der Zeilenverläufe nieder, ohne daß das Nebeneinander der fixierten Schriftzeichen etwas hinzugäbe. Wie die Fläche dem Text äußerlich ist, ist ihm die Schrift sekundär. Daß sie einmal bildhafter Natur war und ihre Bildcharaktere vielleicht über die Lautsprache hinausgehende Bedeutungen vermittelten, ist vergessen. Unsere Schrift ist zur bloßen Funktion des Lautes, also eines zeitlich Dimensionierten, geworden.

Dennoch besteht die Potenz einer räumlich statt zeitlich artikulierten Schrift-Sprache. Sie dringt dann durch, wenn die konventionelle und gesellschaftlich sanktionierte Sprache an ihre Grenze gerät oder aus irgendeinem Grunde nicht benutzt werden kann. Einen einfachen Fall stellt die Sprache der chemischen Formeln dar, die – etwa im Benzolring – die Fläche als syntaktische Dimension auswertet; einen höchst differenzierten zeigen die sensibel-psychologischen Schreibgesten an, die in der Malerei und Graphik seit dem 17. Jahrhundert immer wieder über die konventionellen Bildthemen laufen, um sie zu paraphrasieren oder zu negieren. Diese ‹Schrift-Sprachen› sind nur einem geschlossenen Leserkreis oder aber nur intuitiv zugänglich.

In der Lyrik ist die Fläche nie völlig außer Kurs geraten. Wenn die Tatsachen der Verschriftung, also der Übertragung aus dem gelenkigeren Medium des sprachlichen Artikulationsraums ins langsamere der Schreibspur, eine Sprache bereits zu verändern vermag, bis in den Wortschatz und die Syntax hinein, dann muß sich die Verzögerung, die das Schreiben dem entstehenden Sprachstück antut, auf ein Gebilde, das in solchem Maß von der Spannung zwischen Stillstehen und Fließen abhängt wie ein Gedicht, umso nachhaltiger auswirken. Ein Symptom für diese Spannung ist die Rückkehr in die Ausgangslage des Verses, die sich durch das ganze Gedicht wiederholt; ein anderes die innere Korrespondenz zwischen leerer Fläche (des Schreibgrundes) und entspringendem Gedicht, wie sie vielfältig bezeugt ist: Das Gedicht tritt aus dem Voraussetzungslosen hervor; es ist sein eigener Grund oder es ist nicht Gedicht, und die Fläche ist seine Negation, an der sich die Positivität seiner Setzung zu beweisen vermag. Das Gedicht besteht nicht ohne die Isolation der leeren Fläche, dieses aus allen Zusammenhängen geschnittenen Spielraums, wenngleich es ihn mit der Setzung des ersten Wortes desavouiert und vergessen macht.

Im Grunde liegt nichts näher, als dieses Vergessen auszusetzen, die ursprüngliche Wirklichkeit und Wirksamkeit der Fläche im Text weitergelten zu lassen. Ein Gedicht, das sich der Schreibung einmal überlassen, dem dithyrambischen Strom des reinen Sprechens entzogen hat, verlangt die Haltung des Schweigens und Überschauens – ist im Wortsinn ‹mystisch› und ‹theoretisch› zugleich. Die Zeit, in der ein auf die Fläche gesetztes Wort existiert, ‹fließt› nicht mehr; sie schrumpft hinweg, und zugleich liegt sie auseinandergezogen in der Dauer des lesenden Blickes und bewegt sich in seiner Geschwindigkeit. Für den lesenden Blick sind alle Daten isoliert nur sie selbst und simultan Momente des insgesamt Erscheinenden. Das gilt für alles Schriftliche; es gilt in besonderem Maße für Verschriftungen, die die

Fläche bewußt als Ordnungsmoment miteinbeziehen: Der ganze Text zeigt auf einen Blick seine Struktur, gliedert sichtbar seine Beziehungen aus (wie schon im Fall des Benzolrings), tritt unmittelbar ins Bild, statt sich erst in der Vorstellung des Lesers allmählich aus dem gelesenen Erinnerten aufzubauen.

Es ist klar, daß nicht jeder Text dazu geeignet ist. Die Fläche nötigt vielmehr dazu, den Text auch von ihr her zu denken, damit ihre Funktionen zur Geltung kommen können. Diese weisen dieselbe Art inhaltlicher Formalität auf wie die der konventionellen Grammatik. Ihre elementarsten sind Lage (des Wortmaterials auf der Fläche), Entfernung (der Textmomente voneinander) und Dichte (des Textfeldes). Die kleinste erscheinende Textpartikel macht die Fläche zum Textgrund, wenn sie nur einen ihrer Intention gemäßen Ort findet. Die Fläche wird dabei selbst zur Textkonstituante; sie bringt ihre Bedeutungsmomente, wie Zentrum, Rand, oben, unten, rechts, links, mit in den Lesezusammenhang, und die Textpartikel gewinnt in diesem Koordinatensystem Stellenwert und spezifische Reichweite.

Tritt eine zweite, unterschiedene Textpartikel auf, so tasten beide auf dem gegebenen Grund nach ihrem spezifischen Ort. In ihrem Abstand stellt sich zugleich ihre innere Entfernung dar, spiegelt sich die Bedeutungskonstellation. Zwei zueinander geratene Wörter stehen – von ihrem Bedeutungs- wie von ihrem Lautbestand her – in Spannung, ziehen sich an oder bleiben zueinander indifferent. In ‹paradoxer Entfernung› können sich Vokabeln, deren Bedeutungen inhaltlich kaum etwas miteinander zu tun haben, als höchst kohärent erweisen, während Bedeutungsnachbarn sich oft gleichgültig sind. Das Entfernteste ist im poetischen Feld plötzlich das Nächste (wobei die artikulatorische Analogie eine vermittelnde Rolle spielen kann). Diese Vokabelkonstellation läßt sich nur im Flächenbild zureichend darstellen, vor allem wenn die Gruppierung eine Vielzahl von Elementen umfaßt.

Wie der Entfernung der Begriff der Konstellation entspricht, so der ‹Dichte› der des Vokabelrasters. Während die Konstellation aus Individuen mit prägnanter Bedeutung und abgehobener Lautform zusammenschießt, erscheint im Raster jeweils ein ganzes Vokabelfeld, in dem nicht genau festlegbar ist, ob Laute, Silben, Wörter, Sätze die tragenden Einheiten sind. Oft konkurrieren sie miteinander; oft aber ziehen auch die Mikroformen die Aufmerksamkeit auf sich, obwohl ganze Satzgebilde dem Feld eingegliedert sein mögen. In einer Konstellation kristallisiert sich im geduldigen Lesen aus Lautung und Bedeutung eine bei allem Offensein prägnante Figuration; im Raster erfaßt der lesende Blick eine Vielzahl wechselnder Beziehungen und Andeutungen, ohne zu einem eindeutigen Ergebnis zu kommen.

Die Leere der ursprünglichen Fläche ist in der ‹Dichte› eines Rasters insofern aufgehoben, als seine ‹Anhaltspunkte› austauschbar scheinen und das Feld keine notwendige Grenze hat, vielmehr beliebig fortsetzbar gedacht werden kann. Sein Umfang muß nur eine repräsentative Menge der für diesen Text charakteristischen Elemente aufnehmen können.

In der Zweidimensionalität der Fläche kann sich ein Teil der Gestik eines Textes darstellen: Expansion, Schachtelung, Reihung, Stauung, Fallenlassen und viele andere, oft nicht mehr beschreibbare gestische Bewegungen vermögen sich in der flächigen Textordnung niederzuschlagen, ohne den Text selbst thematisch zu belasten. Das Textbild vollzieht sie, statt daß von ihnen gehandelt wird. Die optische Gestik gesellt sich selbstverständlich zur phonetischen und zur semantischen – als Ergänzung, Erweiterung, Spannung, Negation.

Es ist auch ein Flächentext möglich, der die phonetische und die semantische Dimension aufgesogen hat; der zwar mit Letternrudimenten arbeitet, aber die Identifikation nicht mehr bis zum differenten Laut vordringen läßt, vielmehr die – lautlose – Imagination eines vielschichtigen, labilen Lautpotentials vermittelt; der keine abhebbare Mitteilung mehr enthält, jedoch eine Vielzahl von Mitteilungen als möglich vorstellt.

Umsprung der Schrift

1963

Es erschien nur als einer der abstrusen Einfälle moderner Maler, als die Kubisten Buchstaben und Schriftfetzen in ihre Bilder klebten oder malten, und den Kubisten war es wohl selbst kaum bewußt, daß sie damit einen künstlerischen Vorgang ankündigten, der seitdem nicht mehr abgebrochen ist. Sie stießen auf die Schriftelemente wie auf anderes Material, das in den Bildprozeß einbezogen werden kann und dessen zähe Fremdheit zu überwinden dem Bild eine neue Spannung mitteilt. Ob sie nun Lettern ins Bild kopierten oder Zeitungsfetzen einklebten, die Schrift sollte jedenfalls ihres üblichen Bezuges zur Sprache entkleidet und als bloße Form gesehen werden, die im Zusammenhang des Bildes ihre genaue Stelle fand. Die Buchstaben, die ins Bild gerieten, waren im Gang ihrer Geschichte selbst bereits bis zum äußersten formalisiert und hatten die Erinnerung an ihren bildmäßigen Ursprung in früher Zeit abgetan: Gebilde aus Kreis und Gerader und aus deren Segmenten und Kombinationen. Wenn diese abstrakten Formen, ledig der ihnen durch eine Konvention beigelegten Lautbezeichnung, nun wieder ins Bild gerieten, geschah ihnen kein Unrecht; sie berührten vielmehr wieder den optischen Grund, dem sie einmal entsprungen waren – freilich nun nur noch im Zusammenhang des Bildes und nicht mehr bedeutsam auf einen Sinn jenseits des puren Zeichenbestandes zu lesen. Auf jeden Fall aber ‹lesbar›, Formmoment in einem Gefüge, das ihm wie einer Letter den bestimmten Stellenwert gibt. Das Bild selbst, aus kleinsten Bildelementen und -facetten aufgebaut, wird zu einer Art Text, der Punkt für Punkt abgelesen werden will.

Auch der Jugendstil hatte die Schrift ihrer Sprachbezogenheit bereits entrückt, indem er sie zum Ornament machte und in den besten Fällen als Positivform mit ihrer Negativform verwob, also zum reinen Ereignis in der

Fläche verformte. Diese ersten Erfahrungen mit dem Kontext von Positiv- und Negativformen werden dann in der Malerei wieder aufgegriffen werden und Gebilde von schriftähnlichem Charakter entstehen lassen (Baumeister, Capogrossi, K.O. Götz u.a.). Schrift kehrt ins Bild zurück und wird selbst zum Bild (bei Klee zum Beispiel). Bild und Schrift werden austauschbar. Das Sehen lernt, sich zu den konventionell bedeutenden Zeichen querzustellen, sie als bloße und plötzlich faszinierende Form zu lesen. Das alltäglich belanglos Gewordene, in der Gewohnheit Verrottete, eine Plakatwand etwa oder das Gekritzel an einer Wand, wird ‹unerhört› und tönt in einer Sprache, die bisher nicht geläufig war. Schwitters wird die Schriftreste des Alltags mit auflesen und in seine Collagen kleben.

Zu solch neuer unkonventioneller Sehweise treibt auch der Überdruß an der Allgegenwart von Geschriebenem. Durch die Bürokratien, die Zeitungen, die Reklame beherrscht uns das Geschriebene. Rechtskräftig wird eine Verwaltungsmaßnahme erst, wenn sie gedruckt ist. Recht existiert nur insoweit, als es ‹positiv›, und das heißt im Grunde auch nichts anderes: als es gedruckt ist. Das konnte geschehen, weil unsere Realität in ungeheurem Ausmaß auf der funktionablen Formel beruht und als real nur das gilt, was formuliert ist, und zwar als Eigentum der Allgemeinheit. Wir haben noch nie so viel Geschriebenes besessen wie heute und haben noch nie so wenig von der Schrift selbst gehabt wie heute. Sie sitzt überall wie ein Schorf – daran ändern auch die heroischen Anstrengungen der Typographen nichts. Jeder konsumiert täglich seine nötige Portion davon.

Daß dabei auch das Bild wieder in den Lesezusammenhang eingebrochen ist (»Bild-Zeitung«), und zwar nicht nur als Illustration der Schrift dienend, sondern als selbständiger ‹Text› (und nicht nur in den comic strips), der seine eigenen Mitteilungen zu geben hat, zum Beispiel dem Autofahrer als Verkehrszeichen-Bild, das die Nachricht zuverlässiger und rascher gibt, als wenn sie geschrieben wäre, weist von einer anderen Seite darauf hin, daß unsere Schriftökonomie porös geworden ist. Jenseits einer durchaus leistungsfähigen Buchstabenschrift bilden sich für alle möglichen Gelegenheiten des täglichen Ablaufs neue ‹Schrift›- und ‹Text›konventionen heraus, in denen Buchstaben und Bildmomente oder Bildmomente und sonstige abstrakte Zeichen, Symbole, Signets kombiniert werden, so daß die Leistung von Schrift vollkommen erfüllt wird: Eine Mitteilung, eine Order, einen Impuls zu geben. Ja, die emotionalen Einwirkungen auf Verbraucher, Wähler, Mitglieder, Gläubige und Ungläubige, die das moderne Zivilisationsgetriebe nötig hat, gelingen in unserer durchfunktionalisierten und hinter privaten Masken gesicherten Gesellschaft am besten mit diesen neuen optischen Bildschriften. Die mit psychologischer Routine und artistischer Raffinesse angesetzten Farb-, Bild-, Schriftelemente moderner Plakate etwa imprägnieren ihre Mitteilungen mit Gefühlen und Imaginationen, die der Sprache allein und ihrer verschrifteten Fassung schon gar nicht erreichbar wären. Im Dschungel moderner Großstädte hat sich wieder eine Art von praktikabler Bilderschrift entwickelt, die den Vergleich mit den Piktographien früher Schriftstufen herausfordert, da sie deren Allgemeinverständlichkeit aufweist: Bei ihr sind keine Analphabeten möglich, weil sie sich auf die jedem geläufigen Bildschemen stützt und nur die bereits unterschwellig lagernden Bedürfnisse, Wünsche, Regelungen anspricht.

Gewiß ist solche Bilderschrift, heute wie früher, nur zu begrenzten Leistungen befähigt. Sie klebt am Konkreten und versagt vor komplizierteren, abstrakten Zusammenhängen. Deshalb gehen die archaischen Ackerbauer in dem Augenblick, da sie zu Städtebauern werden und eine vielfältigere Organisation errichten und aufrechterhalten wollen, dazu über, den dinglichen Bezug fallenzulassen und die Zeichen zunächst an ihren Begriff, dann an die Lautgestalt des betreffenden Wortes zu binden und schließlich sie ohne Rücksicht auf die Erinnerung ans Bild, das sie enthalten, mit einer bestimmten Silbe, endlich einem Laut fest zu verknüpfen, so daß sie mit diesen Zeichen jede sprachliche Formulierung festhalten können. Doch es bleibt ein Bedarf für eine Schrift, die das Nichtformulierbare erreicht, wie die urtümlichen Schriftzeichen, ob dinglich oder abstrakt, immer auch der Beschwörung, der imaginativen Verkörperung des Abwesenden, Unsichtbaren, Nichtrealen und zugleich der emotionalen Mitteilung gedient haben. Und auch die Buchstabenschrift hat in der Kabbala eine transrationale Ausdeutung als göttlich gestiftetes Medium der Erkenntnis gefunden.

Noch ein anderer Zug ist zu bedenken. Die allgemeine Entwicklung der Schriftformen zielt auf eine gesteigerte Leistungsfähigkeit im Festhalten der dem Menschen gegebenen Realität, was durch die Anpassung an die Lautzeichen erreicht wird. Wie das imaginative Moment bleibt jedoch auch das des reinen gestischen Ausdrucks auch dann mit im Spiel, wenn die Schrift völlig objektiviert ist. Zwar lassen die archaischen Hieroglyphen kaum eine Handschrift erkennen, sie sind in unpersönlicher Monumentalität hergestellt, doch dringt der subjektive Zug sofort in die Schriftzeichen ein, wenn das Individuum im Schriftverkehr zum wichtigen Funktionsträger wird und die Schrift, um der besseren Leistung willen, die Zeichen vereinfacht, verkürzt und dem Gedächtnis des Lesers zumutet, eine größere Menge an Zeichenkonventionen zu behalten. Die strengen, oft noch bildhaften Charaktere wandeln sich zu linearen Formen. Die Schrift malt nicht mehr, sondern sie tönt unter der Sprache, die Hand funktioniert mit dem Ohr und nicht mehr mit dem Auge. Sie schwingt in der flüchtigen Gebärde der Sprechbewegungen mit, und an die Stelle der Geraden und Ecken treten Rundungen, Unter- und Oberlängen schweifen aus, und die isolierten Einzelzeichen verschwinden im Kontinuum des Schriftzuges.

Die Reduktion auf die einfachsten Elemente einer Schrift und der Aufbau der Zeichen aus ihnen, wie es schon für die Keilschrift gilt, die schließlich nur noch aus den in verschiedenen Winkeln angeordneten Kombinationen der Griffelstiche besteht, geschieht nicht nur um der besseren Handhabung der Zeichen willen, sondern auch dazu, sie jenseits ihrer Sinnbezüge als absolute Form behandeln zu können. Es ist nicht nur der Einfluß des Materials Stein, wenn die Griechen die von den Semiten übernommenen Buchstabenzeichen auf ihre einfachsten Elemente Kreis und Gerade zurückführen und sie nur aus diesen Elementen aufbauen, sie vollenden vielmehr auch die Entbildlichung der Zeichen, indem sie sie aus den kleinsten, für sich leeren Elementen konstruieren. Zwar sind auch schon ägyptische oder hethitische

Hieroglyphen Meisterwerke der Vereinfachung und bildmäßigen Abstraktion. Doch erst in dem Augenblick, da die Schrift nur noch Laute darzustellen hat, also zum Zeichen für Zeichen geworden und von der Last der unmittelbaren Bezeichnung der Sachen befreit ist, so daß der gewöhnliche Leser sie gar nicht mehr als selbständige Erscheinung wahrnimmt, kann sie – unbeschadet ihrer Funktion – die ästhetische Seite ihrer Formen rein ausarbeiten. Die Schriftformen beginnen sich, als allgemein verabredete Schemata festgelegt und nicht mehr umgestoßen, auch nach ihrer eigenen Syntax zu bewegen.

Die Buchstabenformen werden dabei zunächst auf den Stil hin ausgebildet, der dem Schriftzweck am besten entspricht. Die Anforderungen öffentlicher Monumente lassen sie zu großen, vereinfachten, eindrücklichen Gestalten ausprägen wie in der südarabischen, der Kufi- oder der griechischen Lapidarschrift. Das Feld, das die Inschrift trägt, und ihre Negativformen werden dabei so wichtig wie die Lettern selbst.

Das volle Spiel der Verwandlungen und formalen Verschiebungen der konventionalisierten Formen bringt jedoch erst die Handschrift mit sich. Im täglichen Gebrauch wird sie zu kursiven Formen verkürzt, die ausgeprägten Großformen werden verschliffen, die Ligaturen mehren sich. Dies geschieht analog der Vereinfachung des Sprachbaues, die sich in allen vielfältig beanspruchten Sprachen durchsetzt. Die Fertigkeit im Schreiben nimmt zu, und zugleich mehrt sich mit der zivilisatorischen Differenzierung aller Vorgänge die Masse des zu Schreibenden. Das Gedächtnis übt sich nicht nur in Kürzeln und Verschleifungen, so daß es mit bloßen Andeutungen auskommt, es gewinnt auch eine kombinatorische Fähigkeit, zunächst bedeutungslose Formmomente sich aufladen und in einem bedeutenden Hof erscheinen zu lassen.

Das Element der Handschrift ist die fließende Linie, nicht mehr die schwere, isolierte Letter: Kontinuum des Schreibduktus statt statuarischer Reihung. Die Buchschriften der Antike und des Mittelalters bleiben zwar um der allgemeinen Leserlichkeit willen bei diskreten Lettern, doch vollzieht sich gerade hier die Dynamisierung und Subjektivierung in hohem Maße. Es ist seit der Antike Schritt für Schritt zu verfolgen, wie die Schemata in den Buchschriften ausgefüllt, überspielt, verwandelt, schließlich – vom Beginn her gesehen – ‹unleserlich› werden. Das geschieht weithin unabhängig vom Inhalt der Texte, im reinen formalen Spiel der Kalligraphen. Manchmal vielleicht mit der Absicht, die Nachahmung zu erschweren oder aber durch die Erschwerung des Lesens die Bedeutung des Gelesenen hervorzuheben, im Grunde jedoch wohl gerade um der Erhaltung der Formen in ihrer Spannkraft und damit ihrer eigentlichen ‹Leserlichkeit› willen. Die Aufmerksamkeit wird nicht nur auf den formalen Bestand von Schrift gelenkt, die Spannung und Intensität der Formen selbst wird am Leben erhalten, indem sie verändert werden. Ist doch die Identität der Schemata nur dadurch zu bewahren, daß sie ständig aufgehoben und wiedergefunden, von jedem Schreiber und jedem Leser neu entdeckt wird. Die Geschichte des Buchdrucks im 18. und 19. Jahrhundert zeigt, wie rasch die Formen ohne ihre ständige Negation degenerieren.

Da die Letternschemata nicht mehr bestritten werden, vollziehen sich die Verschiebungen in den Kleinelementen der Buchstaben, den Unter- und Oberlängen, den Rundungen usw. Der Weg von der lateinischen Lapidarschrift über die Rustica, Unziale bis zu den irischen, angelsächsischen und karolingischen Minuskeln ist durch winzige Verschiebungen im Feinaufbau der Lettern gekennzeichnet und mündet schließlich in einer Schriftfassung, die für einen Römer kaum mehr zu entziffern wäre. Dabei handelt es sich um weitverbreitete Gebrauchsschriften, die diesseits ihres kalligraphischen Aspektes vielfache Funktionen zu erfüllen haben. Nur in der Initiale hat das Spiel mit der Form völlige Freiheit. Da sie aus dem Folgenden ohne weiteres zu erschließen ist, schadet ihr Ausbruch dem Zweck des Schreibwerkes nicht. Sie wird in der Regel auch einem besonderen Handwerker, dem Rubrikator oder Illuminator, überlassen.

Einen spürbaren Einschnitt in diesen Vorgang bringt die Erfindung des Buchdrucks in der Mitte des 15. Jahrhunderts. Er greift zwar für den Schnitt seiner Lettern zunächst die überlieferten Handschriftformen auf, ja zeigt in den ersten Jahrzehnten ein Schriftbild, das oft von dem der besten Handschriften nicht zu unterscheiden ist. Die Zahl der Letternvarianten wie der damals geschnittenen Schrifttypen ist sehr hoch, so daß fast die alte Variationsbreite in die neue Technik übertragen scheint. Doch täuscht dieser Befund, denn das Gewicht der technischen Investitionen lähmt die Freude am raschen Wechsel der Typen und wirkt durch den kostspieligen Vorrat geschnittener Lettern stabilisierend auf den Bestand. Es ist bezeichnend, daß die noch heute gültigen, am meisten benutzten Schriften damals geschnitten worden sind und seitdem – von den serifenlosen Typen und den modischen Zierschriften abgesehen – nichts Wesentliches mehr hinzugekommen ist. Die modernen Letternschneider bemühen sich um zeitgemäße Belebung der alten Typen Garamonds, Bodonis, Jensons, Baskervilles u.a. Die unmittelbare Folge ist ein Verfall der Schriftkultur im 18./19. Jahrhundert, der erst durch die bewußte Reaktion von Morris und in unserem Jahrhundert in der Besinnung auf die klassischen Vorbilder aufgehalten wird.

Nur ein Moment hat man nach dem Abschluß der großen Frühzeit des Buchdrucks noch in den Letternschnitt einzuarbeiten versucht, das der Konstruktion. Während der handschriftliche Duktus sich angesichts der mechanischen Vervielfältigung von Schrift und der dadurch bedingten Rationalisierung des Formenkanons und der handwerklichen Verarbeitung in den Druckschriften nicht recht auswirken kann und nur zur Ausbildung einer Kursiven führt, die meist nur zur Auszeichnung verwandt wird, führt die Technisierung des Schreibens im Druck dazu, die optimalen Formen der Lettern durch geometrische Konstruktion zu gewinnen. Die französische Staatsdruckerei erhält im 17. Jahrhundert einen Auftrag in diesem Sinn, und auch an anderen Orten machen sich ähnliche Versuche bemerkbar. Gesucht wird eine Schrift, die der technischen Bedingtheit des Druckens angemessen ist, deren Lettern also z.B. nach einem bestimmten Proportionssystem gezeichnet sind. Dahinter steckt jedoch auch die Tendenz, das ästhetische Gesetz aufzuspüren, dem diese Weise des Schreibens eigentlich zu folgen hat: den von keiner Schreiberwillkür verformten, einer logisch-

geometrischen Entwicklung entspringenden Schrifttyp, in dem die technik-
bedingte Konstruktion ihre Kraft und Eleganz zeigt. Der Versuch entspricht
dem konsequenten rationalen Geist des 17. Jahrhunderts, doch er dringt
nicht durch. Die Schriften bleiben freie und zugleich disziplinierte Entwürfe
einzelner Meister. Erst in der modernen Futura verbreitet sich ein Typ, der
völlig durchkonstruiert und aus den einfachsten Elementen, Kreis und
Gerader, aufgebaut ist.

Mit dem Siegeszug des Buchdrucks verschwindet die ästhetisch
anspruchsvolle Handschrift nicht sofort vom Markt. Mäzenatische Lieb-
haber vergeben noch lange Aufträge für kostbare und kostspielige Manuskripte. Einen Aufschwung nimmt seit 1500 auch die Zunft der Schreibmeister und -lehrer, besteht doch in Kanzleien, Gerichten, Notariaten usw.
nach wie vor ein beträchtlicher Bedarf an handgeschriebenen Schrift-
stücken, Urkunden, diplomatischen Dokumenten, Briefen. Bis um 1800 hält
sich daher ein Stamm an Lehrmeistern des Schönschreibens, den erst die
allgemeine Schulpflicht aussterben läßt. Die Kunst dieser Schreibmeister
vereinigt in klassischer Weise die entgegengesetzten Momente der exakten
Analyse des Letternaufbaues, wie er aus Gründen der Lehrmethode nötig
war, und der phantasiebesetzten, oft phantastischen Schreibdynamik. In den
Musterbüchern wird demonstriert, wie ein Buchstabe aus seinen kleinsten
Elementen zu errichten ist, wobei sich eine ungeahnte Freiheit in der Ausformung und Variation der Letterngestalten ergibt. Diese Lehrbücher führen
Serien von Varianten für jeden Buchstaben vor und stehen damit in stiller
Opposition zu den Setzkästen der Drucker, die allmahlich die Vielfalt der
Formen ablegen müssen. Einzelne Schreibmeister mühen sich auch um die
geometrische Konstruktion der lateinischen Versalien, wobei sie die Breite
des Federstrichs als Grundmaß nehmen. Auch Dürer ist daran beteiligt.

Zugleich nutzen sie die schnellende Geschwindigkeit und Gespanntheit
der Handschrift. Den Vorgang beschreibt W. Doede bei dem Schreibmeister
Brechtel:

„Unter dem Anprall dieses erhöhten Tempos hat sich die ebenmäßige
‹liebliche Windung› Neudörfferscher Prägung kräftiger gespannt, sind
die ehemals einfachen Kreisformen komplizierten Kurven gewichen, gerät
nun freilich auch die Struktur des Buchstabens in die Gefahr, ernstlich
‹deformiert› zu werden; indem jedoch diese erlaubte, angestrebte Deformierung des Haupzuges durch den kontrapunktischen Einsatz ebenbürtiger sogenannter Beistriche aufgefangen wird …, gewinnt das Wirken der
gegensätzlichen Kräfte den transitorischen Moment eines – wenn auch
hochexplosiblen – Ausgleichs." [1]
Es entsteht eine labyrinthische Schriftgraphik, bei der die Lesbarkeit nur
noch Zweck unter anderen ist. Die Linie um- und überspielt souverän das
Buchstabenschema, ja in den Versalienlabyrinthen Nürnberger Chroniken
des 16. Jahrhunderts lassen sich alle möglichen Buchstaben erkennen, wenn
man sie aus dem Textzusammenhang löst. Die Mitteilung ist uneindeutig,
sie schwebt und könnte sich auch in ganz anderem Sinn fixieren. Zuverläs-

1) Doede, *Schön Schreiben, eine Kunst*, München 1957, Seite 75

sig ist nur die ausschweifende, oft auch elegante Kraft des Schreibzuges, dem die Buchstabenformen nur Möglichkeiten für die eigene erfinderische Bewegung geben.

Im graphischen Duktus der Malerei des 16./17. Jahrhunderts, die den geschilderten Versuchen der Schreibmeister zeitgenössisch ist, erscheint eine verwandte Auseinandersetzung mit überkommenen, durch den Auftraggeber festgesetzten Großformen des Bildes, die den Buchstabenschemata vergleichbar sind. Während die Pinselführung im alten geistlichen Meditationsbild willig unterging und nur die beziehungsvoll angeordneten Gestalten erkennen lassen wollte, löst sich jetzt der Strich aus der Figur, um seine eigene Figur zu gewinnen, die jenseits der ikonographischen Schemata entstehen könnte. Die Maldynamik spielt in den kleinsten Elementen des Bildes. Die Pinselbewegungen tasten danach, bisher ausgelassene Gesten und Artikulationen zu finden. Sie umspringen die Großformen, zersplittern sie zu einem Bündel neuer Strukturen. Bis dahin war das, was (auch im Bild) wirklich werden konnte, Abglanz des überhaupt Wirklichen, seine Erscheinung und Auslegung. Jetzt wird das Wirkliche eine Anwandlung des Möglichen, ein Vorschlag, ein Versuch im Problematischen, dessen Ausweis erst die Realisation beibringen kann. Das Verhältnis von Sprache und Schrift lockert sich dabei. Der Sprache werden von den neuen mathematisch-naturwissenschaftlichen Erkenntnismedien große Realitätsbereiche abgenommen, sie wird Sprachsystem unter anderen, mit fraglicher Reichweite. Der uralten Sprach- und Buchstabenmystik, die in den Buchstaben des Alphabets und den Lauten der Sprache die Elemente alles Wirklichen vermutete und die Rätsel des Seins im meditativen Umgang mit ihnen zu lösen hoffte, entsteht in der Mathematisierung, also der Beziehung der Realität auf die Zahl, die tödliche Konkurrenz. Noch haben diese Verwerfungen im Erkenntnisgefüge keine sichtbaren Auswirkungen auf das Phänomen Schrift. Aber die Lockerung des Begriffs ‹Sprache› meldet sich an, bewußt in der Romantik, beiläufig schon im 17. Jahrhundert in den Artikulationsversuchen, welche die pinselführende Hand jenseits der Figuren vornimmt, die sich auf den Vorrat der sichtbaren Erscheinungen beziehen. Sind doch diese Gestalten vom Sprachbegriff mitkonstituiert und geraten ins Rutschen, wenn die Sprache angezweifelt wird. Wie die Sprache sich dem selbstgeflochtenen Wirklichkeitsgehege zu entziehen und ihre wirklichkeitsbestimmende Fähigkeit wieder in Besitz zu nehmen beginnt, so tastet das Auge mit der schreibmalenden Hand nach einer Schreibverfassung, die vorweg optisch ist und sich zu einem Erfahrungsmedium eigenen Rechtes entwickeln ließe. Indem die Gewißheit der Wirklichkeit sich in die unsinnliche, formelbedeckte Abstraktion verlagert, verlieren die sinnlichen Erfahrungsdimensionen ihre Normen und geraten in eine anfängliche Situation, von Fall zu Fall vorantastend eine Gewißheit zu schaffen, deren Grund nur in der vor Augen liegenden Kohärenz und Genauigkeit des hervorgebrachten Gebildes besteht. Es entsteht eine Sprache des Möglichen, des aktuellen Moments, die nur solange gilt, als sie in Tätigkeit ist. Sie behauptet nichts, als was sie vorzeigt oder was sich in ihr vorzeigt, und dies nur, insofern sie ihre Formulierungen unablässig aufhebt. Sie dauert nur, indem sie ihre Aussagen modifiziert.

Ihre Formulierungen gelingen als Bewegung, die ein Feld hervorbringt und in ihren Zug mit einbezieht, so daß es nicht mehr davon zu trennen ist. Zwischen dem Schreibzug und seinem Feld entsteht die Spannung, die einem Lesbaren innewohnt. Inhalt dieser Schrift des Möglichen ist die bestimmte Negation aller Inhalte, die ihr vorausgehen, die Erwartung des überhaupt Schreibmöglichen auf dem riesigen Fond des bereits Schriftgewordenen.

Schrift als Sprache

1963

Jeder konsumiert täglich eine Menge Geschriebenes, von der Zeitung am Morgen bis zum Kinobillet am Abend, ohne den informierenden Buchstaben mehr Aufmerksamkeit zu schenken, als eben nötig ist. In lässiger Gewöhnung überfliegen wir ganze Satzgruppen, ohne uns bei den Worten oder gar bei den einzelnen Buchstaben aufzuhalten. Und die Schriftform tut ihren Dienst am besten, die sich selbst so wenig wie möglich ins Auge drängt, die vollständig in ihrer Mitteilung verschwindet.

Die Gewohnheit, die Schrift unbesehen in ihrer Funktion verschwinden zu lassen, zufrieden daß man den Sinn erfaßt hat, ist keineswegs selbstverständlich. Früheren Geschlechtern war es im Gegenteil viel selbstverständlicher, auf einer Buchseite verweilend zu lesen, die dem schreibenden Mönch vielleicht Wochen minutiöser Feder- und Pinselarbeit gekostet hatte. Die monumentalen altägyptischen Hieroglyphen, die dem Granit abgefordert werden mußten, sollten gerade nicht beim Lesen verschwinden, sondern mit ihrer ganzen Gestalt wahrgenommen werden: ihr Bild gibt der Mitteilung, der sie dienen, erst das volle Gewicht. Sie repräsentieren das Dauerhafte, sie widerstehen der Hinfälligkeit des bloßen Geschehens. Unsere Schrift hat den Bildcharakter, der das Auge zum Betrachten anhielt, längst verloren. Und die Tendenz zur Funktionalisierung der Schrift hat sich, seitdem die Drucktechnik ins Schreibwesen eingebrochen ist, völlig durchgesetzt. Trotzdem ist in der modernen zivilisatorischen Umwelt das Bild wieder zum Leseelement geworden. Unsere technisierte Realität weist zahlreiche Gelegenheiten auf, in denen ein Bild oder ein bildhaftes Zeichen besser funktioniert als ein geschriebener Text: Verkehrszeichen-Bilder teilen ihre Nachricht zuverlässiger und rascher mit, als wenn sie geschrieben wären. Ihre einfachen, einen Gegenstand oder eine Situation andeutenden Bildzeichen sind von derselben lapidaren Eindeutigkeit wie die archaischer Bilderschriften. Unsere Schriftökonomie ist porös geworden.

Jenseits einer höchst leistungsfähigen Buchstabenschrift bilden sich für alle möglichen Gelegenheiten des täglichen Daseins neue Schreib- und

Zeichenkonventionen heraus, in denen Buchstaben und Bilder oder Bilder und sonstige abstrakte Zeichen, Symbole, Signete zusammenwirken, so daß auch hier die Leistung von Schrift vollkommen erfüllt wird: eine Nachricht, eine Order, einen Impuls zu vermitteln. Die mit psychologischer Raffinesse angesetzten Farb-, Bild- und Schriftcocktails moderner Plakate imprägnieren ihre Mitteilungen mit Gefühlen und Vorstellungen, die der Sprache allein und ihrer verschrifteten Fassung schon gar nicht erreichbar wären. Im Dickicht der Großstädte hat sich eine Art praktikabler Bilderschrift entwickelt, die nicht nur den Werbefachleuten willkommen ist, weil bei ihr keine Analphabeten übrigbleiben. Und dem gedruckten Buch ist in den comic strips ein Rivale entstanden, der an die Bilderchroniken der Indianer erinnert, zugleich aber den Lesehabitus zukünftiger Generationen umzuspuren vermag.

Dieser Befund, der längst verschollen geglaubte Schriftpraktiken neben der modernen, rationalisierten Schrifttechnik zeigt, läßt uns einen Moment innehalten, um zu bestimmen, was unter Schrift überhaupt verstanden werden muß. Für den Europäer und den, der an seiner Schrifttradition teilnimmt, ist Schrift ein System optischer Zeichen für ein System akustischer Zeichen, das unserer Lautsprache. Bestimmten sprachlichen Artikulationsstellungen sind bestimmte Letternzeichen zugeordnet worden. Das wichtigste Moment, das sowohl Sprache wie Schrift allererst möglich macht, ist die Konstanz ihrer Zeichen bzw. Stellungen, die auf Tradition und Konvention beruht. Schrift meint Dauer, doch sie kann sie nur meinen, weil auch Sprache auf zuverlässige Fixierung, Formulierung, Vergegenständlichung einer fließenden Wirklichkeit aus ist. So tritt die Schrift sogar notwendig zur Sprache hinzu, weil sie einen ihrer Mangel, flüchtig und für viele Gelegenheiten zu flüchtig zu sein, aufhebt. In dauerhafteren Stoff als den der Luftwellen gezeichnet, widersteht sie der Augenblicklichkeit der Sprache und setzt dem natürlichen, mit seinen Inhalten weiterhandelnden Gedächtnis des Menschen ein nichtveränderliches künstliches entgegen. Die Verschriftung der Sprache wirkt sogar auf die Stabilität der Sprachformen selbst zurück, sobald sie in einer Gesellschaft breit genug ausgeübt wird.

Ist zunächst die Sprache bestimmend für die Schrift, die sie zu einer Vielzahl von Zeichen nötigt, damit der Laut- oder Vorstellungsbestand zureichend wiedergegeben werde, so wird in späterem Stadium die Schrift auch bestimmend für die Sprache, übrigens auch in dem Sinn, daß sich eine besondere Konvention für die verschriftete Sprache bildet, deren Wortschatz und Satzbau Traditionen bewahren, die die gesprochene Sprache oft längst als geziert empfindet und aus ihrem Repertoire verloren hat. Es ist leicht festzustellen, daß dieses überlieferte Instrumentarium der Sprache erhalten bleibt, weil es für Abstraktion und Genauigkeit, um die es bei der Verschriftung geht, nicht entbehrt werden kann.

Wir wissen heute, daß jede bekannte Schrift dem Stamm einer Bilderschrift entsprossen ist. Auch unsere Sprachlaute darstellende Schrift hat, ohne daß dies in allen Phasen noch nachzuweisen wäre, solchen Ursprung. Unser A z. B. entspricht dem altsemitischen ‹Aleph›, welches ‹Rind› bedeutete: ein Zeichen, in dem der Querbalken des noch auf der Seite liegenden

A beiderseits durchgezogen, einem Rindergehörn glich. Und M hieß damals ‹Mem›, ‹Wasser›: und schon in altspanischen Höhlenmalereien findet sich die charakteristische Zickzacklinie des großen M als Wellensymbol.

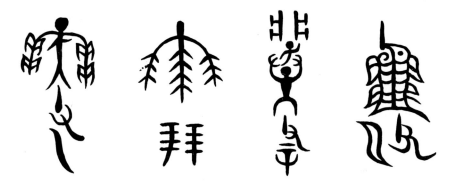

Chinesische Piktogramme von einer Bronzevase für rituelle Zwecke (ca. 1300 v. Chr.)

An den ältesten chinesischen Piktographien läßt sich noch ablesen, daß die Körpergebärden, vor allem der Hand und des Arms, bei der Formierung frühester bildhafter Schemata Hilfestellung geleistet haben, ja schlicht abgebildet worden sind. Die vermittelnde Instanz ist bei den piktographischen Schrifttypen – zum mindesten bei denen, die eine Zukunft hatten, – und bei den Gebärdensprachen jedoch nicht der faktische Gegenstand, das Ding da, sondern sein Begriff, das Gedankenbild, das verallgemeinernd und schematisierend von der verwirrenden Individualität der Einzeldinge abgerückt ist. Diese Verallgemeinerung ihrer Zeichen gibt den Piktographien und den Gebärdensprachen die faszinierende Prägnanz und macht sie allererst – im Gegensatz zum bloßen Bild – als Sprachzeichen brauchbar.

Die Sprache selbst bedient sich weithin mimetischer Mittel, nicht nur der Lautung, sondern auch der Körpergebärde. So ist bei nordamerikanischen Indianern bis in die Gegenwart die Gebärdensprache als Alternative und Ergänzung der Lautsprache lebendig geblieben; ihr höheres Maß an Allgemeinverständlichkeit machte sie als Verkehrssprache zwischen den verschiedensprachigen Stämmen unentbehrlich. Eine ähnliche vermittelnde Leistung übt noch heute die chinesische Schrift aus, da sich ihre Zeichen in erster Linie nicht auf die Sprachlaute sondern auf die Vorstellungen und Begriffe beziehen; jeder liest diese Zeichen in seiner ‹Mundart› und versteht sie ohne Umweg über eine fremde, erst zu erlernende Sprache.

Die Schrift erscheint in solchem Zusammenhang als eine mögliche Ausformung und Auswertung einer ursprünglichen gestisch-gebärdenhaften Qualität von Sprache. Die Lautzeichen selbst, vermittelt durch die Organbewegungen des Mundes und seiner Werkzeuge und der Atembewegungen, haben eine gestische Dimension, die die lautliche imprägniert. Es lohnt sich, beim eigenen Sprechen wie beim Nacharticulieren fremder Sprachstücke auf diesen artikulatorischen Gebärdenverlauf zu achten. Er ist charakteristisch genug, um den Taubstummen als Sprachmittel zu dienen.

Ägyptische Hieroglyphen auf
einem Annalentäfelchen des
Königs Horus-Djer: »Empfang«
der Großen Ober- und Unter-
ägyptens

Tonscheibe mit Schriftzeichen,
gefunden im Palast von Phaistos,
Kreta (ca. 1700 v. Chr.), Seite A

Daß schließlich die Lautzeichen die Oberhand behielten und wir heute Sprache bedenkenlos mit der Lautsprache identifizieren, liegt an ihrer funktionalen Überlegenheit über jede denkbare Gebärdensprache. Das funktionale Plus der Gebärdensprache ist ihre leichte Verständlichkeit für jedermann, auch für den, der die Landessprache – die immer parallel läuft – nicht beherrscht. Die Lautsprache ist ihr dagegen in der Ökonomie und Differenzierbarkeit des Zeichenmaterials weit überlegen: das artikulierende Instrumentarium ist viel agiler, schneller in der Hergabe eines hochdifferenzierbaren Zeichenrepertoires. Der Vorteil der größeren Anschaulichkeit der Gebärdensprache wird zum Nachteil, wenn die Mitteilungen abstrakter werden und wenn es sich um komplizierte Sachverhalte handelt. In der Fortsetzung dieser Trends werden auch die anschaulichen piktographischen Schriftzeichen schubweise von ihrer gegenständlichen Basis abgezogen und auf Lautgruppen bezogen, bis sie zu völlig abstrakten Lautzeichen geworden sind, so daß nun jedes beliebige Wort festgehalten werden kann und nicht nur das, für welches ein eigenes Bildzeichen aufgestellt ist. Die Rationalität der Tempelverwalter, Königsschreiber, der Kaufleute und Diplomaten stürzt eine Revolution über die Bilderwelt – die aus den Zeichen blickenden Bilderinnerungen können mit völlig fremden Inhalten verbunden sein. Die Schrift allein malt nicht mehr, sie läuft mit der Sprache, und sie wird versuchen, immer genauer mit ihr gleichzulaufen, der Hand so wenig Widerstand entgegenzusetzen, daß die rasche Entwicklung der Rede sich unmittelbar im flinken Zug des Schreibers niederschlagen kann. Die Monumentalität der alten Hieroglyphen, der aus Hunderten, manchmal Tausenden von Bildzeichen errichteten feierlichen Inschriften, in denen Götter und Könige nebeneinanderstanden, wird im Gang der zivilisatorischen Differenzierung unvermeidlich von einer fungibleren Kursivschrift unterlaufen und allmählich außer Kurs gesetzt. Freilich waren auch schon die alten piktographischen Systeme, in Ägypten, in Sumer oder wo auch immer, von der Sprache her bedingt. Ihre Anordnung war schon in frühem Stadium nicht mehr an der der Gegenstände sondern an der Abfolge der Vorstellungen orientiert, die zur Sprache kamen und festgehalten werden sollten: sie erfolgte in Zeilen senkrecht oder waagerecht – entsprechend dem zeitlichen Redeablauf.

Je mehr die Erinnerung an den Bildwert der Lettern erlischt, desto deutlicher setzt sich bei schreibfreudigen Völkern die Neigung durch, die Vereinfachung der Formen bis zum Äußersten zu treiben und die Schriftzeichen schließlich aus bestimmten einfachen Elementen aufzubauen. Das gilt schon für die Keilschrift, deren bildhafter Ursprung bei den Sumerern noch handgreiflich ist; sie besteht schließlich nur noch aus den in verschiedenen Winkeln angeordneten Kombinationen der Griffelstriche. Die Zeitnot beim Schreiben, die Eigentümlichkeit des Schreibmaterials – feuchte Tontäfelchen und die offensichtliche Lust an der prägnanten Zeichenformation wirkten hier zusammen. Und noch offensichtlicher führen die Griechen mit einer nachvollziehbaren Freude an der lapidaren Zeichengestalt die von den Phöniziern übernommenen Buchstabenformen auf ihre einfachsten Elemente, Kreis und Gerade und ihre Verbindungen, zurück. Sie taten es wohl nicht nur, weil die Buchstaben dadurch für das Einmeißeln der öffentlichen Inschriften, vom Grabstein bis zum Gesetzestext und zur Siegesbotschaft, handlicher wurden; sie empfanden dabei sicher auch, daß sich der Schriftbereich nach seinem eigenen immanenten Prinzip aufzubauen hätte: gerade weil er die Bildlichkeit und damit den unmittelbaren Bezug auf eine Gegenstandswelt verloren hatte und nur noch der Sprache, also als Zeichen für Zeichen diente, gewann er eine neue Freiheit eigener innerer Ordnung. Ihrer Funktion nach wird die Schrift völlig der Sprache unterworfen.

Sie sagt nichts mehr von sich, von ihrem Bild her aus, wie noch in den Hieroglyphenschriften Kretas, Mexikos oder Ägyptens; sie sagt alles, was man sie sagen lassen will, und ist nun das vollkommene Instrument der Könige und der Kaufleute, der Bürokraten und der Poeten.

Ihrer Form nach aber beginnt sie, einen autonomen Bereich zu gewinnen. Die Form tritt neben die Bedeutung, statt mit ihr identisch zu sein wie in den alten Repräsentationsschriften; der semantischen Information konkurriert die ästhetische. Auch die ägyptischen oder altkretischen Bildzeichen waren Meisterstücke der formalen Vereinfachung und des prägnanten, ästhetischen Ausdrucks. Doch nie ließ die Bedeutung des Mitgeteilten und auch der Zweck des ganzen Textes das Formale der Zeichenkörper frei, sondern es blieb ins Bild und damit an die bestimmte Aussage gebunden. Oft genug war die Bilderschrift selbst Teil einer umfassenden bildlichen Darstellung, die sie zu erläutern hatte und die ihr umgekehrt auch Relief und Gewicht gab.

*

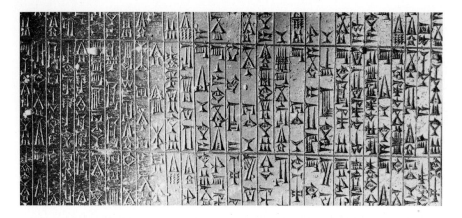

Babylonische Keilschrift von der Gesetzesstele Hammurabis (1800 v. Chr.)

Felsinschrift aus Thera (7. Jh. v. Chr.)

Abdruck einer südarabischen Inschrift

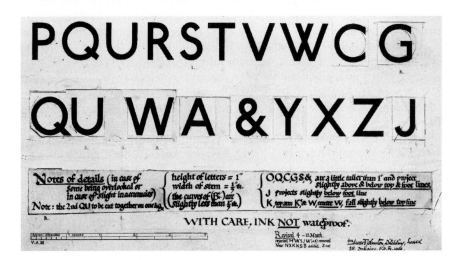

Entwurf einer Groteskschrift von Edward Johnston für die Londoner U-Bahn, 1916

Die volle Bewegungsfreiheit gewinnt die Schrift in dem Augenblick, da sie sich mit der Individualität eines Schreibers verbinden kann. Überall dort, wo die Schrift zum täglichen Verkehrsmittel wird, bildet sich eine kursive Schreibform aus. Die monumentalen Großformen werden verschliffen, die Kompliziertheit der alten Zeichenkörper vereinfacht, Kürzel setzen sich durch, die heute oft das Entziffern der Texte erschweren. Rundungen ersetzen die Geraden und Ecken, die Ligaturen mehren sich.

Das Element der Handschrift ist die fließende Linie, nicht mehr die isolierte Letter: das Kontinuum des Schreibvorgangs tritt an die Stelle der Reihung von Einzelformen. Dies entspricht der Ablösung des Bildzeichens durch das Lautzeichen: das Ohr, als Organ der in der Zeit vertönenden Rede, fungiert vor dem Auge, das im Raum nebeneinander bestehende Gestalten zu unterscheiden hat. Zwar bleiben die Buchschriften der Antike und des Mittelalters um der allgemeinen Lesbarkeit willen bei diskreten Einzellettern, doch spielen auch sie die Subjektivierung und Dynamisierung mit. Es ist Schritt für Schritt zu verfolgen, wie die Buchstabenschemata von den wechselnden Schreibergenerationen und -schulen abgewandelt überspielt, verformt werden, bis sie schließlich, wenn man sie mit dem Ausgangsstadium vergleicht, geradezu ‹unleserlich› geworden sind. Darin schlägt sich nicht nur die Stiltendenz einer Epoche nieder, wie die der Romanik in den runden karolingischen Minuskeln oder die der Gotik in der langgestreckten Textura; es wird dabei auch die Spannung und Intensität der Schriftformen selbst erhalten: indem sie verändert und in Frage gestellt werden, sind sie zugleich aufs neue zu erfinden. Die Druckschriften, die im 18. und 19. Jh. in Gebrauch kommen, beweisen, wie rasch die Formen ohne solche ständige Bezweiflung und Aufhebung degenerieren. Verändert werden die Kleinelemente der Buchstaben, die Unter- und Oberlängen, die Rundungen, die Strichstärke usw., nicht die Grundgestalt, die längst nicht mehr in Frage gestellt wird. Winzige Verschiebungen im Feinaufbau der Lettern kennzeichnen den Weg von der lateinischen monumentalen Lapidarschrift über die elegante Rustica und Unziale bis schließlich zur schmalen, gebrochenen gotischen Textura. Diese Spätform wäre für einen Römer kaum mehr zu entziffern.

Die Erfindung des Buchdrucks in der Mitte des 15. Jhs unterbricht diesen lebendigen Prozeß gründlich. Die ersten Drucker greifen zwar auf die Buchstabenform der besten Handschriften zurück, ja sie vollenden deren Formen und entfalten eine unübersehbare Fülle von Varianten. Doch die Lust am Formenspiel erstickt alsbald unter dem Zwang zur Rentabilität der technischen Investitionen. Der einfallsreiche Schreiber brachte neue Formen unmittelbar aus seiner Imagination aufs Pergament. Den Drucker nötigt die kostspielige Anschaffung der Bleilettern zur Beschränkung des Vorrats. Er wird sich überlegen, welche Schnitte seinen Zwecken am besten entsprechen, und es spricht für die Qualität der damaligen Schriftschneider, wenn die Typen der Garamond, Bodoni, Baskerville – um nur einige zu nennen – auch heute noch die Brotschriften der Setzereien abgeben.

Aber das Einfrieren des Schriftprozesses geht nicht ohne Widerstand und Revolten vor sich. Mäzenatische Bücherliebhaber rechnen die Druckerzeugnisse noch weit ins 16. Jh. hinein nicht für voll und geben für teures Honorar handgeschriebene Bücher in Auftrag. Ja wie von der Entwicklung provoziert, entstehen neue Schreibmeisterschulen. Sie bilden eine bewußte Handwerkslehre aus und überliefern den Schülern in Lehr- und Musterbüchern die Prinzipien der Schreibkunst. Die harte Konkurrenz der Drucker drängt sie, sich genau Rechenschaft darüber zu geben, was sie tun und wie sie ihre Kunst anzulegen haben. In Deutschland ist Nürnberg das hervorragende Zentrum, aber ihre Zunft erscheint in allen europäischen Ländern, in Italien und Spanien, wie in Holland und England. Und noch haben sie Spielraum genug. Nicht nur Privatleute lassen sich kostbare Familienchroniken schreiben, auch der diplomatische Schriftverkehr geht durch ihre Hände, Sendschreiben, Urkunden, Verträge. Erst mit dem Aufkommen der allgemeinen Schulpflicht im 19. Jh. verflacht ihre Kunst zur gefälligen Kurrentschrift des Kommis.

Daß sich diese Schreibmeister des frühen 16. Jhs und der folgenden Jahrzehnte der Konkurrenz des Buchdrucks bewußt sind, sieht man schon daran, daß ihre Schriften eben die Präzision, die die Druckschriften auszeichnet, anstreben, wie umgekehrt die ersten Drucker der Gutenbergzeit sich die Buchstabenformen der besten Handschriften zum Vorbild genommen hatten. Die Schreibmeister verbinden jedoch die formale Präzision mit einer erfinderischen labyrinthischen Phantastik des Schriftzuges und behaupten damit die Freiheit der Schreibbewegung, die der Buchdruck geopfert hatte, bis an die äußerste Grenze, wo die Eindeutigkeit des Buchstabens in der artistischen Polyphonie der Schriftzüge unterzugehen scheint. Die Neudörffer, Brechtel, Baurenfeind gründen ihre Lehrbücher auf die Analysen des Feinaufbaus der Lettern. Sie bringen ihren Schülern bei, die Buchstaben aus ihren kleinsten Elementen aufzubauen, und befähigen sie so zu einer souveränen Handhabung der Schrift, wie es nie zuvor möglich gewesen ist. Die Grundformen der Buchstaben, an denen ja nicht gerüttelt werden konnte, werden zum formalen Widerstand des Schreibvollzugs, denn das Interesse richtet sich in erster Linie auf Spannung und Harmonie der dominierenden und paraphrasierenden Schreibzüge.

Und aus der Handwerkslehre tritt unversehens eine Kunsttheorie hervor, wenn Brechtel zu Beginn der 17. Jhs den Rat gibt: „Es mag auch einer, da er diesen Unterricht wohl gefasset, einen Hauptstrich", der den eigentlichen Buchstaben repräsentierte, „den er etwas irr gezogen, mit einem Beistrich leichtlich helfen, daß er wieder ganz wohl stehe; denn es begibt sich oftmals, daß ein Hauptstrich mit Fleiß etwas abwegs von der rechten Stellung wegen der Beistriche, so man gedenkt zu gebrauchen, gezogen wird." Hier spricht sich ungeniert eine Auffassung vom Schreiben und der Schrift aus, wie sie schon lange zu vermuten war, die bisher jedoch unter der Funktion verdeckt geblieben war. Der „Hauptstrich", der die Grundform des Buchstabens wiedergibt, darf absichtlich, „mit Fleiß" aus der schematischen Ordnung rücken, damit das umfassendere Spiel zwischen Haupt- und Beistrichen geschehen kann. Schrift ist nicht mehr nur Zeichen für Laute, sondern Vollzug einer semantische und ästhetische Momente umgreifenden Schreibbewegung.

Das Schreiben nimmt eine Gestik in den Schriftzug, die weder aus dem
Inhalt des Mitzuteilenden noch aus der Grundform der Buchstaben gerechtfertigt und begründet ist; die vielmehr ihrem eigenen Sinn folgt, Bewegung
als Bewegung, die sich in den extremen Fällen soweit verselbständigen
kann, daß die einbegriffene Buchstabenform nicht mehr eindeutig zu erkennen ist. Die Statik der klassischen Lapidarschrift der Antike, von der einst
die ganze europäische Schriftentwicklung ausgegangen war, setzt sich völlig in die Dynamik des Schreibzuges um. Werner Doede beschreibt in seinem
instruktiven Buch über die Schreibmeister diesen Vorgang bei Brechtel:
„Unter dem Anprall dieses erhöhten Tempos hat sich die ebenmäßige
‹liebliche Windung› Neudörfferscher Prägung kräftiger gespannt, sind
die ehemals einfachen Kreisformen komplizierten Kurven gewichen,
gerät nun freilich auch die Struktur des Buchstabens in die Gefahr, ernstlich ‹deformiert› zu werden; indem jedoch diese erlaubte, angestrebte
Deformierung des Hauptzuges durch den kontrapunktischen Einsatz
ebenbürtiger sogenannter Beistriche aufgefangen wird ..., gewinnt das
Wirken der gegensätzlichen Kräfte den transitorischen Moment eines –
wenn auch hochexplosiblen – Ausgleichs.“[1]
Eine bemerkenswerte Parallele findet die Verselbständigung des Schriftzuges gegenüber dem Buchstabenschema in der künstlerischen Graphik der
Zeit, z. B. bei Rembrandt und seinen Schülern. Wie sich in der Schreibmei-
sterkalligraphie von einem bestimmten Moment an die Bewegung zu verselbständigen und in Spannung zum Schriftzeichen zu treten beginnt,
so ist in der bildenden Kunst zu beobachten, wie sich der Einzelstrich aus
dem Bildgegenstand zu lösen sucht. Er paraphrasiert ihn, umspielt, ja
durchstreicht ihn. In die durch den Auftraggeber festgelegten Großformen
des Bildes schreibt sich eine individuelle Handschrift ein. Während die
Pinselführung im mittelalterlichen Meditationsbild willig in der Darstellung
unterging und nur die beziehungsvoll angeordneten Gestalten erkennen
lassen wollte, überspringt jetzt der Mal- und Zeichenduktus die Figur, um
zugleich seine eigene Figur zu gewinnen, die jenseits des ikonographischen
Schemas entstehen könnte. Die Maldynamik dringt von der Großkomposition des Bildes bis in die kleinsten Elemente. Die Pinselbewegungen tasten
danach, bisher nicht gekannte spontane Gesten und Artikulationen zu ent-
decken. Die Bildgegenstände treten zwar genau hervor, aber für das genau-
ere Auge zersplittern sie zu einer Bündelung neuer Strukturen. In den Porträts von Frans Hals scheint es manchmal, als richte sich eine verhaltene
Aggression gegen die von außen aufgetragenen Bildthemen. Die Pinsel-
striche sind ebensoviele Peitschenschläge ins Gesicht des Dargestellten,
das doch erst durch diese Exekution ins Dasein tritt.

In der bildenden Kunst liegt die Tendenz zur Revolte des Künstlers gegen
eine oktroyierte Bildthematik deutlicher vor Augen als in den nahezu ver-
schollenen Musterbüchern der Schreibmeister.

In der aus dem Mittelalter durch die Renaissance wandernden Metaphy-
sik ist das, was – auch im Bild – wirklich werden kann, Abglanz des über-

---

1) Werner Doede, *Schön Schreiben, eine Kunst,* München 1975, S. 75

haupt Wirklichen, des Schöpfers, der göttlichen Natura – darin Epiphanie und Auslegung zugleich. Mit der Umwälzung des Weltbildes durch die aufkommende Naturwissenschaft wird jedoch das Wirkliche als Anwandlung des Möglichen verstanden, ein Versuch im Problematischen, dessen Qualität erst die Realisation ausweisen kann. Diese Umkehrung zeichnet sich deutlich in den beschriebenen bildnerischen und kalligraphischen Strukturen ab. Die Schreibmeister zerlegen ihre Letternformen bis in ihre kleinsten Bausteine, in kurze oder längere, dünne oder kräftigere Striche, und lehren ihre Schüler, aus diesen Elementen die Formen aufzubauen; sie lassen sie aber auch erfahren, daß aus diesem Ansatz labyrinthische Zeichen für eine Realität, die es nicht gibt, jedenfalls nicht im überlieferten Begriffshaushalt, entstehen können. Sie bleiben freilich an eine formale Kontrapunktik gebunden, wie sie sich dann in der Musik bei Bach in artifizieller Vollendung und Bewußtheit ausbilden wird; sie gelangen nicht und können sinnvoller Weise noch nicht zur völligen Freisetzung des Schriftzuges gelangen, weil das Individuum noch einen weiten Weg vor sich hat, bis es sich als realitätssetzendes Prinzip entdeckt. Auch in der bildenden Kunst bleibt die Revolte der Elemente, des Bildmaterials zunächst bloße Episode, und es kehrt das Sujet wieder auf seinen Thron zurück.

Während die Schreibmeister gegen die Erstarrung des Schreibens durch den Druck revoltieren, zeichnen sich zugleich an verschiedenen Stellen Tendenzen ab, die die Funktionalisierung der Schrift konsequent weiterzutreiben versuchen. Die Normierung des Schriftmaterials im Setzkasten ermuntert dazu, auch die Bleilettern selbst zu rationalisieren, ihre optimalen Formen durch geometrische Konstruktion zu ermitteln. Von Dürer kennen wir Entwürfe, im Geist der Renaissance die Buchstabenformen aus den Proportionen des Feldes, in denen sie stehen, beziehungsweise aus bestimmten Grundgrößen zu entwickeln. Und die französische Staatsdruckerei erhält im 17. Jh. den Auftrag, eine konsequent rational strukturierte Schrift herauszubringen. Mögen auch praktisch-technische Überlegungen dabei im Vordergrund gestanden haben, so steckt darin doch die Tendenz, auch diese Weise des Schreibens nach dem ihr immanenten Gesetz vollziehen zu können.

Dieser Versuch kommt zunächst nicht zum Ziel. Die mit großer Einfühlungsgabe entworfenen Typen der Garamond, Bodoni, Baskerville und wie sie alle heißen entsprechen den Notwendigkeiten des Lesens und dem Bedürfnis nach stilistischer Variation so sehr, daß ihnen erst im 19. Jh. auf ihrem Gebiet ein Konkurrent entsteht. Mit dem Plakatdruck kommt die serifenlose Groteskschrift auf. Sie ist die einzige Type, die in jüngerer Zeit neu geschnitten wurde und erfolgreich sich durchsetzen konnte. Die am Bauhaus aus den einfachen geometrischen Formen konstruierte Schrift ist ihre äußerste Konsequenz. Sie greift damit die uralte Tendenz zur elementaren Vereinfachung der Schriftzeichen wieder auf, wie wir sie schon bei den Griechen feststellen konnten.

Aber im 19. Jh. beginnt sich auch die individuelle Handschrift in bisher unbekanntem Maße aus den Schriftnormen zu lösen. Die Individualisierung, wie sie sich nach der Auflösung der Ständeordnung auf allen Lebensgebieten abzeichnet, findet im privaten Schreibduktus des einzelnen vielleicht ihre krasseste Äußerungsform. War es früher erstrebenswert, eine allgemein lesbare Handschrift zu schreiben, so wird es jetzt schick, die eigene Persönlichkeit durch Besonderheiten der Handschrift auszuweisen. Der psychische Habitus kann sich ungenierter denn je in der Schreibbewegung niederschlagen, und offensichtlich nehmen auch die psychischen Komplikationen im Individuum, die solcherweise manifest werden können, zu.

Die große Zeit der Psychologie bricht an. Zur Analyse und Ausdeutung der individuellen Handschrift entwickelt sich in der Graphologie sogar eine eigene Wissenschaft. Sie dringt durch das Erscheinungsbild der Schrift zum geheimen Bild ihres Schreibers vor, unbekümmert darum, was er mit seiner Handschrift glaubt vorstellen oder verstellen zu können.

Die Linie, welche die schreibende Hand hinterläßt, wird, unabhängig von dem, was niedergeschrieben wird, diesseits der Buchstabenformen lesbar. Winzige Stimmungsschwankungen des Schreibers schlagen sich in ihr ebenso nieder wie seine feststehenden Charakterzüge. Die Graphologie hat Kriterien gefunden, mit deren Hilfe der Charakterzustand des Schreibers in seiner Komplexität und Widersprüchlichkeit beschrieben werden kann. Jenseits ihres charakterologischen Aussagewertes wird Schrift aus dem Reichtum oder der Manie des Schreibers heraus plötzlich zum selbständigen Gebilde.

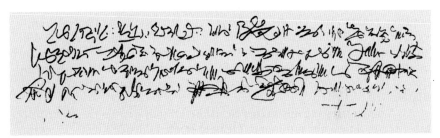

Paul Klee: Abstrakte Schrift

Max Ernst: Lettre pour Unica Zürn

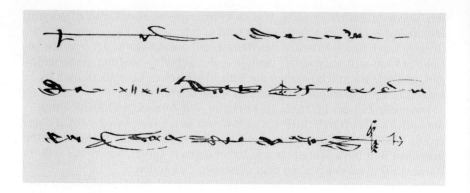

Ernst Schneidler: Abstrakte Schrift

Ernst Schneidler, der 1956 verstorbene bedeutende Schriftkünstler, hat in seinen zahlreichen Arbeiten Handschrift zur Schriftgraphik weitergetrieben. Von den älteren Schreibmeistern unterscheidet ihn, daß er den Durchgang durch das labile Labyrinth der individuellen Handschrift im Hintergrund hat, ja gerade die individuelle Verrätselung von Schrift den Formerfindungen seiner Blätter zu Grunde legt. Die Schreibmeister des 16. und 17. Jhs. dagegen rankten sich um die gegebene Schrifttradition und überspielten, verfremdeten die Buchstabennormen. Schneidler versucht, einem Text die eigentümliche, angemessene Schriftfassung zu geben – aber er arbeitet auch Schreibstücke aus frei erfundener Schrift aus, die unbekannte Texte ahnen lassen. Ihr Bild ist nicht weniger prägnant als das der konventionelleren Blätter.

Als Schneidler seine abstrakten Schriften erfand, war die handschriftliche Linie schon längst als autonomes Element in die bildende Kunst eingedrungen. Der frühe Kandinsky ist hier zuerst zu nennen. Ihm wird die frei aus der Hand fließende Linie zum Mittel, unmittelbar gestische Mitteilungen niederzuschreiben. Sie kann auch für den fremd hinzutretenden Betrachter lesbar werden, weil jeder in der eigenen Handschrift den gestischen Duktus und die Bewegungsaussage der geschriebenen Linie, ihrer Krümmung, ihres An- und Abschwellens, des harten und des sanften Ansatzes usw., erfahren kann. Bei den barocken Meistern lief die Linie noch als Paraphrase, als Auslegung oder Widerspruch des gegebenen Themas durchs Bild. Jetzt ist sie selbst das Thema, mögen auch bei Kandinsky noch schemenhafte Andeutungen von Dingen, von Pferden, Kapellen, Bergen, mitschwimmen. Kandinskys Anstrengung richtet sich in der Folgezeit darauf, das Beliebige der psychographischen Notierungen zu überwinden und eine allgemeingültige Formenlehre der bildnerischen Mittel, auch der Linie, zu finden. Er bietet die einfachen geometrischen Formen auf gegen die Unberechenbarkeit und die Privatheit der bloß psychischen Äußerung. Freilich büßt er dabei gerade die winzige Nuance ein, die der freien Linie möglich war.

Kandinsky selbst hielt seine frühe ‹informelle› Schaffensphase für Episode und ließ ihre Ergebnisse mit dem Gesicht zur Wand stehen. Weitere

Symptome weisen jedoch darauf hin, daß die Berührung, die Schrift und Bild bei ihm erfahren hatten, nicht ein vorübergehendes Ereignis im Werk eines Malers war. Die Kubisten, Braque, Picasso vorweg, hatten einzelne Buchstaben, Worte oder Wortfetzen in ihre Bilder gemalt oder geklebt. Es war Freude am Schock, aber es war auch mehr: die Buchstaben erschienen fremd im Bild, befrachteten das Bild mit dem, was sie mitteilten – mit dem Wort ‹Café› etwa oder ‹baß› und gaben ihm damit die Dimension einer Gegenständlichkeit, die nicht im Bild gegenwärtig ist; sie brachten zugleich die Letternkörper mit ins Bildgefüge und ließen sie dort ihre genaue Stelle finden: die Buchstaben lösten sich in diesem Aspekt aus ihrer Funktion als Zeichen für Laute und erschienen als reine, abstrakte Formen, die ihre Rechtfertigung aus dem kompositorischen Zusammenhang dieses Bildes bezogen. Sie wirkten mit an der Konstitution eines neuen Gegenstandes, nämlich dieses bildnerischen Körpers, den es sonst nicht gab.

Bei den Kubisten wird Schrift ihrer Vermittlerrolle entfremdet; statt auf einen Lautzusammenhang zu verweisen, gerät sie in einen Bildzusammenhang. Zur gleichen Zeit wird ihr aber die optische Dimension als eigenes Darstellungsmittel hinzugewonnen. Das geschieht zuerst bei Mallarmé. Gründlicher dann bei den Futuristen.

Die programmatische Auflösung der herkömmlichen Syntax und des eingewohnten Bedeutungsgefüges kompensieren Marinetti und seine Freunde dadurch, daß sie die Worte des Gedichts in bestimmter Ordnung auf die Fläche setzen und durch typographische Mittel ihnen einen bestimmten Erscheinungswert geben. »Parole in libertà« – »Worte in Freiheit« lautet das Programm, das Marinetti ausgibt. Die eindeutige Aufeinanderfolge der Sprache und der ihr gehorsamen Schrift ist zugunsten eines Simultanbildes aufgegeben, in dem sich vielfältigeBeziehungen knüpfen können,in dem es Schwerpunkte, Akzente, aber keinen Anfang und keinen Schluß gibt. Wie auf archaischen Piktographien tritt die Schreibfläche wieder als organisierendes Moment auf.

Schrift und Sprache rücken dicht aneinander – am dichtesten vielleicht in dem dadaistischen *i-Gedicht* von Kurt Schwitters. Dieses Gedicht besteht einzig aus dem kleinen Buchstaben *i* in der deutschen Sütterlinschreibweise und der Unterschrift *Lies: ‹rauf, runter, rauf, Pünktchen drauf›*. Der Laut *i* schrumpft in die geschriebene Buchstabengestalt und wird dabei noch durch die Beschreibung der Schreibbewegung in dem Merkvers des ABC-Unterrichts übertrumpft: das Zweitrangige erscheint als das Gewichtige, das Zeichen wichtiger als das Bezeichnete; zugleich wird der ganze konventionelle Schreibvorgang bloßgestellt.

Und die Anzeichen mehren sich, daß Schrift sich von der Sprache, der Lautsprache trennt und einen eigenen Kontinent zu erreichen strebt. Der Surrealismus – zeitgenössisch mit dem *i-Gedicht* von Schwitters – bringt aus den Untergründen des Bewußtseins und der Geschichte verschollene Symbolschwärme mit herauf, wobei ihm die Psychoanalyse auf die Sprünge hilft. Älteste Zeichengestalten tauchen am Grund des modernen Individualbewußtseins auf. Es zieht die Maler zu den Schätzen der Folklore, Miró zum Beispiel, zur spanischen. Das Ideogramm erscheint auf den Leinwänden, in neuer Form, neuer Färbung. Klee kann es so gut gebrauchen wie Baumeister und Bissier. Eine weitere unerhört ergiebige Quelle tut sich auf, als die ostasiatische und insbesondere die japanische Kalligraphie entdeckt wird. Marc Tobey, der Amerikaner an der Pazifikküste, ist einer der Vermittler.

Buddhistische Zen-Mönche Japans haben das Schreiben als Übung auf dem Weg zur Erkenntnis des Seins und des eigenen Selbst, als Meditationshilfe aufgegriffen. In ihrer Schreibkunst ist das Wesen des Dargestellten im bildhaften Schriftzeichen gegenwärtig, und zugleich öffnet sich dem Schreiber im Vollzug dieser Schriftzeichen der Weg zu Einsicht in das Wesen der Dinge und zum Einswerden mit dem Bedeuteten. So etwa, wenn der Zen-Meister Hakuin, der im 18. Jh. gelebt hat, in einem langgestreckten Zug das Zeichen für ‹Bambus› schreibt und dabei zugleich Bambus bildhaft vergegenwärtigt: die schlanke Kraft des Rohrs verbindet sich darin mit dem Aufsteigen, der Fragilität und mit dem freien Schweben der Spitze. Das Schriftzeichen ist völlig Bild geworden und auch für den, der diese Schrift nicht beherrscht, lesbar. Und umgekehrt enthält das Bild für den Kundigen das Schriftzeichen und damit die ganze Symboltradition, die es mit sich führt.

Die Japaner bezeichnen diese Kunst als »Sho«. Die Tradition des Sho ist in Japan nie abgerissen. Nach dem 2. Weltkrieg wandten sich viele Künstler der freien, von den überlieferten Ideogrammen losgelösten Kalligraphie zu. Dazu kamen ihnen aus der europäischen und amerikanischen informellen Malerei die Anregungen. Doch seit einigen Jahren greifen auch avantgardistische Schreibkünstler, wie etwa die Mitglieder der Bokubi-Gruppe, wieder auf den alten Zeichenschatz und die konventionellen Schriftformen als Anhaltspunkte ihrer Arbeiten zurück. Der Ausdrucksimpuls, die unverkennbare Handschrift dringt mit ins Kalligramm – wenn auch nicht in expressiver Absicht; vielmehr soll auch jetzt im Schreibvollzug die meditative Einung von Ich, Bild und Welt geschehen.

Das Sho-Werk ist Moment in einem umfassenden Existenzvollzug, nicht autonomes Gebilde, wie für die westlichen Künstler, die sich nun ihrerseits wieder von der Schreibkunst Ostasiens haben anregen lassen. Die Zeichen Tobeys, Alechinskys oder Bissiers, um nur einige zu nennen, bleiben immer im Horizont ihres bestimmten Bildes; sie erstellen eine Wirklichkeit, die es abseits des Bildes nicht gibt. Dennoch sind sie durch die quasi ideographische Natur der Bildzeichen im unterirdischen Austausch mit überlieferten Zeichenvorräten. Sie zeigen mögliche Schriftbilder, mögliche Ideogramme und reflektieren zugleich etwas vom Naturell der wirklichen. Der Beschauer bewegt sich darum in einem Zwischenbereich zwischen der Erinnerung an Überliefertes und der Imagination von Neuem, Unerhörtem, vielleicht mit Hilfe dieser Zeichen zu Erschließendem. Diese Zeichen sind bedeutsam, jedoch nicht lesbar im üblichen Sinn. Vergessene Erfahrungen dringen durch ihre Spiegelung wieder ans Licht – vielleicht gar nicht als solche erfaßt; irreale Erwartungen, Gefahren und Versprechungen, Einsichten und Drohungen zeichnen sich in ihren Feldern ab.

Wie bewußt die Beziehung des Bildnerischen zur Welt der Schrift aufgegriffen wird, belegt etwa Paul Klee mit Bildtiteln wie *Geheimschrift-Bild*,

Pflanzenschrift-Bild, Abstrakte Schrift. Ein weiteres Bild ist betitelt
Im Anfang war das Wort. Es ist zeilenweise aus abstrakten Zeichen, wellen-,
girlanden- und kreuzförmigen, aufgebaut: Urelementen des Ornaments wie
der Schrift. Einzelne Lettern tauchen – wie bei den Kubisten – auch bei Klee
immer wieder als Momente der Bildkomposition auf. Andere Bilder aber
bestehen ganz aus Buchstaben oder buchstabenähnlichen Formen, zum
Beispiel das *Anfang eines Gedichts* betitelte von 1938: das Blatt ist unregel-
mäßig mit Buchstaben überstreut, die sich teils zu Worten formieren, teils
solche andeuten, teils isoliert im ganzen Verband schweben.

Was bedeutet diese doch nicht selbstverständliche Symbiose von Schrift
und Bild? Es ist bemerkenswert, daß sie zugleich mit der modernen Kunst
einsetzt, im Kubismus, und diese seitdem begleitet. Lebt in dieser Beziehung
nur eine alte Freundschaft wieder auf, wie sie noch in den Inkunabeln der
ersten Drucker oder in den prachtvollen Handschriften des Mittelalters oder
in den Hieroglypheninschriften Ägyptens oder Kretas bestanden hatte?
Doch die rasche Bejahung stockt, denn bei allen früheren Beispielen blieben
Bild und Schrift getrennte Bereiche – auch die Ägypter illustrierten ihre
Hieroglypheninschriften oft noch durch handlungsreiche Reliefs. Seit die
Schrift das piktographische Stadium überwunden hat, erscheinen Schrift
und Bild immer als getrennte Zeichensphären, mögen sie auch oft genug in
höchster Meisterschaft ineinandergearbeitet sein. Schrift vermittelt sprach-
liche Mitteilungen und soll selbst dabei möglichst wenig ins Auge fallen –
das Bild zeigt vor und ist im Grunde stumm, auch wenn eine erläuternde
Inschrift dazugegeben ist.

In den Bildern und Schriftgraphiken moderner Künstler jedoch werden
Techniken, die vom Schreiben hergeleitet sind, oder Zeichenformen, die aus
der Schrift stammen oder auf eine mögliche Schrift hindeuten, verwendet.
Sie verlangen nicht, gesprochen, wohl aber gelesen zu werden, und zwar
mit dem Auge des Europäers, dessen Leben von Geschriebenem umstellt,
ja der seine komplizierte Existenz in all ihren Schichten nur mit Hilfe von
Geschriebenem der tausend Formeln, Gesetze, Rezepte, Fahrpläne, Karten,
Uhren, Verträge, Zeitungen usw. in Gang hält. Schrift durchdringt unser
ganzes Dasein, sie hat, wie nie zuvor, an dem Schicksal unserer zivilisatorischen Realität teil. Ist es verwunderlich, wenn sie auch in der Kunst auftaucht und ganze künstlerische Bereiche auf ihr aufbauen?

Aber Schrift ist nicht nur zum Bildmaterial und zur Bildthematik geworden; sie hat sich aus ihrer eigenen Überlieferung, aus ihrer Bindung an die
Sprache, also aus ihrer eingewohnten Funktion gelöst und hat sich als
eigenständiger Zeichenbereich konstituiert. Die Zeugnisse dafür sind so
zahlreich wie vielfältig. Man muß sie zur Kenntnis nehmen und ihren Grund
aufzuspüren versuchen. Betrachtet man diese Schrift-Bilder, etwa von Klee,
Michaux, Baumeister, Mathieu, so erscheinen sie wie Formulierungen möglicher, vielleicht gerade sich nähernder Sachverhalte oder Bedeutungen.
Vielleicht auch als Niederschlag von Erfahrungen, die nur im Vollzug dieser
Niederschrift aufleben konnten und sich dem Außenstehenden nun verrätselt darstellen. Es ist ja nicht belanglos, daß sich Schrift und bildende Kunst
verbunden haben – wobei es genügend Grenzfälle zur Literatur hin gibt.

Das Kunstwerk bringt seine eigene Realität mit; sie ist in der Eigentümlichkeit des Farbe-Form-Kosmos und seiner Durchlässigkeit zu der Wirklichkeit, in der dieses Werk besteht, begründet. Die Schrift bewegt sich in diesem autonomen Werkhorizont; aber sie bringt aus ihrer eigenen Tradition, aus dem riesigen Erinnerungshof ihrer Verwendungen Schwärme von Bedeutungen, möglichen, vermutlichen und gewissen Bedeutungen und Bezügen mit. Bei den Kubisten war diese Symbiose zwischen autonomem Bild und fremd hereintretendem Schriftmaterial noch naiv direkt und leicht zu durchschauen. Undurchdringlicher schon sind etwa die Graphiken von Michaux, die als seismographische Niederschläge im Meskalinrausch entstanden sind: Aufzeichnungen aus der Erfahrung einer bebenden Irrealität von höchster Eindrücklichkeit – und zugleich für sich bestehende ästhetische Gebilde, die dem Unbeteiligten andere, seine – nicht Michaux' – Wirklichkeiten zu versinnlichen vermögen. Hier bestehen deutlich zwei Erfahrungswelten nebeneinander, die nur durch die Niederschrift in der Schreib-Graphik miteinander in Verbindung treten können, wobei die ursprüngliche, die der Erfahrungen im Meskalinrausch, nicht anders mitteilbar ist. Tatsächlich aber wird von diesen nur ein abstraktes Stenogramm vermittelt, das dem Außenstehenden Mitteilungen macht, die er nicht nachprüfen kann, soweit sie das ursprüngliche Erlebnis im Meskalinrausch betreffen. Sie sind dennoch nicht bedeutungs- und belanglos: denn sie belangen den Betrachter in seiner eigenen Wirklichkeit, sofern sie nur prägnant und dicht genug gearbeitet sind. Die Erfahrungswelten sind gespalten, aber sie berühren sich in ihren Protokollen, in der scheinbar nur formalen, vermutlich jedoch höchst ‹inhaltlichen› Qualität der Niederschriften. Vielleicht tauschen sie sich durch diese Medien sogar aus, induzieren, verändern sich. Die Sprache versagt bei der Vermittlung dieser Erfahrungen, bei Michaux und anderswo, jedenfalls soweit ihre überlieferten Mittel zur Rede stehen. Diese Erfahrungen sind sprachlos und suchen sich darum ein Medium, in dem sie sich niederschlagen, äußern und vor allem entäußern können.

Die bildende Kunst weist sich darin als eigenes Äußerungssystem in der Pluralität unserer Sprachen aus. Neben der Lautsprache besteht ja längst das System der mathematisch-naturwissenschaftlichen Zeichensprache. Sie setzt jene zwar voraus, ist jedoch autonom in sich gegründet. Ja die Lautsprache hat Schritt für Schritt ihr eigenes Terrain diesem jüngeren Sprachsystem räumen müssen. Noch im 17. Jh., als das methodische Denken der Naturwissenschaft noch in den Anfängen steckte, war die Auffassung möglich, in den Wörtern der Sprache die Substanz der Wirklichkeit zu besitzen und im mystischen Spiel der Buchstaben Einblick ins Geheimnis des göttlichen Wirkens gewinnen zu können. Und noch die Romantik versucht auf dieser Spur, die Natur als Zeichenschrift zu lesen. Mit der Entscheidung für die technische Anwendung der reinen Wissenschaften und mit dem grundsätzlichen Verzicht auf die Forderung, daß wissenschaftliche Formulierung anschaulich zu sein habe, sackt im 19. Jh. auch die Bedeutung der Sprache für die Erkenntnis und die Konstitution der Realität zusammen. Gerade die eigentümliche ‹poetische› Leistung der Sprache, auch das nur vage zu Bezeichnende, das nur schwankend Bestimmbare anzuzielen und mit ins Gespräch zu ziehen, läßt sie als unzuverlässig erscheinen. Sie ist zu vieldeutig, zu weitmaschig in ihren Bedeutungen, zu unlogisch in ihrer Syntax, als daß sie dem Anspruch auf äußerste Exaktheit, wie ihn die Naturwissenschaften stellen, gewachsen scheint. Aber auch in anderen Bereichen, wie denen des Rechts oder der Politik, hat sie aus demselben Grund an Kredit verloren.

Es ist darum nicht überraschend, wenn die Schrift ihre Beziehungen zur Lautsprache lockert, wenigstens teilweise. Wir sahen anfangs, daß diese Verselbständigung des optischen Zeichens, zugleich in Stellvertretung des lautsprachlichen, bis in den Alltag hineinreicht. Die Schrift hat ja in der Gebärde und im Bildzeichen einen uralten Stamm, der von der Sprache unabhängig, ihr jedenfalls zunächst gleichwertig war. Das Phänomen der Gebärdensprache beweist zudem, daß statt der akustischen auch eine leistungsfähige optische Sprache möglich ist. So ist es nicht undenkbar, daß sich auf dem Hintergrund der überlieferten Schriftübungen und durch sie vermittelt ein sekundäres optisches Äußerungssystem mit eigenen Prinzipien herausbildet: als eine Sprach-Schrift von ‹Gegenständen›, die nur durch sie manifest werden, nur in ihrem Medium zu bestehen vermögen. Eine Äußerungsform, die noch stärker als die Lautsprache dem Unbestimmten, dem Uneindeutigen – und dennoch Wirklichen, weil Wirksamen – zugewandt ist, das das Unerhörte im genauen Sinne, das in keinem ihm transzendenten Gegenstand seine Entsprechung finden kann, aufzufassen vermag. Sie würde damit auf die aktuelle Verfassung unserer Realität antworten, die auf das unabsehbare und unabschließbare Risiko des »Fortschreitens« abgestellt ist. Ihre Unbestimmbarkeit entspräche den potentiellen Überraschungen, die ständig auf uns zutreten können und uns unablässig treffen. Ursprünglich wohnten in unserer Sprache die Fähigkeit, rationell zu formulieren, und diejenige, das Komplexe, nicht ganz Faßbare anzudeuten, zusammen. Die Entwicklung, die Differenzierung unserer Realität hat beide Fähigkeiten auseinandergetrieben, vor allem die der exakten Rationalität in das mathematisch-naturwissenschaftliche Sprachsystem. Die andere scheint sich erst in unserem Jahrhundert allmählich wieder zu finden. Ihre Differenzierung und Sensibilität müßte weit genug getrieben sein, daß sie einer Wirklichkeit, die durch und durch von der Raffinesse der ersteren bestimmt ist, Gegenpart zu halten vermöchte. Denn der Genauigkeit der einzelnen naturwissenschaftlichen oder technischen Formel entspricht die Unbestimmbarkeit dessen, was aus diesem Geschehen auf uns zukommt. Wir glauben, in dem, was sich zeigt, den Mut zu der Behauptung finden zu können, daß in der modernen Kunst – nicht nur der Malerei – sich ein Äußerungsvermögen ausbildet, das dieser Situation gewachsen sein könnte.

Über Plakate

Für den Katalog der Gruppe »novum«

1962

Ein Plakat ist eine Fläche, die ins Auge fällt. Sie ist so organisiert, daß sie aus dem geläufigen Wahrnehmungsgeflecht heraussticht und den, der an sie geraten ist, einen Augenblick lang zum Anhalten bringt. In dem unabsehbaren, flimmernden Wahrnehmungsgefilde, in dem wir uns bewegen, erfassen wir nur solche Daten als bemerkenswert, die fördernd, warnend oder hindernd in den Zusammenhang unseres gegenwärtigen Tuns und Wollens gehören oder aber gerade solche Wünsche, Erwartungen und Bedürfnisse ansprechen, die im Augenblick zu Gunsten anderer Funktionen abgedeckt werden müssen. Zur ersten Gruppe gehören z.b. Verkehrsschilder, Aufschriften, Signale aller Art, aber auch beiläufige Funde: Gesprächsfetzen, eine Zeitungsnotiz, die vom eigenen aktuellen Streben her plötzlich angeleuchtet, ihm einen unerwarteten Impuls mitteilen. Oft leisten sie dies nur, weil ihre Mitteilung genau in den winzigen Augenblick paßt, in dem sie erfaßt werden kann; so hat sich der Straßenverkehr für seine raschen Abläufe eine Konvention abgekürzter Zeichen zugelegt, die sekundenflinke Hinweise oder Warnungen vermitteln, für welche die Wort- und Schriftsprache einen ungelegenen Aufwand treiben müßte.

Plakate gehören zumeist in die andere Gruppe. Sie tauchen ohne Rücksicht auf die augenblicklichen Absichten des Passanten auf, an Wänden, Zäunen, in der Straßenbahn, beim Radrennen, im Kino, in der Zeitung – überall, auch wo sie nicht vermutet werden, muten sie uns ihre Nachricht zu, die uns oft nicht im geringsten interessiert. Sie interessiert nicht, weil sie nicht in den gegenwärtigen Aktionszusammenhang paßt; sie würde in einem entfernteren Zusammenhang vielleicht ohne weiteres unsere Aufmerksamkeit finden, doch dann ist sie nicht zur Stelle.

Es gibt zwei Wege, die fehlende Aktualität dennoch herzustellen. Zunächst, indem die unterschwelligen, irrealen, vielleicht sogar unzulässigen Wunschbilder an die Plakatmitteilung angeschlossen und durch sie als erreichbar, zulässig und rechtens suggeriert werden („der Duft der großen weiten Welt"). Das Warengewitter, das in unablässigen Schüben über uns hinzieht, verrät in den mitschwimmenden Versprechungen der Plakate die Beimischung an Irrealität, ohne die es selbst nicht bestehen könnte. Es bietet, wie die Losbuden der Jahrmärkte, jedem einen Hauptgewinn für seinen kleinen Einsatz. Der Betrug fällt nicht ins Gewicht, weil im Grunde die Betroffenen selbst die Verbote und Sperren, die sie von ihren Wünschen trennen, festhalten. Nur an einzelnen Stellen werden sie im exemplarischen Scheinbeweis für die Allgemeinheit der Exklusivität tatsächlich einmal aufgehoben, wenn etwa eine langbeinige Friseuse als Miss Universum ersteht; oder das Toto die Chance des großen Fußes für jedermann vorspiegelt. Dabei ist nicht zu übersehen, daß die utopische Begehrlichkeit, die auf jedes noch unbekannte Bedürfnis einzuspielen vermag, die unentbehrliche Voraussetzung für die expansive Warenproduktion und das ganze wirtschaftliche Gefüge also, das von ihr abhängt, ist. Die Plakate potenzieren zugleich das reale Warenangebot, die Seife, die Armbanduhr, die Zigarette, indem sie ihm den Schein von unterschwellig Erwünschtem beigesellen, das doch im Angebot von übermorgen tatsächlich auftauchen könnte, wenngleich es dann abermals seinen Schein nötig haben würde. Die Zugabe des Plakates ist im Grunde, weil sie aus einem utopischen Fond genommen wird, nicht einzuholen und zu ersetzen. Bezeichnenderweise vermögen die Werbe- und die Traumkulturindustrien hemmungslose Bündnisse einzugehen.

Das Plakat ist eine Fläche, die ins Auge springt. Es kann seinen Dienst aber auch leisten, indem es, statt einen irrealen Schein zu assoziieren, das Angebot verfremdet, die Befreundung, welche die Werbung beabsichtigt, zurückhält, ja aussetzt und eine unerwartete, in sich stabile Gestalt hervortreten läßt. Als Beispiele seien die »Rothändle«-Plakate genannt. Diese Plakatform bewirkt zunächst bloßes Innehalten; sie unterbricht – obwohl selbst Warennatur – die unabsehbare, schwankende Warenplantage wie ein Stein vom Himmel. Man wird nicht auf die Ware gestoßen, man wird auch nicht den Wunschschatten ausgesetzt, die sie verkäuflicher machen sollen. Einen Augenblick gibt es Freiheit von allen Ansprüchen und Beanspruchungen (auch denen, die uns außerhalb des Plakates treffen). Dieses Plakat da ist jetzt weiter nichts als ein Bild-Ding, ein langsam sich umkehrender Krebs, eine explodierende Rose, eine geschlitzte Falle fürs Gedächtnis. Es richtet den leeren Augenblick ein, in dessen Hof eine Figur rollt. Es gibt, was es gibt, sofort und umsonst, nicht erst als Versprechen zur angebotenen Sache. Es bringt die ältere Instanz der Dinge zur Geltung, zu der ja auch die Ware gehört, ja, da es seinen figuralen Einfall oftmals von ihr her nimmt, setzt es auch diese in ihre Freiheit zurück, die nicht am Tausch teilnimmt und nicht einzukaufen ist. Wenn jene zuerst beschriebenen Plakate den Wechsel auf eine ungenaue Zukunft zogen, so schlagen diese in das anonyme Warengewühl eine Bresche für den Augenblick, in dem wir leben, und zeigen in ihrem scharfen Licht die Waren, die zu Markte getragen werden, als Dinge.

Sie können es nur, weil sie selbst unverwechselbar sind, konkret wie das, was sie zeigen wollen. Die Organisation ihrer Elemente, Farbe, Fläche, Foto, Zeichnung, Schrift, muß darum in sich schlüssig und genau sein, unbeschadet der Transparenz für die vorzuweisende Sache. Das Plakat selbst ist ein Ding, das uns festhält, fasziniert, durch seine Ordnung auf etwas bringt, was wir immer schon gekannt haben müssen, weil es uns so erstaunend heiter und eindringlich berührt. Es zeigt, wie ein Ding sich zeigen soll, und überzeugt uns von der Konkretheit und Dichte auch des Gegenstandes, auf den es sich bezieht. Darin wirkt der Ursprung der Plakatkunst aus den Prinzipien der modernen Kunst, vor allem dem des bedenkenlosen Querstellens zu allem Gegebenem, um seine Materialität und Struktur unverstellt zu erfahren. Und wenn sich auch das Moment des Grotesken, das in dem progressiven Warengeschiebe steckt, nur in Spuren niederschlagen kann, so dringt doch die Ironie mit ein über die millionenfache Verkupplung der Waren an ihre Käufer und stellt damit zugleich die Distanz wieder her, in der sich die

Individualität beider Seiten wiederfinden kann. Diese Plakate wandeln den ganzen Vorgang durch ihr Dazwischentreten und bringen in den mahlenden Prozeß von Angebot und Nachfrage unmerklich das humane Moment, das der modernen Kunst von ihren Beschreiern bestritten wird.

Über konkrete Poesie

1969

Das erste »konkrete« Gedicht schrieb Carlo Belloli 1943. Seitdem hat sich die konkrete Poesie langsam, aber konsequent zu einer kaum mehr überschaubaren Vielfalt von Textformen entwickelt. An ihr sind Autoren aus allen Ländern, in denen es überhaupt moderne Literatur gibt, beteiligt. Wer sich einen Überblick verschaffen will, greift am besten zu der *Anthology of concrete poetry*, die Emmett Williams in der Something Else Press, New York 1967, herausgegeben hat. Ihr Vorwort enthält die einfachste Definition der konkreten Poesie:

> „It was poetry far beyond paraphrase, a poetry that often asked to be completed or activated by the reader, a poetry of direct presentation – the word, not words, words, words or expressionistic squiggles – using the semantic, visual and phonetic elements of language as raw materials in a way seldom used by the poets of the past."

Wer diese Ausstellung[1] betrachtet, bemerkt, daß das Wort, das isolierte Wort das primäre Element der konkreten Texte ist und nicht der Satz, wie in aller anderen Literatur, mag sie traditionell oder modern sein. Eines der frühesten konkreten Gedichte von Eugen Gomringer, der die konkrete Poesie durch seine *konstellationen* und Manifeste zu einem Begriff gemacht hat, besteht nur aus dem Wort ‹schweigen› (‹silencio›), das 14 mal wiederholt und in drei Kolumnen angeordnet wird, deren mittlere eine Leerstelle aufweist: dadurch wird die ganze ‹Konstellation› zum Ideogramm von ‹Schweigen›. Der intendierte Sinn wird nicht nur gesagt, sondern auch dargestellt.

Die frühesten konkreten Texte erscheinen karg, auf Nomina reduziert, ohne die gewohnten syntaktischen Verbindungen, aus wenigen Wörtern konstruiert. Theoretisch stützen sich ihre Autoren auf entsprechende Entwicklungen in der bildenden Kunst, vor allem beim »Stijl«, bei Theo van Doesburg und Max Bill. Vorausgegangen ist die optische Transformation von Texten, zuerst in Mallarmés *Un coup de dés* (1897), dann vor allem durch die Futuristen, programmatisch in Marinettis *Parole in libertà* (1912). Hier werden typographische Elemente so intensiv in die Textstruktur eingewoben, daß sie nicht mehr herauszulösen sind. Sie machen die Fläche, auf

[1] »Mostra di poesia concreta« im Zusammenhang der Biennale in Venedig 1969

der der Text steht, zum wichtigsten syntaktischen Mittel, das die gewohnte grammatische Syntax zu verdrängen und zu ersetzen in der Lage ist. Die Reduktion auf das isolierte und dadurch intensivierte Wort hat zuerst Kandinsky in seinem Buch *Über das Geistige in der Kunst* (1912) beschrieben; die Futuristen und Dadaisten haben sie praktiziert. Zu den Voraussetzungen der konkreten Poesie gehört auch die Metaphernalchemie des Surrealismus nach dem Modell: „meine Frau mit den Schenkeln des Sandsteins" (Breton). Die konventionelle Semantik der Wörter wird dabei zu Gunsten einer ‹überrealen› Bildsynthetik außer Kurs gesetzt, die Autonomie des Einzelwortes gestärkt und ein assoziatives Lesen geübt. Allerdings trennt die konkrete Poesie eine Welt von der Mystik des Surrealismus wie dem grotesken Nonsens des Dadaismus oder dem technophilen Enthusiasmus des Futurismus. In ihren Sprachspielen mischt sich eine linguistische Rationalität mit der Lust an der unwahrscheinlichen Kombination. In der konkreten Poesie ist das Wort als Wort, mit allem was ihm zustoßen kann, das einzige Ereignis, das zählt.

Die konkrete Poesie behauptet jedoch nicht, daß es das total isolierbare Wort gibt. Im Gegenteil hat sie unter extremen Bedingungen ein linguistisches Grundgesetz erhärtet: daß das isolierte Wort, das ‹absolute›, aus allen Zusammenhängen gelöste Wort nicht einmal im Lexikon existiert. Sobald ein Sprachzeichen in einem praktischen Zusammenhang wahrgenommen wird, gerät es in ein Beziehungsfeld, das es über sich hinausführt und dadurch zugleich auf sich selbst zurückverweist. Es kommt überhaupt erst zu sich selbst, indem es in syntaktische und semantische Beziehungen tritt. Deren einfachste Form ist die eines einzelnen Wortes auf einer Fläche, wobei die syntaktische Relation durch die Position auf der Fläche hergestellt wird, die semantische Relation durch die Wertigkeit aller beteiligten Momente – der Wortbedeutung, der Schriftgröße, der Lage usw. – gegeben ist. Jedes weitere hinzutretende Moment differenziert den Sachverhalt.

Diese syntaktisch-semantische Kombinatorik ist grundsätzlich unabschließbar und von labiler Dynamik. Ihre Konsequenz treibt die konkrete Poesie zu ihren extremen Verfassungen: einerseits durch Reduktion der Beziehungen die unterste Grenze sprachlicher Information zu erreichen, andererseits die Elemente so zu differenzieren und zu komplizieren, daß dem entstehenden Zeichenkomplex keine Wahrnehmung mehr gewachsen ist. Auf dem ersten Weg erscheinen Texte aus zerstörten Wörtern, aus Lettern, Letternfragmenten, nicht mehr identifizierbaren Zeichenresten. Der andere Weg führt zu immer größerem Zeichenaufwand, zur Überlagerung ganzer Texte durch andere, zur Kombination von Texten mit fremden Medien, Bildern, Objekten, Räumen. Der Betrachter muß auswählen und durch die Auswahl seinen Text herstellen.

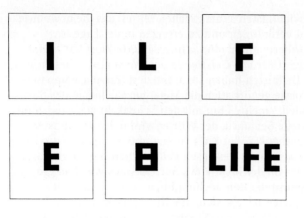

Décio Pignatari: LIFE, 1958

jetzt

Gerhard Rühm: jetzt, 1958

```
p l e u r e
p l e u t
p l e u r e
p l e u t
p l e u r e
p l e u t
p l e u r e
p l e u t
p l e u r e
p l e u t
p l e u r e
p l e u t
p l e u r e
+
p a r a -
p l u i e
```

Ian Hamilton Finlay: pleure, 1963

Carlo Belloli: un sorriso, 1943

sind   (sind)

                                    ~~sind~~

        "sind"

Heinz Gappmayr: sind, 1964

worte sind schatten
schatten werden worte

worte sind spiele
spiele werden worte

sind schatten worte
werden worte spiele

sind spiele worte
werden worte schatten

sind worte schatten
werden spiele worte

sind worte spiele
werden schatten worte

Eugen Gomringer:
worte sind schatten, 1956

```
col ocaramas
caracol ocar
amas caracol
ocaramas car
acol ocarama
s caracol oca
ramas caraco
l ocaramas ca
racol ocaram
as caracol oc
aramas carac
ol ocaramas c
aracol ocara
mas caracol o
caramas cara
```

Augusto de Campos:
colocaramas, 1960

```
        pomander
      open pomander
    open poem and her
    open poem and him
   o p en poem and hymn
  hymn and hymen leander
   high man pen meander
  o pen poem me and her
  pen me poem me and him
    om mane padme hum
   pad me home panda hand
  o p en up o holy panhandler
 ample panda pen or bamboo pond
ponder a bonny poem pomander opener
open banned peon penman hum and banter
open hymn and pompom band and panda hamper
  o i am a pen open man or happener
   i am open manner happener
    happy are we open
     poem and a pom
    poem and a panda
    poem and aplomb
```

Edwin Morgan: pomander, 1964

```
brancusi
brancusi
brancusi
brancusi
brancusi
```

Jiří Kolář: Brancusi, 1959

In der konkreten Poesie sind – wenn auch in Grenzen – Schrift und Lautform eines Textes konvertibel, das heißt, ein Text kann gelesen und gesprochen werden, da sein Material verbaler Natur ist. Auf dem Weg in die extremen Textverfassungen geht diese Konvertibilität verloren: Die Texte sind nur noch visuell oder nur noch akustisch wahrnehmbar. Es erscheinen visuelle oder phonetische Texte, die sich nicht mehr ineinander überführen lassen. Sie bezeichnen die Grenzpositionen der konkreten Poesie, wo die intermedialen Zonen zur Musik oder zur bildenden Kunst oder zur Architektur beginnen.

Wenn man das Feld der konkreten Poesie auf Texte aus verbalem Material eingrenzt, lassen sich im wesentlichen die folgenden Kompositionsmuster beobachten:

1. die Position eines einzelnen Sprachzeichens auf einer Fläche. Dies ist zwar nicht die früheste, aber die radikalste Form konkreter Poesie. Beispiel: Pignatari *I / L / F / E / LIFE*

2. die Position mehrerer Sprachzeichen auf einer Fläche, etwa in Streulage. Zur Wertigkeit der Lage auf der Fläche und der Schriftgröße kommt die gegenseitige Konstellation hinzu. Auch kann die semantische Entfernung, die Nähe oder Ferne der verschiedenen Wortbedeutungen voneinander eine wichtige Rolle spielen. Beispiel: Rühm *jetzt*

3. die asyntaktische Reihung mehrerer Sprachzeichen in Zeilen oder Kolumnen, wobei oft dieselben Elemente wiederholt werden. Beispiel: Finlay *pleure / pleut*

4. die Multiplikation derselben Elemente zur Intensivierung, Extensivierung, Kontrastierung usw. einer Information. Die Möglichkeiten der Redundanz lassen sich darstellen. Beispiel: Belloli *un sorriso*

5. die Häufung einer (eventuell unbestimmten) Menge von Sprachzeichen auf einer Fläche. Ihre Verteilung kann von wechselnder Dichte sein, so daß Überlagerungen und Übergänge von Lesbarkeit zu Unleserlichkeit erscheinen. Beispiel: Gappmayr *sind*

6. die Permutation eines Sprachmaterials durch alle Möglichkeiten, die eine gewählte Regel zuläßt. Beispiel: Gomringer *worte sind schatten*

7. die Kontamination verbaler Elemente: Wörter oder Wortteile gehen ineinander über. Die Bedeutungen wechseln und mischen sich; unerwartete Bedeutungen werden an Ausschnitten der Struktur entdeckt. Beispiel: A. de Campos *colocaramas / caracolar*

8. die phonetisch-assoziative Variation von Sprachzeichen. Eine phonetische Form löst eine ähnliche aus, jedoch mit fremder Bedeutung. Beispiel: Morgan *pomander / open pomander / open poem and her ...*

9. die Figuration eines Sprachmaterials
   a) nach einem äußerlichen Schema (Beispiel: Kriwets Scheiben),
   b) als Visualisation des Textes Beispiel: Kolář, *Brancusi*
   Grenze zum visuellen Gedicht. [2]

---

[2] Alle Beispiele aus *An Anthology of concrete poetry*, hg. von Emmett Williams, Something Else Press, New York 1967

Wenn moderne Literatur vor allem durch die Anstrengung gekennzeichnet ist, die Sprache zur Sprache zu bringen, dann ist die konkrete Poesie eine ihrer konsequentesten und aufschlußreichsten Phasen. Vielleicht haben sich heute ihre Möglichkeiten erschöpft; ihre Erfindungen jedenfalls gehen ein in die neuen intermedialen Versuche mit Text-Räumen und Hör-Spielen.

Dem Verzicht auf die Krücken der konventionellen Syntax verdankt die konkrete Poesie die Simplizität ihrer Texte. Sie erscheint nur solange karg und reduziert, bis ihre eigentümlichen neuen syntaktisch-semantischen Dimensionen erkannt sind, die den Betrachter instand setzen, eine Fülle von versteckten Beziehungen herzustellen und die Intensität des Einfachen zu erfahren. So gelesen, wirken diese Texte als Alternative zum zeitgenössischen Sprachschwall, als unaufdringliche, aber radikale Kritik an der Masse von Gerede, dessen Hervorbringer nicht wissen, daß sie mit Tausenden fertiger Versatzstücke hantieren.

Notizheft, 1. September

1984

Der Vieldeutigkeit / Vielbezüglichkeit der Wörter entspricht die Vielbeziehbarkeit von Bildern, abgebildeten Dingen, Vorgängen, Situationen.

Schrift / Text / Lettern und ihre Fragmente sind immer auch dinglich. Geraten sie dazu in den Kontext von Dingen bzw. Bildern von Dingen (und deren Fragmenten), dann wird ihre Dinglichkeit drastisch. Umgekehrt gewinnen die Dinge bzw. Bilder von Dingen (und auch Vorgängen, Personen, Situationen) in einem unerwarteten (= nicht von der Gewohnheit des Wahrnehmens blind gewordenen) Kontext die Anmutung von Sprache im Zustand poetischer Information. Dabei dominiert der Eindruck der vielsinnigen Deutbarkeit, eines Überschusses von Beziehbarkeit, der eine unabsehbare Übersetzbarkeit in Sprache suggeriert. Sprache würde beim Versuch, den Bildkontext dieser Art zu formulieren, immer zu wenig fassen – durch den entstehenden Text jedoch zugleich viel mehr sagen, als der Bildkontext unmittelbar aufweist. Der Prozeß der sprachlichen Vertextung erhält vom Bildkontext Impuls und Widerlager, springt und läuft dann jedoch immer wieder in seine Besonderheit. Denn die benutzten Wörter, wenn sie nicht von der Banalität des Gewohnten plattgedrückt wurden, bringen in ihrer ungewohnten Konstellation Anmutungswerte zu Tage, die nur genau in dieser Konstellation entstehen können, bei der geringsten Änderung verschwinden oder sich verwandeln. Da auch der Bildkontext solche Anmutungswerte hat, ist eine Übereinstimmung dieser mit denen der sprachlichen Konstellation ausgeschlossen. Wörter, Silben, Buchstaben, Fragmente und Andeutungen von diesen bringen ihre Anmutung mit in den Bildkontext, geraten zu Bild-Dingen und lockern zugleich den dinglichen Gewohnheitscharakter der Bildteile bis zur Simulierung von Sprachwert.

Text wird Bild wird Text

1986

1

Wir haben Sprache, und sie hat uns. Wir können uns nicht ohne sie denken, weil wir denkend schon mit Sprache behaftet sind. In dem Moment der ansetzenden Artikulierung ist uns Sprache noch ganz die innere, die sich gerade von uns hervorbringen läßt. Doch sobald unsere Impulse, unsere inneren Ausgriffe als Wörter verlautet und geäußert sind, zeigt es sich, daß wir keines von ihnen selbst erfunden haben und sich schon in fremdem Besitz befindet, was wir daran für unser Eigenstes halten. Was laut wird, mischt sich mit den Geräuschen unseres Körpers, fällt den Atemstößen anheim, und unser Adressat liest sich auch schon seine Leseart zurecht, so daß auf seiner Seite ein Bedeutungsgefilde entsteht, das mit unserem möglicherweise nur in schrägem Zusammenhang steht.

Die Verlautung allein hat nie ausgereicht, die Impulse, die emotionalen Spannungen, die visionablen Blitze und noetischen Ausgriffe, die sprach-kondensierend wirken, zureichend zu manifestieren. Mit jeder lautlichen Äußerung ist unwillkürlich Körpergebärde verbunden, die unter Umständen auch ohne Lautsprache verständlich ist. Es bietet sich an, das, was uns so leicht von der Hand geht – lautsprachliche Äußerungen gestisch oder graphisch zu unterstützen, zu ergänzen, gar zu ersetzen –, als Korrelat von Lautsprache nicht nur, sondern als einem eigenen Artikulationsbereich zugehörig anzusehen. So daß neben dem lautgestaltenden von Mund, Nase, Rachen und Kehle der andere der Hand und des Armes erscheint, der auf seine Weise feinnervig und vielgliedrig angelegt und daher ebenso differen-zierter Artikulation fähig ist wie der lautliche. Neben dem phonetisch-audi-tiven erscheint ein gestisch-graphisch-visuelles Artikulationszentrum.

Jedes hat gegenüber dem anderen seine besonderen Vorteile und Nach-teile. So etwa ermöglicht das rasche Vertönen des Wortes im Moment erst die Wechselrede, das unverzügliche Mitteilen, den aktivierenden Zuruf, Äußerungsweisen, die gleich darauf nicht mehr aufzufinden sind – während die am Augenblick desinteressierte graphische Kundgabe sich speichern, transportieren, überprüfen, wiederholen läßt. Es ist zu vermuten, daß die Begrifflichkeit der Sprache nur mit Hilfe des Artikulationsbereiches der Hand ‹manifest› werden konnte. – Einen ergänzenden Aspekt vermittelt die Logogrammschrift des Chinesischen. Wenngleich mit Lautzeichen durch-setzt, ist sie ein Beispiel dafür, daß ein von der Lautsprache unabhängiges, auf Bild- und Gebärdenzeichen aufruhendes Schriftsystem die Bedürfnisse einer Hochkultur befriedigen und als Verständigungsmedium, ‹Sprache› also, über die Sprachgrenzen der an dieser Kultur beteiligten Völker hinweg wirken kann. Ähnliche Beispiele bieten die indianischen Gebärdensprachen.

Die Logogramm‹sprache› befindet sich bereits im gesellschaftlichen Funktionsbereich. In der menschlichen Innendimension hängt Sprache einerseits mit dem Denken in einem bisher nicht aufgedeckten Zusammen-hang, ist aber auch mit der Eigenwelt des Traums in einer von der Wach-

seite her nahezu undurchdringlichen Weise verbunden. Das visionable
Traummaterial scheint mir schon im Moment des Hervortretens sprach-
unterlegt, sprachgesättigt zu sein. Sprachliches läuft durch das und mit dem
Traumbild. Traumbildkerne könnten von sprachlicher Qualität vor sprachlicher Artikulation sein. Sollte es, wie unsere Traumbildformierungen nahelegen, eine bildlich-visionable Weise des Artikulierens geben, die die
Bezeichnung ‹Sprache› ebenso verdient wie die lautlich artikulierte, dann
erschienen die Korrespondenzen nicht nur zwischen Bild-Sprache und
Wort-Sprache, sondern auch zwischen bildlich-gestisch artikulierten und
verbal artikulierten ‹Texten›, also zwischen Kunst und Literatur, in neuem
Licht. Die durch die Jahrtausende hindurch unermüdliche Tätigkeit der optischen Künste läßt vermuten, daß sie nicht nur dem Dekor- und Repräsenta-
tionsbedürfnis ihrer Gesellschaften entsprechen, sondern ihnen – wie der
Literatur – ein authentisches Äußerungsverlangen zugrunde liegt, das einen
originären ‹sprachlichen› Artikulationsbereich benutzt: Auch Bilder sind
Texte.

2

Alle Schriften, die wir kennen, haben eine piktographische Vergangenheit,
sind also aus Bildern entstanden. Völkerschaften mit einem sehr langsamen
geschichtlichen Trend und schwachen zivilisatorischen Innovationswellen
sind bis zum Zusammentreffen mit der westlichen Zivilisation mit Piktographien ausgekommen. Wo Bedürfnisse nach Steuerung, Kontrolle, Regle-
mentierung, Informationsspeicherung usw. die zivilisatorische Spannung
ansteigen ließen, haben sich die piktographischen zu ideographischen
Systemen – Begriffsschriften – gemausert, die jedoch immer noch Tausende
von Zeichen benötigten. Der Zeichenfundus wurde praktikabler, als raffinierte Schreiber auf die mnemotechnische Stütze des Gegenstandsbezugs
verzichteten und im Lautrebusverfahren statt des Begriffs nur mehr den
Lautwert ansteuerten. Die Zeichen dienten dem Transport von Silben, wozu
immer noch Hunderte benötigt wurden, und schließlich der Wiedergabe
von Einzellauten.

Man muß sich verdeutlichen, daß die Erfindung des Alphabets eine
abstrakt-konstruktive Leistung ist. Unser Atem- und Sprechstrom kennt
den Einzellaut nicht, sondern nur die Lautsequenz, deren jeweilige vorweg-
wirkende Konstellierung auf die Tönung des Sprechlautes abfärbt. Die im
Alphabet manifeste Isolierung von Einzellauten entspricht nicht den beim
Sprechen tatsächlich verwendeten Phonemen – ihre Zahl ist weit größer als
die der Alphabetzeichen –, sie beruht vielmehr auf einer zeichenökonomi-
schen Reduktion mit dem Ergebnis einer Art von Kurzschrift, die eben ausreicht, Texte wiedererkennbar zu fixieren.

Die Tendenz zur konstruktiven Vereinfachung läßt sich auch an der graphischen Gestaltung der Schriften ablesen. Die Schreiber der Keilschriften
etwa verwendeten schließlich nur noch das minimalste Element zur Komposition der Zeichenkomplexe, den einfachen Stich des Griffels in den Ton.
Die Griechen strukturierten ihr Alphabet aus den Formen von Quadrat, Dreieck, Kreis und deren Segmenten. – Schrift war vom ersten Erscheinen an

begleitet von numinosem Erschauern derjenigen, die ihrer nicht kundig
waren. Wie der Kosmos hat daher auch Schrift ihre Entstehungsmythen.
Den Babyloniern schrieb Gott Nebo nicht nur die Menschenschicksale auf,
er hat den Menschen auch die Schrift zum Geschenk gemacht; den Juden
brachte Moses die Schrift; im Islam offenbarte Gott dem Adam die Buchstaben. Die Alphabetreihe faszinierte, weil ihr minimales Zeichenrepertoire
imstande war, den ganzen Kosmos zu erfassen. Die Buchstaben galten als
seine Strukturzeichen. Insbesondere die Vokale – sieben im griechischen
Alphabet – halfen bei mystischer Erfahrung und magischer Beschwörung.
Alpha und Omega hat christliche Glaubenspraxis als göttliche Signatur
gelesen. Permutative Reihenbildung mit Buchstaben, Palindrome, Wieder-
holungsmuster, graphisch-figurative Anordnungen und andere Verfahren
des Umgangs mit den Einzellettern, die heute die konkrete Poesie verwendet, finden sich, auf völlig anderem Hintergrund, bereits in der Frühzeit der
Alphabetgeschichte, und das ekstatische Zungenreden hat Entsprechungen
in der phonetischen Poesie. Die Poeten der russischen »Zaum«-Poesie bezogen sich ausdrücklich auf vergleichbare Phänomene ihrer Zeit.

Durch die Konstruktion des Alphabets ist der Buchstabe zum Elementar-
teilchen nicht nur der Schrift, sondern auch der Literatur und der Poetik
geworden. Als Wortpartikel ist er selber ohne Bedeutung, doch kann die
Veränderung eines dieser Teilchen die Wortbedeutung verändern, gelegentlich sogar den Sinn eines Textes umkippen. Alle Literatur, die den Namen
verdient – hergeleitet von littera: Buchstabe-, ging sorgfältig mit dem
Buchstaben um. Erst die Alphabetschrift hat das Anhalten des Sprachflusses
an beliebiger Stelle und damit den Reflex auf jeden Punkt des Textes möglich gemacht. Die Letter kann sich gegenüber den Sinn- und Bedeutungs-
korpuskeln der Worte, Wortgruppen, Sätze als eigenes konstitutives Moment
der poetischen Arbeit durchsetzen. Mit der Konstellierung der Buchstaben,
der Wahl ihrer Zuordnungen und Abfolge, ihrer Kontrastierung, Variation,
Ähnlichkeit, Vertauschbarkeit usw. ist es möglich, den Text zu strukturieren:

Ein Dunstvampir packt seinen Kuppenberg am Kragen:
Der Tag muß zwischen Schwefelleichen schnell vergilben!

Theodor Däubler

Die entscheidende Hinwendung zum Einzelbuchstaben und Einzellaut –
geschrieben, gesprochen – kennzeichnet einen Angelpunkt der ‹experimentellen› Poesie, die unser Jahrhundert durchzieht. Nahezu gleichzeitig, an
verschiedenen Orten und mit durchaus divergierenden Intentionen, kamen
Poeten auf die Buchstaben: Arno Holz, Marinetti und seine Freunde, die
russischen Futuristen, die Dadaisten in Zürich. Es meldete sich Verweige-
rung der korrumpierten, in die Weltkatastrophe verwickelten Praxis der
Gebrauchssprachen und der Versuch, einem neuen, utopischen Menschen-
dasein eine ‹neue› Sprache zu finden. „Die stummen geometrischen Zeichen
(sc. der Buchstaben) werden die Vielzahl der Sprachen miteinander aussöh-
nen", schreibt Velimir Chlebnikov damals voller Hoffnung.

3

Schrift im Dienst ihrer Funktionsleistung möglichst zu verflüssigen, unscheinbar werden zu lassen, führte schon im Altertum zur Verdrängung des geometrischen Designs zugunsten rasch verlaufender, kurrenter, gerundeter Buchstaben. Doch macht sich alsbald und auch schon in spätantiken christlichen Handschriften eine gegenläufige Initiative bemerkbar: optische Signale zu setzen, teils zur besseren Gliederung, teils auch um der visuellen Qualität willen. Initialen erscheinen am Textanfang; später dienen die klassischen Versalien der optischen Akzentuierung des laufenden Textes. Die Initialen werden kalligraphisch-ornamental ausgeschmückt und durch die Jahrhunderte hindurch bis zum Jugendstil von einer unerschöpflichen Erfindungslust vielfältig mit figurativen Motiven verbunden: Tier- und Menschengestalten, Gegenstände, Szenen begleiten, umrahmen, umranken die Initialbuchstaben oder werden sogar selbst buchstabengestaltig angelegt.

Die Entbildlichung der Lautzeichen wird dadurch nicht rückgängig gemacht. Es geht nicht um Versinnlichung oder Versinnbildlichung der verbalen Information; vielmehr tritt in den besten Fällen eine Spannung auf zwischen der abstrakten Lettern- und der konkreten Figurengestalt, zwischen den Anmutungen, welche Schrift für den Leser bereithält, und der bilder-sprachlichen Zeichenqualität. Es gibt Figurenalphabete, deren Sequenz auf figurativer Ebene ein Konzept von Welt- und Existenzbedeutung ablesen läßt. Da kann Bildliches im Kontext mit dem Buchstaben (wieder) Zeichenart erreichen, woran Reduktion und Stilisierung des Dargestellten zielstrebig mitwirken können. Der Buchstabe seinerseits wird im Kontext mit dem Bildzeichen ein Stück weit aus seiner Verlorenheit an die Funktion gelöst und seine ästhetisch-autonome Letternform vorgewiesen, die im Lesefluß sonst nicht wahrgenommen wird.

4

Zum Text gehört die Textur. Seit dem Hellenismus besteht eine Tradition, Texte auf der Fläche bildlich-figurativ zu organisieren. Figurengedichte dieser Art beziehen den Text auf ein vorgegebenes bildliches Schema: von Pyramide, Beil, Ei, Palmbaum, Kreuz usw., das seine eigene sinnbildliche Valenz aus der Tradition mitbringt. Der Ausspruch aus der Poetik des Horaz *ut pictura poesis* (wie ein Bild das Gedicht) diente zur Rechtfertigung des Übergriffes ins andere Medium – ein fruchtbares Mißverständnis, das durch die Jahrhunderte hindurch ein offenbar unausrottbares poetisches Bedürfnis abgeschirmt hat: der sprachlichen Imagination visuelle Vergewisserung, wenn nicht gar Dimensionierung zu geben, wie andererseits die Figuration durch die sprachlichen Implantate aus ihrer schematischen Starre befreit und mit der Vision des verbalen Textes verbunden wird.

In den klassischen Figuren- und Gittergedichten bestimmt die optische Form der Figur die Zeilen- und Versordnung und induziert ihr Symbolgehalt die Aussage des Textes. Noch Guillaume Apollinaire schreibt seine *Calligrammes* in diesem Sinn, allerdings bereits mit einer über die eigene Produktion hinwegweisenden Intention und mit dem Bewußtsein, einen

ganz neuen »lyrisme visuel« zu entfalten und die Synthese der Künste –
Musik, Malerei und Poesie – in Gang zu setzen. Mit dem Sinn für Allego-
rese, Epigrammatik, Heraldik schwindet auch der Gebrauch der Figurengedichte im frühen 18. Jahrhundert. Lessing zertrennt im *Laokoon* die
von Horaz übernommene Symbiose von Poesie und Bildnerei. Die Dichter
von Klopstock bis Rimbaud schnüren den Symbolbegriff auf mit der Konsequenz, daß seine Unschärfe bis zur Auflösung zunimmt. Stéphane Mallarmé
erreicht den Punkt, wo die völlige Freisetzung der Symbolbeziehungen zur
autonomen Bewegung des poetischen Materials führt. Valéry berichtet,
„daß Mallarmé viele seiner Gedichte begann, indem er da und dort Wörter
auf das Papier warf, wie ein Maler ein Bild beginnt mit diskontinuierlichen
Tupfern, und daß er erst nacher sich bemühte, zwischen diesen ersten Elementen Verbindung zu finden, die zu Sätzen und Poemen führen könnten."[1]
Die Textfläche wird von Mallarmé erstmals als Textspielraum aufgefaßt
und als syntaktisches Ordnungsfeld benutzt. In dem Text *Un coup de dés*
(1897 erschienen) erhalten die Textpartikel durch ihre Anordnung auf der
Fläche und ihre typographische Gewichtung die Valenz, die erst der Leser
in seiner je eigenen Leseart erschließt. Mallarmé beschreibt im Vorwort
den neuartigen, die ganze Textseite einbeziehenden Lesevorgang:
„Der literarische Vorteil, wenn ich so sagen darf, dieser Distanzschrei-
bung, die ihrem Sinn nach Wortgruppen oder einzelne Wörter trennt,
scheint der: dann und wann die Bewegung zu beschleunigen oder zu
verlangsamen, sie skandierend, sie umfassend sogar zu einer simultanen
Vision der ganzen Buchseite; diese als Einheit genommen, wie es anders
der Vers ist oder die abgeschlossene Zeile. ... Anzufügen wäre, daß aus
dieser bis zum äußersten vorgetriebenen Anwendung des Denkens mit
Zurücknahmen, Ausweitungen, Ausbrüchen, oder aus dem Schriftfeld
für den, der laut lesen will, eine Partitur hervorgeht."[2]
Schriftgröße, Schnitt der Lettern und ihre Position auf der Seite – Dinge,
die sonst von einer gewissen Beliebigkeit, jedenfalls aber sekundär sind
und den Textsinn nicht berühren – gehören seit Mallarmés *Un coup de dés*
zur Sache selbst. Der Leser muß ihre Valenzen auffassen und ebenso in Wert
setzen wie Wörter und Wortfolgen. Mallarmé spricht daher im Bezug auf die
Buchseiten von einer Partitur: Ihre verbalen Elemente erschließen sich nur,
wenn auch die nichtverbalen Parameter mitgelesen werden.

5

Was Sprache hervorbringt, ist eine Welt ‹an sich›: auf der anderen Seite von
mir, befremdend, übermächtig, voller Wertungen und Vorwegnahmen, die
wir allenfalls erkunden und einzuberechnen versuchen können, die wir
jedoch nicht – jedenfalls nicht spürbar – zu beeinflussen vermögen. Dennoch oder gerade deswegen stehen wir, die wir Sprache haben und verwenden müssen, unter dem Druck, sie uns unablässig aufs neue anzueignen, so
daß sie auch Welt ‹für mich› wird. Methoden aufzufinden, die dazu dienlich

---

1) Jaques Scherer, *Le »Livre« de Mallarmé*, Paris 1957, S. 128
2) Stéphane Mallarmé, *Ein Würfelwurf*, dt. v. Marie-Louise Erlenmeyer, Olten u. Freiburg 1966

sind, ist eines der Momente poetischer Arbeit: ein befragendes, skeptisches, provozierendes, ausprobierendes Umgehen mit ihrem proteischen ‹Material›. Poetik ist in diesem Zusammenhang Ausziehen von Hilfslinien, die im Ergebnis wieder verschwinden. Die Skala der in unserem Jahrhundert – etwa seit 1912 – gefundenen Zugriffsweisen ist sehr breit: im einen Extrem asemantische, agrammatische Lautgedichte, auf dem anderen Extrem der Cut-up-Text, der vorgefundenes Material verwendet und bei dem der Autor nur an den Schnittlinien tätig ist.

Das Inhaltliche sitzt dabei tief im methodischen Verfahren der Sprachbefragung. Wir haben einsehen gelernt, daß unser Material – die Sprache – durch und durch geschichtlicher Natur ist. Zwar spiegeln Lexika und Grammatiken allerlei Stabilitäten vor, doch schon die Wörterbücher erweisen sich als Wanderdünen, wenn man aufs Detail schaut, und die Sprachpraxis ist ein Labyrinth. Daß es noch immer sein Untier beherbergt, hat die hemmungslose Ausnutzung der semantischen Plastizität und Labilität der Sprache durch die Nationalsozialisten erwiesen. Was Karl Kraus mit seinem Zitatendrama *Die letzten Tage der Menschheit* (seit 1915 entstanden) bewußt zu machen versuchte, haben die Nazis perfekt praktiziert: mit Hilfe der Sprache aus Phantasmen Realitäten und Realitäten zu Phantasmen zu machen.

Fasziniert von solchen Wörtern, bei denen Artikulationsgestalt und Bedeutung ineinanderstecken, und beeindruckt von der Lektüre des Barock-Grammatikers Justus Georg Schottel, kam ich seit den frühen 50er Jahren auf Konstellationen von Wörtern und Wortgruppen, deren Stelle auf der Fläche durch Austarieren ihrer gegenseitigen Spannung gefunden wird (Beispiele in *artikulationen*, 1959).

Gleichzeitig beschäftigten mich die Schwemmlandschaften der Zeitung. Ließ man das gewohnte rasche Durchfliegen, so waren Textpartikel aufzustöbern, die nukleide poetische Momente narrativer, lyrischer, absurder, trivialer Art enthielten. Ich schnitt eine große Menge solcher Textfragmente aus, und es zeigte sich, daß mit Hilfe von Kontrast und Analogie neue Textsequenzen zu bilden waren (Muster: *Blick auf das Reihenhaus der Zukunft*, 1952).

Der nächste Schritt bestand darin, von der Inhaltlichkeit der Zeitungstexte ganz abzusehen und sie als Textflächen zu betrachten. Mehrere Blätter wurden in senkrechte Streifen von etwa fünf Millimeter Breite zerschnitten, wobei Wörter und Buchstaben zertrennt, Bilder fragmentiert wurden. Indem dann die Streifen in gleichmäßigen Abständen über ein intaktes Blatt gelegt wurden, entstanden neue Leseverläufe: zwischen Textsplittern, zwischen Text- und Bildfragmenten und zwischen Bildmomenten verschiedener Herkunft.

Das Verfahren wurde verfeinert in den »zentrierten Collagen«, die seit 1964 – auch als Beiträge zu der Mappe *stadtplan statt plan*, mit Arbeiten Frankfurter Freunde zum bloomsday 1964 in der Galerie Loehr – entstanden. Ihr Material stammte aus Zeitschriften und Illustrierten. Die Textflächen wurden konzentrisch ausgerissen und zwar so, daß von Blatt zu Blatt mehr von der Textfläche stehenblieb. Wurden die ausgerissenen Blätter in dieser Reihenfolge übereinandergelegt, ergaben sich über die Rißlinien

hinweg neue Kontexte aus Satzfragmenten, Buchstaben und Buchstaben-
fragmenten, Bildmomenten, Bild- und Schriftkontaminationen.

In den 60er Jahren beschäftigte mich vor allem die Segmentierung von
Buchstabenformen und die Kombination neuer Zeichenkörper aus den Fragmenten und deren Fähigkeit, wieder Texte zu konstituieren. Damals habe
ich verschiedene Verfahren beschrieben:

„Das rechte Drittel des Plakates wurde in Streifen geschnitten und in
gleichmäßigen Abständen über den übrigen Text geklebt, so daß sich
jetzt zwei Schriftverläufe durchdringen. Beim Aufkleben gibt es einen
winzigen Spielraum, die neuen Kombinationen zu bestimmen. Die Reihenfolge der Streifen liegt jedoch fest, da die ursprüngliche Buchstaben-
folge erhalten bleiben soll."

„Die aufgebrachten Streifen sind schräg ausgeschnitten, so daß die
obere Schriftebene diagonal in die untere einwächst, wobei sie sich allmählich in die Horizontale dreht. Winzige Letternfragmente fügen sich
zu unbekannten Zeichen. Die Lesbarkeit ist gegenüber dem Grundtyp
noch weiter herabgesetzt." (*Streifentext* vom 16. 4. 61)

„Kleine Texte mit weißer Schrift auf schwarz. Hier ist die Reihenfolge
der aufgeklebten Streifen nicht vom ursprünglichen Text her festgelegt;
sie richtet sich ganz nach dem Rhythmus des neuen Schriftbildes, das
entstehen soll. Die Texte auf der unteren und oberen Ebene werden hinsichtlich ihrer Schriftdichte in Beziehung gesetzt. Das Material stammt
von verschiedenen Texten."

"Violette bzw. hellrote Schrift auf weiß. Ein gegebener Text wird in
gleichmäßige Abschnitte zerlegt, deren jeder in der Regel Anteil an zwei
Lettern hat, und statistisch neu geordnet, indem die Abschnitte so sortiert
werden, daß jeweils ein Buchstabe von links nach rechts allmählich
durch die Abschnittsfelder einer Zeile wandert. In jeder Zeile dominiert
eine Letter, die übrigen sind zufällig." (*Statistische Umordnung von gegebenem Textmaterial*, 7. 6. 61)

„Ein Plakat wird geknüllt und gepreßt. Knicklinien und Lettern ergeben eine neue Struktur von partieller Lesbarkeit." (*Preßtexte* 1963)

„Ein Plakat wird zerrissen, so daß die Buchstabenformen fragmenta-
risch als Material für eine neue Formierung zur Verfügung stehen. Das
Zerreißen gehört ebenso zu dem Bildvorgang wie das Neuordnen der
Fragmente. Es hebt die Unerträglichkeit der konventionell gewordenen
Plakate auf und gibt den Weg zu einer unerwarteten, subtileren Lesbar-
keit frei."

„Eine Schriftzeile wird horizontal in mehrere Streifen zerschnitten.
Diese Streifen vertauschen ihre Reihenfolge, so daß die Schriftfragmente
isoliert erscheinen und Einblick geben in den Feinbau der Schrift.
Zugleich ordnen sie sich über die Abstände hinweg zu einer neuen Zei-
chenkonfiguration."

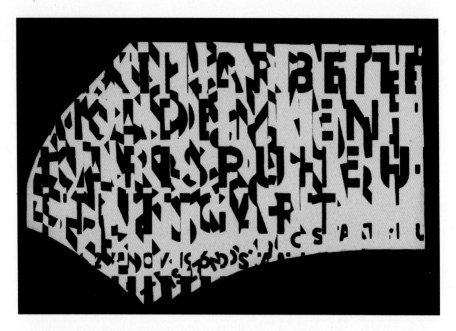

Franz Mon: Streifentext, 16.4.1961

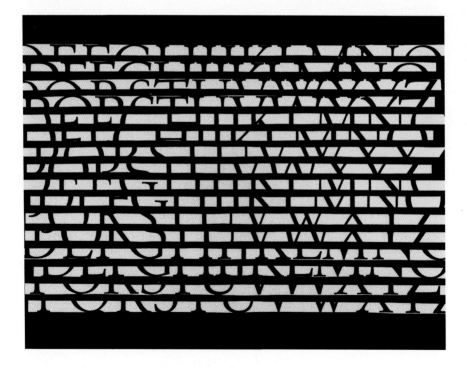

Franz Mon: Streifentext, 12.5.1963

Franz Mon:
Preßtext,
1963

Franz Mon:
Zentrierte Collage,
ca. 1964

6

Zwar bleibt ‹Lesen› die Art und Weise des Wahrnehmens, doch es wird ein gebremstes, aufgerauhtes Lesen. Zu Ergebnissen kommt es erst, wenn es sich, auf dem Fond der nie völlig verschwindenden Lesegewohnheiten, auf ungewohnte, erst zu erschließende Entzifferungswege einläßt. Dem konventionellen sitzt ein kombinatorisches Lesen auf, das die Fertigkeiten verschiedenster Herkunft nutzt. Damit stimmt zusammen, daß sich auch unsere alltäglichen Sehgewohnheiten angesichts der Erfordernis der zivilisatorischen Umwelt, massenweise Bildinformationen – kombiniert mit Text oder solo – behende entziffern zu können, zu ‹Lese›gewohnheiten und ‹Lese›leistungen ausweiten, so daß wir zeichenhaft Zugerüstetes und Abgegrenztes unwillkürlich bereits auf mögliche Bedeutungen hin aufschlüsseln, mag es Text oder Bild oder beides sein. Beim Bild-Lesen werden semantische Implikate entnommen, die sich ohne weiteres, wenn auch aufwendiger, versprachlichen lassen. Die Bildzeichen stecken voller Sprache, da sie Momente im zivilisatorischen Funktionengefüge sind und damit in einem von Grund auf sprachgegründeten Zusammenhang stehen.

‹Visuelle Texte› besitzen ein schwankendes, labiles Gleichgewicht: Schrift zeigt sich da, als wäre sie (auch) Bild (und sie ist es, sobald sie als Moment der Textur im ganzen erfaßt wird – kubistische Bilder mit Schriftimplanten sind frühe Beispiele dafür), und Bild, als wäre es (auch) Text.

Scripturaler und bildlicher Zeichenbereich sind gleichwertig, wenn auch mit unterschiedlichen Potenzen am Aufbau des Bedeutungsgefüges beteiligt, das beim Lesen hervorgebracht wird. Bei der Schrift wirken neben den typographischen Parametern vor allem die Fragmentierungsgrade des Textes, wobei winzige, kaum zu ortende An-Deutungen ebenso wirksam sein können wie komplexe Zitate. So oszillieren auch die Bildstücke zwischen andeutend-weiterweisendem Fragment und abgeschlossener Figuration mit ideographischer bzw. piktographischer Eindeutigkeit.

7

Als Substrat visueller Texte kann offensichtlich jedes Material dienen. Es gibt mit dem Stift hingezeichnete, von Lettern, Figurationen, Lineaturen bedeckte Blätter; es gibt den mit Setzkastenmaterial oder mit Schablonen gedruckten Text; es gibt die aus gefundenem Material geklebte Text / Bildcollage; es gibt das »Dinggedicht« aus Gegenständen, die auf der Fläche angeordnet sind; es gibt den »Objekttext«, der in eine Keramikform eingebrannt ist; es gibt den Text in der Flasche und natürlich in jeder denkbaren Form von Buch. Vorstellbar wäre durchaus auch der Architektur-Text, dessen Bauteile Letternform hätten und deren Information sich mit Art und Tun der Bewohner oder Benutzer änderten. Die mögliche Beschaffenheit von Textsubstraten fällt zusammen mit der Beschaffenheit von Substraten überhaupt. ₊

Ich bevorzuge Materialien, die aus anderen Verwendungszusammenhängen stammen und die deren Verweisungsindices und Gebrauchsspuren an sich tragen: Zeitungen, Plakate, Verpackungen, Fahrpläne, Anzeigen, Postkarten, Fotos, Makulatur, Bedrucktes aller Art, aber auch beiläufige Gegenstände des Alltags, sobald sie wegwerfreif sind. Meine Fensterbilder – seit 1980 – gehören in diesen Zusammenhang: ausrangierte Fensterflügel, die – Baujahr 1912 – fast 70 Jahre lang in ihrer Funktion unauffällig gewesen sind, werden Bildrahmen und Bildobjekte zugleich, indem sie sich mit Gegenständen ebenso wie mit Texten und Buchstaben füllen.

Handschriftliches spielt bei meinen Arbeiten nur gelegentlich eine Rolle. Dafür liebe ich die Schreibmaschine und habe für Texte, die in den 60er Jahren entstanden sind, ein ausgeleiertes Modell benutzt, dessen Typen – im Gegensatz zu den elektronischen der Gegenwart – keine genaue Justierung mehr besitzen. Die Lettern zittern auf dem Blatt und sammeln sich zu einem vibrierenden Text.

Alles das ist an dem zivilisatorischen Prozeß beteiligt, der auch uns zwischen den Zähnen hat; von dem die Materialien Spuren an sich tragen zum Zeugnis für das, was mit ihnen und was mit uns in diesem Jahrhundert geschieht. Aus ihrem Gebrauchszusammenhang herausgefallen, haben sie ihre früheren Bezeichnungen eingebüßt und ihren Nutzwert verloren. Dafür treten in dem neuen, artifiziellen Kontext Anmutungen hervor, die der Betrachter erst in seine Sprache bringen muß, entsprechend dem Erfahrungshintergrund, vor dem er sich bewegt.

Die Buchstaben beim Wort genommen

1987

1

Literatur entzieht sich, je länger an ihr gearbeitet wird, desto entschiedener dem eindeutigen Begriff. Wir beziehen sie, der Wortbedeutung folgend – ‹littera› – Buchstabe -, ohne langes Zögern auf schriftsprachlich Formuliertes: ‹écriture›, und nehmen dabei Randphänomene, wie phonologisch Notiertes aus Dialekten, Umgangs- und Gossensprache, tolerant in Kauf. Zwar wird Schrift für gewöhnlich gebraucht, als wäre sie nur Speichermethode für Lautsprache. Doch die Schriftsprache ist nicht stumm gewordene Sprache, vielmehr sind in der Schriftsprache Differenzierungen, Verfeinerungen, phantastische und utopische Erfindungen möglich geworden, die der oralen Sprache nicht erreichbar waren. Andererseits fallen die musikalischen Parameter der gesprochenen Sprache bei der Verschriftung weg. Intonation, Sprechmelodie, Sprechtempo, Pausengliederung, Lautstärke usw. kann die Alphabetschrift nicht erfassen; sie müssen vom Leser auf dem Hintergrund seiner sprachsinnlichen Erfahrung heraufgerufen werden. Auch die syntaktischen Strukturen und das lexikalische Potential differieren zum Teil drastisch im oralen und im schriftsprachlichen Gebrauch. Nur sehr oberflächlich gesehen, sind daher orale und verschriftete Sprache dasselbe.

Durch die Erfindung des Alphabets wurden die Hunderte von Schriftzeichen der alten silbenorientierten Systeme auf etwa zwei Dutzend reduziert und die Fülle der gebrauchssprachlichen Laute dennoch so kanalisiert, daß alle semantisch und syntaktisch notwendigen Informationen erfaßt werden können. Schreiben und Lesen konnten dank dieser Vereinfachung aus einer Spezialistenkunst Verkehrs- und Verständigungsinstrument für viele, schließlich für die meisten Mitglieder einer Gesellschaft werden.

Abb. 1:
Inschrift, einen Feldherrn betreffend,
Kameiros, Rhodos

Das von den Griechen entwickelte typographische Grundschema der Alphabetschrift beruht auf den Elementen von Kreis, Dreieck und Rechteck (vgl. Abb. 1). Es ist in der Folgezeit vielfach abgewandelt und umspielt worden, insbesondere durch die Bedürfnisse einer flüssigen Handschrift, doch gilt es bis heute und hat sich über die Erde ausgebreitet. Im Verlauf immer neuer gesellschaftlicher Verwendungs- und Ausdrucksbedürfnisse wurden die scripturalen Parameter der Grundschemata, wie Strichstärke, Relationen der Ober-, Mittel- und Unterlängen, die Ansatz- und Endpunkte der Lettern, die Beziehungen zwischen Höhe und Breite usw., durch zahllose Spielarten bis in die Extreme getrieben und genutzt. Tendenzen der Lesevereinfachung, der Schreibbeschleunigung, der stilistischen Reduktion waren ebenso im Spiel wie die der gesellschaftlichen Repräsentanz, der artistischen Leseerschwernis, der individuellen Expressivität – Manifestationen der Sprache im Schriftbereich, die sich nicht verlauten, nur visuell aufnehmen lassen. Sie reichen von der merowingischen Gitterschrift über die bereits mit dem Buchdruck konkurrierenden kalligraphischen Etuden der Schreibmeister im 16., 17. und 18. Jahrhundert (vgl. Abb. 2) bis zu den Stilisierungen des Jugendstils und der Schreibgestik des Informel. Doch auch die Letternschneider des Buchdrucks, die ihre Erzeugnisse ursprünglich im direkten Wettbewerb mit der Schönschrift der Schreiber gestalteten, haben es verstanden, formale Erfindungen und Neuerungen mit den funktionalen und ökonomischen Zwängen zu vereinbaren, denen sie unterlagen..

Abb. 2: Urban Wyss, aus: *Ein neu Fundamentbuch.* Erstlich durch Urbanum Wyss zu
Strassburg ausgegangen ... jetzonder aber durch Christian Schweytzer ...
zu Zürich 1562; Holzschnitt
Im Mittelpunkt der Spirale beginnt der Text: „WEr will erfaren der welt wesen
Der thuo disen reimen lesen, Darinnen wirt er finden geschwind, Wie die gantz
welt ist geworden blind ..." am Ende: „... ist warlich war vnd nit erlogen –"

2

Das Paradox, daß mit der kleinen Menge von etwa zwei Dutzend Alphabetzeichen alle verbalen Äußerungen und damit auch der darin artikulierte
Kosmos erfaßt und gebannt werden kann, hat schon in der Antike die vom
Magischen motivierte Phantasie entbunden.[1] Die Elemente des Alphabets
haben aber auch durch die Jahrhunderte unserer europäischen Kulturge-
schichte eine Faszination bewirkt, in der sich religiöse oder quasireligiöse
Aspekte mit artistischen mischten [2] (vgl. Abb. 3). Die Buchstaben können
ihre pragmatische Funktion so perfekt erfüllen, weil sie keinen inhaltlichen
Bezug zum Vermittelten haben. Diese semantische Neutralisierung macht
sie auf der anderen Seite jedoch gerade geeignet, als Projektionsflächen
für Imaginationen zu dienen.

1) Reichhaltige Belege dafür finden sich in Franz Dornseiff, *Das Alphabet in Mystik
und Magie*, Leipzig 1925, 1985.
2) Vgl. Massin, *La lettre et l'image. Du signe à la lettre et de la lettre au signe*, Paris 1970;
dt.: *Buchstabenbilder und Bildalphabete*, Ravensburg 1970.

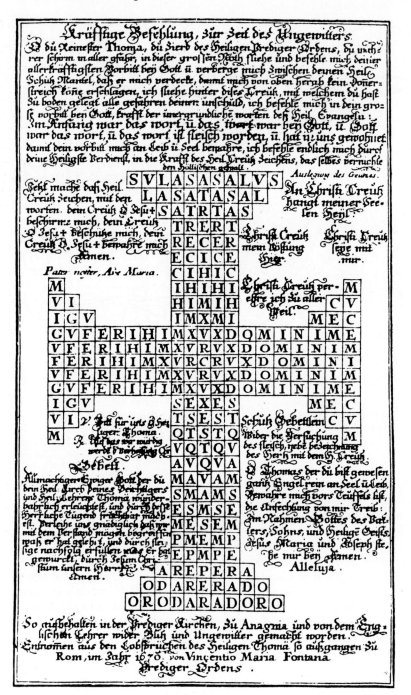

Abb 3: Magisches Buchstabenrätsel als Wettersegen, Druck um 1700

Wie das zu verstehen ist, kann die folgende Äußerung Victor Hugos aus
dem Jahr 1839 zeigen:
„Die menschliche Gesellschaft, die Welt, der Mensch selbst, alle sind sie
im Alphabet enthalten. Baukunst, Astronomie, Philosophie, alle Wissenschaften haben hier ihren unsichtbaren, aber ganz realen Ursprung;
und das muß so sein. Denn das Alphabet ist eine Quelle.

Das *A* ist das Dach, der Giebel mit seinem Querbalken, der Brücken-
bogen, ‹arx›, oder es ist die Umarmung zweier Freunde, die sich gleichzeitig die Hände schütteln; *D* ist der Rücken; *B* ist das *D* auf dem *D*,
der Rücken auf dem Rücken, der Buckel; *C* ist die Mondsichel, der Mond;
E ist das Fundament, die Brüstung, die Konsole und der Architrav, die
ganze Baukunst bis zur Decke hinauf in einem Buchstaben; *F* ist der Gal-
gen, die Gabel, furca; *G* ist das Horn; *H* ist die Fassade eines Gebäudes
mit seinen zwei Türmen; *I* ist die Wurfmaschine, die ein Geschoß schleu-
dert (...) *X* ist das Kreuzen der Degen, der Kampf: Wer wird Sieger sein?
Man weiß es nicht; deshalb haben die Hermetiker das *X* als Zeichen des
Schicksals, und die Algebra hat es als Zeichen der unbekannten Größe;
Z ist der Blitz, das ist Gott.

Also, zuerst das Haus des Menschen, sein Bau und seine Mißbildun-
gen; dann die Justiz, die Musik, die Kirche; der Krieg, die Ernte, die
Geometrie; das Gebirge, das Nomadenleben, das Klosterleben; die Astronomie; die Arbeit und die Ruhe; das Pferd und die Schlange; der Hammer
und die Urne, die umgedreht und zusammengefügt Glocke und Klöppel
bilden; die Bäume, die Flüsse, die Wege; schließlich das Schicksal und
Gott – das alles enthält das Alphabet." [3]

Abb. 4: Die Buchstaben *a, b* und *c* aus dem *Figurenalphabet in Kupferstich* des Meisters E. S.
Süddeutschland, 1499

[3] zitiert nach Massin a.a.O. S. 87.

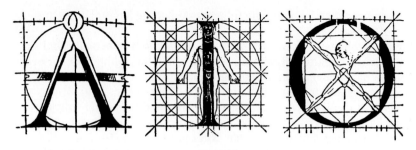

Abb. 5: Die Buchstaben *A*, *I* und *O* aus: Geoffroy Tory, *Champ fleury*, Au quel est contenu L'art & Science de la deue & vraye Proportion des Lettres Attiques, quon dit autrement Lettres Antiques, & vulgeraiment Lettres Romaines proportionees selon le Corps & Visage humain, Paris 1529

Hugo formuliert seine Buchstabendeutung zweifellos in Kenntnis und im Blick auf eine lange Tradition der Figurenalphabete [4] (vgl. Abb. 4). Buchstabenformen und bildliche oder ornamentale Elemente wurden in den Initialen der Handschriften, später auch des Buchdrucks variantenreich kombiniert oder amalgamiert. Die Buchstabengestalt konnte mit Pflanzen-, Tieroder Menschenfiguren, mit architektonischen Motiven oder anderem Gegenständlichen verbunden oder selbst in solche Gestalten gegossen werden, so daß Buchstabe Figur und Figur Buchstabe ist. Die Buchstabenform kann dabei auch völlig in die des Dargestellten zurückgenommen werden bis an den Rand des Verschwindens. Die funktionale Bandbreite der Figurenalphabete reicht von der Ornamentierung der Buchseite, der Hervorhebung von Textabschnitten bis zur Einblendung imaginativer Anmutungen eigener Relevanz. Doch hat in der Regel der figürlich mitgeteilte Inhalt der Initialen keine faßbare und deutbare Beziehung zum Textinhalt. Ihre Verwendung weist vielmehr einen Schwebezustand auf, in dem altes mystisches Buchstabenwissen, wie es etwa noch Clemens Brentano in den Romanzen zum Rosenkranz heranzieht, wenn er in der aus drei Strichen gebildeten Figur das *A* die göttliche Dreieinigkeit angedeutet sieht, ins offen Inventorische mündet, so daß Bildzeichen zustande kommen, die vordergründig einfach und klar erscheinen, jedoch vielfältigen Deutungen zugänglich sind.

Rimbauds Sonett *Voyelles* ist vielleicht das berühmteste Beispiel für die autonome Wertung von Alphabetzeichen, hier der Vokale. Zwar steht die 1. Zeile – *A noir, E blanc, I rouge, U vert, O bleu, voyelles* – noch im Zusammenhang mit den synästhetischen Theorien, die im 18. Jahrhundert aufkamen, von den Romantikern gehegt und von einer Reihe von Autoren des 19. Jahrhunderts – u.a. Baudelaire – aufgegriffen wurden. Die 1. Zeile von *Voyelles* suggeriert experimentell erhärtbare Gewißheit. Die Bildkaskaden jedoch, die in den folgenden Zeilen den Farbwerten der Vokale zugeordnet wurden, schießen nichtkontrolliert aus einem schreibend erschlossenen Fundus hervor. Sie lösen die anfängliche Gewißheit zugunsten von offenen, jeden Leser in seiner Weise berührenden Anmutungen auf.

4) Zur Entwicklung vgl. Dietmar Debes, *Das Figurenalphabet*, Leipzig 1968. Informatives Material enthält auch das erwähnte Werk von Massin.

3

Die Buchstaben sind nicht Rimbauds Thema, und er kommt nicht wieder auf sie zurück, soweit ich sehe. Das ändert sich entschieden in der Autorengeneration, die etwa seit 1910 die Sprache als Gegenstand des poetischen Schreibens entdeckt. Filippo Tommaso Marinetti, Gründer und Protagonist der italienischen Futuristengruppe, fordert im *Manifest der futuristischen Literatur* (1912) *Die Befreiung der Wörter* und entwirft ein Programm zur Erneuerung der Literatur von ihren sprachlichen Mitteln her. *Das Wort als solches* betiteln Kručenych und Chlebnikov 1913 ein Manifest, und 1922 schreibt Raoul Hausmann das *Manifest von der Gesetzmäßigkeit des Lautes*. „Es entwickelte sich das Wort als solches", schreiben Kručenych und Chlebnikov. „Von nun an konnte ein Werk aus einem einzigen Wort bestehen, und nur durch seine sachkundige Abwandlung wurden Fülle und Ausdruckskraft der künstlerischen Form erreicht ... Ein Kunstwerk ist Wortkunst." [5]

Für die russischen Futuristen ist das Wort der poetische Nukleus. Sie erweitern in radikaler Weise den Fundus des poetischen Materials. Nichts sprachlich Hervorgebrachtes wird ausgelassen: Dialekte, Kinderverse, Umgangssprachliches, Interjektionen, Lallen, Ausrufe, Versprecher, Druckfehler – alles ist willkommen zur Aufrauhung der abgegriffenen, abgeblühten Gewohnheitssprache.

Velimir Chlebnikov ist vielleicht der erfindungsreichste und konsequenteste Autor dieser Generation. Aus seinem vielfältigen Werk gehört in unseren Zusammenhang vor allem seine Erforschung der Bedeutungshöfe, die seiner Beobachtung nach die einzelnen Buchstaben mit sich führen. Klang und Bedeutung hängen für ihn auf das engste zusammen. Bedeutungsleere Laute gibt es nicht. Im Moment der Artikulation ist ein Laut auch schon bedeutungsbesetzt: einmal durch die semantischen Beziehungen zu ähnlich strukturierten lautlichen Gebilden, also zum lexikalischen Vorrat der Sprache, dann durch die unwillkürliche Beifügung von Bedeutungsschattierungen, die der Sprechende selbst hervorbringt. In intuitiver Annäherung beschreibt Chlebnikov die Lautgestik und die Lautsymbolik der Buchstaben. Dazu sucht er Wörter mit demselben Anfangslaut zusammen und induziert mit Bezug auf diesen Anfangslaut inhaltlich-strukturelle Gemeinsamkeiten. Eine solche synthetisierende Beschreibung liest sich so:

„Wörter, die mit ein und demselben Mitlaut beginnen, vereinigen sich in ein und demselben Begriff und fliegen gleichsam von verschiedenen Seiten auf ein und denselben Punkt des Verstandes zu. Wenn man die Wörter ‹Schale› und ‹Schuh› nimmt, so regiert, befehligt beide Wörter der Laut *Sch*, wenn man die Wörter auf *Sch* sammelt: Schuh, Schlapfen, Schlorre, Schädel, Scheune, Schuppen, Schachtel, Scheide, Schiff, Schüssel und Schale, Schranze, Schurz, Schwindsucht, – so sehen wir, daß all diese Wörter sich im Punkt des folgenden Bildes treffen. Sei es Schuh oder Schale, in beiden Fällen füllt das Volumen des einen Körpers (Fuß oder Wasser) die Leere des anderen Körpers, der ihm als Oberfläche dient.

---

5) Velimir Chlebnikov, *Werke 2*, Prosa, Schriften, Briefe, hg. von P. Urban, Reinbek 1972, S. 115

Von hier – schalen, d.h. Schale sein für das Wasser der Zukunft. Auf diese Weise ist *Sch* nicht nur ein Laut, *Sch* ist ein Name, ein unteilbarer Körper der Sprache." [6]

Chlebnikov hat ein Lexikon der »Sternensprache« im Sinn, das menschheitliche Brauchbarkeit haben sollte, da er die Hypothese wagte, den zentralen Lauten der Sprachen aller Völker eigne derselbe Bedeutungskern. Seine Utopie zielt auf eine aus der Sprachentiefe erneuerte, ‹revolutionierte› Sprachfähigkeit, an der jedermann, gleich welcher Muttersprache, teilhaben würde.

Varianten einer solchen Utopie hatten alle die Autoren mehr oder weniger deutlich im Sinn, die in diesen Jahren die Sprache als Element und Gegenstand ihrer Poesie wählten. Chlebnikov unterschied sich von ihnen jedoch durch die linguistische Obsession seiner Arbeiten, und es ist nicht zufällig, daß Roman Jakobson – 1915 in Moskau Mitbegründer eines »linguistischen Kreises« – mit den russischen futuristischen Autoren und insbesondere mit Chlebnikov in engem, freundschaftlichem Kontakt stand. Jakobson hat 1919 eine erste Analyse der poetischen Verfahren Chlebnikovs verfaßt. Der methodische Aspekt der Poesie rückt damit zur Sache selbst auf.

Vom Wort und seinen die Konvention überschreitenden Artikulationsspielräumen besessen war die Generation der expressionistischen Autoren; Stramm, Blümner, Schreyer und andere sprachen vom »Wortkunstwerk«, wenn sie ihre Dichtung meinten. Und auch noch die Klanggedichte Hugo Balls, aus freien Lautsequenzen gebildet, suggerieren Wortähnlichkeiten und – schon durch die Titelgebung – Erzählbares. Raoul Hausmann, im Berliner Dadaistenkreis aktiv, hob sich davon bewußt ab. In offensichtlicher Aversion gegen jede Art von Verkündigung, inhaltlicher Überbauung, im Affront gegen die Konventionen bürgerlicher Literaturgewöhnung benutzte er die inhaltsfreien kleinsten Elemente der Sprache, die Buchstaben, als Basis und versuchte, mit radikal antitraditionellen poetischen Verfahren, etwa durch Zufallsreihungen oder durch Montage nicht zusammengehöriger Fragmente, die ästhetische Toleranzgrenze und den Schmerzpunkt seiner Zeit zu treffen. [7]

Hausmanns experimentelles Spektrum reicht vom »Plakatgedicht« über »optophonetische Gedichte« (vgl. Abb. 5) bis zum gestisch-tänzerisch ausgestalteten Vortrag seiner Klanggedichte. Die Basis ist jeweils der Buchstabe bzw. der buchstabenorientierte Laut; doch weicht er, wie die erhaltenen Bandaufnahmen zeigen, im Vortrag insofern davon ab, als er auch spontane, emotional gefärbte Laute und Mundgeräusche einbezieht.

In den Buchstabengedichten führte Hausmann in gewisser Weise Mallarmés Verwendung typographischer Parameter fort. Auch kannte er die typographischen Vortragshilfen in Hugo Balls Gedicht *Karawane* und vermutlich auch Marinettis visuell ausgestaltete Typogramme. Indem er Größe, Stärke, Schriftart der Lettern variierte und ihre Streuung und Ausrichtung auf

6) Chlebnikov, *Werke 2*, a.a.O., S. 328 f.

7) Im einzelnen dazu: Raoul Hausmann, *Am Anfang war Dada*, Steinbach/Gießen 1970; Michael Erlhoff, *Raoul Hausmann. Dadasoph*, Hannover 1982

Abb 5
Raoul Hausmann:
kp'erioum
Optophonetisches Gedicht

der Fläche steuerte, erhielt er eine Art von Lese-Partitur mit Anhaltspunkten für den Vortrag. Der Leser dieser »optophonetischen« Gedichte ist bei der Übertragung der visuellen Werte in akustische auf seine Phantasie und spielerische Erfindungsgabe angewiesen, da die typographischen Elemente von sich aus keine musikalischen Parameter vermitteln können. So ist auch Hausmanns Ansatz, typographische Momente zur Notation von akustischer Poesie zu verwenden, von wenigen Fällen abgesehen,[8] nicht weiter aufgegriffen worden. Kurt Schwitters hat für seine zeitgleichen Buchstabengedichte, vor allem aber seine *Ursonate*, das bekannteste Beispiel akustischer Poesie der 20er Jahre, eine neutrale Typographie verwendet. Er hat sich auf verbale Anweisungen für den Vortrag der *Ursonate* beschränkt und die geäußerte Absicht, eine eigene Notation dafür zu entwickeln, nicht verwirklicht.

Im Gegensatz zu Hausmann, der sich beim Vortrag oralen, nichtnotierten Impulsen überlassen konnte und Sinn für Improvisation hatte, verhielt sich Schwitters beim Vortrag der *Ursonate* (wovon es ein Stück in authentischer Plattenaufnahme gibt[9]) strikt vorlagengetreu. Denn für ihn haben die Alphabetzeichen Notenwert. Allerdings ist die aufbauende Einheit nicht der Einzelbuchstabe, sondern die Buchstabengruppe, die als »Thema« bezeichnet

8) Ein solcher Versuch ist Theo van Doesburgs Text *Voorbijtrekkende Troep* (1916), in dem Rhythmus und Lautstärke durch die Typographie angedeutet werden; abgedruckt in Klaus Peter Dencker, *Textbilder*, Visuelle Poesie international, Köln 1972, S. 67.
9) Vgl. S. 248, Anmerkung 7)

[lies: „rauf, runter, rauf, Pünktchen drauf"]

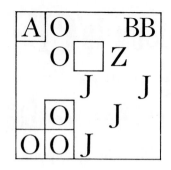

Abb. 6: Kurt Schwitters:
       Das i - Gedicht, 1922

Abb. 7: Kurt Schwitters:
       Gesetztes Bildgedicht, 1922

wird. Wenn auch hin und wieder Assoziatives durchdringt – Anklänge an Vogelstimmen etwa –, so spielt die semantische Seite doch keine Rolle. Schwitters ist vielmehr völlig von der Idee beherrscht, mit elementaren sprachlichen Mitteln, den Alphabetlauten, ein musikalisches Werk zu schaffen: Sprache soll in Musik transformiert werden.

In der Folgezeit haben außer den Freunden, die seinen Vortrag abgelauscht und nachgestaltet haben, Interpreten aus dem Musikbereich die Ursonate immer wieder realisiert. Daraus läßt sich schließen, daß sie eine bis heute andauernde musikalische Faszination besitzt.

Im selben Jahr 1922, da er die *Ursonate* begann, setzte Schwitters mit einer radikalen Konsequenz, die nur im nachhinein simpel erscheint, das Alphabet selbst als Text, m. W. das erste einer langen Reihe von Alphabetgedichten.[10] Unbewußt vermutlich und nun auf rein poetischer Ebene rührt Schwitters an eine Praxis, die so alt wie das Alphabet selbst sein mag: sein Zeichenensemble, mit dem sich der ganze Kosmos und die göttlichen Wesenheiten fassen ließen, in magischer oder symbolischer Absicht zu verwenden.[11]

Die im Alphabetgedicht steckende Programmatik kehrte Schwitters, auch im Jahr 1922, mit dem *i-Gedicht* [12] (vgl. Abb. 6) noch deutlicher hervor. Er setzt das damals für den Schreibunterricht der Erstkläßler normgerechte Sütterlin-*i* isoliert als ‹Text› und fügt den jedem Schüler geläufigen Lernvers hinzu. Die Kernthese seiner Kunstauffassung legt Schwitters im Jahr darauf in einem Essay wie folgt dar:

10) Kurt Schwitters. *Das literarische Werk*, Bd. 1 Lyrik, hg. von Friedhelm Lach, Köln 1973, S. 205, 206, 208, jeweils mit Variationen. – Aus den 20er Jahren stammt ein *Suicide* betiteltes Alphabetgedicht von Louis Aragon, das die Buchstaben *x y z* in eigener Zeile mit Durchschuß von den anderen absetzt und zwischen ihnen jeweils eine Leerstelle läßt, als sei die Kadenz des Alphabets besonders gewichtig – mit Bezug auf den Titel? – Abgedruckt in Christina Weiß, *Seh-Texte*, Zirndorf 1984, S. 33.
11) vgl. F. Dornseiff, a.a.O. S. 69 ff
12) Kurt Schwitters, *Das literarische Werk*, Bd. 1 Lyrik, a.a.O. S. 206.

„Dieses *i* ist der mittlere Vokal im deutschen Alphabet. Das Kind lernt ihn in der Schule als ersten Buchstaben. Der Klassenchor singt: „Rauf, runter, rauf, Pünktchen drauf". *i* ist der erste Buchstabe, *i* ist der einfachste Buchstabe, *i* ist der einfältigste Buchstabe.

Ich habe diesen Buchstaben zur Bezeichnung einer spezialen Gattung von Kunstwerken gewählt, deren Gestaltung so einfach zu sein scheint, wie der einfältigste Buchstabe *i*. Diese Kunstwerke sind insofern konsequent, als sie im Künstler im Augenblick der künstlerischen Intuition entstehen. Intuition und Schöpfung des Kunstwerks sind hier dasselbe.

Der Künstler erkennt, daß in der ihn umgebenden Welt von Erscheinungsformen irgendeine Einzelheit nur begrenzt und aus ihrem Zusammenhang gerissen zu werden braucht, damit ein Kunstwerk entsteht, d.h. ein Rhythmus, der auch von anderen künstlerisch denkenden Menschen als Kunstwerk empfunden werden kann." [13]

Seitdem spricht Schwitters von »i-Kunst«, wenn er Werke bezeichnet, die methodisch durch Isolierung von Elementen, Fragmenten, Bausteinen und deren Komposition nach ästhetischen Gesichtspunkten entstanden sind. Das programmatische Exempel wählt er, wohl nicht zufällig, aus dem Bereich von Schrift und Schreiben und der damit zusammenhängenden gesellschaftlichen Praxis. Fragmentierung von Sprache im Buchstaben als Grundleistung von Schrift wird an der Stelle vorgenommen, die jedermann hat passieren müssen: nämlich am Erstkläßler-Sütterlin-*i*, dessen Lautwert ohne Sinnbezug man sich einzuprägen hatte – Fundstück aus dem gesellschaftlichen Erfahrungsraum mit den Imprägnierungen, die vom Alltagsgebrauch herrühren. So ist das Sütterlin-*i* eine Art von Programmsymbol im Werk von Schwitters.

Ein weiteres frühes Beispiel visueller Poesie ist das *Gesetzte Bildgedicht*, ebenfalls aus dem Jahr 1922 (vgl. Abb. 7). 13 Versalbuchstaben aus dem Setzkasten und 5 aus Linienmaterial gefügte Quadrate werden nach typographisch-kompositorischen Gesichtspunkten ohne Bezug zur Semantik bzw. Syntax in einem quadratischen Rahmen angeordnet. Es entsteht ein schwebendes visuelles Gebilde, das zwar lesbar, nicht jedoch vortragbar ist. Der Leser nimmt die Buchstaben als graphische Gestalten mit ihren spezifischen typographischen Eigentümlichkeiten und in ihrer Konstellation auf der Fläche wahr.

Nahezu zeitgleich mit dem Beginn der *Ursonate* schrieb Otto Nebel einen Text mit dem Titel *Unfeig* (1923/24), in dem konsequent das Wort beim Buchstaben genommen wird.[14] Nebels Werk ist durch die widrigen Zeitumstände, die ihn 1933 zur Emigration in die Schweiz veranlaßten, völlig an den Rand der literarischen Öffentlichkeit geraten. Die ungewöhnliche Methode seiner Texterstellung weist mit bestimmten Zügen auf die Verfahren der konkreten Poesie voraus, ohne daß doch ein historischer Zusam-

---

13) Kurt Schwitters, *Das literarische Werk*, Band 5, a.a.O.. S. 138 f.

14) Das verstreute Lebenswerk Otto Nebels ist jetzt zusammengetragen in: Otto Nebel, *Das dichterische Werk*, Bd. 1-3, hg. von René Radrizzani, München 1979 (Frühe Texte der Moderne). *Unfeig* in Bd. 1, S. 183 ff.

menhang bestünde. Der Hintergrund, auf dem er schreibt, ist zeitkritisch gestimmt, und Nebel hat sich darüber in Aufsätzen ausführlich geäußert. „Der verbildete Mensch unserer Tage", heißt es in einem Text aus dem Jahr 1931, „ist worttaub und bildblind. Was er liest, das hört er nicht. Was er schreibt, das sieht er nicht. Was er spricht, das weiß er nicht." [15]

Und in einem anderen Zusammenhang: „... erst nach dem Untergange der letzten Abendzeitung wird der zerdruckte Europäer fähig werden zu erleben, daß das befreite *A-Be-Ce* von *A* bis *Zett* eine geordnete Sammlung zeichnerischer Machtmittel ist, die ‹Bewegung› des ‹Sinnes› aus den Gebärden der Laute dem sehenden Auge eindeutig offenbar zu machen." [16] Nebel konzentriert das Buchstabenrepertoire, das in einem Text benutzt wird, auf eine bestimmte, intuitiv erkannte Auswahl. Dem Text *Unfeig* liegt der spontan gebildete Satz zu Grunde: *Einer zeigt eine Runen-Fuge.* Es ist der Schlüsselsatz, aus dem der neue Text hervorgehen wird. Die neun in diesem Satz vorkommenden Buchstaben: *E, I, U, F, G, N, R, T, Z* – er bezeichnet sie als Runen – stecken den artikulatorischen Spielraum ab. Mit Hilfe des Wörterbuchs sucht er einen Fundus von Wörtern, die nur aus diesen Buchstaben bestehen, zusammen, und dieser Fundus dient ihm bei der Formulierung der Zeilen. Eine Probe aus *Unfeig* liest sich so: [17]

GEFEIT GEGEN IRRE
Fünfzig Irre treten ein
treffen nur Irre
treten unter Irre
treten ein in irre Unzeit
treten Irrengitter ein
Irre gittern Irre ein
Retter gittern Irre nie in Gitter ein
Retter entgittern
Erretten irrt nie
Retten ringt in Feuerfirnen
Irre zerringen in Eigennetzen
Retten entgittert Eigengrenzen
Irre zergrenzen
Retten erufert Runenufer
Irre entufern in Unfug
Retten greift ein zu geeigneter Zeit ...

Der knappe Buchstabenspielraum bewirkt, daß sich die Laute relativ rasch wiederholen. Artikulatorische Sprünge und die damit verbundene lautliche Spannung sind ausgeschlossen: Die verfügbaren Vokale (*E, I, U*) liegen zu nahe beieinander. Die syntaktischen Möglichkeiten sind rigide beschnitten, da das Fehlen von *D* und *W* die bestimmten Artikel, wesentliche Teile der

15) *Das dichterische Werk*, Bd. 3, a.a.O. S. 7.
16) *Das dichterische Werk*, Bd. 3, a.a.O. S. 126.
17) *Das dichterische Werk*, Bd. 1, a.a.O. S. 200.

Pronomen und die Konjunktivbildungen mit *würde* bzw. *wäre* ausschließt. Die zahlreichen artikellosen Nomen vermitteln den Eindruck der Verallgemeinerung und reduzieren Individuelles, und die entindividualisierten Nomen prägen die meist präsentischen Verben zu zeitlosen Aussagen.

Handelnde sind in dem Text die Wörter selbst. Ihre Bedeutungen haben nur eine schwache Verweisungskraft, die zudem immer wieder abgefangen wird von der Aufmerksamkeit, welche das Buchstabengefüge beansprucht. Dieses ist wichtiger als die Bedeutungen, und erst durch die Vergewisserung über Anordnung, Abfolge, Korrespondenzen der Buchstaben findet der Leser zu den Korrespondenzen der Wörter. Eine Probe: [18]

> Tritt trutzig eine Neue ein
> Generette Frigitte zu Err
> Ritterin
> reitet nur Tiger
> Tigerin in Ritter-Treffen
> zeigt Zeugen gerne feine Ringfinger
> ereifert Erri Fuggern zu neuen Nieten
> nennt nur einen Nenner
> nennt nur Erri ...

Nicht nur die Mittelachse, auch die Dominanz der Wortkörperlichkeit über den Satzsinn läßt an den *Phantasus* von Arno Holz denken, dessen endgültige Fassung zeitlich in der Nähe des Entstehens von *Unfeig* liegt.

Als sein Hauptwerk hat Otto Nebel *Das Rad der Titanen* betrachtet, ein Werk, das er 1926 begonnen und erst 30 Jahre später, 1955/56, beendet hat. Das Verfahren der Textgewinnung ist dasselbe wie in *Unfeig*, doch wählt er jetzt 12 Buchstaben, also knapp das halbe Alphabet, darunter vier Vokale (*A, E, I, O*) und die als Synthese aus den zugelassenen Vokalen betrachteten Umlaute *ä* und *ö*. Infolge des breiteren Buchstabenspielraums tritt ein viel reicheres Vokabular auf als in *Unfeig*, und es werden keine Wortarten von vornherein ausgeschlossen. Das nutzt dem erzählerischen Duktus, der Text vermittelt einen mythisch getönten Bericht von heillosen und rettungbringenden Geschehnissen. Auch er steht in einem Präsens, das sich auf keine historische Zeit beziehen läßt; auch er benötigt keine Konjunktive, wird vielmehr konstatierend appellierend, proklamierend vorgetragen. Esoterische Gewißheit weht durch das Ganze. Die Redeintention bewirkt die syntaktische Verknappung, nicht die Konzentration auf ein begrenztes Lautrepertoire. Der späte Text Otto Nebels rückt insofern weitab von dem frühen *Unfeig* und dessen Dominanz der Wörter, und er steht damit auch den zeitgleichen Texten der konkreten Poesie aus den 50er Jahren viel ferner als der 30 Jahre ältere. Der verkünderische Ton, das Imaginäre von Zeit und Ort beziehen das Spätwerk eher zurück auf das »Wortkunstwerk« der Expressionisten, mit dem Nebel als Schauspielschüler Rudolf Blümners authentisch verbunden war.

---

18) *Das dichterische Werk*, Bd. 1, a.a.O. S. 203.

4

Beim Blick auf die 20er und frühen 30er Jahre kommt man zu dem Urteil, daß die Impulse, die unter den Markierungen Futurismus, Expressionismus, Dadaismus seit 1910 wirksam geworden waren, die Wörter buchstäblich und die Buchstaben wörtlich zu nehmen, und im gleichen Atem auch die Vision einer revolutionär verjüngten Menschheitssprache obsolet geworden waren angesichts der bedrohlichen Symptome, die die Heraufkunft ganz neuer, nicht erwarteter Gewaltsysteme ankündigten. An dem Schicksal, das manche der Autoren hatten, läßt sich ablesen, was sich anbahnte: Chlebnikovs früher Tod, Balls »Flucht aus der Zeit«, Marinettis Bekenntnis zum Faschismus, Majakowskis Selbstmord, Nebels Emigration usw. Die surrealistischen Autoren, die auf anderer Wellenlänge das dadaistische Schockprogramm fortführten, setzten sich zwar experimentellen Spracherfahrungen aus, etwa in Form der »écriture automatique«, im Mittelpunkt ihrer Fragestellung stand jedoch nicht die Sprache, sondern der Zugang zu existentiellen Grenzbereichen. Verbales und Visionabeles überblenden sich in ihren Texten.

Von ungeahnter Aktualität wurde die kritische Befragung des politisch-gesellschaftlichen Sprachgebrauchs, als die neuartigen politischen Bewegungen, die aus den Blutschwemmen des Ersten Weltkriegs hervorgingen und die man unter dem Stichwort totalitär zusammengefaßt hat, verbale Begründungs- und Rechtfertigungsgewebe für ein prinzipiell anomales Handeln zu entwickeln begannen. Gegenüber einer Bevölkerung, die noch an die Herrschaftssanktion der Monarchie bzw. des bürgerlichen Rechtsstaats gewöhnt war, genügten »Führerprinzip« oder »Parteilichkeit« als Ausweis der Machtpraxis (noch) nicht. Die auf einen radikalen, total enttabuisierten Aktionismus bauenden Bewegungen ersetzten durch die räumliche und zeitliche Allgegenwart der Rede- und Textnetze allmählich die bürgerlich-monarchisch fundierte Legitimität bzw. Legalität. Die massenhafte mündliche und schriftliche Textproduktion und -verbreitung gewann einen unerhörten politischen Stellenwert. Die Okkupation und Sicherung des öffentlichen Rede- und Textmonopols war die konsequente Ergänzung des klassischen staatlichen Gewaltmonopols und Voraussetzung dafür, daß die parteibezogene Legitimation und die situationskonforme Legalisierung bei Bedarf ungestört möglich waren.

Die Literatur der 20er und 30er Jahre hat auf die Provokation durch die lügnerische Potenz solcher Text- und Redeproduktionen nur im Werk von Karl Kraus und Kurt Tucholsky sprachkritisch reagiert. Den Karl Kraus des Zweiten Weltkriegs hat es jedoch nicht gegeben; konnte es vermutlich auch nicht geben angesichts der ungeheuerlichen Text- und Redeausstöße, zumal deren zentrale, bis in die Abgründe decouvrierenden Dokumente erst allmählich und Jahre nach dem Desaster bekannt geworden sind. Die Diskrepanz zwischen der banalen und stereotypen alltäglichen Oberfläche und dem, was sich tatsächlich an Tiefengrauen begab, war so unermeßlich, daß die Auseinandersetzung offensichtlich nur in Stichproben, nicht im großen Panorama, wie es Karl Kraus für den Ersten Weltkrieg aufzog, möglich war. Helmut Heißenbüttel hat eine solche Stichprobe versucht in dem Text *Deutschland 1944*, der 1967, also über 20 Jahre post festum, erschienen ist.

In diesem Text kristallisiert sich die sprachgetragene Realität des Nazi-systems in authentischer Weise, obwohl der Text (relativ) kurz ist. Er besteht nur aus originalen Sprachzitaten von sehr divergenter Herkunft, alle dem schon über dem Abgrund hängenden Jahr 1944 zugehörig. Die Arbeit des Autors beschränkte sich auf die Textsuche, das Ausschneiden und die Rhythmisierung der Montage.

Das Bewußtsein der Autoren, die in den späten 40er und den 50er Jahren zu schreiben begannen, bewegte sich zwangsläufig auf dem Hintergrund der geborstenen Sprach- und Textlandschaft, die das »Dritte Reich« hinterlassen hatte. Diese Autorengeneration hat ihre eigenen Erfahrungen mit der Sprachpraxis aktionistisch durchschlagender Politik und deren Sprachhand-lungen, die sich in einer breiten Skala vom bloßen Umbenennen (»Sprach-regelung«) bis zum Verfemen (mit oft letalem Ausgang für die Betroffenen) spannten.

Die Aversion gegen Indoktrinierung, auch wenn sie mit den besten Absichten einherkommt, war nicht mehr zu löschen, und aus ihr resultierte die Vorsicht gegenüber inhaltlichen Festschreibungen, ja die Weigerung gegenüber Aussagen, die Botschaften, Verkündigungen, Belehrendes beinhalten. Und in den Mitteln, auch den poetischen, die diesem, wie man nun will: präscriptorischen, prophetischen, verkündenden, zuletzt doch immer indoktrinierenden Verhältnis zur Sprache zur Hand waren, steckte der Schwamm. Es blieb eine offene, probierende (‹experimentelle›), den sprach-lichen Mitteln aufmerksam und kritisch zugewandte Schreibart, die beim Autor wie beim Leser von einem Nichtwissen ausgeht, das mit Methoden und vorsichtig relativiert vielleicht ein Stück weit aufgehellt werden kann.

5

Was mit den Buchstaben geschieht, kann auch für die Erkundung ‹experi-menteller› Literatur nach '45 Stichworte liefern. »Lettrismus« nannte Isidore Isou 1946 die von ihm konzipierte poetische Bewegung: der Buchstabe als Thema im Programm. Allerdings ist nicht mehr nur der des Alphabets gemeint, sondern ein weiter gespanntes Repertoire mit 52 zusätzlichen neuen Zeichen, die nun alle Laute und Mundgeräusche notierbar machen sollten, deren der Mensch fähig ist. Mit diesem Konzept, auch über den engeren Alphabetrahmen hinaus Poesie notierbar zu machen, setzten die Lettristen bei den optophonetischen Gedichten Raoul Hausmanns an, ver-fehlten jedoch unvermeidlich die Parameter einer oralen Klangpoesie, die einst die Verschriftung ausgeschieden hatte. Das lettristische Zeichensystem erwies sich spätestens in dem Augenblick als überholt, da das Tonband – seit den frühen 50er Jahren kommerziell zugänglich – eine perfekte Notationsalternative zur schriftlichen erschloß.

François Dufrêne brach mit den Lettristen, als er den dynamischen, tönenden Atemstrom in elementar körpersprachlichen Äußerungen artiku-lierte (crirythmen, seit 1953), die sich der schriftlichen Notation entzogen und authentisch nur mit dem Tonband festgehalten werden konnten. Beim Hörer tritt, und das gilt für viele Stücke der phonetischen, sonoren Poesie, an die Stelle des verbal gestützten Verstehens der Mitvollzug der vorantreibenden, rhythmisch-dynamischen Stimmbewegung. Die Zeiterfahrung des Hörers kann sich nicht mehr ausfächern mit Hilfe von verbal aufgerufenen Sinn- und Bildbezügen, sondern der Hörer springt und treibt mit den tönenden Artikulationsmomenten. Variation und Wiederholung sind dabei wichtige, häufig vorkommende Strukturkennzeichen. Die Wiederholung des Sichverändernden stabilisiert die Augenblicke. Der Hörer erfährt die Rapidität und Zerfallbarkeit der sprachlich artikulierten Momente und schließlich die Grenze, an der ihn die Fähigkeit, das, was ihn anrührt, definieren zu können, verläßt.

Die Elementarisierung im Verhältnis zur Sprache ist jedoch nur die eine Seite; sie wird ergänzt durch die artistische, reflektierte Behandlung des entdeckten, erschlossenen Materials mit Hilfe der elektronischen Apparatur. In der poésie sonore, vor allem der der französischen Autoren, wird Sprache in einer sehr differenzierten Weise verwandt, etwa indem phonetische Elemente mit verbalen kombiniert, verbale phonetisiert, gewonnene Fassungen überlagert, invertiert werden, so daß die schließlich erreichten Fassungen alles andere als primitiv und elementar sind, vielmehr ebenso elaboriert sein können wie die Werke der ‹Écriture›. [19]

Die akustische Poesie hat seit den späten 60er Jahren auch dem Hörspiel im deutschen Sprachraum wichtige Impulse gegeben. In der Variante des ‹Neuen Hörspiels› [20] wird Sprache so facettiert, daß alle ihre Aspekte und Brechungen wirksam werden können. Möglich wurde dies nur, weil die klassische Textfassung in das elektronische Speicher- und Bearbeitungsinstrumentarium einbezogen wurde, so daß sich eine Symbiose von schriftlicher und elektronischer Notation ergab.

Eine parallele Geschichte zur poésie sonore ereignete sich seit den ausgehenden 40er Jahren im visuellen Bereich. Wie die Stimme ihre eigene ‹Sprache› findet, löst sich die graphisch bewegte Hand von Schemata aller Art, figurativen, geometrischen, scripturalen, und bewegt sich in einem autonomen, rhythmisch-dynamisch-gestisch geführten ‹Schreib›duktus. Dabei können, wie etwa bei Henri Michaux, ideographisch geschnittene Zeichen, ohne unmittelbare Semantisierung, erscheinen (vgl. Abb. 8), doch ebenso auch psychographisch verlaufende Schreibspuren hervortreten, die für einen einfühlenden Nachvollzug lesbar sind. Cy Twombly ist einer der Maler-‹Autoren›, die für diese Art Schreibgestus exemplarisch sind. Wie bei den Stücken der poésie sonore ist auch hier ganz wesentlich die Anmutung von Sprachlichkeit, die sich möglicherweise nahe an der Verlautung, vielleicht sogar nahe am Transfer in Verbales befindet, ohne daß es dieser Übersetzung doch bedarf. Die Schreibspuren, die scripturalen Gesten sind Manifestationen der empfindlich artikulierend bewegten Hand, und sie sind insofern vergleichbar den phonetischen Kundgaben der artikulierend sich bewegenden Stimmorgane.

---

19) Einen historischen Abriß der akustischen Poesie und Porträts der in der Nachkriegszeit tätigen Autoren enthält: Henri Chopin, *Poésie sonore international*, Paris 1979.
20) vgl. Klaus Schöning (Hg.), *Hörspielmacher*, Königstein 1983.

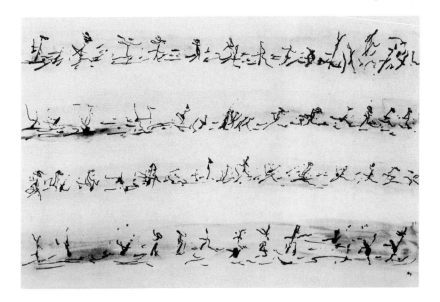

Abb. 8: Henri Michaux: Dessin, 1962

Mit bis ins Äußerste getriebener Sensibilität umspielt der in Annaberg/ DDR lebende Carlfriedrich Claus beim Niederschreiben seiner visuellen Texte die Grenze zwischen dem Schriftzug, der, wenn auch oft nur mit großer Mühe, im wörtlichen Sinn lesbar ist, und einer Schreibspur, in der sich die Vibration des Schreibers, die Brüchigkeit, die Verzögerungen, die Porösität der scripturalen Lineatur niederschlagen (vgl. Abb. 9). Das lesende Auge zögert immer wieder vor der Entscheidung für die eine oder die andere Lesehaltung. Die Unbestimmtheit ist bedingt durch die Minimalisierung der Zeichenelemente. Nun weisen viele Arbeiten von Claus Großfigurationen auf, die die winzigen Schreiblineaturen überlagernd organisieren. Solche Figurationen können auch gegenständliche Thematik haben. Das lesende Auge bewegt sich also in einem weiteren Zwischen: nämlich zwischen der figuralen Überform und der bis zur Auflösung getriebenen Feinlineatur der Einzelzeichen.

6
Minimalisierung ist auch ein, wenn nicht das Stichwort der konkreten Poesie.[21] „Ein Werk kann aus einem einzigen Wort bestehen", hieß es bereits in einem Manifest russischer Futuristen.[22] Im alltäglichen Mitteilungskontext verschwindet das Wort, indem es seine Funktion erfüllt. Sein Zeichen-

21) Über die geschichtlichen Zusammenhänge der konkreten Poesie, ihre Poetik, Autoren und Texte: Christina Weiss, *Seh-Texte*, Zirndorf 1984; Dieter Kessler, *Untersuchungen zur Konkreten Dichtung*, Vorformen-Theorien-Texte, Meisenheim 1976; Klaus Peter Dencker, *Text-Bilder*, Visuelle Poesie international, Köln 1972. Die noch immer maßgebliche Anthologie: Emmett Williams, *An Anthology of concrete poetry*, New York-Stuttgart 1967.
22) s. Anm. 5)

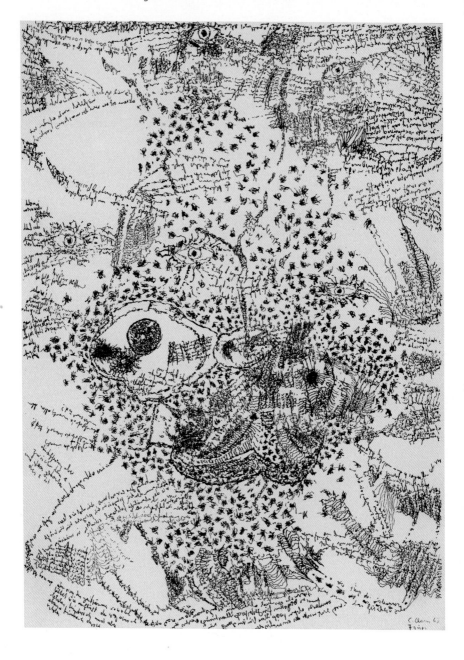

Abb 9: Carlfriedrich Claus: Faun, 1963

substrat kann, ja darf nicht als es selbst erfaßt werden; seine sinnliche Beschaffenheit muß, kaum wahrgenommen, auch schon wieder vergehen, damit der aus vielen semantischen Bausteinen gespeiste Verstehensvorgang gelingen kann. Das Verschwinden des Zeichensubstrats gilt bereits für die einzelnen Buchstaben im Wort; es gilt, wenn auch nicht in der gleichen Rigidität, auch für die das Wort bildende Buchstabengruppe. Poesie stellt sich seit eh und je quer zu diesem Vermittlungs- und Vertilgungsvorgang. Indem ein Text einen befremdenden, verzögernden, ‹widersinnigen› Verstehensverlauf erhält, entsteht ein Spielraum für die semiotischen Aspekte: der Laute selbst, der Zeichen für Laute, deren Anordnung – in den Wörtern – und die übergreifenden sinnlichen Korrespondenzen der Wörter. In unserem Zusammenhang wurde dies vor allem am Beispiel der Alphabetzeichen verfolgt. Es gilt Analoges jedoch auch für die Wortkörper (im Hinblick auf Otto Nebels *Unfeig* war davon die Rede). Völlig bedeutungsfreies Wahrnehmen von Zeichen, so hat sich gezeigt, ist eine Grenzvorstellung, die im praktischen Umgang mit Zeichen nicht zu realisieren ist. Jedes irgendwie zeichenhafte Gebilde löst, sobald es Interesse findet, bedeutungssuchende und -setzende Projektionen aus.

Für die Autoren der konkreten Poesie ist das einzelne Wort der poetische Nukleus. Wird vom poetischen Material gesprochen, so ist damit immer auch der Bedeutungshof eines Wortes gemeint. Er ist, solange das Wort isoliert erscheint, diffus und vielbezüglich, und gerade in dieser Verfassung kann ein Wort seine poetische Leistung erbringen. Dabei sitzt der einzelne Buchstabe, weil die semantische Kohärenz des Wortes so niedrig ist, locker in seinem Verbund und kann umspringen, ersetzt werden, herausfallen. Ein bekanntes Beispiel für das kaleidoskopische Verhältnis der Zeichenpartikel im Wort ist Ernst Jandls Gedicht *lichtung* aus der frühen Sammlung *laut und luise* (1966). Durch den einfachen Positionentausch von *r* und *l* wird die Pervertierbarkeit der Bedeutungen von ‹rechts› und ‹links› sichtbar. Ein anderes Beispiel aus der Frühzeit der konkreten Poesie, das durch die Anthologien wandert, ist Décio Pignataris Text *beba coca cola* (1957): Aus den Lettern der Wörter *coca – caco – cola* mischt sich schließlich *cloaca*. [23]

Die klassische artistische Form für die kaleidoskopartige Beweglichkeit der Buchstaben im Wort und im Satz ist das Anagramm bzw. sein Sonderfall des Palindroms. Wie alle Buchstabenspiele haben auch diese eine weit zurückreichende Herkunft mit einst magischem und numinosem Hintergrund. [24] Schon einfache Wortanagramme können faszinierende Bedeutungssprünge bewirken und Nachdenklichkeit auslösen: AVE – EVA, ROMA – AMOR (beide sehr alt), LEBEN – NEBEL, TABU – TAUB, AMOK – KOMA, ... Viele Poeten, auch aus dem Umkreis der konkreten Poesie, haben Anagramme verfaßt oder verwenden anagrammatische Elemente in ihren Texten. Am intensivsten, ausschweifendsten taten dies etwa Unica Zürn, André Thomkins, Oskar Pastior, Kurt Mautz.

---

23) Der Text ist abgedruckt in: Emmett Williams, *An Anthology of concrete poetry*, a.a.O.
24) vgl. Franz Dornseiff, a.a.O. S. 63, 177.

Oskar Pastior bemerkt im Vorwort seiner Anagrammgedichte (1985):
„Das Anagramm umschreibt ein Staunen ohne Erstaunen, nicht mein
Staunen, sondern das Staunen eines Überwechselns ohne Übergang. Im
Anagramm verhält sich der Autor zur Zeile wie die Abwesenheit zum
Leser – es ist eine ganz und gar nicht private Konstellation. Alles liegt
offen. An dieser Öffentlichkeit beteiligt sich schlechthin jeder Text."
Und so greift Pastior zu bekannten Textüberschriften, aus denen er die
Anagrammgedichte entwickelt – im Fall der zitierten Sammlung zu solchen
aus Johann Peter Hebels *Schatzkästlein*. Es liest sich z. B. so:

Wie man aus Barmherzigkeit rasiert wird.

Herr Maiwein sagt dies kaum. Wir Zierbart-
barrikadierer steigen (ha warum?) im Zwist.
Aber Zweige riskiert man im Haarwust dir.
Einzig, wer kraus marmiert, ist wahr dabei.
Zwar ist Reimbusigkeit warmer Haarneid –
aber ei was wird mit zu strengem Harakiri?
Aha: Musiker ab Maerz wird weiter stirnig;
wer Dias markiert, reibt Hauszwirnmagie. [25]

In den Anagrammgedichten treffen die konträren Momente von strikter
Regelbindung und Zufallsspiel, von inventorischer Beweglichkeit und kon-
templativer Konzentration zusammen, wie sie für die Poetik der konkreten
Poesie generell bezeichnend sind. Das Autoren-Ich ist in einer paradoxen
Weise beteiligt: frei in nicht erfaßte, nicht artikulierte Bereiche ausgreifend
– und im Arrangement der Zufallskomponenten, im Beobachten der Spiel-
Regeln verschwindend. Eine Spannung wird spürbar, die zwischen dem
beobachtenden, analysierenden, probierenden (‹experimentellen›) Einlassen
auf das Sprachmaterial, das gesellschaftlich in Gebrauch ist, mit all seinen
Implikationen und der Unbestimmbarkeit des poetischen Subjekts besteht.
Dieses vertritt hier, in einer artistisch präparierten Funktion, die Individuen,
die an dem zivilisatorischen Prozeß teilhaben, der sich in der Sprache manifestiert, ja wesentlich durch Sprache in Gang bleibt.

7

Die anagrammatisch gebauten Texte sind regelgesteuerte Zufallsgebilde.
Da die Sprünge der Buchstaben nicht voraussehbar sind, birgt jede Variante
eine Überraschung. Die Zahl der möglichen Varianten läßt sich im voraus
nicht abschätzen; der Text bleibt offen. – Viele Texte der konkreten Poesie
haben, auch wenn sie nicht anagrammatisch sind, eine analoge offene
Struktur: Im Text fixiert wird nur ein Ausschnitt eines weiterlaufenden
sprachlichen Prozesses, dessen Regeln sich an dem vor Augen liegenden
Stück ablesen lassen. Dieses Textstück genügt, den Leser zu befähigen,
ins Nichtformulierte selbst vorzudringen.

25) Oskar Pastior, *Anagrammgedichte,* München 1985. S. 70

Der Gegentyp dazu ist der ideographische Text. Er beginnt damit, daß er die verbalen Buchstabengruppen als Wortbilder sehen läßt. Als Beispiel wähle ich folgenden frühen Text von Heinz Gappmayr: 26)

lichtblick

schatten

Indem die Buchstaben, die das Wort *licht* bezeichnen, mehrfach übereinander geschrieben werden, verändert sich die Lesequalität völlig. *licht* erscheint als diffus, verschattet, kompakt, die semiotischen Einzelheiten müssen erst identifiziert werden; *schatten* dagegen zeigt sich klar, licht, eindeutig, jedes Einzelzeichen gesondert darstellend. Die Visualisierung gibt den Wortbildern eine Bedeutungsprägung, die sie in der gewohnten verbalen Verwendung von sich aus nicht mitbringen, und sie werden in überraschender Weise aufeinander bezogen: der Schatten als Licht, das Licht als Schatten. Dies gelingt mit einem Minimum an Mitteln, weil in den Wortbildern verbale und visuelle Momente sich überlagern. Die Schriftzeichen werden bildnerisch behandelt und geordnet, so daß die Buchstaben nicht mehr, wie üblich, im Lesevorgang verschwinden, sondern mit ihren Einzelheiten vor dem lesenden Auge bleiben, da der Textsinn sich erst langsam im Abtasten der visuellen Momente einstellt.

8

Die Alphabetzeichen haben, solange es sie gibt, ein Doppelleben geführt. Zwar lassen sie sich im Hinblick auf ihre eigentliche Leistung bei der Fixierung der Sprachlaute eindeutig definieren. Doch was sie im übrigen mittransportieren an symbolischen, magischen, zauberischen Qualitäten auf der einen Seite, an artifiziellen, bildnerischen, phantasmischen auf der anderen läßt jeden Versuch, zu bestimmen, was das Alphabet für die menschliche Lebenspraxis bedeutet und bedeutet hat, scheitern. Bemerkenswert ist jedenfalls, daß sich die Alphabetzeichen den Konsequenzen, die sich aus dem funktionsbedingten Aufgehen im Lesevorgang anbieten, immer wieder entzogen haben. Vielleicht schreibt sich die widerständige Autonomie gerade von den Qualitäten her, durch die ihre Fungibilität als Schriftzeichen optimiert wurde: von der Minimalisierung des benötigten Zeichenrepertoires auf gut zwei Dutzend Elemente und von der geometrischen Reduktion ihrer Gestalten, die einst aus Dreieck, Kreis und Rechteck und deren Segmenten entworfen wurden. Das Einfache als Münze mit zwei Gesichtern ...

26) Heinz Gappmayr, *Texte*, Ottenhausen Verlag, München 1978.

Zu den Sprachblättern von Carlfriedrich Claus

1989

Irgendwann in den mittleren 50er Jahren zeigte mir Bernard Schultze ein
paar Blätter, über die mit Tuschfeder geschriebene Wörter verteilt waren.
Ihre Schrift war teils hauchdünn, teils breitverlaufend, und die Lineaturen
waren stellenweise weit über das Blatt gezogen. Das Geschriebene war
leserlich-unleserlich: beim Entziffern geriet das Auge an gekritzelt-wacke-
lige Passagen, die sich dennoch an das bereits Gelesene anschließen ließen.
Die Blätter waren von Carlfriedrich Claus, der in Annaberg (Erzgebirge)
lebend Kontakte mit experimentierenden Künstlern suchte und fand. Mich
faszinierten diese Blätter als psychogrammatische Niederschläge. Mit der
Konzeption des programmatischen Buches *movens* befaßt – es erschien
dann 1960 im Limes-Verlag –, schrieb ich Claus und erbat dafür von ihm
ein in seiner sensiblen Handschrift zugeschriebenes Blatt mit dem Charakter
einer Art von ‹Vibrationstext›.

Er schickte eine für *movens* geschriebene Textur aus sehr kleiner Schrift,
die gleichmäßig und bewegt-unruhig zugleich wirkte, verstreute Verdichtungen aufwies und keine Zeilenführung erkennen ließ. Der Eindruck des
Vibrierens entsteht dadurch, daß das Auge beim Lesen nur punktuell erfolgreich ist. Denn der Text ist in zwei Phasen geschrieben, wobei für die zweite
Phase das Blatt um 180° gedreht und eine zweite Zeilenfolge zwischen die
bereits geschriebenen Zeilen gesetzt wurde. Ich kenne von Claus nur noch
zwei Blätter mit vergleichbarer Struktur: Das eine heißt *Der Beginn (der
Thora)* und ist 1960, in zeitlicher Nähe zu dem *movens*-Text, entstanden
(abgebildet in: *Sprachblätter*, Seite 51). Die Zeilen mit hebräischen Schriftzeichen sind deutlich voneinander abgesetzt und die Verdichtungen gleich-
mäßiger über das Blatt gestreut als auf dem *movens*-Blatt.

Der andere Text gehört in den Zusammenhang der von Dietrich Mahlow
1963 realisierten Ausstellung »Schrift und Bild« und erschien im Katalog
unter dem Titel *Vibrationstext*. Auf halbdiaphanem Papier ziehen sich auf
der Vorder- wie auf der Rückseite je elf schmale Streifen mit hebräischen
Schriftzeichen dicht beschrieben über das Blatt, und zwar so, daß zwischen
den Abständen der vorderseitigen Streifen die der Rückseite durchschim-
mern und sich mit diesen zu einem geschlossenen Feld verbinden. Je nach
Stellung des Blattes zwischen Licht und Auge sind Vorder- und Rückseite
voneinander gesondert oder ineinandergeklinkt als zwei Schichten desselben Feldes.

Mit zehn Blättern war Claus nach Schwitters und Klee, den Altmeistern,
der quantitativ am stärksten vertretene Künstler-Autor der Ausstellung
»Schrift und Bild«. Sie wurde zuerst im Stedelijk-Museum Amsterdam,
anschließend in der Kunsthalle Baden-Baden gezeigt. Im Katalog waren
drei der Arbeiten abgebildet, und sie wurden durch den Katalog (im Typos-
Verlag) nach der Ausstellung international verbreitet. Die Ausstellung kann
daher mit Grund als sein Debut in einer weiteren Öffentlichkeit gelten.

In den ausgestellten Blättern zeichnete sich bereits die konzeptionelle Spannweite vom feldbezogenen *Vibrationstext* bis zur figurativ durchsetzten Kristallisation der Mikroskripturen ab, die das Werk von Claus weitgehend bestimmt. Theoretisch begleitet wurde dieses erste Auftreten durch die Publikation eines Textes mit dem Titel *Notizen zwischen der experimentellen Arbeit – zu ihr* (Typos-Verlag 1964). Claus hat darin seine theoretischen Überlegungen mit den Erfahrungen beim Schreiben der »Sprachblätter« verbunden und sich der Bedingungen, Voraussetzungen, Einflüsse und der Wechselwirkungen zwischen Bewußtsein und Schreibprozeß, innerer Sprachverfassung und manifestem Text vergewissert. Was damals formuliert wurde, gilt für seine Arbeit noch heute.

In der Ausstellung »Schrift und Bild« hatten die unauffälligen Blätter von Carlfriedrich Claus eine eigentümliche Position. Sie ließen sich ihrer ganzen Faktur nach mit bestimmten Beispielen der scripturalen Malerei bzw. Grafik, welche die Ausstellung weithin dominierten, in Beziehung setzen. Auch Claus verläßt sich auf die sensible Klugheit der Hand; auch ihn läßt die Frage nach dem „wie fange ich an" und die Spannung unter dem Diktat der Spontaneität nicht zur Ruhe kommen, und auch er kommt der ‹Aussage› seiner Blätter erst unterwegs, beim Hervorbringen auf die Spur: Das Thema des Anfangs, wenn es denn bewußterweise eins gibt, ist nicht unbedingt identisch mit dem am Ende. Zu einem Maler wie Bernard Schultze besteht daher eine große innere Nähe. Beide benutzen den zögernd-allmählich hervortretenden, tastenden, probierenden Strich und lassen die Ordnung der Textur von Moment zu Moment weitertreiben, ja weiterwuchern – bei Schultze grundsätzlich, bei Claus von Fall zu Fall. Schultze bezieht buchstäblich Geschriebenes hin und wieder in seine Linienverläufe mit ein – Claus läßt sein Schreiben immer wieder ins Lineare verlaufen.

Berührungsmomente gibt es auch mit den Meskalinzeichnungen von Henri Michaux: auch die Erfahrungen der mit phantasmischen Innenerfahrungen kurzgeschlossenen Hand werden zurückgelassen; mit den feinen, dichten Liniengespinsten Mark Tobeys und seinen andeutend eingefügten Schriftzeichenerfindungen aus ostasiatischem Kontext; wohl auch mit dem scheinnaiven, doch durchkalkulierten, locker dahinfallenden Schreibduktus von Cy Twombly.

Mit den Künstlern des »Informel« der 50er und 60er Jahre hat Claus das Vertrauen in die Autonomie der grafisch-schreibenden Hand mit ihrer somnambulen Sicherheit beim Hervorspinnen des Unerwarteten und die Rückbindung dabei an das Tiefenbewußtsein als Produzent und Spender von Äußerungsabfolgen, jedoch auch die Reflexion auf die Methode und das Wissen, daß die Methode Teil der Arbeit selbst und nicht nur der Weg dahin ist, gemeinsam. Doch während für die Informellen nur die im Malgrund manifeste Artikulation, der endlich erreichte optimale Zustand des Materials auf der Fläche zählt, beharrt Claus auf dem fortdauernden sprachlichen Charakter und der prozessualen Qualität seiner Arbeiten, die er damals nicht ohne Grund als »Sprachblätter« zu bezeichnen beginnt. Auch wenn das Blatt die Schreibbewegungen aufsammelt und fixiert, so daß allmählich ‹Text› entsteht, ist es Niederschlag zahlreicher, langwieriger Phasen des Schreibverlaufs, bleiben die Nacheinander-Momente gültig. Die Blätter kennzeichnet daher oft eine eigenartige Aharmonie: Sie sind nicht auf ästhetische Spannung, Polarisierung, Gewichtsverteilung des optischen Materials auf der Fläche hin angelegt wie die Bilder des Informel, sie sammeln vielmehr die Mikroschübe, wie sie fallen und wo immer sie sich gerade einfinden: Ihr Ort auf dem Blatt ist (auch) Zufallsmoment und nicht von der ästhetischen Ökonomie des Blattrechtecks gesteuert.

Über den Berührungspunkten mit der informellen scripturalen Malerei (und Grafik) sind die Beziehungen von Claus zur konkreten Poesie der 50er Jahre nicht zu übersehen. Sie schlagen sich vor allem in den Schreibmaschinentexten nieder, z.B. den durch 52 Phasen entwickelten Buchstabenkonstellationen von 1959 (Textbeispiele in *movens* und in *Notizen zwischen der experimentellen Arbeit – zu ihr*): Analogien gibt es dabei zu den Autoren der von Spoerri herausgegebenen Materialreihe wie Emmett Williams oder Diter Rot.

Beginnt man die Texturen der Sprachblätter aufzudröseln, so macht man – vor allem, wenn man sich nicht scheut, das Blatt zu drehen und Lupe und Spiegel zu Hilfe zu nehmen – zahllose Lesefunde, und auch da, wo es unleserlich wird, geht die in Gang befindliche Rede offensichtlich weiter. Nicht nur endet die Leserlichkeit, es setzen tatsächlich auch die Schriftzeichen aus, laufen über in sensibel-bröcklige Lineaturen, Strichfolgen, Punktierungen: selber nicht mehr Schrift und doch von der Schreibbewegung weitergetragen; aus dem Normbereich des Alphabets herausgeraten und doch noch den Aggregatzustand von Schrift erhaltend, der der inneren Artikulationsarbeit korrespondiert, also diesseits von Sprache Gesprochenes signalisiert. Der normierten Sprache sich entziehend, macht sich die Schreibhand selbständig; sie ‹schreibt›, ohne sich mehr auf Schreibbares zu beziehen. Ihre Lineaturen bleiben ‹schreibhaft›. Sie reißen im Leser Bedeutungsfasern an, die verflechtbar sind. Wobei sich die einzelne Faser zwar unterscheiden, doch nie vereinzeln läßt, vielmehr in der Bündelung eines Faserfeldes gelesen wird. Was an Bedeutungsanmutung hervortritt, verdankt sich dem lesenden Abtasten mehrerer, vieler, zahlloser Zeichenpartikel.

Der Betrachter kann sich nur in geduldig imaginativem ‹Einlesen› erschließen, was sich während der Produktion zwischen Innensprache und ihrer ‹Veräußerung› im Schriftbild, zwischen vage-präzise aufspringender Gedankenspur und artikulierend hervorziehender Wörterfahne, zwischen dem Impuls zu einer Aussage und deren Verrückung im geschriebene Satz abspielen mag: das durch und durch Ungewisse des tastend ansetzenden Anfangs, das Leere, das Loch im Zwischen, die blanke Mutlosigkeit angesichts solcher Abschüssigkeit und doch auch schon und von vornherein die Gewißheit, im Zeichenfluß Fuß fassen zu können, mit den zartgebrechlichen Artikulationskondensaten das Papier erreichen, sie in Buchstaben faßbarer, sichtbar, dauerhaft werden, das gedanklich nur und daher höchst flüchtig Existierende ins Sinnliche, Wahrnehmbare einschießen zu lassen, so daß nurmehr dieses und nicht das Gedanklich-Entworfene besteht; und dabei die Zuversicht zu haben, daß der Betrachter das verschwundene Gedankliche, Bedeutende – nun aber als seinen Ertrag – aus dem Zeichengewimmel wieder wird herausfinden können, wobei das Substrat Schriftzeichen selber aus den Augen, ins Verschwinden gerät.

Auf den »Sprachblättern« finden sich zwei Spielraumtypen: Der eine, nächstliegende entsteht beim offenen, unabschließbaren Weiterspinnen, Ausbreiten der Textfäden zum Vibrations- und Sprachfeld. Dabei ergeben sich Verdichtungen von Zeichengruppen und Lockerungen der Zeichen auf der Fläche, Leerungen von Fall zu Fall. Solcherart verdichtete Felder finden sich auch bei Mark Tobey oder Piero Dorazio, doch bei Claus befindet sich die Linie immer im Zustand von Schrift, weist also beim Lesen auch wieder von sich weg: vom manifesten Schreibzeichenfeld auf die unabschließbare Redearbeit des Menschen, wie sie abseits und unterhalb des Bewußtseins, nicht zuletzt in unseren Schlaf- und Traumzuständen in Gang ist; eine Redeverfassung, in der immer wieder Wörter und Wortzusammenhänge hervortreten, die aber auch – unmittelbar? – Imaginatives, Figuratives, prägnant Visuelles zeitigt. Die Träume erscheinen als sprachlose Sprachprodukte, Fortsetzung der Lebensrede in einem anderen Aggregatzustand.

Damit wird nun auch die andere Spielraumart berührt: In ihr ordnen sich die scripturalen Partikel wie in einem Magnetfeld mit figurativer Struktur. Nur in den frühen, oben erwähnten Vibrationstexten scheint es nicht wirksam zu sein; in einer sehr leisen Weise dringt es dagegen schon in der *Paracelsischen Denklandschaft* von 1962 (im »Schrift und Bild«-Katalog, Seite 63) durch: einem großräumigen Landschaftsfoto ähnlich, bei dem das Auge von einem Detail zum anderen wandert, ohne letztlich irgendwo halten zu können, also in einem immer weiter greifenden Leseprozeß begriffen, doch gehalten von der Vorstellung, daß die Partikel sich zu Talartigem, Hügeligem, Baumförmigem, Hangartigem formieren. In zahlreichen Blättern schlägt die Figuration deutlich durch. Die Vermutung liegt nahe, daß die Figur als organisierendes Moment der Schreibarbeit von vornherein innewohnt, wenn nicht gar vorausgeht. Unverkennbar ist die Obsession durch bestimmte Motive: Hand, Fuß, Auge, Augenpaar, also Gesicht (auch mit Mund, Zähnen), Kopf, Explosives aber auch, Zentral-Sonnenförmiges usw. Allerdings können die Motive auch aus dem scripturalen Geflecht gelöst und als autonome Bestandteile ins Bild gefügt werden – im Extremfall in Gestalt eines Hand- oder Fußabdrucks, aber auch in schablonisierter Form.

In der Regel erscheinen die Figuren piktographisch vereinfacht, als Überzeichen aus zahllosen Zeichenpartikeln. Beispiele, an denen sich das gut ablesen läßt, sind die Blätter *Verbaler Tagtraum an der oberen Schwelle (Nuklearblatt umhüllt)*, 1962/63, (in: *Sprachblätter*, Seite 61 f.). Der Blattrand wird von Strömen scripturaler Partikel angeschnitten; er ist also nicht definitiv, vielmehr erfährt das Auge die Begrenztheit des Leseraums zusammen mit der (imaginären) Unbegrenzbarkeit des in Gang befindlichen Schreib-Rede-Vorgangs. Figurative Formen – gegenständlicher oder nichtgegenständlicher Art – liegen wie Blöcke im scripturalen Schieben, Rinnen, Fließen. Solche Formen werden zugelassen, ja hervorgerufen, doch auch alsbald wieder ausgeklinkt und liegengelassen. Sie sind transitorischer Natur: auf dem Blatt freilich fixiert, im Prozeß der Schreib-Rede, den die

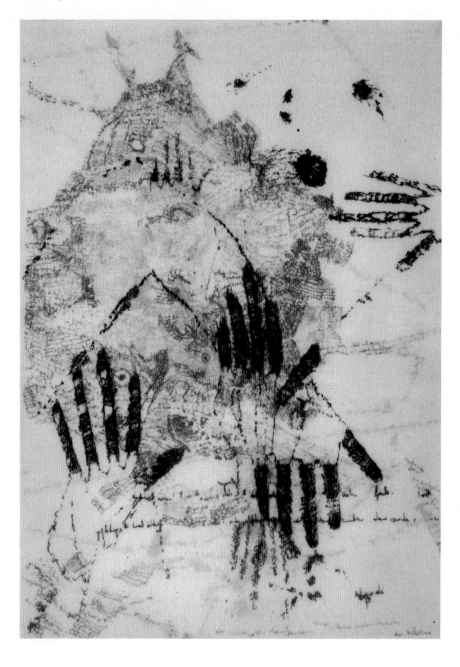

Carlfriedrich Claus: Verbaler Tagtraum an der oberen Schwelle (Nuklearblatt umhüllt),
1962/63

Hand vollzieht, wieder aufgegeben, vielleicht schon in der aufkeimenden Erwartung einer neuen figurativen Kondensation.

Die transitorische, fließende, seismografische Qualität der Schreib-Rede scheint der in den Titelformulierungen zum Ausdruck kommenden Eindeutigkeit der Thematik vieler Blätter zu widersprechen. Zweifellos sind sie hilfreich für den Leser, der beginnend einen Bezugsrahmen sucht. Je bestimmter die Titel jedoch gefaßt sind, desto unaufhaltsamer rücken sie während der Lesetätigkeit in eine elliptische Position, deren Gegenpol vom Leser allmählich aufgeladen wird. Er fügt unvermeidlich dem gegebenen Bezugsrahmen eigene Bezugsnetze hinzu, mit denen er – der Offenheit der Sprachblätter entsprechend – nach einer Thematik fahndet, die sich mit seinem eigenen inneren Redeprozeß verhakt.

Die Sprachblätter von Carlfriedrich Claus haben ihren bestimmten Ort in der international weitgespannten Topografie der Visuellen Poesie. Als Manifestationen der Schreibhand sind sie Arbeiten von Gerhard Rühm, Jochen Gerz, Siegfried J. Schmidt, Magdalo Mussio, Michael Vetter, Jean Willi, Annalies Klophaus, Andreas Hapkemeyer, Dieter Rühmann u.a. benachbart. Bei allen spielt, abgestuft und in verschiedener Intensität, Wirklichkeit und Wirksamkeit des die Hand habenden Körpers mit seiner rüden Individuation, seinen Spannungen und Hinfälligkeiten eine Rolle. Die Tätigkeit der schreibenden (‹schreibenden›) Hand ist seismografischer Art; sie läßt Innenprozesse durchschlagen und widersteht deshalb gründlich der kalligrafischen Versuchung, obwohl doch die Normvorgaben des Alphabets grundsätzlich in Geltung bleiben – selbst da, wo sie – wie etwa bei Michael Vetter – kaum mehr oder gar nicht in Erscheinung treten.

Allen vergleichbaren Arbeiten der Visuellen Poesie gegenüber zeichnen sich die Sprachblätter von Claus dadurch aus, daß universale Bezüge, weit ausgreifende Nennungen eingewoben sind, die im angedeuteten elliptisch-doppelpoligen Verfahren eine meditative Einstellung des Lesers bewirken können. Beim sorgfältigen, geduldigen Ablesen der Sprachblätter werden die unerhörte Anstrengung, die Ausdauer und die Konzentration ahnbar, denen sich die Annäherung des Universalen in den Sprachblättern verdankt.

Selbstdarstellung

1978

Wenn ich überlege, wie ich zu meinen Text-Bildern gekommen bin, so finde ich zwei ganz verschiedene Wurzeln. Beide reichen in die frühen 50er Jahre zurück. Einmal war es die Faszination durch das Phänomen der Zeitung, der Tageszeitung, wie sie Tag für Tag in Tausenden Variationen und in vielen Millionen Exemplaren über die Erde verbreitet wird, gefüllt mit einer unübersehbaren, unvorstellbaren Masse von Mitteilungen, Nachrichten, Meinungen, Tendenzen, Bildern, Fiktionen. Zum andern aber war es die Faszination durch das einzelne Wort, das Wort-Individuum, mit seinem Lautkörper, seinem Hof von Bedeutungen, in seiner intensiven Isoliertheit, seiner isolierbaren Intensität – solche Einzelwörter füllen die Lexika in Scharen. Es sind also zwei einander entgegengesetzte sprachliche Erscheinungen: das bunte, oft chaotische, immer aber irgendwie organisierte Textkonglomerat von ‹Zeitung› und das isolierbare einzelne ‹Wort› als ein Konzentrat aus Lauten und Bedeutungen.

Ich fing damals, in den frühen 50er Jahren, an, aus einer Tageszeitung einzelne Fetzen an den verschiedensten Stellen, aus allen möglichen Teilen und Rubriken herauszuschneiden und dann aus einem Haufen von kleinen und kleinsten Textfragmenten mit völlig divergierenden Inhalten eine Textmontage herzustellen. Dabei gerieten Inhalte, manchmal auch nur Andeutungen von Inhalten, zusammen, die in der Zeitung nichts miteinander zu tun hatten, jetzt jedoch einen überraschenden neuen Zusammenhang aufwiesen. Ich erkannte, daß ich eigentlich nichts weiter getan hatte, als die Struktur der Zeitung beim Wort zu nehmen, auf meine Weise anzuwenden – jedoch so, daß statt des beziehungslosen Nebeneinanders der Zeitungselemente – der Nachrichten, Artikel, Anzeigen, Fotos usw. – ein facettenreiches, kaleidoskopartiges Textgebilde erschien, das zwar Sprünge und Widersprüche, Ungereimtheiten und Unvereinbarkeiten aufwies, aber zusammengehalten wurde von überraschenden Beziehungen zwischen den fragmentarischen Äußerungen. Auch zwischen Einzelheiten, die in der Realität nichts miteinander zu tun hatten, ergaben sich Korrespondenzen, sprang Sinn über. Die scheinbar belanglose winzige, alltägliche Einzelheit – aus einer Anzeige, aus einer Nachricht, aus einem Kommentar etwa leuchtete in dem montierten Textzusammenhang als bedeutsam auf. Ich erinnerte mich an die Collagen von Kurt Schwitters, der auf vergleichbare Weise den Abfall des Alltages gesammelt und ihm im ‹Bild› eine – ästhetische – Funktion gegeben hatte.

Von der Beschäftigung mit dem bedruckten Zeitungspapier war der Schritt zu allem anderen Druckmaterial unserer Zivilisation nicht weit: zu den Plakaten, Fahrplänen, Illustrierten, Makulatur, wie sie unseren Alltag überfluten. Ihre ursprünglichen Mitteilungen waren durch den Gebrauch abgetan, sie interessierten niemanden mehr, sie mußten also verschwinden. Es boten sich ganz verschiedene Methoden an, dieses Auflösen des zivilisatorischen Zweckes zu bewirken, das Material zu ‹destruieren›: Man konnte es zerreißen, zerschneiden, zusammenknäulen, ansengen, pressen – jedenfalls in Partikel, in Fragmente zerlegen, die nur noch Details des bisherigen enthielten: Wortfetzen, Satzstücke, Buchstabenbruchstücke, ja bloß noch Stücke von Linien, Flecken. Es zeigte sich auf einmal, was im ganzen bisher versteckt geblieben war, was durch das Interesse an der ursprünglichen Aussage nicht wahrgenommen werden konnte: die Anmutung eines Satzfragmentes, eines aus seinem alten Zusammenhang befreiten Wortes, eines Fotodetails, einer Linie, die vorher vielleicht einer Zigarettenreklame einverleibt waren, jetzt ins Offene zeigten, auf Unbekanntes, ‹Unerhörtes› verwiesen.

Solche Fragmente streben, wenn sie einem konzentrierten Bewußtsein ausgesetzt werden, zu größeren, komplizierteren Einheiten – zu Textmontagen, die neue Inhalte ablesen lassen, eine neue Realität erschließen. Die Methoden, zu derartigen Textmontagen zu gelangen, sind vielfältig. Neben anderen wurde für mich eine Methode ergiebig, die ich als Zentralcollage bezeichne: Dabei wird eine Reihe von Blättern – es können zehn, es können zwanzig oder mehr sein – so übereinander geklebt, daß das unterste Blatt (z. B. aus einer Illustrierten) ganz bleibt, die darüberliegenden immer stärker konzentrisch ausgerissen werden. Von Blatt zu Blatt wird das ausgerissene Loch größer, bis vom obersten Blatt nur noch der Randstreifen übrigbleibt. Alle Blätter stehen abgestuft im Rapport miteinander; jeder Streifen bringt seine mehr oder weniger fragmentarischen, angerissenen Text- oder Bildelemente mit ins Ganze.

Mich interessiert dabei auch die Frage: Mit wie wenig Zeichen(fragmenten) läßt sich noch eine Art Text erzielen, und: Wie weit kann man Sätze, Wörter, Buchstaben reduzieren, daß sie doch noch irgendwie ‹lesbar› bleiben, Impulse für eine Konstitution von Sinn (wie man das ‹Lesen› bestimmen könnte) ausstrahlen, also unser Interesse zu wecken vermögen? Diese Frage wird verständlich, wenn man sie auf dem Hintergrund unserer alltäglichen Erfahrung der Überflutung durch optische (und akustische) Informationsmassen sieht, die auf unsere Aufnahmekapazität keine Rücksicht mehr nehmen. Die ästhetische Behandlung und Verarbeitung dieses Materials signalisiert die Notwendigkeit einer Haltung, die sich querstellt gegenüber den Massen zivilisatorischer Information, die die Informationsmassen als destruierbar und zu Spielmaterial transformierbar versteht.

Kontrapunktisch zu den Phänomenen der massenhaften Textkonglomerate steht nun das isolierte, aus allen Zusammenhängen lösbare Einzelwort, wie es etwa im Lexikon erscheint. Für mich war die Konzentration auf das Wortindividuum ein Mittel, mich aus dem immer leichteren, immer handlicheren Gebrauch einer artifiziellen poetischen Metaphernsprache zu befreien, wie sie meine frühen Texte bestimmt hatte. Ich kam zu der Auffassung, daß ein einzelnes Wort, auf ein leeres Blatt gesetzt, bereits ein Gedicht ist und daß das Hinzufügen eines ganz bestimmten zweiten Wortes bereits ein diffiziler poetischer Vorgang ist. Ich bezeichnete diese Operation als »Konstellation«. Beispiele sind in meinem ersten Textband *artikulationen* (1959) enthalten. Es war mein Zugang zu dem, was man allgemein als

»konkrete Poesie« bezeichnet. In Analogie zur »minimal art« könnte man solche Texte auch »minimal texts« nennen. Je mehr Elemente, also Wörter, in bestimmter Auswahl, bestimmter Distanz, bestimmter Gruppierung auf das Blatt und in den Text eingebaut werden, um so differenzierter wird seine Bedeutungsstruktur- und um so intensiver wird die Leistung des Lesers sein, sich daraus im meditativen Vorgang des Lesens seine Lesart herzustellen.

In diesen »Konstellationen«, aufgebaut aus isolierten sprachlichen Einzelelementen, lassen sich Wortkörper, also die Lautung und Bedeutung, nicht voneinander trennen – das eine ist so wichtig wie das andere, obwohl beim poetischen Produzieren mal das eine (die Lautung), mal das andere (die Bedeutung) dominiert. Manche Wortfolgen entspringen einfach nur der artikulatorischen Kohärenz, der lautlichen Analogie ihrer Wortkörper, die man beim genauen und aufmerksamen Artikulieren erleben kann. Andere poetische Wortgruppierungen verdanken ihr Entstehen der Faszination, die dem Zusammenfügen von Bedeutungen entspringen kann, welche eigentlich und auf der Oberfläche nichts miteinander zu tun haben, dennoch eine verborgene Sympathie, eine bestimmte Spannung aufweisen. Dabei ist festzustellen, daß das lexikalische Wort, soweit es nicht reines Funktionswort (‹und›, ‹auf...›) ist, immer einen Bedeutungshof, eine vielfältig facettierende Bedeutungsaura und nicht bloß eine eindeutig-einfache Bedeutung hat. Hier allerdings erscheint eine schwer zu überwindende Schwelle für den nicht-nativen Leser, denn für den, der solche Wörter von Kindheit an erfahren und verwendet hat, bringen sie vielfältige Erinnerungen, besondere Bedeutungen, Assoziationen, Untertöne mit, die der Nicht-native in der Regel kaum mehr aufholen kann.

Bei den Experimenten mit den Wortindividuen ergaben sich im Laufe der Zeit die verschiedensten Strukturen. Es blieb nicht bei den aus Wortpunkten gebildeten Konstellationen. Es gibt reihende, assoziierende, permutierende Texte, und es gibt Texte, die die Papierfläche als Ordnungselement einbeziehen. Beispiele dafür finden sich in den Sammlungen *sehgänge* (1964) und *Lesebuch* (1967, 1972).

Eine besondere Gruppe bilden die Schreibmaschinentexte. Mich beschäftigte vor allem die Skala der Übergänge vom Lesbaren zum immer weniger Lesbaren bis zum Unleserlichen, wie sie sich ergibt, wenn man die Buchstaben, die Wörter und Zeilen ineinander und übereinander tippt. Die einzelnen Schriftzeichen gehen Mikroverbindungen ein, winzige Gruppierungen entstehen aus imaginären Zeichenbündeln, neue Schriftbilder treten hervor, die unbekannte Lesarten suggerieren. Im Extremfall entsteht eine diffuse Textfläche, die nichts Lesbares mehr enthält – die man deuten kann – je nach Intention – als den schwarzen Tod von Text oder als Potential unendlich vieler möglicher Texte und Schriften.

eintreten
antreten
treten
trete
tritt
trat
drauf
drum
dran
drehn
andrehn
abdrehn
umdrehn
ausdrehen
ausserdem

ausserdem
ausdrehen
umdrehn
abdrehn
andrehn
drehn
dran
drum
drauf
trat
tritt
trete
treten
antreten
eintreten

eintreten
antreten
treten
trete
tritt
trat
drauf
drum
dran
drehn
andrehn
abdrehn
umdrehn
ausdrehen
ausserdem

Franz Mon: eintreten antreten

Franz Mon: mortuarium für zwei alphabete, Tafeln 4 und 5, 1970

In diesen Zusammenhang gehört auch das *mortuarium für zwei alphabete.* Es besteht aus 7 Texttafeln. Die erste enthält den Klartext: zwei Namensalphabete verbunden mit der Aussage ... *ist tot* in elf europäischen Sprachen. Die sechs anderen Blätter bedeckt ebenfalls dieser Text, jedoch überlagert von vergrößerten Ausschnitten des Anfangstextes, und zwar nimmt die Zahl der Überlagerungen von Blatt zu Blatt zu. Durch die Vergrößerung werden die Buchstaben größer, und damit wächst der Anteil an Schwarzfläche auf den Blättern, bis auf den letzten Blättern die Fläche völlig geschwärzt und unleserlich geworden ist. Es ist eine Entwicklung von der Linie und ihren Kombinationen zur Fläche, welche die Linien aufsaugt. Aus dem einfachen sprachlichen Material entstehen Textgeflechte von zunehmender Dichte. – Es bleibt dem Betrachter überlassen, den inkorporierten Sinn des Text- und Zeichenprozesses zu entziffern, ja jeweils seiner inneren Perspektive gemäß aufzubauen.- In der Originalfassung wurde das *mortuarium für zwei alphabete* als Textraum dargestellt (zuerst ausgestellt auf der Biennale in Venedig 1970). Jedes Textblatt bedeckte eine Wand von der Größe 2,50 x 2,50 m eines oktogonalen Raumes. Auch Decke und Boden waren mit Texten bedeckt. Der Betrachter ist ringsum von Textstrukturen umgeben, kann auf sie zugehen, an ihnen entlanglaufen, findet sie über und unter sich – ist mit seiner leiblichen Existenz als Leser auf sie bezogen.

Neben den Beschäftigungen mit den optischen Möglichkeiten von Texten läuft seit etwa 1962 das Experiment mit der phonetisch-akustischen Seite der Sprache. Dies geschah in erster Linie in den Hörspielen – das erste (*das gras wies wächst*) wurde 1969 gesendet. Die Fragestellungen sind denen, die sich bei der Arbeit an den Textbildern und Schriftcollagen ergaben, vergleichbar. Wie diese immer wieder die Grenze zur bildenden Kunst, zur Grafik berühren, so die Hörspiele die zur Musik. Das führte soweit, daß ich das Hörspiel *da du der bist* (1973) in Zusammenarbeit mit der holländischen Komponistin Tera de Marez Oyens konzipierte, um sprachliche und musikalische Strukturen möglichst dicht aufeinander zuzuführen. Dennoch interessiert mich auch bei den Hörspielen eigentlich nur die sprachliche Seite: Ich will mit den Stücken erkunden, wieweit Sprache getrieben werden kann, welche Spielräume sie hat. Eines der Grundmuster ist dabei – wie bei den Textbildern – die Skala der Übergänge zwischen Verständlichkeit und Unverständlichkeit oder, anders ausgedrückt, die Spannung zwischen Kommunikation und Nichtkommunikation, zwischen Äußerung und ihrer Störung, ja Zerstörung. Es geht um die Stimme im Kontakt mit anderen, aber es geht auch um die Stimme, die durch das Ertönen fremder Stimmen verwischt, ausgelöscht wird.

Text als Prozeß

Perspektive

1959/60

Die folgenden Überlegungen tasten dem Kategoriengeflecht nach, in dem die künstlerischen Gebilde, die uns treffen, zu sehen sind. Sie machen sich auf den Weg nach einer Theorie der modernen Künste, ohne doch zunächst mehr als in ein unübersichtliches Gelände ausgelegte Fluchtlinien anbieten zu können.

Wir setzen das Phänomen ‹Sprache› als Ausgangspunkt der Analyse, wobei freilich vorausgesetzt wird, daß ‹Sprache› alle artikulierten Äußerungen, die auch im größten Unbestimmtheitshof einen präzisen, identifizierbaren und wiederholbaren Mitteilungskern haben, umfaßt. Kunst gründet auf dem Phänomen Sprache – dabei mag zunächst offenbleiben, ob beide gleich ursprünglich sind oder die Kunst eine vom konventionellen Sprachfond abgehobene, eigentümliche Maßnahme von Sprache in ihrer dialektisch bewegten Geschichte mit der Wirklichkeit von Welt ist. Unseren Überlegungen voraus liegen die Einsichten, die Ernst Cassirer in seiner *Philosophie der symbolischen Formen* niedergelegt hat. Er erweist dort ‹Welt› als eine von sprachförmigen Zeichen gegründete Ordnung, die sich mit den Impulsen und Motiven des Sprachdenkens bewegt und weiterentwickelt, – wenn man will, von sich her, weil physiognomisch und gestisch in der winzigsten Erscheinung, schon sprachbereit. Als Sprache gilt von vornherein nicht nur die durch die Laute vermittelte, sondern auch die der Gebärden, die der in den Sand gekritzelten Zeichen, die insgesamt eine komplexe gestische Sprache bilden, bis sich die mit dem flüchtigsten Medium, der Luft, arbeitende Lautsprache darüber erhebt, weil sie die größeren, wiederholbaren Differenzierungen und den größeren Abstand von den Phänomenen zuläßt. Sie macht die Hochkulturen mit ihren Herrschaftsorganisationen und ihren religiösen Systemen möglich, indem sie Inhalte vom konkreten Moment abgelöst zu kumulieren und durch die bloße Operation mit ihren Zeichen, fern der Sache selbst, zu manipulieren erlaubt. Ihr Indiz ist die Metapher, wie das der Gebärdensprache die unmittelbare physiognomische Artikulation war. Die Metapher identifiziert das Unbekannte durch das Bekannte, überbrückt die geistigen Entfernungen, befreit den Geist von der Bindung ans Augenblickliche und Lokale.

Weil die Lautsprache oberhalb ihres lautgestischen Substrates metaphorisch bleibt, verharrt sie in einem ambivalenten Verhältnis zum Unbekannten, zur Unbestimmbarkeit der Wirklichkeit. Das sichert ihr einen hohen Rang, solange die Unbestimmbarkeit und Mehrdeutigkeit der Dinge als sinnvoll ertragen wird. Sie fällt im Kurs, wenn die Wahrheitsfrage neu gefaßt wird und das Subjekt, das Sprache hat, sich in einer Situation findet, die nach Eindeutigkeit verlangt. Die sich neubegründenden exakten Wissenschaften benutzen sie als Metasprache nur noch zur Einrichtung ihrer mathematischen und logischen Idiome. Descartes' Wahrheitskriterien der Klarheit und Deutlichkeit weisen ihr die Knechtsstellung zu; sie werden von einem Ich aufgestellt, das die Realität zu konstruieren, statt nur aufzuzeigen, beginnt. In der mathematischen Sprache der Naturwissenschaften entwickelt sich ein Instrument, das die gleitende Unbestimmbarkeit der Phänomene anzuhalten und genau datierbare Unterschiedsmomente zu fassen erlaubt. Dabei dramatisiert sich das Verhältnis von Sprache und Realität: Im Sog zu einer umfassenden Weltformel besteht die Substanz der Dinge schließlich nur noch in den von den Formeln aufgewiesenen und nur in ihnen darstellbaren Invarianten und Relationen der Ereigniswelt. Diese Sprache gibt ihre Beziehung zur Anschauung, zur Verbildlichung der Lautsprache auf und konzentriert sich auf selbstgesetzte, in ihrer Geltung genau umschriebene Zeichen für eine Realität, die nur noch mit ihrer Hilfe bestimmbar ist. Es entsteht zum erstenmal eine Sprache, die alle Unbestimmbarkeit abgetan hat und die reine, eindeutige Darstellung einer Realität liefert, die sie selbst erst begründet hat.

Der Punkt, an dem sich eine absolut eindeutige, die mathematische Sprache von der mehrdeutig-metaphorischen zu lösen beginnt, um auf ihrem Grund eine bisher unerhörte und unvorstellbare Realität zu entwerfen, berührt das Gefüge der menschlichen Sprache überhaupt und muß sich auch auf die Idiome der Künste auswirken, wenn anders die verschiedenen Sprachtypen, die wir ausgebildet haben, sich in der Arbeit an der Wirklichkeit treffen. Um die Situation zu durchdringen, sollen Erinnerung und Erwartung als die Grunddimensionen von Sprache beobachtet werden. Von der Sprache her gesehen, ist die Erinnerung das eigentliche Opfer der modernen mathematischen Realitätformulierung. Sie wird geopfert, weil in ihr sich die Elemente festsetzen und in den Sprachvollzug wirken, die der Verfügung des Subjekts entzogen sind, seien es Bilder und Imperative, die älter sind als das Subjekt, seien es geschichtliche Erfahrungen, Handlungen, Entscheidungen, von denen es sich entlastet, die es verdrängt hat. Solange Wirklichkeit bevorzugt von der Lautsprache und ihrer Metaphorik gegründet werden konnte, blieb ‹Ich› an die Erinnerungsdimension gebunden, bewegte es sich zwischen ihren Bildern als Figur unter Figuren mit einem metaphysischen Stellenwert, an dem es zwar mitschuldig war, den es jedoch nicht abstreifen konnte. Die Zukunft, das zu Erwartende war durch die Dimension je schon bestimmt; wohl ließ sich eine andere Anordnung, nicht aber eine andere, nichtikonische Welt- und Seelenordnung denken.

Unreflektiert wohnte auch dieser Figurenordnung die Auflehnung schon inne, lebte sie doch von Gnaden einer Sprache, die das ‹Ich› bereits als reinen Beziehungspunkt ihrer Geflechte zu verwenden vermochte. Es war darum auch nie völlig an seine Figur preisgegeben, es hatte schon die winzige Distanz, die die Welt umzukehren ermöglichte, sobald Zweifel an der Zuverlässigkeit und Zuträglichkeit ihrer metaphorisch-ikonischen Fassung auftauchten. Die *Meditationen* des Descartes signalisieren dieses geistesgeschichtliche Ereignis. Ein Trend zur Freisetzung des Ichs als reines intentionales Gegenüber der Realität, d.h. aber auch zur Entlastung von den Verpflichtungen und Bedrückungen, die der ikonischen Ordnung sinnvoll innegewohnt hatten, setzt ein. Herrschaftsformen, gesellschaftliche Schematismen, das Unterwerfungsverhältnis zur Natur werden suspekt. Ein gewaltiger ethischer Impuls beginnt, auf Änderung zu drängen. Die Erwartung einer Zukunft, die nicht von der Erinnerung her dirigiert ist, sondern in Entwurf, Experiment und Realisation ganz diesem Subjekt, das sich dieser Realität durchaus gegenüber situiert, zugekehrt ist, die Erwartung seiner Zukunft ist die eigentliche neue Dimension. Die eindeutige Realitätsformulierung kann auf die Erinnerung verzichten, weil sie die eigenen überwundenen Stadien jeweils in der neuen Formulierung aufhebt. Die neue mathematische Sprache vergißt nichts. Ihrem Speicher geht nichts, was für das Ganze wichtig ist, verloren. Sie tritt vielmehr in die Realität über, objektiviert ihre Daten zum sekundären System (Freyer). Das theoretische Ich, das denkend dies vollbringt, ist selbst zwar eminent geschichtlich vermittelt, hat jedoch kein geschichtliches Bewußtsein. Dies wird ihm von der sich objektivierenden sekundären Realität, die es selbst hervorgebracht hat, abgenommen: Sie verwertet nicht nur alle gedächtniswürdigen, weil realitätsgerechten Daten, sondern bildet eine umfangreiche, systematische Informationsapparatur aus, die die aktuellen Werte an die späten menschlichen Individuen liefert, welche selbst nicht mehr imstande wären, den ganzen und notwendigen Umgang der Information im Gedächtnis zu behalten.

Die neue sekundäre Realität, um der Gewißheit und Freiheit willen gegründet, behält den Grund des Hypothetischen und Problematischen, der dem theoretischen Prozeß der Wissenschaften einwohnt, dem sie entsprungen ist. Sie zeigt sich als durch und durch futurisch, auf die eigene Überholung abgestellt und bringt unablässig mit den sich ablösenden und sich differenzierenden Apparaturen auch neue Probleme hervor. Die Probleme mit dem größten Widerstandsgrad treten nicht in dem theoretisch-praktischen Prozeß zwischen Wissenschaft und Realität auf, sondern entspringen dem Atavismus der lebendigen menschlichen Individuen, deren Existenz inzwischen völlig von den Einrichtungen und Verläufen der sekundären Realität getragen wird, deren leiblichgeistige Verfassung jedoch nur annäherungsweise sich den neuen Bedingungen anzupassen vermag. Dieser Atavismus besteht einmal in der biologischen Organisation mit ihrem Unbestimmtheitsspielraum, dann in der existentiellen Zeitbewegung mit ihrer Dreidimensionalität in jedem Augenblick und dem ambivalenten Verhältnis zum Tod, welches nicht notwendig der Intention des theoretischen Bewußtseins und seinem auf Gewißheit abgestellten Realitätsentwurf gleichgerichtet ist, sondern den Umschlag von Lust und Angst kennt und das Spiel mit der eigenen Existenz eben um der Existenz willen. Am wichtigsten dabei ist vielleicht die abweichende Beziehung zur Erinnerung, die das konkrete Individuum aus allen sich ablösenden und einander aufhebenden Phasen seines Lebens bildet, ohne den Willen und die Möglichkeit, sie um der puren futurischen Erwartung willen auszusetzen. Denn es ist nicht imstande, sie angemessen zu formulieren und formulierend von sich wegzurücken, liegt doch unter der individuellen Erinnerung als Substrat die der Allgemeinheit, der Tradition, welche durch die Sprache (und durch die Sprache vermittelte Zeichengefüge wie Kleidung, Wohnform, Verkehrsform usw.) überliefert wird. Eben dieser Sprache müßte das Individuum sich zu ihrer Destruktion bedienen. Dieser Prozeß ist tatsächlich in Gang und zwar etwa seitdem auch die Formulierungsarbeit des theoretisch-mathematischen Bewußtseins läuft. Das kritische historische Bewußtsein hat als Gegenstand die Analyse der Tradition in ihrer sprachlich verschlüsselten und vergessenen Gestalt. Auch hierbei wirkt das Motiv der Gewißheit – scheinbar der objektiven historischen Verläufe, tatsächlich aber der Gewißheit der eigenen geschichtlichen Position. Die Tradition wird kritisch durchformuliert, um die Formel für den eigenen Ort auszumachen, wobei die unbestimmbare Selbstbewegung des Historikers seine Mühe der des Sisyphus vergleichbar macht und die Ergebnisse in Frage stellt, wenn sie gelungen zu sein scheinen.

Jedes neue menschliche Individuum sieht sich nun der Forderung nach angemessener Orientierung in dieser umfänglich vermittelten Welt, nach dem adäquaten Bewußtsein seiner Lage gegenüber. Dies wäre dadurch auszubilden, daß es die theoretisch-naturwissenschaftliche und die historische Analyse aufnimmt. Das konkrete Bewußtsein ist jedoch nicht imstande, beiden Dimensionen gerecht zu werden, vermag es doch nur in den seltensten Fällen, auch nur eine zureichend aufzufassen. Hinzu kommt noch, daß die Inhalte beider Wissenschaften nicht Sache des theoretischen Bewußtseins geblieben, sondern in die Realität umgeschlagen sind (auch die historische Analyse) und in der Objektivation Züge ausgebildet, ein Gesicht gewonnen haben, die theoretisch nicht formuliert und nicht abzusehen waren. Diese fremde, asubjektive Physiognomie beansprucht, da sie auf Totalität hin entworfen, vom Subjekt selbst entworfen worden ist, das konkrete Individuum durch und durch. Es findet sich einer Wirklichkeit eingeordnet, die auf dem Grund der Subjektivität entsprungen ist und nur durch deren ständige, angespannte Tätigkeit aufrechterhalten werden kann, die also auch Sache dieses konkreten Individuums, seine Erfindung ist, sich jedoch nicht als solche zu erkennen gibt. Die zivilisatorische Realität läuft ab, als hätte sie kein Gedächtnis für ihren Ursprung. Sie hat die ursprünglichen Motive der völligen Gewißheit, der Sicherheit, der Entlastung objektiviert und treibt sie ihrer optimalen Geltung zu. Doch ist dabei nicht auszumachen, ob die gerade aus diesem Prozeß massiv hervortretenden Negationen des Programms noch notwendige Phasen des Programms sind und der ursprüngliche Impuls sich gerade durch die Anfechtung durchsetzen wird oder ob durch die Objektivierung und das Anwachsen der Dimensionen die ursprünglichen Motive sich inzwischen zu unbekannten, vielleicht wieder ambivalenten Charakteren verkehren mußten. Darauf keine Antwort geben zu können und darum die wichtigste Auskunft für die eigene Entscheidung seiner Wirklichkeit gegenüber zu entbehren, ist Situation des modernen Individuums.

So ist ihm das adäquate Bewußtsein gerade durch die Konsequenz des ursprünglichen Ausgangspunktes verwehrt. In seinem Verhalten zur Wirklichkeit bleibt ihm nur die Simultaneität von Akzeptieren und Protestieren. Keine der beiden Haltungen ist ohne die andere denkbar, sie sind, wenn sie wirksam sind, zusammen wirksam. Das bedingungslose und unentwegte Akzeptieren würde so sicher zur Minderung und schließlich zum Verschwinden, vielleicht sogar zur handfesten Erledigung des Individuums führen, wie das charakterfest durchgehaltene Protestieren, das nicht in die faktische Auseinandersetzung übergehen, zur Entscheidung treiben und in irgendeine Form des Akzeptierens münden kann, das Individuum aufreibt.

Die Geschichte schärft sich zu, wenn man sich klarmacht, daß das Protestieren nicht ohne intakte Erinnerung auskommt, die zu vergleichen, werten und entwerfen erlaubt, und das Akzeptieren sich nicht auf eine blanke Gegenwart richtet, sondern zugleich die gewisse Zukunft erwartet, also ebenfalls, wenn auch aus zweiter Hand, an fortdauernder Erinnerung als Fond von Erwartung interessiert ist. Angesichts der Gleichgültigkeit des theoretisch-praktischen zivilisatorischen Prozesses gegenüber der Erinnerung einerseits und der inneren Verquickung von Erinnerung und Protestieren andererseits stellt sich die Frage, ob mit der Fähigkeit des Protestes, der begründenden Negation nicht auch die Fähigkeit zum Problembewußtsein überhaupt erlöschen würde. Man versteht die Tragweite der Frage, wenn man bedenkt, daß von dem Problembewußtsein die Aufrechterhaltung der technischen Wissenschaften wie der theoretischen und also der Bestand der zivilisatorischen Welt selbst abhängt.

Wir glauben nun, in der europäischen Sprachökonomie ungefähr gleichzeitig mit der Wendung zur modernen theoretischen Subjektivität und der Entwicklung einer exakten mathematischen Sprache für die Realitätsformulierung Idiome hervortreten zu sehen, die in bisher unbekannter Weise auf die Artikulation der dreidimensionalen konkreten Zeit, der Erfahrung ihrer eigentümlichen Wechselvollzüge, Wiederholungen, Verwandlungen, Überraschungen aus sind. Nicht zufällig finden sich unseren Beobachtungen nach die frühesten Spuren der Ambivalenz von Protestieren und Akzeptieren, d.h. aber auch des Einzelnen zum Ganzen, in jenen ‹Sprachen›, die sich unmittelbar auf Raum, Zeit, Bewegung, Intensität, also den Substraten, die auch der modernen Realitätsformulierung zugrunde liegen, beziehen können: Malerei und Musik.

Der Schematismus der mechanistischen Realitätsmodelle bedient sich derselben Geometrie, die den Kunstgebilden des späten 15. und des 16. Jhs. universalen Bezug hatte geben sollen. Der Gewinnung der Perspektive im 15. Jh. liegt zwar noch die klassische Harmonieerwartung zugrunde: Repräsentation des Ganzen durch einen Ausschnitt, der die Prinzipien und Eigenschaften des nichterscheinenden Ganzen aufweist; der Ichpunkt ist die ideale Stelle, wo sich Makrokosmos und Mikrokosmos begegnen. Doch wird die Renaissanceperspektive von einer Perspektivität überholt, die dem Ich durch die cartesianische Analyse zuwächst. Sie zeigt sich in der endlosen Perspektive zeitgenössischer französischer Alleen, die zugleich die Zeit und den sich bewegenden Ort des Betrachters mit ins Spiel bringt, oder in der bewußt angelegten Folge überraschender Blickpunkte in den Gärten, die man durchlaufen, also im Ablauf erfahren muß, wenn man ihrer ganz innewerden will. Die geometrischen Muster der Gesamtanlage liegen unbeteiligt über diesem Bewegungsplan, längst nicht mehr einsinnig mit der kosmischen Harmonie,

sondern Darstellung einer säkularen, alles beanspruchenden und organisie-
renden gesellschaftlichen Gewalt.

Leuchtet man unter die ikonographischen Muster, welche die Bildkompositionen jener Zeit bestimmen, so springt eine Aktivierung der Kleinarbeit
ins Auge, die über die bloße Dynamisierung der großen Perspektivräume
hinausreicht und darunter eine eigene, nichtikonische Thematik hervorbringt. Unterhalb der Erregungen durch die metaphysischen Beziehungen
des Bildthemas folgen Schichten der künstlerischen Wirksamkeit der Wand-
lung, die in den Raum-Zeit-Bewegungssubstraten selbst zu spüren sind.
Nicht nur daß dem Perspektivraum eine Zeitdimension zuwächst und die
statische Perspektive sich als Darstellung von Augenblick enthüllt, die
Gegenüberstellung des Subjekts selbst wird zweideutig: sie besteht zwar,
wie unmittelbar gewiß ist, und ist doch in dem Augenblick, da das Ich sich
auf dies Konkrete vor ihm einläßt, nicht mehr völlig auszumachen: sein
Material selbst weist eine Erinnerungsdimension vor, ist nicht mehr der
bloße formlose Stoff. Bisher haftete die Erinnerungsdimension, die
geschichtliche Vermitteltheit, nur den ikonographischen Formen an, dem
hl. Petrus, der Jungfrau Maria, dem Bürgermeister X. Nicht die Negation
einer schon vollzogenen Phase, der Eintritt des Neuen überrascht, sondern
dies, daß es sich an präsemantische Elemente heftet, neben der Bedeutung
auch den Bedeutungsträger erreicht. Der Einzelstrich selbst individualisiert
sich und tritt in denselben Prozeß der Nichtwiederholbarkeit und der
Bestimmtheit durch zeitliche und räumliche Nachbarformen ein wie die
großen kompositorischen Elemente. Der Strich wird phasenhaft, er hat
nicht mehr nur seine genaue Stelle in der Fläche, er kann jetzt auch einen
Stellenwert im Ablauf einer, vorläufig noch thematisch geführten Handlung
gewinnen. Das Bild beginnt zu geschehen, und es kann nun erlöschen, wenn
seine Handlungsspanne verbraucht ist, wie es vielleicht in Rembrandts
Segen Jakobs in Kassel der Fall ist.

Man muß sich hüten, hier von bloßem Psychogramm zu reden, wie es
manche gutgemeinten Demonstrationen zur ‹Handschrift der Künstler›
nahelegen. Die Subjektivität ist auf beiden Seiten: auch das ‹Material›,
das artikuliert wird, ‹weiß›, was es will. Ein Rot ist eines Tages nicht mehr
möglich: Nicht weil man sich daran sattgesehen hat oder die Mode wechselt, sondern weil es in der aktualen Konstellation sich nicht mehr bewegen,
in der kommenden Phase sich nicht mehr neu zeigen kann. Was nicht ausschließt, daß es nicht irgendwann einen Farbplan, der ohne es auszukommen schien, aus den Angeln hebt, weil es in dieser Konstellation plötzlich
wieder möglich ist. Subjektivität und Objektivität sind austauschbar
geworden.

Die Dialektik zwischen Ganzem und Einzelnem, Groß- und Kleinordnung
zeichnet sich in jedes nichtklassische Werk ein. Artikulieren, also die Kleinarbeit an Ort und Stelle, und Lesen, welches nur im Hinblick auf den Horizont des Ganzen, mit seinen Direktiven geschehen kann, treten zu besonderen Phasen des Arbeitsganges auseinander. Das Artikulieren empfängt zwar
gewisse Ordern und Impulse von den vorgegebenen oder erwarteten großen
kompositorischen Formen, muß darunter aber doch völlig dem eigenen

Trend folgen, sich von Position zu Position wenden, konsequent von Einstellung zu Einstellung, wenn es die Hoffnung erfüllt sehen will, ein unbekanntes ‹Ganzes› aus seinem Gang hervorzutreiben. Dabei ist der Begriff der Notwendigkeit in der winzigen Dramatik zwischen den Partikeln, zwischen den Partikelgruppen und zwischen den Gruppen und den Einzelelementen nicht zutreffender als der des Zufalls, dem eine unerwartete Konstellation entspringt. Die beiden Kategorien entsprechen den Dimensionen Erinnerung und Erwartung: jene wirkt steuernd in den Artikulationsgang hinein, diese stößt das Geschiebe des schon Bekannten ab und öffnet die Bahn für das Unvorhersehbare: welches doch irgendwie bekannt sein muß, damit es in diesem Zusammenhang erkannt werden und in dies Gefüge eintreten kann – Erinnerung, die aus der Zukunft kommend, nie in einem Bewußtsein war. Es sind unterschwellig legitimierte Zufälle, die das Bedeutungsgeflecht öffnen und durch die bloße Kumulation der Zeichengruppen einen unerhörten und nur auf diesem Wege erreichbaren Grund hervorscheinen lassen.

Das Gedicht, das Bild ist gelungen, wenn dieser neue ‹Grund› des Ganzen sich zeigt.

Die Psychoanalyse hat uns den Blick dafür geschärft, jedes scheinbar belanglose Detail, das in einem Symbolgeflecht vorkommt, als bedeutsam zu werten. Das Symbolgeflecht erstreckt sich für die genaue Analyse nicht nur auf den offensichtlich symbolhaft imprägnierten Vorstellungshof, sondern bezieht auch reale Handlungen, Ereignisse, Dinge, wenn sie in der Blickrichtung des Symbolgeschehens liegen, mit ein. Wirklichkeit und Symbolwelt schieben sich übereinander. Und umgekehrt zeigt sich, daß Symbolvollzug schon Existenzvollzug sein kann – nicht nur dessen Ersatz, sondern gültige Ausführung.

Dieses Gewicht der ‹Sache selbst› bleibt erhalten, auch wenn in das Vollzugsspiel das Ich mit intensivem und nicht nur einem traumperipheren Bewußtsein eintritt, also auch die Intention auf einen ‹Gegenstand› mitbringt. Hier kann es nur der Gegenstand des adäquaten Bewußtseins sein, von dem wir doch früher sagten, daß das konkrete Individuum ihn nicht zu bewältigen vermag, obwohl er ihm aufgegeben ist. Das intensive Bewußtsein, das in der vollen Spannung zwischen Wachen und Schlafen lebt, hat nur diesen Gegenstand, es weicht ihm nicht mehr aus, es will nicht mehr ausweichen. Weil Symbolsubstanz und Realitätsordnung übereinanderliegen, besteht die Hoffnung, daß es sich ihm artikulierend nähern kann. Wenn er aus dem Artikulationsprozeß hervorgehen soll, muß dieser ihm irgendwie angemessen, ihm analog sein. Der Gegenstand selbst, nämlich das Ganze seiner Wirklichkeit, ist dem Subjekt transzendent, aber er ist doch von der Qualität des Subjekts oder dies ist von seiner, wenn diese Verwandtschaft am Grunde auch nicht mehr bewußt und in bitteren Ereignissen abhanden gekommen ist. Als theoretische Erkenntnis ist das Ganze, der Gegenstand des adäquaten Bewußtseins, nicht erreichbar, wie wir sahen; auf Grund dieser Verwandtschaft aber könnte er im konkreten Vollzug erfahren und vollziehend erfaßt werden. Der Zeichen- und zugleich Existenzcharakter des künstlerischen Artikulierens ermöglicht die Annäherung. Das Spiel zwischen Klein- und Großformen, zwischen Artikulation und

Komposition ist den Realitätsordnungen als Modell verpflichtet. Aber es ist nicht identisch mit ihnen – und darf es nicht sein: Denn dieser Vollzug macht das Ganze erst vollständig, war der Realität doch die dreidimensionale Zeit und vor allem die Dimension der Erinnerung gleichgültig geworden. Dies aber bringt nun das artikulierende Spiel von sich her mit, und zwar in einer Weise, die dem gegenwärtigen Realitätscharakter angemessen ist, so daß entfremdete Wirklichkeit und voll artikulierte Zeitdimension sich an einem homogenen Feld treffen können. Indem so das ganze unverkürzte Bewußtsein mit in den Prozeß eintritt, tritt der Grund auch der entfremdeten sekundären Realität selbst mit auf. Im Modellvollzug des undurchdringlichen, zivilisatorischen Gegenstandes verhält es sich nicht nur ihm, sondern auch sich angemessen: Es behandelt ihn auf dem Fond von Erwarten und Erinnern, auf das Unerwartete hinblickend, das in der zivilisatorischen Realität zur bloßen Neuheit abgesackt war – und erfindet seine Freiheit, welche zugleich auch die Fortdauer der sekundären Realität garantiert.

Im Analogiecharakter der ästhetischen Versuche, im Aufnehmen der Wirklichkeitsstrukturen, im Nachspielen und Durchprobieren ihrer fremden, uneinsichtigen Härte und Verschwiegenheit zeichnet sich wieder das Akzeptieren, das Anpassen ans Gegebene, die Bejahung des Möglichen ab – indem das Subjekt aber die Konformität in einem von der Realität abgesetzten Sprachmedium vollzieht, unterwirft es sich ihr nicht völlig, sondern kann zugleich das ursprüngliche Austauschverhältnis zwischen Objektivität und Subjektivität im Spiel wiederherstellen. Ins Sprachmedium überführt, fallen die fremden Strukturen – Montage, Reduktionsformen wie Rasterung, Spiegelung, statistische Anordnungen usw. – der phasenhaften, geschichtlichen Verfassung des Subjekts anheim, das unausbleiblich ihre Gleichgültigkeit gegen die Zeit und ihre Unmenschlichkeit als Schein entlarvt und ihnen die Bewegung wiedergibt, die sie einst im rein theoretischen Bewußtsein schon hatten. Die Analogie wird gründlich gestört, statt Wiederholungen und bloßen Spiegelungen entstehen in der Arbeit der Negation Gebilde, die als unerwartet-erwartet, als negative Erinnerung auf die vorhandenen und bekannten zukommen und deren fatale Notwendigkeit desavouieren.

Diese Kunstgebilde, einer so komplizierten Herkunft entstammend, erweisen ihre Realität, indem sie sich nicht in der zivilisatorischen verwerten lassen, der Gesellschaft die Anpassung verweigern und, obwohl sie selbst die Anpassung als Phase in sich haben, die Möglichkeit des Protestes, des Andersseins, der Nichtzwangsläufigkeit, der plötzlich aufspringenden Überraschung, der Gefährlichkeit des Spiels zwischen Erwartung und Erinnerung anzeigen, welches letztere freilich immer auf dem Sprung liegt, sich der Realität selbst als Medium zu bedienen statt sie im Modellvollzug zu distanzieren. Alle Revolutionen treiben, von der Sprache her gesehen, aus dieser Wendung hervor. Die Unversöhnlichkeit zwischen experimenteller Kunst und einer Gesellschaft, die im ganzen konformistisch sein muß, weil der zivilisatorische Existenzapparat nur so in Gang bleibt (und also auch die Existenz des Protestierenden garantiert), beruht nicht auf unzureichender Belehrung, die durch pädagogische Maßnahmen behoben werden könnte; sie ist konstitutiv und stellt sich gerade dann unwiderstehlich wieder her, wenn die zivilisatorische Realität eine Phase der experimentellen Kunst akzeptiert hat. Denn eine solche Aufnahme geschieht immer nur beiläufig, der tatsächliche theoretisch-praktische Realitätsvorgang verläuft in seinem eigenen Problemgefüge. Eine unmittelbare Beeinflussung findet weder von der Kunst auf diese Realität, noch umgekehrt statt. Die Kunst hat keinesfalls die Kraft, die zivilisatorische Entfremdung selbst aufzuheben. Es genügt, daß sie jene Existenzform des volldimensionierten Subjekts am Leben erhält und durch die Analogiebezüge hindurch der zivilisatorischen Physiognomie das unerwartete und doch begründete Gesicht der Freiheit, des Spiels, des neuen ‹Ganzen› zeigt und vermutlich dadurch, daß sie die Fähigkeit der Negation, des Protestes übt, an der Fortdauer des Problembewußtseins, auf dem der Bestand der zivilisatorischen Welt beruht, beteiligt ist.

Bemerkungen zu dem Text *grundriß*

1960

grundriß

war sichtbar
ist genau sichtbar
es ist sichtbarer
          als jetzt
alles ist sichtbar

hautflügler
      hexagon
           später die glasur reflexe ein
haargeflecht

die kleine gläserne kugel der angler schleppt die
   schnur mit der beute zum sterben zu klein
   flach übers wasser

          hauch
            hautrelief
heliotrop

von den kindern gottes gebaren die töchter
der menschen söhne
kahl und sanft
stiegen sie beide ins gleiche wellen
tal hoben die köpfe
         beobachteten einander
            zuweilen noch
                    grundriß und
     hohlkehle
hefe
heft
      »welches maß an strafe kann einen mann treffen
      dessen anteil an der tat so ungeklärt ist«

biegen den hinterleib
        dich an dieser stelle zu treffen
        (auge den rücken nach vorn)
   mund lief ein tier für zwei
        für drei
           bist du tot
  er ist tot
alle vögel sind schon da
alle vögel
alle [1)]

Moderne Lyrik steht in dem Ruf, nur einer kleinen Schar Eingeweihter zugänglich und vielleicht auch diesen nicht einmal recht genießbar zu sein. Manche Autoren strengen sich darum von Kindesbeinen an, einfach und verständlich zu schreiben, Themen zu behandeln, die jeden angehen sollten, nicht nur Naturgewebe, Liebe, Angst und Einsamkeit, auch den Krieg, das Atom, die Neger usw. Dagegen läßt sich kaum etwas sagen. Warum auch nicht. Nur: Man wird mit dem, was da gesagt wird, zu leicht fertig, man kriegt's zu rasch mit, es steht einem gegenüber säuberlich hergerichtet und gefugt, ohne daß sich etwas von den Bruchflächen, den Verwerfungen, den Brandungsstrecken zeigte, an denen wir unsere erregendsten Funde machen. Mit solch großkörnigen Themen, die von vornherein schon ihr Gesicht haben, vor Augen kann es nicht gelingen, das, was tatsächlich beunruhigt, das kleine Getier, das zwischen den Ritzen Wirrende, die noch nicht eingefaßten Visagen hervorzulocken, sie freizulegen – zum Spaß, zur Einsicht, zum Erschrecken. Wir setzen darum elementar an, unterhalb der fixierten Themen und Schlagzeilen. Wir fahren die Ritzen nach, stellen uns quer zum Bekannten (ähnlich wie es Brecht seine Schauspieler zu tun veranlaßt) probieren die blanke Materie einer Vokabel wie eines Dinges; *haut – haar – hefe*: Was ist das in seinem Hof, der von Erinnerungen bebt und Erwartungen weckt, für die wir noch keine genaue Bezeichnung haben?

1) In: franz mon, *artikulationen*, Pfullingen 1959, Seite 39 f.

Die Themen unserer Texte treten am Ende, nicht am Anfang auf. In diesem Punkt verhält es sich ähnlich wie mit dem Geschehen, in dem wir stecken. Die Zeitungen tragen uns zwar allerlei Ereignisse, Verträge, Prügeleien, Bankrotte, Gesetze zu und suggerieren, dies sei die Geschichte, die mit uns geschieht, und wir ducken uns unter diese großen Sonnen und Gewitter und haben als winzige Individuen für uns selbst das Gefühl: In unserer eigenen, kleinen Welt mit ihrem biologischen Verlauf bleibt im Grunde alles, wie es ist. Daß in uns Winzigen zugleich ein Prozeß, ein nicht umkehrbarer, nicht aufhaltbarer Prozeß des sich wandelnden Bewußthabens, Benehmens, Darstellens usw. in Gang ist, ist uns nicht gegenwärtig. Dabei bringt die unmerkliche Anhäufung seiner winzigen Äußerungen und Verschiebungen schließlich die Überraschungen zustande, die wir dann als »Geschichte« bezeichnen. In den millionenfältigen Mikrofeldern der Individuen schieben sich die epochalen Entscheidungen zusammen, die plötzlich als »französische Revolution« in den Zeitungen und Geschichtsbüchern erscheinen.

Der Prozeß bringt sein Thema zu Tage, wenn er durch ist. In diesem Sinn bilden sich auch die experimentellen Texte. Sie sind Vollzüge, Medien, mit und in denen wir da sind. Kristallgitter, Membrane, Organe, die uns wahrzunehmen und dazusein helfen unter schwieriger und komplizierter gewordenen Bedingungen. Sie sind zugleich Spielräume, in denen wir am Modell wiederholen oder vorwegnehmen, was überhaupt mit uns geschieht. Sie bewahren uns davor, diesen uns überrollenden oder unterlaufenden Prozessen zu verfallen: Spielend erproben wir deren Züge und Strukturen, erfassen, erfahren, verkehren, lösen und löschen sie: Bewegungen einer Freiheit, die man uns nicht nehmen kann, die wir in Gang halten, weil sie zum Spaß des Daseins gehört und sie uns nicht zu entbehren ist.

Dieser Text hat die Form der Montage. Das klingt herzloser, als es ist. In der Montage treffen irgendwo aufgelesene, gefundene, vorbereitete Textteile, Wörter, Satzstücke, Sätze, eigene oder fremde, zusammen mit dem in seinen Erinnerungen und Erwartungen tastenden, manchmal auch an ihnen vorbei ins Unerhörte zielenden Bewußtsein, mit einem Bewußtsein, das in den unabsehbaren Beziehungen unserer Welt steckt, sie als paradox, faszinierend, bedeutsam, real und irreal zugleich erfährt. Es spürt in den Wort- und Satzscherben nach den thematischen Knoten jenes riesigen Geflechtes, nach den Beziehungen und verborgenen Sympathien, die sich zeigen, wenn diese Elemente nur in die rechte Nachbarschaft, in die günstige Position gebracht werden. Die noch unbekannten Bezüge und Freundschaften, die heimlichen Streitfälle, die sich in der Realität, genannt »Sprache«, abspielen und aufheben, sichtbar zu machen, vielleicht auch überhaupt erst in Gang zu bringen, dazu dient die Montage. Der Grund ist mein Bewußtsein: Das auszubilden auch in seinen nicht zugänglichen Schichten ist die wichtigste Voraussetzung für den Text.

Unserer Bewußtseinslage entsprechend ist ein solcher Text komplexer und komplizierter, als wir es von der Schule und der Sonntagsbeilage her bei Gedichten gewöhnt sind. Seine kaleidoskopartige Ordnung erinnert an die einer Zeitung. Natürlich ist ein Gedicht keine Zeitung, es ist geradezu die Antizeitung: Es bohrt seine Informationen in den Grund, es entblößt ein Gesicht, dessen Züge wir kaum als die eines Gesichtes zu erfassen vermögen, wie die eines Tiefseetieres. Bei ihm sind die Zwischenräume die Hauptsache, die Sprünge zwischen den Wörtern und Aussagen, ferner das Wechseln im Lesetempo, die Kontur von Zögern und Beschleunigungen, die dabei entsteht, die Wiederholungen und Ähnlichkeiten und die Enttäuschung an Stellen, wo eine Wiederkehr erwartet wird, die Anspielungen, Verschlüsselungen, deren Entzifferung erst lange nachher beginnt. Es versteckt jedoch nichts; Alles ist mit da, gerät es nur als reflektierende Fläche in ein zureichendes Bewußtsein. Auf dies freilich kann es nicht verzichten. Es ist ein Manifest für diese Art Texte überhaupt, wenn der unsre beginnt: *war sichtbar / ist genau sichtbar / es ist sichtbarer / als jetzt / alles ist sichtbar.*

Bei jedem lyrischen Gebilde, auch von Eichendorff oder Mörike, müssen wir erst die bewußte Querstellung zum vordergründigen Sinn einnehmen, um die eigentliche lyrische Dimension zu erreichen. Je prekärer und weitläufiger die direkten, geradewegs laufenden Aussagen geworden sind, desto wichtiger wurden die formalen Momente der Sprache selbst. Unser Text arbeitet mit drei Hauptmitteln, um die Disparatheit zur Ordnung zu fügen: Am auffälligsten sind die Wiederholungen, das unspürbare und das monoman spürbare Bestehen auf einer Vokabel, einem Laut; dann das einmal sprunghafte, einmal in kleinwelligen Passagen hinausstrebende Tempo; und von diesen beiden Momenten gehalten die drei oder vier scharfkonturierten Bildinseln.

Die Wiederholungsmomente, z.B. schon in der ersten Gruppe das Wort *sichtbar* oder das immer wieder gebrauchte anlautende *h* geben dem aufgesplitterten Feld etwas von Stabilität, zeigen, was zwischendurch auch geschehen sein mag, die Rückkehr zum Nullpunkt an, prahlen aber auch mit der Unbeweglichkeit und Monotonie einer großen Fläche. Auf dieser Fläche wirken die Bildinseln wie Sender von Gesprächsteilen, Erinnerungen, Mitteilungen, deren Fragmentcharakter völlig ausreicht, nicht: uns mit verwertbaren Informationen zu versehen, aber doch, uns, ganz buchstäblich, ‹ins Bild zu setzen› wie in ein Boot, so daß wir zu rudern beginnen, weil wir doch Land erreichen müssen.

Diese Bildinseln sind irgendwo gefundene Teile, jede hat ihre Herkunft: Die erste (*die kleine gläserne kugel der angler schleppt die schnur mit der beute zum sterben zu klein flach übers wasser*), die erste bringt Beobachtungen von Anglern bei ihrer gedankenlosen Tätigkeit des Tötens auf die knappste Formulierung. Die nächste (*von den kindern gottes gebaren die töchter / der menschen söhne / kahl und sanft stiegen sie beide ins gleiche wellen / tal hoben die köpfe / beobachteten einander / zuweilen noch*) – die nächste ist zusammengeschossen um den Vers 6,4 der Genesis: „Damals als die Gotteskinder die Menschentöchter heirateten ... und diese ihnen Kinder gebaren, lebten die Riesen auf Erden, die Recken der Vorzeit, die hochberühmten Helden." Das Zitat steht in Folge und Kontrast zu dem ersten Bild der friedlich tötenden Angler, wobei der heldisch-mörderische Aspekt untergetaucht ist: Er wird von dem der Angler vertreten, die bis hierher noch im Gedächtnis geblieben sind. Die folgenden Zeilen führen das Liebesthema fort und sind doch in unbewußter Übereinstimmung mit dem Weitergang der Genesis zur Wasserkatastrophe der Sintflut. Aber oben daran vorbeistreifend ins Unbekannte, in eine noch nicht formulierte Katastrophe vielleicht, die ein Glück ist, in ein Glück, das sich in diesem Umkreis eben noch abspielen kann.

Die dritte Insel ist weniger bildhaft, sie ist eine Frage und stammt aus einem Zeitungsbericht: *welches mass an strafe kann einen mann treffen / dessen anteil an der tat so ungeklärt ist.* Sie liegt in der Linie der beiden vorangegangenen. Das Genesisthema hallt darin nach, schon unkenntlich und eigentlich nicht mehr gemeint. Wer und was ist überhaupt gemeint? Jener Zeitungsartikel ist verloren. Er ist auch entbehrlich. Es gibt den dauernd gegenwärtigen Kontext, der hier sichtbar zu machen versucht wird, aus dem derselbe Bericht schon morgen wieder hervortreten kann. Man hat's im Bewußtsein: *war sichtbar / ist genau sichtbar / ... alles ist sichtbar.* Ja, gewiß – aber auf einem Grund der völligen Fremdgesichtigkeit, die sich mit reinem und leerem Gewissen an diese vorausgesetzte Feststellung des Anfangs setzt, in bloßen, unlegitimierbaren Vokabeln sich darstellend: *hautflügler / hexagon / später die glasur reflexe ein / haargeflecht.*

Wer etwas von diesem Text haben will, muß Sinn für solch einsame, autarke Vokabeln haben: *haargeflecht* : Das ist eine Strophe für sich, ein nicht auflösbarer Bild- und Bedeutungknoten, von dem her doch das Folgende seine Merkwürdigkeit bezieht. Man kann über ihn meditieren, aber es gibt keine Gleichung für ihn. Für den Fortgang des Ganzen ist er jedoch unentbehrlich, so wie weiter unten das Abschwenken aus einer düsteren, noch schwankenden Tröstung ins definitiv Desparate nur mit Hilfe der verknappten Formel *hefe / heft* unter die Haut dringt. Das wird nicht ausdrücklich gesagt. Es widersteht einem, man wüßte es auch im Augenblick so gar nicht zu sagen, man hat nur diese Geste des Abschwenkens und Verknappens, deren Sinn unmittelbar mit da ist. Der Gedanke an Verständlichkeit spielt in dieser Sekunde keine Rolle. Diese reine Kontur des Sagens, das hohe Maß an Unabhängigkeit der Bedeutungen, ihre Freiheit, sich unablässig, auch wenn der Text formuliert ist, weiterschieben zu können, macht eben das Glück des Textes aus. Dieses Glück ist der Grund, warum er überhaupt unternommen wurde, ohne es gäbe es ihn nicht – er hat keine Alternative einer verständlicheren Fassung. Es geht ihm um die Verständlichkeit. Jenes Glück vermag sich durchaus mitzuteilen, während es ungewiß ist, ob die Auslegung, die hier vorgetragen wurde, auch für andere gilt. Sie zeigt nur, daß überhaupt eine möglich ist. Aber die Reflexion über den Text und sein somnambules Durchwandern hat kein Ende. Denn wo ist man angelangt, wenn es am Schluß heißt: *für drei / bist du tot / er ist tot / alle vögel sind schon da / alle vögel / alle* : beim Ende? oder wieder beim Beginn?

An einer Stelle die Gleichgültigkeit durchbrechen

1960

Uns ist bei der Einladung zu dem heutigen Symposion die Frage nach dem notwendigen Gedicht gestellt worden. Diese Frage klingt schlicht und knapp, doch sie läßt sich nicht ebenso knapp und präzis beantworten, seit die formalen Elemente der Lyrik nicht mehr vor jeder Frage gewiß sind, Zeile, Versmaße, Strophe, Gattungsformen –, so daß selbst Umsturzversuche sich an dem bestimmen konnten, was sie umkehren wollten. Das Gedicht ist kein Vorhaben mehr, es ergibt sich allenfalls aus einer allen Gattungsunterscheidungen vorweglaufenden Textarbeit. Wenn die Arbeit an einem Text beginnt, läßt sich kaum vorhersagen, ob sie bei einem Gedicht, einem Dialog, einem Prosageflecht münden wird. Es können aus derselben Textgrundlage sogar verschiedene Gattungsgebilde nebeneinander oder ineinander erwachsen.

Bedingt ist dies durch die Identität von Material und Form. Das Interesse an einem Stoff ist nichts anderes als die Faszination durch eine Struktur, die ihn überhaupt erst greifbar macht; und eine Struktur spiegelt, sobald sie prägnant hervortritt, analoge Ordnungen und schließt sich, ohne darin zu verschwinden, an ein riesiges allgemeines Geschehens- und Bedeutungsgeflecht an, so daß sie selbst zugleich inhaltlich ist.

Genauer besehen, bewegt sich ein Text zwischen zwei Momenten: Einem strukturierenden Plan, einem Muster, das so formal gefaßt ist, daß es dem in ihm sich ausformulierenden Material erlaubt, seine Eigenbewegungen mit ins Spiel zu bringen. Das Muster in seiner Grobkörnigkeit ist dem zweiten Moment homogen: dem Material, etwa als prägnante Formel, als der winzige Fund einer Vokabel, eines eigentümlich artikulierten Satzes, einer Frage, eines Imperativs, einer Gedächtnisscherbe, eines Wortes, das es noch nicht gab, usw. Ihnen allen eignet die abrupte Anfänglichkeit. Mit ihr stellt sich die Dynamik des Weiterfindens, des somnambul sicheren Hervorspinnens ein, die auch den Plan für das Ganze noch mithervorzuwerfen oder, wenn er schon gegeben ist, ihn umzustülpen vermögen. Das anfangende Hervorspringen kann sich vielfach erneuern, bis der Plan sich erfüllt hat und seine Strukturabsicht aufgehoben ist in dem zähen Geflecht, das die winzigen Sprachbewegungen zustande gebracht haben. Das Rätsel ist das Anfangen: Es entspringt dem Nullpunkt, so als gelte nichts als dieses Geschehnis; und doch hat das neue Sprachgebilde schon eine Erinnerung, es vermag sich das Fernste anzugliedern, wenn es darauf ankommt, es ist überall zu Hause. Die Frage nach dem Anfang ist eigentlich die nach dem Subjekt. Und das ist kaum zu identifizieren, wenn es überhaupt angedeutet wird. Und wird es genannt, so bringt die Sagedynamik vom winzigen Anfangspunkt her eine Bewegungs- und Beziehungslabilität mit, die in alles einspringen kann und aller Masken und Subjekte fähig und begierig ist. Auch das Subjekt entsteht erst unterwegs im Prozeß zwischen Anfang und gegebenem oder gefundenem Muster.

Das Sprachbewußtsein, in dem sich die Textprozesse abspielen, ist durch zwei Tatsachen bestimmt. Zunächst durch seine unabsehbare Verspannung mit der Erinnerung an die Erfahrungen, Verschiebungen, Überlagerungen, Verwerfungen, an die Hochzeiten und Zusammenbrüche, die diese Sprache in ihren Vokabeln und Fügungen mitgemacht hat. Die Erinnerung nimmt mit der Durchdringung und Vergegenwärtigung der Sprach- und Literaturgeschichte zu. Viel folgenreicher aber ist der andere Punkt: Daß nämlich die Wirklichkeit, mit der die Sprache es heute zu tun hat, als Realität nur besteht und anerkannt wird, insofern sie formulierbar ist. Wirklich ist nur das Formulierte. Auf dieser knappen Formel beruht das, was Hans Freyer das sekundäre System genannt hat. Der unaufhörliche und unübersehbare Sage- und Redestrom, der unsere Welt durchdringt, das endlose Gemurmel der Wissenschaften, der Reklame und der Politik, der Informationsbüros, der Presse, des Funks, der Tagungen und Begegnungen hat darin seinen Grund.

Die Entscheidung, die Realität, die uns angeht, auf methodischem Wissen und auf der Reflexion zu errichten, ist gefallen, und ihr ist nicht mehr zu entgehen. Über die Folgen für die Sprache nachher noch einiges. Zunächst sei auf die Übung des Querstellens verwiesen, die das Ich sich aneignen muß, wenn es in dieser Rede-Realität bestehen will: die Übung, ein Moment zu isolieren, es aus seiner funktionalen Vermittlung zu lösen und es so zu nehmen, als wäre es bis zu diesem Augenblick noch nie erschienen. Auch hier wieder dieser eigentümliche Nullpunkt. Nur durch diese Übung bleibt die Fähigkeit erhalten, das Unbestimmbare dieser Realität, das der alten metaphysischen Wesenheiten enthoben ist, immer wieder festzustellen, was unablässig neu geschehen muß, da die Konventionen hinfällig und praktikabel sind.

Die Verfassung des Querstellens ist das Schweigen. ‹Ich› ist da, aber es behauptet nichts, es redet nichts, es läßt alles, was es von der Rede hat, und alles, was Rede ist, fahren. Es fällt auf sich zurück, von wo die entfallende Realität ja ausgegangen war. Es fällt auf sich zurück, ohne sich um sich zu kümmern. Etwas wird in seinen leeren Hof eintreten, an dem es wieder beginnen kann.

Diese Verfassung ist nicht beliebig. Die zur Rede stehende Realität treibt es von sich her schon dahin. Sie ist von einer Art, die einem die Sprache nimmt. Das Entsetzliche ist ihr Bestandteil von Anfang an, denn sie beruht auf dem Grundsatz, daß das, was möglich ist, auch real ist und auszuführen ist. Alles Mögliche drängt zur Wirklichkeit, entspringen doch der Entwurf des Möglichen und der Plan der Realität demselben methodisch vorgehenden Bewußtsein. Von dieser Realität her wird nun keine autonome Norm, keine Grenze, kein Tabu mehr gesetzt, die nicht im Methodenbewußtsein gegeben wären – und dort gibt es keine außerhalb der methodischen Fragestellung und ihrer Verifikationswege. Alles Mögliche ist zu durchlaufen, ohne daß eine Vor-Sicht auf die Folgen einzuwirken vermöchte.

(Auf die Rolle des Utopischen kann hier nicht eingegangen werden. Man könnte es vielleicht als die Verfassung des Möglichen in der Erwartung auf Grund einer mythisierten Erinnerung, die abgestoßen oder aufs neue gesucht wird, bestimmen.)

Das Entsetzliche ist dabei im Grunde eine unzulässige Kategorie. Von der beschriebenen Realität aus gesehen ist sie atavistisch. Sie läuft auch nicht mit der Rede, sie macht vielmehr sprachlos. Das Entsetzliche ist übrigens am entsetzlichsten, wenn es mit der zeitgenössischen gängigen Sprache dargestellt wird. Die Aufzeichnungen von Rudolf Höß[1] sind dafür ein säkulares Beispiel. Es bewältigen zu wollen, entspringt der Ahnungslosigkeit oder dem schlechten Gewissen. Es ist nicht zu bewältigen, da es sich der Sprache verweigert. Es ist nur ins Gedächtnis zu nehmen, so daß es in den ‹Prozeß›, der einem selbst gemacht wird und der mit dem Tod endet, eingeht.

Wenn alles Mögliche wirklich wird, ist es im Grunde gleichgültig, was möglich ist. Das Ich, das in diesen Realitätsprozeß eingespannt ist, gerät ihm damit, solange es noch bei sich ist, gegenüber, ohne doch eigentlich ausgelassen zu werden, und findet seine Alternative: Das reine Leere, in dem alles möglich ist, ohne daß es realisiert werden müßte. Es kann sich regen, wie es will: Es findet in allem diesen Fond des Leeren, und was es sich regen läßt, wird von diesem Leeren her bestimmt, aufgeladen, charakterisiert. Die puren Erstreckungen und Ausdehnungen, die reine Bewegung mit ihren Richtungen, Geschwindigkeiten, Veränderungen, jedes Wahrnehmungsdatum von Ton, Farbe, Bewegung, so bedeutungsleer sie von Haus aus sind, sind in diesem leeren Himmel qualifiziert; sie singen oder spielen ihre Geschichte, ihr Drama, sie ‹zeigen› sich als die Medien, die auch an jener Realität beteiligt sind, in der alles, auch das Entsetzlichste, möglich ist. Auch in ihrer Kunst-Welt ist alles Mögliche möglich: Je prägnanter sie formuliert sind als sie selbst, als diese Medien, Materialien, Formen, Vorgänge, desto reichhaltiger werden die möglichen Lesarten, die sie einem anbieten. Ihre prägnante Fassung ist gerade in ihrer Entschiedenheit nur die Form, die ich, der Leser, Hörer, Betrachter, ausfüllen muß je nach meiner Lage, meiner Erfahrung, nach dem Stand meines eigenen unterschwelligen Prozesses, und dabei auch Hilfe, dieser Dimensionen in zureichender Weise habhaft zu werden.

Wir kommen noch einmal auf das Verhältnis von Realität und Sprache, Realwelt und Kunst-Welt zurück, die in eigentümlicher Analogie zueinander stehen. Denn auch die Realwelt ist von uns erfunden, durch und durch künstlich, und es schrumpfen in ihr die ursprünglichen, naturgegebenen Verhältnisse, denen der Mensch hilflos verehrend und beschwörend gegenüberstand, immer weiter hinweg. Die alte Natur-Welt wandte sich der Sprache zu, wurde durch sie ‹Welt für uns›, wurde im Nennen erkennbar und verfügbar, hing jedoch im Wesen und Sein nicht von der Sprache ab: Denn die Sprache kam ebensosehr von ihr her, wie sie sich in sie hineintastete. Das klassische Naturgedicht, noch bei Trakl, lebte in diesem Wechselgang. In der Realität des sekundären Systems, und längst sind darin auch der Wald und der Fluß einbezogen, baut die Sprache an der realen Existenz, ja ist die Realität, wenn man den naturwissenschaftlichen Idiomen Sprachcharakter beimißt, von ihr hervorgebracht, ohne daß der alte Wechselgang

---

1) *Kommandant in Auschwitz.* Autobiographische Aufzeichnungen von Rudolf Höß, Stuttgart 1958

im Spiel bliebe. Zugleich legt sich über das Sprache besitzende Ich ein riesiger Bewußtseinsring, in dem sein Name gleichgültig wird. Die wichtigste Aufgabe wird nun, ein der Realität angemessenes Bewußtsein zu erwerben und zu erhalten, damit die Realität erhalten werden kann und das Ich sich ihr gegenüber zu verhalten vermag. Die Forderung nach dem adäquaten Bewußtsein von dem, was man im Grunde selbst gemacht hat, ist zwingend – und inzwischen utopisch. Das adäquate Bewußtsein ist unerreichbar, weil das Ich, das es erwerben soll, ihm nicht angemessen, sondern endlich, perspektivisch, organismusgebunden, von partieller Blindheit ist und nicht zuletzt durch den Charakter der eigenen, uralten Sprache bedingt ist. Hier springt das Spiel mit den eigenen Erfindungen, ihren Formulierungen und ihrer Methodik, auch mit den perspektivisch verformten Details und den abermals durch die Sprache gemahlenen Erscheinungen ein. Dieses Spiel kennt ein Kriterium, das es ans Ziel bringt: die Prägnanz, die sich in einem Stadium seines Verlaufes einstellen muß. Und zwar nicht Prägnanz des Ausdrucks als Angemessenheit an den Gegenstand, denn der Gegenstand ist nicht gegeben, er besteht, wenn man will, in der Totalität des Realitäts- oder Bewußtseinsgeflechtes, in dem der Ichpunkt hängt, und ist für den einzelnen nicht zu fassen. Dennoch ‹gibt› es ihn, und es gibt auch eine augenblickliche Totalität für dies individuelle Ich, nicht objektiv, aber im Spiel: Dort nämlich, wo es die Medien, Strukturen, Phänomene, die es ergriffen hat, in eine prägnante Verfassung bringt. Darin ist die Gleichgültigkeit alles Möglichen aufgeschnitten, steht eine Sekunde das ganze Geschiebe still, hat der einzelne die Welt, die ihn hat, in eine Form gebracht, die er als die seine erkennt. Durch das Material und durch die Methoden vermittelt liegen künstliche Realität und Kunst-Welt einmal genau aufeinander und zeigen sich als Geist von seinem Geist. Das Kunst-Werk beweist ihm, daß auch die im Querstellen abgeschiedene Realität seine Welt ist und ihn hört, wenn er weiß, was er will. Nur diese Einsicht, diesen Glauben kann er hier ernten, nicht Inhaltliches darüber, wie er sich nun zu verhalten habe. Zugleich erneuert er die Erfahrung seiner Freiheit. Indem er an einer Stelle die Gleichgültigkeit durchbricht und der gewählten Materie ihre Sprache zurückgibt, wird seine eigene Situation individualisiert und wenigstens für einen Augenblick dem allgemeinen Funktionengeflecht enthoben, jetzt aber nicht mehr, wie im anfänglichen Querstellen, vor dem Leeren, sondern angesichts einer artikulierten Gestalt, zu der er selbst als Hervorbringender wie als Aufnehmender gehört und die durch seine Beteiligung erst erfüllt wird.

Sprache ohne Zukunft?

1963

„Etwas von den Lügen und dem Sadismus wird sich dann im Kern der Sprache festfressen. Das geht anfangs genauso wie bei Strahlungsschäden unbemerkt vor sich. Aber der Krebs wächst, und damit beginnt die tiefliegende Zersetzung. Die Sprache kann nicht mehr wachsen und sich verjüngen ..." [1]
So die radikale Diagnose George Steiners in dem zu Anfang dieses Heftes wiedergegebenen Aufsatz über den Zustand, in dem sich die deutsche Sprache befindet, nachdem sie sich für die Mordorgien des »Dritten Reiches« hergegeben hat. Möglicherweise stimmt diese Diagnose; weder Steiner noch wir vermögen sie freilich mit der Bestimmtheit zu stellen und zu prüfen, mit der ein Arzt einen Organismus angehen kann, da die Sprache kein Organismus („Sprachen sind lebende Organismen ...?", Steiner zu Beginn seines Aufsatzes) ist. Möglicherweise enthält sie auch bereits das Urteil über des Autors eigene Sprache. Daß die Diagnose noch in Frage steht, läßt sich vielleicht daraus schließen, daß – mit Hilfe dieses Heftes z.B. – in ihr über ihre Verfassung noch reflektiert werden kann.

Die deutsche Sprache ist, soweit sie vorgeformter und überlieferter Bestand ist, in erschreckendem Maße verwalzt, der Desinfektion unterzogen, zu greifbaren Marken geplättet, zur Lüge handlich, aber nicht, weil sie eben die deutsche Sprache ist, sondern weil sie an dem Prozeß von Sprache in dieser unserer – George Steiner einbezogen – Welt teilhat: Für uns sind Welt und Sprache nahezu identisch geworden, wobei wir uns nicht davon absetzen können, auch die Einsteinsche Weltformel z.B. und die Programmierung eines Elektronengehirns zur ‹Sprache› zu rechnen. Das Irr- und Widersinnige ist (und nicht nur war) möglich, weil es formuliert, und es wird wirklich, wenn es formuliert werden kann.

Nicht nur besteht die zivilisatorische Existenz allein durch ‹Sprache› und würde im Chaos verschwinden, wenn das sprachliche Organisationssystem nur für kurze Zeit ver-sagte; durch die Sprache sickert unablässig auch Phantastisches und Utopisches ins Wirkliche. Was früher im Sprachghetto eingeschlossen blieb und sich nur mit Münchhausen oder Jules Verne über die Erde erhob, kippt jetzt durch das Um- und Übersetzungsvermögen der Sprache ins Wirkliche – der Flug zum Mond ist bereits ein Problem der Fahrpläne, und niemand traut sich mehr die naheliegende Frage zu stellen: Was sollen wir nur dort ...

Das Vernichtungs-KZ der Nazis war in diesem Sinn ‹Sprache›, ehe es in die ‹Realität› einschlug. Die pseudobiologischen Formulierungen (auch mit Hilfe der ominösen Organismus-Analogie), der zu Diensten die Gasöfen

---

1) In Heft 6/1963 der Zeitschrift *Sprache im technischen Zeitalter* wurden von der Redaktion erbetene Stellungnahmen von Autoren zu einem Aufsatz von George Steiner (*Das hohle Wunder. Bemerkungen zur deutschen Sprache*) abgedruckt.

errichtet wurden, zeigen noch nichts von dem Grauen, das sie doch bereits enthalten. Die KZ sind ein Beispiel für das fatale Verhältnis zwischen Sprache und Realität, und sie werden uns, je länger es dauert, desto weniger zur Ruhe kommen lassen, nicht nur, weil die Erinnerung eine Funktion der Erwartung ist und umso mächtiger wirkt, je entschiedener eine Zukunft sein soll (in diesem Fall also eine negative Tradition), sondern auch weil sie sich nicht einfach ins Faktische abschieben lassen, wie ein Erdbeben oder eine Krankheit, vielmehr als sprachentsprungen gegenwärtig bleiben, solange gesprochen wird. Die Atombombe – für alle freilich mehr Erwartung als Erinnerung – ist ein anderes Beispiel, von anderer Herkunft, anderer Begründung, anderem Entsetzen. Sie macht die Identität von Sprache und Realität vielleicht noch handgreiflicher, weil sie unmittelbar auf das Schicksalszentrum des europäischen Geistes, seine Entscheidung für die Wissenschaftlichkeit (und also Formulierbarkeit) der Wirklichkeit zurückführt. Sie wäre nichts ohne die Formulierungskraft der Sprache. Sie ist in ihrer gegenwärtigen, höchst wirksamen, brutalen Figur Resultat einer Serie von Sprachfassungen, deren Realitätsgehalt jeweils erprobt und berichtigt wurde. Ihr Konzept ist schon Utopie: die absolute Waffe, die jede Waffe überflüssig macht (in diesem Sinn bereits von den Nazis als letzte Hoffnung, wenn auch bloß erst in ihrer sprachlichen Fassung, aber nicht ganz ohne Wirkung auf den ‹Durchhaltewillen›, gebraucht). Es ist ein viel zu flinker Protest, der sich nur gegen die Bombe richtet und nicht gegen die Sprache, die sie begründet und konstituiert, und gegen die Entscheidung, Realität nur als formulierte und insofern sie formulierbar ist, anzuerkennen.

Das Elend unserer Sprache, wie wir sie sprechen und schreiben, entspringt vor allem daraus, daß sie zur eigentlichen realitätsmächtigen Sprache – der der mathematischen Naturwissenschaften – heute nur noch Zubringerdienste zu leisten hat und in ihrer unmittelbar gegebenen Verfassung nahezu aus dem Spannungsfeld der zu erfindenden Realität ausgeschieden ist. Die klassische deutsche Literatur nimmt noch teil an einer letzten retardierenden Anstrengung zugunsten der unbegründeten spontanen Gestalt, der Bedeutung, die von sich her kommt – sie bricht schon in der Romantik ab. Übrig bleibt eine tägliche Sprache, die sich handlich im Moment des Gebrauchs auf die aktuellen Normen einstellt und in einem bestimmten, wechselnden Bedeutungsraster gerinnt (Instrument einer »pluralistischen Gesellschaft«), sich jedoch auflöst, sobald die Individuen, die sie beanspruchen, verstummen. Daß sie nicht in kürzester Zeit zerfällt, liegt daran, daß sie ununterbrochen in Gang gehalten wird. Weil ihre Bedeutungsmarken unablässig kursieren, bleiben sie in Geltung. Erst wenn sie ein wenig wegrücken, merkt man, wie merkwürdig sie sind. Die normale Verfassung der uns anliegenden Sprache ist das unzentrierte, kreisende Murmeln aller mit allen.

Wir sind mit unserem Bewußtsein dabei wie bloße Durchgänge, Vermittler, Reflektoren – passive Instanzen in einem höchst beweglichen Prozeß. Vielleicht liegt die Chance noch darin, den Prozeß zu unterbrechen, ihn mit dem Beil zu spalten, ihn fallenzulassen: Möglicherweise nur um zu erfahren, daß er tatsächlich bestehen bleibt wie ein Wind, eine Stein, ein Geräusch;

vielleicht aber läßt er sich dann auch befragen, während er jetzt allen Antworten vorweg ist, weil sie alle schon einmal vorgekommen sind. Darüber ist jedoch heute nichts auszumachen.

Es ist ein Weniger- und Ärmerwerden an Sprachvermögen, wenn man sich an die Kraft zur Signaturgebung erinnert, die der Sprache einmal zugerechnet wurde, oder auch an die Lust des Sezierens, zu der sie einmal dienen konnte. Es ist eine geschlagene Sprache, bedenkt man, woran sie beteiligt war und ist. Aber welche Wahl haben wir. Allmählich zur Besinnung kommen. Eine Kerbe einschlagen, gleich an welcher Stelle, damit wenigstens ein Punkt wiederzuerkennen ist. Feststellen, nachspielen, wiederholen und feststellen, fallenlassen, markieren, abtasten, nachzeichnen, vorwegnehmen. Sprache, diese angefochtene, zermürbte Sprache als ‹Material› nehmen, wobei auch ihre Erinnerung und die Spuren ihres Geschicks mitzählen, um vielleicht im skeptischen Umgang mit ihr der Möglichkeiten inne zu werden, die noch immer und vielleicht garade auf Grund ihrer erschreckenden Geschichte bestehen.

Beispiele

1965

Es hat sich herumgesprochen, daß der modernen Literatur, soweit sie experimentellen oder transitorischen Charakter hat, die handfesten Themen, charakterfesten Sujets, die überlieferten und sich unter den dauerhaften Prägungen wandelnden Motive und Formen abhanden gekommen sind; daß vor allem der klassische, wenn auch immer labile Formenkanon und das verläßliche System der Gattungen zerschlissen sind. Daß man es vorzieht, von Text, Struktur, Material zu reden, daß man sich zur Analyse am liebsten der Terminologie der Zeichentheorie oder der Textstatistik bedient. Wie einfach und einleuchtend war überhaupt einst das ganze Verhältnis von Werk, Autor und Publikum: Dort war die Welt, da war die Kunst und hier saßen wir, das liebe Publikum, zur Linken am Rande den Autor greifbar, wenn eine Erläuterung nötig wurde oder ein biographisches Licht wünschenswert war, und ließen vor uns in interesselosem Wohlgefallen das Panorama der tieferen Bedeutungen im schönen Schein der Kunst abrollen. Man war sicher: Der Dichter wußte Bescheid über alles, was im gesetzten Horizont zu wissen war, und was er nicht wissen konnte, ließ er uns ahnen in dunkel ausgereiften Sinnbildern. Ab und zu mischte sich des Dichters Husten oder Lachen und manchmal ein murmelndes Selbstgespräch ins Spiel: Das störte nicht, im Gegenteil, es bewies auch den Realitätswert seiner Darstellungen. Gar nicht mehr zu überbieten war es, wenn Balzac von den Figuren seiner Fortsetzungsromane sprach wie von guten Bekannten,

an deren Geschick in der nächsten Fortsetzung man beteiligt war. Auch
wenn Zola seine Romane als soziologische Experimente, als Erkundungen
dessen, was es mit seiner Gesellschaft eigentlich auf sich habe, ausgab,
befand er sich noch in Frieden mit der Ordnung dieses säuberlichen Drei-
ecks von Werk, Autor und Publikum. So hoffen denn die beiden letzteren,
im Werk nicht nur ästhetischen Genuß zu finden, sondern durch seine
Quasirealität Erfahrung mit dem Wirklichen sammeln, Einsicht in das wahre
Wirkliche gewinnen zu können. Dieses klassische Dreieck ist nicht geschlossen, es ist an der Ecke, wo das Werk sich befindet, durchlässig, denn das
Werk hat seinen Existenzgrund in seiner Vermittlerleistung. Es ist an sich
selbst Zeichen, Schrift, die im lesenden Aufnehmen verschwinden soll,
damit ihre Mitteilung hervortritt. Sei es, daß es die empirische Wirklichkeit
von Natur oder Gesellschaft transparent macht, ihr Bild schärft, akzentuiert,
bis verborgene Beziehungen sichtbar werden, wie im sogenannten Realismus. Wobei die Realität im Werk auf sich selbst gerichtet wird, damit sie
endlich getroffen werden kann. Die beiden erwähnten Romanciers mögen
als Beispiele dafür gelten.

Es kann jedoch das Werk die empirische Wirklichkeit nur als Medium,
als Zeichen und Chiffre gebrauchen, um sie von sich abzukehren und ihre
Negation, ihr Ganz-Anderes erfaßbar zu machen. Die allegorische und sym-
bolistische Dichtung von den Zeiten der Troubadours an über die mystische
und metaphysische Dichtung des 17. Jahrhunderts bis Mallarmé, Rilke oder
Eliot ist so verfahren. Die bisher letzte und vielleicht extremste Welle ist der
Surrealismus, der die Tiefenrealität des Un- und Unterbewußten mit seinen
Traumstrukturen anzielt.

In beiden Konzeptionen ist Kunst in einem unabschließbaren Prozeß
befangen; in der ersten, der realistischen, weil das durch das Werk verän-
derte Bewußtsein von der Realität auf die Realität zurückwirkt, sie von
Anfang an in der Weise versteht und bestimmt, wie das Medium des Werkes
sie gezeigt hat. Die Erkenntnis verschwindet also in ihrem Gegenstand –
und provoziert, darin eingesunken, aufs neue die Anstrengung der Durchdringung, um dem drohenden Schematismus der Gewöhnung zu entgehen.
So ist beispielsweise unsere Gewohnheit, die Dinge zu sehen und im Sehen
zu formieren, von der unerhörten Differenzierung des Impressionismus,
dann jedoch auch wieder durch die Kraft zur harten Akzentuierung des
Expressionismus imprägniert.

Die zweite beschriebene Konzeption, die chiffrierend und dechiffrierend
vorgeht, hat ihren imaginären, transzendierend angezielten Gegenstand nur,
insofern sie ihn mit den bildnerischen oder sprachlichen Mitteln substanti-
iert. Es gibt ihn nicht jenseits des künstlerischen Gebildes, obwohl es so
aussieht. Im äußersten Fall sind solche Formierungen Meditationsvorlagen,
die die Identifizierung des Betrachtenden mit dem Betrachteten erwarten.
Auch hier ist kein Ende des sich ablösenden Bildens abzusehen, solange
der Wunsch danach überhaupt wach ist.

Beide Konzeptionen sind sehr alt, beide gibt es wohl in jeder differenzierten Kultur. Gemeinsam ist ihnen, daß sie das Ganze einer Welt, eines Kosmos, faßbar oder nicht, voraussetzen, um überhaupt gelingen zu können.

Einheit und Ganzheit, wofür der Begriff des Kosmos im antiken Sinn verwendet werden kann, sind für diese Bilder und Gedichte konstitutiv, und in ihnen erfährt der Mensch auch seine Einheit und seine Fähigkeit, sich mit einer Welt zur Einheit zu verbinden, so daß er selbst sich als Mikrokosmos versteht, der den Makrokosmos, die große Welt zu spiegeln vermag. Eine geschlossene Bewegung läuft durch eine Hierarchie der Medien: der Kunst, das Denken, der Kontemplation, um das geistige Individuum mit dem Ganzen seiner Welt in Austausch zu setzen.

Diese Dinge sind bekannt und oft genug auseinandergelegt. Doch die Sache stimmt nicht ganz, jedenfalls insofern es die Kunst und die Dichtung angeht. Es fehlt etwas. Sicher: Sie schmückt die Tempel, formuliert die Preisgesänge für Götter und Heroen, schlingt die vieldeutigen Zeichen, an denen die Meditation sich voranbewegt, sie macht die Natur durchlässig für ihren atemlos beängstigenden Grund: Aber sie ist ständig dabei, das eigene Gebilde anzukratzen, zu überholen, zu desavouieren. Nicht nur weil die Kunstfertigkeit, die künstlerische Technik fortschreitet, neue Sichtweisen, neue Sätze möglich werden, weil immer auch Artistik mit im Spiel ist, die aufs Steigern und Überholen aus ist. Auch nicht nur, weil der Eigensinn des Materials immer mit ins Werk dringt. Denn sein Material ist nicht zuerst für die Kunst bestimmt, die Sprache nicht, die Farbstoffe, Erden, Steine, Metalle nicht. Doch sieht man gerade an gelungenen Werken, daß die Widerspenstigkeit des Materials, seine Eigenbewegung der unterschwelligen Revolte entgegenkommt, die in dem Werk wirkt, und für sie ausgenutzt werden kann. Als drastisches Beispiel dafür mögen die Sklaventorsi Michelangelos erwähnt werden oder die Porträts von Frans Hals, in denen der gegen die Porträtikone aufsässige Strich deutlich abzulesen ist. Michelangelo läßt den Stein in seiner Formwidrigkeit mit anstehen, Hals verselbständigt das Farbmaterial und den Pinselduktus zum Zeichen, daß das Bild nicht nur Kosmos, hereingegebener Auftrag einer Gestalt im Ganzen, also nicht nur Vermittlung ist, sondern von den Vibrationen des Künstlers, seinen Lebenslinien durchschnitten wird. Die Großform, die den Kosmos vertritt, in der der Kosmos ins Bild tritt, wird bei ihm nicht, noch nicht bestritten. Die revoltierenden Momente, die ihrem eigenen Duktus folgen und die noch im 15. Jahrhundert undenkbar waren, schreiben sich autonom mit ein, durchlaufen fast unberührt das Ganze, als könnten beide Aspekte: das Ganze und das Detail des Striches im selben Bildrahmen selbständig nebeneinander bestehen.

Das 17. Jahrhundert, in dem die moderne Welt präformiert wird in vieler Hinsicht, glaubte versuchsweise, daß das sich Widersprechende in einer gespannten, problematischen Einheit bestehen könne. Es ist das große Thema auch der Literatur. Doch zeigt sich bereits, daß die Einheit nur mehr in der Form, in dem kühl formalisierten Schema des Ganzen besteht. Als Beispiel sei hier ein Figurengedicht der Zeit zitiert. Philip von Zesen hat es geschrieben. Es wurde 1645, auf dem Höhepunkt des literarischen Barocks, gedruckt. Der Palmbaum, der ihm als Thema dient, liefert zugleich das große Schema, nach dem sich die Zeilen in ihrer Länge richten: D.h. die ersten 8 Zeilen sind länger und zwar zuerst zunehmend, dann wieder abnehmend, die folgenden sind ganz kurz: Jene figurieren als Wedel, diese als Stamm:

übliche / liebliche
früchte mus allezeit bringen
des Palmen-baums ewige Zier /
darunter auch fürsten selbst singen /
lehren und mehren mit heisser begier
die rechte der deutschen hoch-prächtigen zungen /
die sich mit ewigem preise geschwungen
hoch über die anderen sprachen empor:
wie fohr
dis land /
mit hand /
durch krieg /
durch sieg /
durch fleiss /
mit schweis /
den preis /
das pfand /
ent-wandt
der Welt;
wie aus der taht erhällt.

Die Großform, nämlich die Figur der Palme, hat allegorische Bedeutung, da sie sich auf eine der barocken Sprachgesellschaften bezieht. Sie wird dem Text übergestülpt und bleibt ihm als optische Form äußerlich, wenn ihre Zweiteilung in Krone und Stamm auch der Zweiteiligkeit des Textes entspricht. Zwei einander fremde künstlerische Disziplinen: Bild und Gedicht, werden hier vereinigt. Das gelingt im Barock nicht nur zufällig, sondern entspricht dem Programm der Epoche: das Heterogene zusammen-zudenken. Die geistige Bewegung muß nun nicht mehr zwischen dem Ganzen eines von sich her kommenden, übermächtigen Kosmos und den einbezogenen Einzelnen verlaufen, ja sie ist in diesem Bezug schon zur bedrohlichen Spannung erstarrt. Vielmehr begegnen, noch sporadisch, Beispiele, bei denen die Bewegung sich aus dem Text hervorspinnt, ihm immanent ist und nur seine formalen Möglichkeiten hervorholt. Auch dazu ein Beispiel, bemerkenswerterweise ohne jeden revoltierenden Anstrich.

Es ist die textliche Permutation eines religiösen Topos. Sein Autor, Johann Caspar Schad, war Prediger in Berlin:

```
GOTT, du bist mein GOTT.
     bist du mein GOtt?
     GOtt du bist mein.
     Du GOtt bist mein.
     mein GOTT bist Du.
 DU GOtt bist mein GOtt.
     mein GOtt, bist GOtt.
     bist mein GOtt, GOtt.
     GOtt, GOtt bist mein.
     GOtt mein GOtt BIST.
```

BIST du GOtt, mein GOtt?
mein GOtt, du GOtt.
du mein GOtt, GOtt?
GOtt, du mein GOtt.
du GOtt, GOtt MEIN? ...
(usw.)

Das ganze Gedicht kommt mit vier Wörtern aus. Wer genau hinhört, merkt, daß es nicht bloß formales Permutieren des gegebenen Materials ist: Daß vielmehr die zweifache Frage eingeschrieben ist, die immer wieder von Bestätigung und Beteuerung abgelöst wird. Die Fragen stellen sich auch auf Grund des Systems ein, das zum Durchspielen der Zeilen und dem Durchlaufen aller Möglichkeiten angewandt wird. Sie sind jedoch zugleich auch vom Autor gesteuert: Es ist auch seine Bewegung, die sich damit äußern und zur Ruhe kommen will. Und die Antworten werden nicht dogmatisch reflektierend gegeben, sondern sie entspringen der Konsequenz des Textes. In den 25 Zeilen des Gedichts wird das Wort *Gott* 42 mal wiederholt: Eine wortmagische Intensivierung, die durch die Schatten von Zweifel und seine Auflichtung hindurch gezogen wird.

Die starre Spannung zwischen dem einzelnen und dem Ganzen, die das 17. Jh. noch ertragen hat trotz einzelnen Lösungsversuchen, weicht im weniger heroischen 18. allmählich. Die Welt als Ganzes wird aus einer metaphysischen Gewißheit zur Hypothese, die die Wissenschaft zu ihrer Arbeit nötig hat, im übrigen aber an Interesse und an Verbindlichkeit zusehends verliert. Das Ganze, die vollkommene Welt wird – in der Utopie des Fortschrittsglaubens – eine Funktion der Zeit, nämlich als in der Zukunft stehendes Ziel der wissenschaftlichen Weltdurchdringung und auch als lichtes Ziel einer aufgeklärten gesellschaftlichen Entwicklung – man denke nur an Lessings *Erziehung des Menschengeschlechts* durch einen teleologischen Geschichtsgang. Die Utopie einer perfekten Gesellschaft treibt die Ideologie vom Fortschritt, auf die im Grunde alle Heilslehren sich stützen, die Europa in den letzten 200 Jahren aufs Reißbrett gezogen hat.

Ihre Voraussetzung ist, die Welt als Arbeit, also als vom Menschen machbar und veränderlich zu verstehen. Wissenschaft ist darin nicht mehr in erster Linie freie Erkenntnis, sondern Moment des Arbeitsprozesses, das aus seinen Erträgnissen betrieben und forciert wird. Vielleicht sogar das entscheidende, das überhaupt die Kraft, auf den infinitesimalen Punkt in der Zukunft hinzuarbeiten, am Leben erhält. In den letzten hundert Jahren ist dieses utopische Fernziel zwar einigemale unter dem tatsächlichen gesichtslosen historischen Geschiebe zusammengeklappt, doch scheint sich tatsächlich keine Alternative zu der ideologisierten Arbeitswelt anzubieten. Wir müssen uns darauf einstellen, daß wir nur existieren können, wenn wir unverdrossen wie Sisyphus den Berg wieder hinabgehen, um die Sache abermals zu versuchen. Die Alternative könnte nur die Arbeitswelt als solche betreffen, ihre Heilsbotschaft der Produktionszahlen, der Vollbeschäftigung, des Durchprobierens aller Möglichkeiten, der permanenten Reflektion aller Existenzmomente undsoweiter. Sie ist heute nicht auszudenken,

obwohl sie uns möglicherweise schon auf den Leib rückt. Unsere Frage
heißt nun: Wie ist die Literatur von dieser Situation betroffen? Ist auch sie
Moment in dem allumfassenden Arbeitsprozeß? Sie könnte es etwa in der
Weise sein, daß sie Sisyphus immer wieder den utopischen Punkt auf dem
Berg verlockend macht, ja ihn vielleicht vergessen läßt, was mit seinem
Stein los ist, indem sie die Hoffnung auf eine zureichendere Bewegungs-
methode weckt. Diese Art von Literatur gibt es, und es ist klar, daß sie
denen, die auf Arbeitsziele versessen sind, die liebste ist. – Die Literatur
könnte am Arbeitsprozeß aber auch ganz schlicht beteiligt sein, indem
sie das Panorama aufnimmt, Zustände, Stationen, Stimmungen, kritische
Momente zur Sprache bringt, in ihrem Brennspiegel schärft, überscharf,
wenn's sein muß, und so ein Bewußtsein von dem bildet, was eigentlich
vor sich geht. Wir haben sie als die realistische Literatur bereits erwähnt.
Beide Weisen gab es und gibt es, und es sieht nicht aus, als sollten sie,
solange der geschilderte utopische Arbeitsprozeß in Gang ist, absterben.
Beide Formen dulden sich mehr oder weniger, wenn sie sich auch nicht
gerade lieben.

Beiden Konzeptionen ist gemeinsam, daß sie im vorhin beschriebenen
Dreiecksverhältnis von Autor, Werk und Publikum denken, in dem jedes
Moment seine bestimmte Position hat. Es wurde gezeigt, daß diese Konstellation bedingt ist durch die Beziehung des Werkes auf eine Hinter- oder
Überwirklichkeit, in der das Ganze, das wahre Wirkliche, die erwartete voll-
zählige Welt anwesend ist oder doch wenigstens angedeutet ist, mag es
theologisch oder ideologisch gefaßt sein. Wir fanden diese Konzeption
bereits an der Grenze zur modernen Welt im 17. Jahrhundert in Auflösung
und sahen punktuell Alternativformen entstehen.

Die vielleicht erregendste Station auf dem Rückzug aus dem unerreich-
baren Totalen von Welt ist das Werk von Mallarmé. Zugleich einer der
Bahnbrecher der modernen Poesie, ist er noch gebannt von dem Versuch,
das ungreifbare Ganze einer Welt im Irrealis ins Wort zu bringen. Wenn
auch nur im Fragment, wie ihm bewußt war, so doch um „an einer Stelle
wenigstens den Glanz der Echtheit aufschimmern zu lassen und die Herr-
lichkeit des Ganzen zu verkünden, für das ein Leben allein nicht genügt",
wie er sagt. Mallarmé setzt die allen geläufige Sprache außer Kurs, um sein
poetisches Ziel, die weiße Transzendenz der Sprache, zu erreichen. Indem
er sich ganz der Sprache und nur der Sprache in ihrem unabsehbaren Hof
von Bedeutungen, Beziehungen, Erinnerungen, vibrierenden Facettierungen
von Wort in Wort zuwendet, findet er zugleich die Wendung vom utopischen Totalen einer transzendenten Welt zum konkreten Text und seinen
Dimensionen. Mallarmé trifft dabei – fast zwangsläufig – auf die Textfläche,
die Fläche, auf der der Text steht, von der ihn das Auge abliest, als Moment
des Gedichts in seinem *Coup de dés*. Seitdem durchzieht die Vorstellung des
absoluten Gedichts, das nichts ist als es selbst, die Literatur.

Das war 1897, als die Ideologien der Arbeitswelt auf die nächste Revolu-
tionswelle zusteuerten. Inzwischen hatte Rimbaud die Halluzination der
Worte entdeckt, die eine Wirklichkeit bilden, die es nicht gibt und die nur
in der Sprache erreichbar ist, wie diese:

„Graue Kristallhimmel. Ein wunderliches Liniengewebe von Brücken,
die einen gerade, die anderen gewölbt, wieder andere in schiefen Winkeln
auf die ersten herabsteigend, wobei diese Figuren sich widerspiegeln in
den anderen erleuchteten Figuren des Kanals, aber alle derartig leicht,
daß die Ufer, beladen mit Domen, sich senken und verschwinden."

Der Horizont wird imaginär. Er ist nicht mehr bestimmbar, es sei denn durch
das traumhaft gezielte Ausstreuen von Bildern. Die Einheit wird vom Unterbewußten projiziert, falls es selbst Einheit ist – und es gibt Zeugnisse genug,
die daran zweifeln lassen. Die Einheit ist der Augenblick, in dem der Text
aufgefaßt wird, in dem die Bilder sich gegenseitig aufrichten, blenden,
durchdringen und ablösen. Es entstehen Texte, deren Bild-Augenblicke aus
einem irrealen Hintergrund hervortreten, hell werden und vorüberziehen.
Die von Sekunde zu Sekunde bestehen, mit verdämmernden Erinnerungen
an die weiter zurückliegenden: Denn es stellen sich nur vage ineinanderpas-
sende Sinnbezüge her, durch die das vergangene Gelesene ins gegenwärtige
hereingeholt werden könnte. Guillaume Apollinaire ist der erste Meister
dieser ineinandergeblendeten, hintereinander geschnittenen Bildverläufe –
die technischen Ausdrücke der späteren Filmkunst sind hier bereits angebracht. *Traumdeutung* schreibt Apollinaire selbst über das folgende Stück:

„... ich wußte, wie verschieden die Ewigkeiten sind von Mann und Frau.
Zwei Tiere ungleicher Art liebten sich. Doch einzig die Könige starben
nicht an diesem Lachen, und zwanzig blinde Schneider kamen, einen
Schleier zuzuschneiden und zu nähen, der den Karneel bedecken sollte.
Ich dirigierte sie selbst, rückwärts gehend. Gegen Abend flogen die Bäume davon, die Affen wurden unbeweglich, und ich sah mich hundertfach.
Ich war eine Herde, die sich am Ufer des Meeres niederließ. Am Horizont
zogen große Schiffe aus Gold vorbei. Und als sich die Nacht vollendete,
kamen hundert Flammen auf mich zu. Ich zeugte hundert Knaben, deren
Ammen Mond und Hügel waren. Sie liebten die Könige ohne Knochen,
die man auf den Balkonen schwenkte. Ich kam an das Ufer eines Flusses,
nahm ihn in beide Hände und schwang ihn. Dieser Degen stillte meinen
Durst. Und die versiegende Quelle warnte mich: wenn ich die Sonne auf-
hielte, würde ich sie wahrhaftig viereckig sehen ..."

Was Apollinaire schreibt, ist für den Leser völlig verrätselt, wenn auch vielleicht noch deutsam und bedeutsam. Der Traumtext steckt voller Sinnbilder,
die einem Dritten schwer oder gar nicht zu entschlüsseln sind. Die radikale
Konsequenz ziehen die Dadaisten wenige Jahre später. Ihrer gespaltenen
Methode gelingen reine, mit keinem Sinn befrachtete, oft luzide, groteske,
alberne oder erschreckende Bilder, die aufscheinen, einen Moment stehen
und dem nächsten weichen ohne irgendeinen Rest: Sie stehen in keinem
größeren Rahmen, beziehen sich weder auf ein Ich noch auf eine Welt hinter
oder über ihnen, wenngleich ihr Wortmaterial meist reale Gegenstände
bezeichnet, sind nichts als Bildsekunde. Dazu ein Beispiel von Hans Arp
aus seiner 1920 erschienenen Sammlung *der vogel selbdritt*:

die edelfrau pumpt feierlich wolken in säcke aus leder und stein.
lautlos winden riesenkräne trillernde lerchen in den himmel.
die sandtürme sind mit wattepuppen verstopft.
in den schleusen stauen sich ammonshörner diskusse und mühlsteine.
die schiffe heißen hans und grete und fahren ahnunglos weiter.
der drache trägt die inschrift kunigundula und wird an der leine geführt.
den städten sind die füße abgesägt den kirchtürmen nur volle bewegungsfreiheit in den kellern gegeben darum sind wir auch nicht verpflichtet die
krallen hörner und wetterfahnen zu putzen.

Aber nicht nur in der Lyrik – wenn man hier noch von Lyrik sprechen will –
dringt eine eigentümliche Zeitstruktur ein. An zahlreichen Stellen der Literatur nach der Jahrhundertwende macht sich ein neues Verhältnis der drei
klassischen Momente Autor, Werk und Publikum bemerkbar, zum Zeichen
dafür, daß die alte Transparenz oder Transzendenz des Werkes aufgegeben
worden ist.

1921 kam ein Stück auf die Bühne, in dem der Autor es ablehnt, sich
auf seine deutlich vor Augen stehenden Figuren weiter einzulassen, Luigi
Pirandellos bald weltberühmtes Drama *Sechs Personen suchen einen Autor*.
Der Autor trennt sich nach der Erfindung von seinen Produkten und weigert
sich, ihre Geschichte auszuführen. Sie sind ihm objektiv vorhanden wie je
nur auf der traditionellen Bühne. Was er von ihnen sagt, gilt für über 200
Jahre Theaterwirklichkeit:

„Ich kann nur sagen, diese sechs Personen, die man jetzt auf der Bühne
sieht, standen, ohne daß ich sie etwa gesucht hätte, vor mir so lebendig,
daß ich sie berühren, daß ich sogar ihren Atem hören konnte. Und sie
warteten förmlich darauf, jeder einzelne mit seinem Kummer und alle
vereinigt durch den Ursprung und die Verworrenheit des gemeinsamen
Erlebens, daß ich sie in die Welt der Kunst eintreten ließe, um aus ihren
Gestalten, ihren Leiden und Schicksalen einen Roman, ein Drama oder
wenigstens eine Novelle zu machen." [1]

Doch: „Als Geschöpfe meines Geistes lebten diese sechs bereits ihr
eigenes Leben und nicht mehr das meine, ein Leben, das ihnen zu verweigern ich nicht mehr die Macht hatte." [2]

Das Unerhörte geschieht, daß dieser Autor von seinen quasilebendigen Kindern nichts wissen will, ihnen die Ausführung ihrer Geschichte verweigert.
Und doch – so die Fiktion des Spieles – existieren sie weiter und suchen
eine Gelegenheit, ihre Geschichte doch noch im quasirealen Raum der
Bühne zu realisieren. Sie geraten an einen Theaterdirektor und verlangen
von ihm, gespielt zu werden. Der antwortet: „Wir geben hier nur richtige
Dramen und Komödien ... wo ist das Manuskript?"

Der Vater – eine der Personen –: „In uns, Herr Direktor ... Das Stück ist
in uns, wir selber sind das Drama, und wir brennen leidenschaftlich darauf,
es darzustellen." Doch es wird – wie der Autor sich ausdrückt – ein „Drama

1) Luigi Pirandello, *Sechs Personen suchen einen Autor*, Fischer-Bücherei 592. S. 8
2) ebenda., S. 9

ihres vergeblichen Versuchs", sich darzustellen. Die Fiktion von Wirklichkeit schlägt mit einem Revolverschuß dazwischen, und es bleibt in der Schwebe, was in dem Ganzen Fiktion, was Realität ist. Zugleich demonstriert die Ohnmacht der anwesenden Schauspieler, denen zugemutet wird, in die Rollen der sechs Personen einzusteigen, wie aussichtslos die Erwartung des Zuschauers sein muß, die Realität, die wahre Geschichte der betroffenen Personen auf der Bühne wiederzufinden. Auch die Wirklichkeit der Kunst-Figuren ist nicht übertragbar, also nicht spielbar und als Spiel reproduzierbar. Was die sechs Personen mit konzentriertem Eifer vorführen – so behauptet Pirandello durch das Stück – ist der einmalige Versuch, ihr Schicksal zu manifestieren, gebrochen durch die Vergeblichkeit ihres Bemühens. Die Figuren fungieren zugleich als ihre eigenen Interpreten und zwischendurch als kritische Zuschauer. Die bekannte Dreiheit von Werk, Autor – hier im Weiterproduzieren der Geschichte zu sehen – und Publikum ist zusammengezogen ins Spiel.

Brecht wird die reflexive Brechung des Schauspielers weiterführen, wenn auch mit entgegengesetzter Konsequenz: Er läßt seine Schauspieler unbekümmert aus den gespielten Figuren herausragen, er trennt Figur und Spieler. Damit erreicht er nicht nur die kritische Distanz mit der Aufforderung an den Zuschauer, selbst Stellung zu beziehen, ja innerlich das Spiel mit einer besseren Alternative weiterzuspielen; es setzt plötzlich auch das Spiel als Spiel frei mit einer Fülle von Möglichkeiten, die Brecht nicht aufgegriffen hat, die er vermutlich auch nicht akzeptiert hätte: Möglichkeiten eines autonomen Spiels allein aus den Mitteln der Bühne und der Körper, die sich auf ihr bewegen, mit oder ohne Reflex auf eine Geschichte.

Ebenfalls angelegt, aber nicht ausgenutzt ist hier die Möglichkeit, den Zuschauer das Dargestellte tatsächlich und nicht nur innerlich für sich mitspielen, alternativ umspielen zu lassen: Indem er sich tatsächlich auf die Bühne begibt und den Figuren dort wie den Zuschauern unten seine Version darstellt und improvisierend von den Mitspielern aufgreifen läßt. Das Mitspiel des Zuschauers ist in Brechts Theatertheorie enthalten, wie sein immer noch aufregendes Beispiel von der *Straßenszene* als »Grundmodell des epischen Theaters« zeigt. Freilich bleibt bei Brecht der demonstrierende Spieler immer vom Zuschauer, mag dieser auch noch so sehr engagiert sein, getrennt; es kommt nie zum Überspielen dieser ehrwürdigen Grenze an der Rampe. Es mag dies seinen Grund in einem pädagogischen Impetus haben, der im Spiel nicht nur zeigen, sondern auch lehren – mag sein: auch demonstrieren will.

Erst eine Bühnenauffassung, die sich völlig frei gemacht hat von jeder belehrenden oder irgendwie mitteilenden Absicht zu Nutzen und Frommen des Zuschauers, ein Spiel, das einzig Spiel um des Spiels willen ist – worin genug unersetzliche Erfahrungen stecken können, die auf keinem anderen Weg vielleicht zugänglich sind –, erst ein solches unprätentiöses Spiel kann unbefangen zum Mitspiel werden. Sein Protagonist bei uns ist Claus Bremer. Er bringt die alte gute Gewohnheit der Improvisation wieder zu Ehren, die bei Pirandello nur vorgetäuscht war. Pirandellos Stück ist Wort für Wort vom Autor festgelegt, Bremer braucht Stücke, die den Spieler durch szenische Anweisungen, Dialogpassagen, Requisiten, Rahmenhandlungen in Gang setzen, ihm ein mimetisches Programm geben, aber nicht zur bloßen Reproduktion verurteilen. Die vielmehr Luft lassen für Alternativwege. Zum Beispiel in dem Stück *scherenschnitte* von Paul Pörtner, das in Ulm nicht etwa auf der Studiobühne, sondern vor dem Abonnementspublikum gespielt worden ist. Bremer berichtet darüber:

„die zuschauer erleben hier eine szene, die mit einem mord endet. alle beteiligten werden von der polizei verdächtigt. bei der üblichen rekonstruktion der tatbestände können die zuschauer abweichungen im spiel der darsteller, die der entlastung dienen sollen, als zeugen feststellen und korrigieren. darauf reagieren die darsteller und machen sich, im wechselspiel mit den zuschauern und den anderen darstellern, in den augen der zuschauer schuldig oder unschuldig. es hängt von ihrem zusammenspiel ab, wer als täter jeweils ergriffen wird.

... stichwortartig auf meine vorläufige formel gebracht: der autor weckt durch die darsteller in den zuschauern eine erwartung (das wiederholen der szene, die mit dem mord endet), von der er durch die darsteller, durch die zuschauer kontrollierbar, abweichen läßt (die darstellerin, die beim ersten mal z.b. gesagt hat, daß sie im »kornhaussaal« gesungen hat, sagt bei der wiederholung, sie hat im »schuhhaussaal« gesungen, worauf den zuschauern der eingriff erlaubt sein muß („sie haben aber doch vorhin gesagt ..." etc.), auf den die darsteller reagieren können („da muß ich mich versprochen haben, ich habe immer »schuhhaussaal« gesagt" usw.), wodurch sie in den zuschauern eine erwartung wecken (die darstellerin ist mordverdächtig), von der der autor durch die darsteller, für die zuschauer kontrollierbar, abweichen läßt (ein anderer darsteller macht sich ebenfalls verdächtig, usw.)" [3]

Welche Revolution gegenüber der klassischen Bühnenpraxis sich hier ankündigt, lassen die Äußerungen der beteiligten Schauspieler ahnen. Einer von ihnen sagt: „man darf sich nur nichts vornehmen. man muß den mut haben, einfach zuzuhören." Und Claus Bremer bemerkt dazu:

„er hat recht gehabt. improvisieren fängt mit dem mut zum zuhören an ... ich habe an diesen mitspielen gemerkt, daß sie einen anderen typ von schauspieler als den klassischen brauchen. der ideale schauspieler des mitspiels ist nicht darauf angewiesen, alles auswendig zu lernen. er muß die übergänge vom auswendiggelernten zum improvisierten beherrschen. er muß eigen kombinieren können. er muß darüber hinaus auch zu seinen fehlern vertrauen haben. es darf ihm nichts ausmachen, wenn er sich bloßstellt. im gegenteil, er muß freude daran haben, sich bloßzustellen ... ich brauche für das mitspiel den schauspieler, der sich zur schau stellt." [4]

Darin zeichnet sich ein durch und durch offnes Drama ab, ein Drama, das zum ersten Mal nicht nur aus Dialogen besteht, sondern dialogisch verfährt, weil es dem Partner die Freiheit läßt, trotz dem gemeinsamen Handlungsrahmen das Unerwartete mit ins Spiel zu bringen. Keine Aufführung gleicht

3) in: *sonde 3*-4 / 1964, S. 118
4) ebenda, S. 118

der andern, weil das Spiel jedesmal als Prozeß zwischen Individuen ausgetragen wird. Und der Zuschauer kann nicht nur verbal eingreifen, er kann sich auch auf die Bühne begeben und selbst agieren. Bremers Ideal ist daher die Bühne, die keine Rampe kennt, sondern in den Zuschauerraum übergeht, so daß der Wechsel aus dem einen in den anderen Bereich ohne Störung geschehen kann.

Durchleuchten wir einen weiteren Punkt des Umbruchs aus einer klassischen Form in die offene. Zwei Jahre nach Pirandellos Anti-Drama, 1923, veröffentlichte Kurt Schwitters eine Antinovelle, nämlich die grotesk-sinnlose Geschichte der *Auguste Bolte*. Während Pirandellos Stück die Bühnen ganz Europas eroberte, blieb Schwitters schmales Heft fast unbekannt.

Schwitters erzählt die Geschichte eines ältlichen, vor Wißbegier vertrockneten Mädchens. Aus einer zufälligen Menschenansammlung auf der Straße schließt Auguste Bolte in ihrer unbefriedigten Neugier auf ein unerhörtes Ereignis, das man ihr verbergen will und dem sie doch – um jeden Preis – auf den Grund gehen muß. Aber die ganze Geschichte, die sie bei der Jagd nach dem verborgenen Unerhörten erlebt, beweist nur, daß das Unerhörte sich nicht erjagen läßt – daß es nur in der Hoffnung eines vereinsamten Individuums, nicht jedoch in einer Welt existiert, deren Bewohner schließlich nichts Wichtigeres kennen, als hinter ihren Wohnungstüren ungeschoren zu bleiben. Die Jagd nach dem versteckten Unerhörten artet zur Groteske aus, als Auguste in Schallgeschwindigkeit zwischen zwei verdächtigen, in entgegengesetzten Richtungen sich entfernenden Personen hin- und herpendelt, bis sie sich für eine entscheiden muß. In ihrer bösen Hartnäckigkeit wird sie endlich selbst die Ursache eines gutbürgerlichen Skandals: Ruft also, freilich ohne es zu merken, selbst den unerhörten Vorfall hervor, den zu erfahren sie begierig ist.

Schwitters erzählt seine Geschichte nicht in der gewohnten erzählerischen Distanz, sondern durchschießt sie mit Sprachfloskeln, leeren Redensarten, albernen Sprichwörtern. Er erzählt eigentlich nicht, sondern redet das Ganze schnoddrig, in bewußt verkorkster Sprache herunter. So geht Hand in Hand mit der Bezweiflung der Gattungsform Novelle die Auflösung der überkommenen Erzählhaltung, die einem Individuum entsprach, das noch ein Schicksal haben, dem Unerhörtes begegnen konnte. Die Sprache dieses Stückes wird zum bloßen Vehikel von Realitätsscherben, Versatzstücken, auch Funktionsmaterialien, die die Geschichte weitertransportieren. Im schizoiden Kurzschluß ihrer Selbstgespräche verheddert sich die seltsame Heldin immer wieder in Reime, die ihr nur dazu dienen, die Richtigkeit ihres Tuns zu bestätigen, verfängt sich in Sackgassen, weil sie Redensarten wörtlich nimmt.

Das Stück endet in Verneinungen auf der ganzen Linie: Es ereignet sich nichts, Auguste erfährt nichts, sie landet schließlich „mitten auf einem riesigen Truppenübungsplatz" – „vielleicht denkt der Leser, hier würde (sie) verhungern, aber sie verhungert hier nicht. Vielleicht denkt der Leser, (sie) würde nach Hause finden wie eine Katze; aber sie findet nicht. Der Leser glaubt, ein Recht darauf zu haben (zu erfahren), wer oder was los wäre", „aber der Leser hat kein Recht, jedenfalls nicht das Recht, im Kunstwerk irgend etwas zu erfahren ... Die Geschichte ist aus, einfach aus, so leid es mir auch tut, so brutal es auch klingen mag, ich kann nicht anders. Ich als Autor erkläre hier, daß dieses der Schluß meines Versuches ist, dem Volke eine Auguste Bolte zu schenken."

Die Geschichte muß also mit bösem Grinsen totgeschlagen werden, weil in ihr kein Ausgang angelegt ist: thematisch nicht, denn sie hat nur das eine Thema zu zeigen, daß es kein Thema gibt; und sprachlich nicht, weil der unverbindliche Redefluß endlos weiterrinnen könnte.

Die Geschichte von der Auguste Bolte ist nicht nur eine – dem Autor vielleicht gar nicht bewußte – Parodie auf die Novellentheorie des 19. Jahrhunderts. Sie ist auch nicht bloße Satire auf ein verqueres Verhältnis zur Wirklichkeit: Nämlich eines von abstrakten Vorstellungen geplagten Individuums, dessen Idealismus ins Leere rennt. Schwitters räumt das Gelände für einen neuen, unklassischen Textbegriff: eines Sprachwerkes, das sich von Moment zu Moment weiterbewegt, von thematischen Zusammenhängen nur provisorisch gesteuert, sie immer wieder aufhebend, damit die Einzelheit und ihre Nachbarschaften, der im Fluß stehende Augenblick gelte.

Es stellt sich sofort die Frage: Was denn nun das Ganze formiere, wovon die Großkomposition bestimmt werde? Welches Ordnungsprinzip kann das abgelöste ersetzen? Diese Frage wird immer wieder neu gestellt werden müssen, und sie wird immer wieder anders beantwortet. Schwitters sättigt den Bewegungsablauf, den er verfolgt, durch Anreicherung mit Assoziationen, Versatzstücken, die verändert wiederkehren, er wendet eine Art Collage-Technik an wie auf seinen gleichzeitigen Bildern.

Den Text als ein momenthaftes und zugleich unabschließbares Gebilde hat zuerst Arno Holz mit seinem Mammutgedicht *Phantasus* in die deutsche Literatur eingeführt. Die erste Fassung des *Phantasus* erschien bereits 1898, eine Generation vor Schwitters und vor den handgreiflichen Erfahrungen einer sich selbst auflösenden und fressenden Gesellschaft. Was zunächst als jugendstilige Marotte wirkt, vorgetragen mit dem zweifelhaften Anspruch, eine Revolution in der Lyrik zu bringen, entwickelt Holz in 25 jähriger, verbissener Arbeit zum Spielraum des Wortes, wie man ihn bis dahin nicht gekannt hatte. Seine Satzkaskaden lassen die ihnen einwohnende Syntax vergessen und zeigen die reine Permutation des Vokabulars, wie in folgendem Beispiel:

Um / einen / in jeder Beziehung / zentralen, / um einen ebenholzglitzig, um einen ebenholzblitzig, um einen / ebenholzstämmig / nuptialen, / um / einen / gigantisch, einen ragend, einen himmelhoch / kolossalen, / monumentalen, phänomenalen, / querdurch / dunkele, querdurch funkele, / querdurch / granatapfelrosig, pimpernußkosig, / pompelmusig, mammaobusig, / blaufeigendrusig / fruchtlaubumwundene, goldbandbebundene, / schaukelnd schwebende, schwingend bebende, / sich immer höher, sich immer schwindelnder, sich immer enger / webende / zirkelnde, zwickelnde, schnirkelnde, schnickelnde, / wirkelnde, wickelnde / Kranzkreise, / Kranzringe und Kranzreifen / majestätisch, machtvoll, triumphierend, prachtvoll, / siegerisch, kraftvoll, / steil / sich stoßend / transversalen, / ultranormalen, suprasakralen,

antitrivialen, / urerzfeudalen / mit hunderttausend / nach / betreffendem
Klettern mit gestrafften Katterlettern, / auf / minimalstes / Gelange, Mensch,
sei nicht bange, folg' deinem Drange, / sofort, augenblicklich, im Nu und auf
der Stelle, / ohne weiteres / eßbaren, / unverzüglich verzehrbaren, aus der
Klaue / freßbaren, / in allen Farben, in allen Nummern, man sieht sie bau-
meln, man hört sie bummern, / deliziös, / lockend, labend, lecker, / einladend /
marzipanernen, nicht porzellanernen, / röschen, / rischen, knurschen, kni-
schen, / zieren, / zarten, zwieseligsmarten ...[5]
und so weiter.

Der Leser erfährt eigentlich nicht, worum es geht und worauf sich das
anfängliche *Um / einen* ... bezieht. Selbst wenn das Beziehungswort im
weiteren Verlauf des Textes noch auftaucht, ist es nach diesem Ätzbad
der divergierenden Bedeutungen völlig denaturiert und auch nichts weiter
als ein Vokabelelement unter vielen anderen. Die zitierte Stelle ist eine der
extremsten im *Phantasus*, und ihre Wirkung entspricht zunächst nicht der
Absicht des Autors, dem es ursprünglich um die formentsprechende Darstellung seiner Motive ging. Das Riesengedicht des *Phantasus* folgt hier
jedoch dem eigenen Schwergewicht und ändert unbekümmert um das
Bewußtsein des Dichters die Funktion der Sprache: Das Thema geht unter,
hervor tritt das Wort, das anderen Worten benachbart ist und sich von
ihnen bestimmen läßt, indem es sie etwa spiegelt und verwandelt, Assoziationen anschießen läßt, immer wieder aus dem thematischen Bezug mit
einem Seitensprung ausbricht, nicht darstellt, sondern sich weiterbewegt.
In diesem Prozeß entspringen Wörter, die die konventionelle Sprache nicht
kennt und die nur hier an Ort und Stelle eine Funktion haben, doch nicht
übertragbar sind. Während die gewohnte Sprache ihre Leistung vollbringt,
indem sie selbst in der Mitteilung verschwindet und keine Beachtung auf
sich zieht, gehen hier gerade die Inhalte unter, und es bleiben allein die
Wörter vor Augen. Die Funktion der Sprache wird umgestülpt.

Arno Holz glaubte, mit dem *Phantasus* die Lyrik zu revolutionieren.
Doch hat sein Riesenpoem gerade in der Lyrik kaum Folgen gehabt. Der
eben gehörte Text zeigt jedoch, daß die Unterscheidung zwischen Lyrik und
Prosa ihren Sinn zu verlieren beginnt. Holz führt zwar eine freie Verseintei-
lung ein, betont also das wichtige lyrische Merkmal der Zeile, gliedert sie
aber zugleich allein nach dem textimmanenten Rhythmus, wie es jede Prosa
auch tut. Aber auch der Begriff Prosa hat hier kein Recht. Die alten Bezeichnungen treffen daneben, wenn es darum geht, bestimmte Bewegungscharaktere des Sprachmaterials zu beschreiben.

Dazu ein weiteres, nicht sehr bekanntes Beispiel, wieder von Kurt
Schwitters. In seinem Bändchen *Die Blume Anna* steht ein Gedicht, das nur
aus Zahlen, rhythmisch angeordneten Zahlen besteht. Sein Reiz liegt in der
abstrakten Zu- und Abnahme der Zahlwerte, den Regel- und Unregelmäßigkeiten, die dabei wahrgenommen werden, und der rhythmischen Wiederholung der Zahlworte:

5) Arno Holz, *Phantasus*. Berlin 1925, Band III, S. 1182 f.

Gedicht 25
[elementar]

25
25, 25, 26
26, 26, 27
27, 27, 28
28, 28, 29
31, 33, 35, 37, 39
42, 44, 46, 48, 52
53
9, 9, 9,
54
8, 8, 8
55
7, 7, 7
56
6, 6, 6
56
6, 6, 6
$3/_4$ 6
57
5, 5, 5
$2/_3$ 5
58
4, 4, 4
$1/_2$ 4
59
4, 4, 4
$1/_2$ 4
25
4, 4, 4
$1/_2$ 4
4, 4, 4
$1/_2$ 4
4, 4
4
4
4   [6)]

Aus dem indifferenten Material der Zahlen gebildet, ist dieses Gedicht nichts als die rhythmische Folge abstrakter Worte, die sich nur auf ihr eigenes System beziehen, also ein Gedicht senkrecht zu jeder Tradition.

Bei Schwitters begegnet uns auch die Tendenz zu einer Grenzaufhebung, deren Konsequenzen noch immer nicht abzusehen sind: nämlich der zwi-

---

6) abgedruckt in: Kurt Schwitters, *Das literarische Werk*. Bd. 1, Lyrik. Köln 1973, S. 204

schen Kunst und Realität. Sie wurde zum erstenmal im Kubismus versucht, als zum Beispiel ein reales Stück Tapete als Tapete ins Bild geklebt wurde. Die Realität ist im Bild handgreiflich da, aber befremdend und verfremdet, weil sie aus ihrem Zusammenhang in eine eigene Kunst-Welt versetzt worden ist. Radikaler geht wenige Jahre später Duchamp vor: Er setzt den banalen Gegenstand selbst, etwa einen Flaschenständer, als Kunstwerk, indem er ihn im ganzen aus seinen unansehnlichen realen Beziehungen löst. Er geht damit auch über Kurt Schwitters hinaus, der bei der Montage seiner aus aufgelesenen Fundstücken gefertigten Bilder immer noch das Bewußtsein des komponierenden Künstlers hat. Schwitters klebt nun nicht nur Textteile, Zeitungsfetzen, Trambahnbillets, Reste von Verpackungen ins Bild, er montiert auch aufgeschnappte Redensarten, Reklamesprüche und ähnliches kleinkariertes Sprachgut in seine Texte. Wenn er nicht gar erlauschte Rede im ganzen protokolliert, wie die Geschichte vom Sterben des Papageien Schako, die er in der Eisenbahn aufgefangen hat. Die eigne Zutat schrumpft dabei auf die Arbeit des genauen Hinhörens zusammen: Es zeigt sich, daß im plappernden Selbstgespräch eines verwitweten Frauchens, die den Papagei zu versorgen hatte, genügend formale Elemente stecken, die das Sprachstück organisieren und spannend machen.

Nach dem 2. Weltkrieg tritt die Grenzaufhebung zwischen Kunst und Realität aufs neue wieder auf. Realität meint dabei immer zivilisatorische Realität, die Produkte des sekundären Systems, wie es Hans Freyer genannt hat. Es sei nur auf zwei Beispiele hingewiesen. 1960 errichtete Jean Tinguely im Museum of Modern Art in New York ein acht Meter hohes umfangreiches Arrangement von sich bewegenden, ratternden, qualmenden Apparaten, Motoren, Gestängen – unter anderem waren ein Klavier und ein lärmender Radioapparat eingebaut. Der Radioapparat spielte, bis er von einer Motorsäge im Lebensnerv getroffen war. Das ganze System destruierte sich bei der Aufführung langsam mit mechanischer Gewalt und mit Feuer unter Entwicklung von Rauch und Gestank.

Zur selben Zeit etwa entsprang die Welle der Happenings, die von Amerika ausgehend, von der »fluxus«-Gruppe, Wolf Vostell und anderen auch bei uns eingeführt wurden. Happening heißt ‹Geschehnis› und will wörtlich verstanden werden: als bloßes landläufiges Geschehnis. Die besten Happenings sind vielleicht die, die im gewöhnlichen zivilisatorischen Getriebe vorkommen. Wobei sofort klar wird, daß es auf den Zuschauer ankommt, einen Vorfall, einen Vorgang als Happening zu sehen und zu verstehen. (An sich gibt es das Happening so wenig wie jedes Kunstwerk.) Die Happenings, die die fluxus-Gruppe aufführte, waren banale alltägliche Handlungen: Ein Klavier mit einem Lappen und einem Besen sehr sorgfältig reinigen, am Klavier sitzen und ein Stück Brot verzehren. Sie konnten aber auch bösartiger werden: Zum Beispiel, wenn ein Klavier dadurch zum Tönen gebracht wird, daß man es mit allen möglichen Werkzeugen einschließlich eines Elektrobohrers angreift und dabei zerstört. Eine solche Aufführung ist in jedem Sinne einmalig: Im simpelsten, weil das Instrument kein zweites Mal zu gebrauchen ist, im gehobenen Sinn, weil es sich um eine Manifestation handelt, die exemplarisch ein für alle Mal vollzogen und ins Bewußtsein genommen wird. Es ist seitdem nicht mehr nötig, abermals eine solche Destruktion zu demonstrieren. Jedes Happening ist grundsätzlich unwiederholbar; seine Reproduktion könnte nur als Kopie gelten. In der Einmaligkeit liegt sein spezifisches Kennzeichen, das es mit dem Kunstwerk gemeinsam hat. Jedes Happening wird mit seinem Vollzug sofort historisch. Während die Serien der realen Ereignisse, des ständig sich verschiebenden Realitätsgeflechtes, in dem wir existieren, uns für gewöhnlich nur unterlaufen, im Wortsinn ‹passieren› und verschwinden, stellt sich im Happening banales, ganz geläufiges Geschehen quer zum Erlebenden, erscheint plötzlich herausgeschnitten aus dem kontinuierlichen Funktionengeschiebe, ohne dessen Mimikry, ohne dessen zerstreuende Beweglichkeit: als Szene vor Augen, ein Spektakel, in dem die beiläufige Banalität plötzlich faszinierend oder erschreckend, oft genug faszinierend-erschreckend erscheint. Die eingewälzte Realität wird zum Theater, wie in dem konsequent durchgeführten Happening Vostells *In Ulm um Ulm und um Ulm herum*. Die Alltagslokalitäten, wie Tiefgarage, Schlachthof, Autowaschanlage, Rollfeld, kehren ihre Schauseite hervor. Auf dem Hintergrund ihrer allbekannten Funktionen, die dem Zuschauer gegenwärtig sind, wird ihre Realität auf unterschwellige, nicht immer ganz harmlose Erlebniserwartungen gerichtet; sie wird plötzlich durchlässig für Existenzbedrohungen, die jeder fühlt, aber keiner zu manifestieren wagt. Die Ambivalenz von Bedrohung und Befreiung von der Bedrohung im stellvertretenden, hautnahen Vollzug des Spiels erregt und schüttelt die Teilnehmer, als wären sie Besucher vom Mars – es ist Spektakel und Menetekel in einem; und es bleibt – weil keine Sinnbezüge mitgeliefert werden – dem einzelnen überlassen, ob und welche Einsichten er daraus gewinnt. Der Zuschauer behält die absolute Interpretationsfreiheit; es ist seine Sache, die Vorzeichen zu bestimmen. Den Äußerungen der Teilnehmer läßt sich bereits während des Vollzugs entnehmen, daß jeder irgendwie damit beschäftigt ist.

Wie beim bereits beschriebenen Mitspiel können sich auch bei diesen Happenings die Zuschauer unter die Akteure mischen, wie zwischendurch die Akteure sich zuschauend verhalten. Der persönliche Mitvollzug verändert auch die Perspektive auf das Geschehen und das Sinnverständnis. Der in das Geschehen eintretende Zuschauer erfährt handgreiflich, wie Realität und Bedeutung, Spiel und Wirklichkeit ineinanderstecken. Daß er sich in einer dem Menschen völlig handhabbaren Welt, die von ihm hervorgebracht wird, von der er abhängig ist, wie sie nur auf ihn bezogen einen Sinn hat, eigentlich nur behaupten kann, wenn er immer wieder das Spielmoment in ihr entdeckt. Gewohnt ist er durch die gängige Erziehung, aber auch durch die überdimensional bedrohlichen Aspekte der zivilisatorischen Welt, nur ihren Arbeitscharakter zu sehen, sie also permanent als Ernstfall zu verstehen. Doch in der äußersten Konsequenz dieses Ernstfalles, der Materialschlacht des ersten Weltkrieges, zeigte sich zugleich die Absurdität einer nur als Ernstfall verstandenen technischen Zivilisation. 1916, als um Verdun die Maschinen tobten, entstand der Dadaismus, und er proklamierte die Realität als Spielfall. Was in dieser Entdeckung steckt, ist heute noch nicht abzusehen.

Text als Prozeß

1966

Zur Vorbereitung des Themas, das den literarischen Text als Prozeß bezeichnet, sollen zwei herkömmliche poetologische Begriffe durchleuchtet werden, auf die sich jahrhundertelang die Dichtungstheorie vor allem stützte: die Begriffe des künstlerischen Einfalls und der künstlerischen Idee. Sie liefern den nötigen Widerstand, um die eigene Auffassung hervorzutreiben. Beide Begriffe bilden auch heute noch das Rückgrat einer bestimmten literarischen Polemik.

Der Begriff ‹Einfall› ist vermutlich von der psychologisierenden Ästhetik des 19. Jahrhunderts aktiviert worden; es hat den älteren Begriff der ‹Eingebung› abgelöst: ‹Eingebung› eines dichterischen Gedankens durch eine höhere, numinose Instanz, die damit zugleich einen Teil der Verantwortung für das daraus entspringende Werk übernahm. Goethe ist einer der letzten, die hier als Zeugen dienen können. Sein Tasso sagt: „Und wenn der Mensch in seiner Qual verstummt, gab mir ein Gott zu sagen, wie ich leide." (V. 5)

Inzwischen hatte das genialische Individuum des Sturm und Drang die göttliche Instanz, welche Eingebungen zu vergeben hatte, längst an sich gezogen: Das dichterische Subjekt identifizierte sich mit jeder möglichen Schöpferkraft, das damals aufkommende Bild vom ‹Kuß der Musen› deckt noch eine zeitlang die Lücke, die die abgetane ‹Eingebung› gelassen hatte: Die Musen teilen keine Gedanken und Ideen mehr mit, sie sprechen nicht mehr, sie begnügen sich verlegen mit einem Kuß auf die Dichterstirn. Das macht sich auf jeden Fall gut. Das 19. Jahrhundert hat fleißig mit diesem Bild operiert, das einen Rest von höherer Weihe versprach und zu nichts verpflichtete, weil es nichts besagte. Für die ästhetische Theorie war der Begriff des ‹Einfalls› brauchbarer. Rein psychologischer Herkunft, enthält er keinerlei Beziehung mehr auf etwas Transsubjektives. Das Wort selbst stammt aus der Mystikersprache und meint dort ‹zufälliger Gedanke›.

Wir bezeichnen damit die subjektive Erfahrung, die jeder kennt, wenn ihm z.B. zu einem Problem, mit dem er sich lange vergeblich abgequält hat, plötzlich die Lösung ‹einfällt›, und zwar eine Lösung, die auf deduktivem, logisch herleitendem Wege nicht hätte gefunden werden können: Vielmehr hat sich plötzlich eine Beziehung zwischen einer bekannten und einer unbekannten Vorstellung hergestellt, die zunächst nichts miteinander zu tun hatten, durch die spontane geistige Leistung aber, die wir als Einfall bezeichnen, in einer plausiblen Verbindung erscheinen, die eigentlich gar nicht anders hätte sein können. Diese Weise der geistigen Schaltleistung steht von vornherein neben der des logischen Ableitens und auch neben der des Schauens, der imaginativen Einsicht in einen anders nicht zugänglichen Sachverhalt oder der Voraus-Sicht einer sonst nicht oder noch nicht existenten Wirklichkeit. Sie ist also eine elementare geistige Leistung des Menschen, und ihre Spontaneität kann so wenig wie die Imagination oder die logische Operation beim ästhetischen Tun entbehrt werden. Brenzlig

wird es erst, wenn diesem Begriff mehr zugemutet wird, als er tragen kann.
Und dies ist in der herkömmlichen ästhetischen Theorie geschehen, als er
an die Stelle der ‹Eingebung› treten mußte. In dieser Theorie behauptet er
die Dominanz der freien subjektiven Spontaneität über die logische Analyse,
die genaue Konsequenz im Plan eines Werkes. Der psychhologische Termi-
nus, der definiert seinen guten Platz hat, ist im Geschiebe der geschichtlichen Umlagerung der ästhetischen Theorie mit dem Erbe und dem Anspruch
des subjektiv-genialischen Schöpfertums amalgamiert worden, das sich
inzwischen längst totgelaufen hat. Wir können daher den Begriff ‹Einfall›
nur als einen unter anderen und möglicherweise wichtigeren gebrauchen,
nicht als Schlüsselbegriff einer ästhetischen Theorie.

Zur vorläufigen Durchleuchtung des Feldes, auf dem wir uns bewegen,
sei auch auf den Begriff der Idee ein Blick geworfen. Der Einfachheit halber
und um die Verständigung zu beschleunigen, sei zitiert, was die *Grundbe-
griffe der Literatur* von Bantel über die Idee als Moment der Literatur sagt:
Sie wird dort als der „Grundgedanke eines Werkes" bezeichnet, „welcher
auch die Struktur bestimmen kann. Die Idee in Goethes *Iphigenie* ist die
Humanität, in Schillers *Spaziergang* der Geschichtspessimismus, in
Büchners *Woyzeck* das Leid der vom Schicksal und den Mitmenschen getre-
tenen Kreatur. Über die künstlerische Form ist damit noch nichts gesagt.
Daher ist es nicht zulässig, allein auf Grund der Idee eines Werkes über
seinen Wert zu urteilen ..." Idee in diesem Sinne meint also das berühmt-
berüchtigte ‹Was der Dichter uns sagen will›. Setzen wir daneben gleich
Kurt Schwitters apodiktische Absage an solche Erwartungen am Schluß
seiner Groteske von der Auguste Bolte [1]: Der Leser glaubt ein Recht darauf
zu haben zu erfahren, „wer oder was los wäre", „aber der Leser hat kein
Recht, jedenfalls nicht das Recht, im Kunstwerk irgend etwas zu erfahren ...".
Damit und mit der ganzen irren Geschichte der Auguste Bolte, die den vergeblichen Versuch macht, das Unerhörte, das sie wittert, in Erfahrung zu
bringen, würgt Schwitters für seinen Teil die Idee als Moment im literarischen Text ab. Es sei denn, man bezeichne als den Grundgedanken der
Auguste Bolte, zu demonstrieren, daß es keinen Grundgedanken geben
könne. Wer den Text von Schwitters kennt, weiß, daß er nichtsdestoweniger
eine konsequente, allerdings vielschichtige und immer wieder gebrochene
Struktur aufweist. Er hat keine inhaltliche Idee – wenigstens nicht im herkömmlichen Sinn, wohl aber eine bestimmte textliche Struktur seiner
Sprach- und Stilelemente. Deutlich ist die Idee aus dem Inhaltlich-Ideellen,
wie es das Literarische Wörterbuch verstand, das wir zitiert haben, ins For-
mal-Sprachstrukturelle abgewandert. Es ist nicht zu bezweifeln, daß unter
dem strukturellen Textverlauf bestimmte Formvorstellungen, formale
Absichten liegen, die abgelesen werden können und den klassischen Grundgedanken analog sind. Denn auch die scheinbar bloß formale Struktur eines
Textverlaufes hat – wenn man sie sich bewußt macht und sprachlich vergegenwärtigt – eine inhaltliche Seite, wie leicht einzusehen ist, wenn man sich
die entsprechenden Begriffe wie Destruktion, Simultaneität, Überblendung,

1) Vgl. oben S. 185

Verwerfung, Phasenverschiebung, Wiederholung, Einmaligkeit usw. ansieht: Sie beschreiben ontische Vorgänge, quasireale Verfassungen ihres Materials, nämlich der Texte und der Textsprache. Vorausgeht allerdings die Entscheidung, Text und Textsprache die gleiche Konkretheit zuzugestehen wie der üblichen Wirklichkeit, die bis dahin allein als real anerkannt wurde, während die Sprache und ihre Formationen als Zeichenordnungen auf sie bezogen, ihr sekundär waren, in einem nicht immer eindeutigen Verhältnis des Abbildens und Repräsentierens.

Wir erreichen hier den Punkt, an dem sich die Geister scheiden. Da er für unsere weiteren Überlegungen wichtig ist, müssen wir ihn etwas genauer betrachten. Wie ein graphischer Punkt unterm Mikroskop verliert dabei auch der unsrige seine schlichte Kompaktheit und erscheint als aufgerissenes Feld. Niemand wird bestreiten, daß die Sprache ein Zeichensystem ist, sich auf eine ihr transzendente Realität bezieht, die mit ihren Zeichen, also den Wörtern, Sätzen usw., zu bezeichnen und Bedeutungen von einem Individuum zum anderen zu vermitteln hat. Die Bedeutungen stehen mit dem Zeichensubstrat, den Lauten und ihren Kombinationen, in keinem kausalen Zusammenhang; im Gegenteil, das Zeichen erfüllt seine Funktion am besten, wenn es selbst in der Vermittlung als eigene Form möglichst unbemerkt bleibt, in seiner Leistung untergeht. Die sprachliche Vermittlung würde ersticken, wenn wir statt ihr fix die Bedeutungen zu entnehmen, ihre Laute betrachten wollten.

Dem widerspricht auch nicht, daß wir zur Sprache auch die Ausdrucksleistungen etwa des Wehgeschreis rechnen, die unmittelbar durch ihre lautliche Beschaffenheit und ohne sich auf begriffliche, als Wörter gefaßte Bedeutungen zu beziehen, verstanden werden. Auch dabei dient die Lautung nur als Zeichen für eine Bedeutung, mag sie von dem Subjekt, das sie äußert, auch nur im erleichternden Ausdruckszwang, nicht als Mitteilung an andere hervorgebracht werden.

So sehen wir zunächst einmal die Zeichennatur die ganze Breite des Sprachlichen besetzen, so daß Sprache als Zeichen und nichts als Zeichen – sofern sie Sprache ist – erscheint. Die Modifikation setzt in zwei Hinsichten ein. Einmal im Hinblick auf die Plastizität von Sprache; dann im Hinblick auf die Realität, in der der Mensch mit seiner Sprache da ist, wobei wir die Formulierung „in der der Mensch da ist" noch einer Revision zu unterziehen haben.

Der uns geläufige Zeichencharakter der Sprache ist bedingt durch die drei Momente Sender – Mitteilung – Empfänger. Das Aufregende dabei ist, daß Sender und Empfänger, zwei selbständige und einander weithin fremde Individuen, bis in feinste Nuancen hinein das Zeichensystem der Sprache im gleichen Sinne benutzen und verstehen. Und ebenso aufregend ist es, daß die Sprache ihnen die Möglichkeit gibt, ungeheure Bedeutungsmengen so in Abkürzungen, nämlich zeichenhaften Abkürzungen, zu transportieren, daß sie handhabbar bleiben und die Kraft der Beteiligten nicht schon in der Übertragung erschöpfen. Die Wörter, als Zeichen, kondensieren mehr an potentiellen Bedeutungen, als beim singulären Gebrauch benötigt und bewußt wird, und halten diese potentiellen Bedeutungen in jedem Augenblick bereit. Sowohl in der allgemeinen Geschichte eines Wortes, seiner langen Überlieferung mit ihren Wandlungen und Verschiebungen, wie in der Geschichte des individuellen Gebrauchs eines Wortes durch einen bestimmten Menschen erlebt es Verformungen, Überschichtungen, Verlagerungen seiner Bedeutungspotenz, die es der Erfassung durch ein Lexikon eigentlich entziehen. So bringen auch die brauchbaren Wörterbücher neben den Wortgleichungen möglichst vielfältige Belege der Verwendung des betreffenden Wortes, aus denen der Benutzer des Lexikons seine Version destillieren kann. Erst in der konkreten Verwendung wird das Wort genau – es kann aber nur genau werden, weil es über den unabsehbaren Hof seiner Bedeutungspotenzen mit ihren geschichtlichen Facettierungen, mit den Erinnerungen an zahlreiche bereits geschehene Verwendungen abweichender Art verfügt. Die Genauigkeit der Wortbedeutung im konkreten Fall ist eine Funktion der Plastizität des Wortes und seiner Anreicherung durch die überlieferten Verwendungen.

Die Plastizität der Wörter ermöglicht nicht nur, sie in zahllosen Zusammenhängen und in immer neuer Hinsicht zu verwenden, sondern erlaubt auch, ihren primären Gegenstandsbezug zu lockern und sie als Metaphern zur Darstellung von Sachverhalten zu benutzen, die ihren Gegenständen nur analog sind, mit ihnen irgendeine Ähnlichkeit gemeinsam haben. Als Beispiel erinnere ich nur an die Herkunft unseres Wortes ‹Kopf› aus dem lateinischen Wort ‹cuppa› – Becher. Im Mittelhochdeutschen heißt Kopf noch ‹Trinkgefäß› und ‹Hirnschale›, im Englischen bezeichnet ‹cup› heute noch die ‹Tasse›. Die neue mittelalterliche Metapher tritt mit dem älteren Wort ‹Haupt› in Konkurrenz und drängt es schließlich auf den zweiten Platz. Das Beispiel belegt, daß die Wörter mit ihren Bedeutungen nicht für alle Zeiten verheiratet sind, sondern mit neuen Bedeutungen besetzt werden können, sei es, daß dabei die ältere Bedeutung auch erhalten bleibt, sei es, daß sie – wie in unserem Fall – nur eine Zeitlang noch mitläuft und schließlich ausgesondert wird.

Noch folgenreicher wirkt die Plastizität der Wörter aus der Symbolfindung. Ich verwende dabei den Begriff ‹Symbol› im Sinne der Literaturwissenschaft, nicht der linguistischen Zeichentheorie. Dazu zunächst wieder die Definition des literarischen Wörterbuchs: „Symbol ist ein anschauliches Zeichen, welches etwas vergegenwärtigt, was im Augenblick oder überhaupt nicht anschaulich zu machen ist ...". Das Symbol im eigentlichen Sinn unterscheidet sich vom Bild dadurch, daß es etwas Unanschauliches vermittelt, was jedoch nur im Symbol sich zeigen, nicht selbst bildhaft erscheinen kann. Positivistisch formuliert, besagt das, Symbol bezieht sich auf etwas, was es nicht gibt, jedenfalls nicht gibt im Sinne einer exakten Nachweisbarkeit. Um klar zu machen, was ich meine, will ich ein extremes Beispiel zitieren, die ersten Zeilen aus Pierre Reverdys Gedicht *Sternen-Netz*:

In diesen weißen Felsen der einzige Schlüssel für den Himmel: der Adler / Wenn die eiserne Klinge die Woge spaltet / schreibt meine Hand deinen Namen auf den leeren Spiegel / Ein Schiff fährt unentschlossen auf meine Augen zu / Schwere Flechten so fallen am Saum des weißen Morgens / die

Sonnenstrahlen herab / und auf dem feinen Sand drehen die Spuren /
in ihrer Herzensangst in alle Winde ...

Die erste Zeile *in diesen weißen Felsen der einzige Schlüssel für den Himmel*
setzt für alles folgende die Symbolqualität. Alles, was gesagt wird, wird also
bewußt transparent auf eine verschlüsselte Bedeutung gesagt, eine Bedeutung, die vermutlich dem Autor selbst beim Schreiben nicht völlig durchsichtig war, wie uns die Bedeutungen unserer Traumbilder nicht durchsichtig sind, obwohl sie in unserem psychischen Haushalt ihre Funktion haben,
Konflikte signalisieren, Einsichten anbahnen, Spannungen auflösen.

Reverdys Gedicht zehrt von der absoluten Symbolverwendung des
Symbolismus, dessen Vollender Mallarmé war: Hier tauchen die Wort-
symbole in einem unbegrenzten, beweglichen Symbolhorizont auf, der
alle Fixpunkte, alle Orientierungshilfen früherer Symbolhorizonte – mögen
sie religiöser oder idealistischer Herkunft gewesen sein – aufgegeben hat.
Die einzige Beziehung der Wortsymbole ist das Ich, das sie hervorbringt.
Mallarmé schreibt darum: „Das ist das ganze Geheimnis des Symbols: nach
und nach eine Erscheinung der Welt aufzurufen, um einen Zustand der
Seele zu zeigen oder, umgekehrt, ein Ding auszuwählen und durch eine
Reihe von Dechiffrierungen einen seelischen Zustand herauszulösen."

In dieser späten Phase der Symbolverwendung ist das Symbolwort transparent und diffus zugleich: Es faßt einen Sinn, der nicht anders als in dieser
symbolischen Unfaßbarkeit manifest werden kann. Es ist nur konsequent,
wenn Valéry, Meisterschüler Mallarmés, feststellt: „Es gibt keinen wirklichen Sinn eines Textes. Einmal publiziert, ist der Text wie eine Apparatur,
deren sich jeder auf seine Weise und nach seinen Möglichkeiten bedienen
kann ..."

Dieser radikale Symbolcharakter der Sprache ist nicht mehr aus der Wolle
zu waschen. Die Einsichten der Psychoanalyse in die untergründige Besetzt-
heit aller unserer Äußerungen mit nichtbewußten Bedeutungen und Beziehungen hat dies unterbaut und bestätigt. Für uns sind die Wörter in unerhört viel höherem Maße als für das Lexikon plastisch und labil. Sie haben
dabei eine früher unbekannte Selbständigkeit gewonnen, weil sie nur mehr
mit einem Aspekt auf ihre Gegenstände bezogen sind, mit hundert anderen
aber auf mögliche Gegenstände blicken, die ihnen zugeordnet sein könnten,
und weil sie die Analogien schon in sich spiegeln, zu denen sie dienen können oder denen sie gedient haben. Wörter sind für uns längst nicht mehr
bloße Zeichen, die eine Mitteilung zu transportieren haben; es sind Konden-
sate, die sich jedem menschlichen Individuum neu und vermutlich anders
auffüllen.

Humboldt bezeichnete die Sprache als eine »Zwischenwelt«, in der und
durch die der Mensch Welt habe. Sprache ist in seinem Sinn das Prisma,
das die Realität sichtbar und artikulierbar macht. In unserem Sinn ist sie
darüber hinaus selbst ein Konzentrat von Realität, teils durchlässig und
medial für eine Gegenstandswelt außerhalb ihrer, teils aber in sich selbst
reflektierend auf ihre erinnerten und auf ihre projektierbaren Bezüge.
An dieser Stelle ist sie ein autonomes, das heißt auf keinen transzendenten

Gegenstand gerichtetes Zeichengebilde. Meine Behauptung ist, daß wir ohne diese partiell kondensierte, vielsinnige, erinnernde, diffus-kompakte Sprache nicht mehr existieren können. Daß sie, wie die Möglichkeit des Traumes, zu unserer Existenz gehört, wenn vielleicht auch erst zu der des heutigen Menschen.

Wir sind damit bereits in der Nähe des zweiten Momentes, das den naiven Begriff der Zeichennatur der Sprache modifiziert. Ich meine die Funktion zwischen dem Zeichen und der Realität, auf die es sich bezieht, die es zwischen dem Sender des Zeichens und seinem Empfänger zu vermitteln hat. In diesem vierteiligen Schema aus Sender, Zeichen, Objekt und Empfänger stehen sich Zeichen und Objekt der Bezeichnung äußerlich gegenüber. Es gibt zwar bestimmte Zeichenkategorien, deren Gestalt von ihrem Bezugsobjekt beeinflußt wird, nämlich wenn sie sie irgendwie imitierend bezeichnen. Denken wir nur an das Wort ‹Kuckuck›. Solche Beeinflussungen können sehr subtil sein, etwa wenn die Lautform eines Wortes das gemeinte Phänomen zu charakterisieren versucht oder zu charakterisieren scheint, z. B. im dunklen Vokal *U* die Qualität der Dunkelheit oder die hinweisende Geste im *I* vieler Demonstrativ-Pronomen. Wahrscheinlich schleift der Sprachgebrauch solche physiognomischen Bezüge auf den gemeinten Gegenstand im Laufe langer Verwendungen immer schärfer heraus. Uns interessiert hier aber die andere Richtung der Beziehung zwischen dem sprachlichen Zeichen und seinem Objekt, zwischen der Sprache und der Realität: Nämlich inwieweit ist die Sprache an der Formierung, ja an der Konstitution der Realität beteiligt?

Auch hier kommen wir zu einer differenzierten Beschreibung des Sachverhalts. Für das naive Erleben ist dort die Realität und hier die Sprache, die sich auf die gegebenen Dinge richtet und sie mitteilbar macht. Das entspricht dem vorhin erwähnten Schema der Zeichentheorie. Aber die Sprache macht Realität nicht nur mitteilbar, sondern auch verfügbar. Mit ihrer Hilfe wird Realität geordnet, werden ihre Zusammenhänge aufgedeckt und werden – hier beginnt sich das Verhältnis umzukehren – neue, bisher nicht bekannte, in der Natur nicht auffindbare Relationen, Kombinationen, Synthesen hergestellt. Das geschieht schon diesseits des wissenschaftlichen Bereichs. Denken wir nur an die sozialen Utopien seit Platons *Staat*: Die gesellschaftliche Realität wird – zunächst noch auf dem Reißbrett – nach Prinzipien umgebaut, und wir selbst haben genug Gelegenheit zu beobachten, wie wirksam solche Entwürfe sein können. Die Umkehrung im Verhältnis von Sprache und Realität vollendet sich mit dem Unternehmen der wissenschaftlichen Erklärung der Wirklichkeit, das mit dem philosophischen Elan zum Aufspüren der in der Wirklichkeit verborgenen Wahrheit angeworfen wurde und heute bei der Faszination, alles Mögliche wirklich werden zu lassen, gelandet ist. Im Bereich der Wissenschaften ist auf methodische Weise der gegebene Fall von Welt aus seiner konkreten Individualität in eine allgemeine Regelwirklichkeit übersetzt und in festgelegten Zeichensystemen dargestellt worden, welche jedoch nicht nur die Abbildung der gegebenen Naturstrukturen, sondern ihre operative Umwandlung erlauben und zum Ziel haben. Wissenschaft schlägt in Technik um. Historisch hat dies in den schlichten Werkstätten genialer Bastler begonnen und ist von bestimmten sozialen und ökonomischen Zwangssituationen vorangetrieben worden. Inzwischen aber hat es längst das Stadium pragmatischen Probierens verlassen und vollzieht sich in großem Maßstab mittels der mathematisierten Idiome der Naturwissenschaften. Die technisch produzierte Realität ist ein Ergebnis dieser Zeichensprachen; ihre Fortdauer wie ihre Ausbreitung hängt von der Beherrschung der neuen Idiome ab. Es ist müßig zu überlegen, ob wir noch imstande wären, ohne diese künstlich gebildete Realität zu existieren. Wir könnten es nicht, ohne unsere Identität einzubüßen, da es sich dabei schon nicht mehr nur um die äußerlichen Lebensbedingungen handelt, die durch andere ersetzt werden könnten, sondern um eine Realität, die dem Menschen bereits wieder zur ‹Natur› geworden ist, auf deren Physiognomie er sich eingestellt hat. Sie ist nicht wie ein Unwetter über ihn gekommen, sondern als Konsequenz seiner Entscheidung, sich selbst zu bestimmen, und sie gibt ihm in immer höherem Maße dazu die Möglichkeit.

Die wissenschaftlichen Zeichenidiome sind nicht identisch mit der ‹natürlichen› Sprache, aber sie sind doch in einem weiteren Sinn zum menschlichen Sprachbereich zu rechnen. Sie stehen in untrennbarer Verbindung mit unserer allgemeinen Sprache, die als Metasprache zu ihrer Ausarbeitung unentbehrlich war. Und sie erfüllen durch ihren Kommunikationscharakter wesentliche sprachliche Leistungen.

Umgekehrt haben auch diejenigen ihrer Zeichenmomente, die nur optisch ausgedrückt werden, ihre Entsprechung in bestimmten Spracherscheinungen, welche sich ausschließlich in der Schrift darstellen.

Worauf es uns in diesem Zusammenhang ankommt, ist, daß die Umkehrung im Verhältnis zur Realität – zumindest zu einem immer größeren Sektor der Realität – auch auf unser Verhältnis zur Sprache abgefärbt und übergegriffen hat. Realität ist uns zunehmend formulierte und reflektierbare Realität. Real ist, was formuliert ist, und der Schritt zur dialektischen Umkehrung: Was formuliert werden kann, ist auch realisierbar, liegt nahe, ist eigentlich schon vollzogen. Unsere Realität, und nicht nur die technische, auch die gesellschaftliche und die politische, im weitesten Sinn also die zivilisatorische, ist sprachlich durchkonstruiert oder muß es noch werden, damit sie in der neuen Realitätsverfassung Bestand haben kann. In einer infinitesimalen Bewegung wird Sprache real, konkretisiert sich in Institutionen, Organisationen, Funktionen, Produkten. Wenn man beobachtet, wie nun gerade das von der Subjektivität Gegründete dazu neigt, zu versteinern, sich der Verfügung der Subjekte zu entziehen – man denke nur an das simple Beispiel der nahezu unmöglichen Reform der Krankenversicherung –, dann wird klar, daß auch diese sekundäre Wirklichkeit der ständigen Analyse und kritischen Aufklärung bedarf, denn auch sie hat ihre verschlingenden Mythen in sich.

Dieser Punkt kann hier nur angedeutet werden als äußerste Marke dessen, womit wir uns beschäftigen müssen. Literatur bewegt sich in dem skizzierten Feld. Ihr Thema ist die Sprache, die in Realität umgeschlagen ist, und die Realität, die auf Sprache gegründet ist. Sie schwingt, wenn man es vereinfacht sagt, um zwei Extreme: Den Prozeß des aktuellen, immer neuen, überraschenden, experimentierenden Formulierens, wobei sie nicht den Prozeß der Naturwissenschaften nachahmen will in einer Art modernistischem Realismus, sondern es nur mit dem Medium, dem Instrumentarium der Sprache in fluidem Aggregatzustand zu tun hat – und mit dem Problem (und das ist das andere Extrem) der Verfestigung, der Standardisierung, Schematisierung, Funktionalisierung der Sprachprodukte, mit dem Geschiebe der Pattern, der ideologisierenden Redensarten, der spruchbandartigen, inkrustierten falschen Weisheiten, die an irgendeiner Stelle einmal ihre Wahrheit hatten. Die beiden Pole bezeichnen also Prozeß der Sprache in ihrer unablässigen Innovation und Kritik ihrer Gebilde, wie sie überall aufzustöbern sind, in allen gesellschaftlichen, politischen, kulturellen und was weiß ich für welchen Bereichen. Die beiden Momente sind aufeinanderbezogen: Das prozeßhafte, bewegliche, experimentierende Arbeiten mit der Sprachsubstanz gelingt nur im kritisch-distanzierten Querstellen und in einem Bewußtsein, das von allen Gefährdungen weiß; und die Kritik vollzieht sich im destruktiven Angriff auf das aufgestöberte Material nach Methoden des Sprachprozesses. Das Wort ‹Prozeß› bietet dieser Doppelgesichtigkeit seine beiden Bedeutungen an: Vorgang und Gericht. Wenn wir vom Prozeß der Literatur sprechen, so meinen wir immer diese doppelte Bedeutung, die den beiden Extremen von Bewegung und Kritik entspricht. So zu sprechen, hat nur einen Sinn, wenn der Sprache die gleiche Dignität wie der Realität zugestanden wird, wenn sie als ebenso konkret wie diese gilt.

Sieht man genauer zu, so bemerkt man, daß die beiden Seiten des Prozesses, Vorgang und Kritik, sehr eng aufeinander bezogen sind, ja daß sie ineinander wirken. Das Prinzip des ersten Momentes ist die Innovation, die Verneinung, die Aufhebung des verfestigten Standards, übrigens nicht nur der Mitteilungssprache, sondern auch des poetischen Experiments.

Es sei an dieser Stelle die Bemerkung eingeblendet, daß wir mit der Unterscheidung zwischen Mitteilungssprache als Inbegriff der standardisierten Sprache und poetischer Sprache als Inbegriff der ständig in Bewegung begriffenen, sich immer neu aktualisierenden Sprache nicht weit kommen. Auch die Mitteilungssprache ist nur erträglich, weil sie ihre Schübe, ihre Einfälle, Erfindungen, ihre Innovationen hat und immer wieder versteinerte Komplexe abstößt. Selbst auf dem rauhen Feld der Reklame entdeckt man plötzlich überraschende Erfindungen, die ihren poetischen Reiz haben. So erinnere ich mich einer VW-Anzeige, die 49 Möglichkeiten aufzählte, lange Arme und lange Beine bzw. kurze Arme und kurze Beine zu kombinieren, mit der Absicht, die Bequemlichkeit dieses Autos zu demonstrieren – zugleich aber auch mit einem Lustgewinn selbst für den, der dieses Auto gar nicht braucht.

Auch die syntaktisch reduzierte Sprache, die die VW-Anzeigen vor einiger Zeit aufgebracht haben, hat Innovationscharakter, – außer ihrer praktischen Leistung, den Leser anzuziehen und bei der Stange zu halten. Formal gesehen, ist dieser syntaktischen Erfindung dasselbe passiert wie der poetischen Diktion Rilkes: Sie wurde begierig von Leuten aufgeschnappt, denen selbst nichts einfiel, und in ganz kurzer Zeit völlig verbraucht. So wirkt diese syntaktische Methode bereits als ein Brechmittel, ebenso wie epigonale poetische Sprachattituden. Ein anderes Beispiel einer ständig sich erneuernden Sprache sind die gesellschaftlich nicht anerkannten Slang-, Teenager- und Twensprachen. Diese Sprachen erfinden unablässig neue Ausdrücke, überraschende Metaphern, die der Außenstehende nicht durchschaut und die ebenso schnell wieder aufgegeben werden, wie sie aufgekommen sind.

Der poetische Text unterscheidet sich von solchen Mitteilungssprachen, daß er an jeder Stelle bei sich selbst ist. Er vermittelt nichts als sich selbst, auch wenn er irgendwelche Inhalte darzustellen scheint. Was damit gemeint ist, soll das Beispiel des *Phantasus* von Arno Holz [2] klar machen. Arno Holz wollte mit diesem Werk eine Art von phantastischer Kosmologie geben. Zu diesem Zweck zieht er unabsehbare Stoffmassen heran. Dem Leser aber passiert, daß er dieses kosmologische Gemälde nur nebenbei wahrnimmt, daß es ihn gar nicht interessiert, weil er mit dem Text als solchem, als texturalem Gebilde völlig beschäftigt ist. Die Sätze kehren sich nämlich gegen ihre Aussage und zeigen statt einer Mitteilung ihr vokabuläres Fleisch.

In dem bisher skizzierten Horizont können wir nun versuchen, die Frage nach Einfall und Idee zu Boden zu bringen. Sie spezifiziert sich für unser Interesse zu der Frage: Wie kommt ein poetischer Text zustande, und welche Rolle spielen dabei Spontaneität – als Quelle von Einfällen – und Konstruktion – als Medium für Ideen oder Grundgedanken? Wir sind dabei, das haben wohl die bisherigen Überlegungen ergeben, auf die Sprache in ihrer Realitätswertigkeit angewiesen. Sprache vermittelt nicht nur irgend etwas Reales, ihr Transzendentes und im Grunde Gleichgültiges, sondern sie ist die Sache selbst. Ihre Struktur gibt Hinweise, in welcher Weise neue Texte gewonnen, bestehende verändert, umgestoßen, als Material verwendet werden können.

Es können hier nur zwei Strukturhinsichten herangezogen werden: die diachronische, also geschichtliche Struktur jeder Sprachform und Sprachäußerung und die des parametrischen Aufbaus von Sprache aus verschiedenen Schichten, wie Lautung, Silben, Wörtern, Sätzen, Satzmelodie und Satzrhythmus, Betonung, Pause usw. Die geschichtliche Hinsicht wurde bereits erwähnt, als von der Plastizität der Wörter die Rede war. Sie bedingt die Möglichkeit der Innovation von Sprache und Sprachtext als Negation geschehener Sprache: Produkte fremden Geistes oder auch zurückliegende unseres eigenen Geistes, von denen wir uns entfernt haben, reizen sowohl zum Einfühlen und Nachvollziehen wie zum Negieren, Aufheben, Zerstören, zur Gegenformierung. Hier ist vielleicht die wichtigste Stelle für die Spontaneität gegeben: Der Rand, an dem das Bekannte abbricht und das Leere voller Möglichkeiten beginnt – ein Leeres, das jedoch Haken, Krallen, Reizmomente hat durch die Negation des Bekannten; ja das unterschwellig bereits von dem, was negiert wird, vorbestimmt ist. Möglicherweise hat die Spontaneität nur den geringen Spielraum des Treffens und Verfehlens, nämlich der noch ausgesparten, aber vorbedingten Gegenform, die zugleich Negativbild der aufgehobenen ist. Gerade an ganz krassen Stilumbrüchen,

---

2) Vgl. oben S. 186 f.

wie dem zwischen Naturalismus und Expressionismus, können wir nachfahrenden Beobachter diese dialektische Bezogenheit des scheinbar sich Ausschließenden am besten ablesen.

Wird diese Dialektik experimentell genutzt, so heißt dies, daß die freie Spontaneität eine – wie auch immer gewonnene – intime Vertrautheit und Kenntnis dessen, was ihre Negativform ist, voraussetzt. Das darf nicht zu eng verstanden werden. Es gibt für jeden, der sich darauf einläßt, Herden von Negativformen. Denn nicht nur die unmittelbar vorangehenden, sondern auch ältere und älteste Fälle können dazu gehören, ja sind zur Differenzierung dessen, was geschehen soll, eigentlich unentbehrlich. Damit wird nicht weniger als die unentbehrliche historische Beschlagenheit gerade des Experimentierenden behauptet. Diese Beschlagenheit braucht nicht auf philologisch-wissenschaftlichem Wege gewonnen zu sein. Sie wird sogar in den meisten Fällen auf abseitigen, vagabundierenden Wegen erreicht, die sich bereits nach dem spezifischen Suchinteresse krümmen, also keineswegs vollständig im Sinne einer Allgemeinbildung sind. Oberflächlich betrachtet, ist es eine Form des Lernens und der aneignenden Auseinandersetzung; tatsächlich schleifen sich dabei allmählich die Negativformen, die Abbruchkanten des eigenen Tuns heraus.

Spontaneität selbst freilich ist nicht lernbar, sie ist ein Habitus, der mit der Geschichte des einzelnen Individuums zusammenhängt. Sie in Gang zu setzen, gibt es jedoch eine ganze Reihe methodischer Mittel, die sich aus der experimentellen Fragestellung ergeben. Von der Beobachtung der unerhörten Plastizität der Wörter bin ich z.B. zu der These gekommen, daß bereits ein einzelnes, isoliertes Wort ein Gedicht sein kann: Es kann zum Gedicht werden, wenn es in einen Bewußtseinshof gerät, der auf es anspricht und reich genug an Erinnerungen, an Spracherinnerungen ist, so daß dieses Wort seine Korrespondenzen findet. Konsequent war es dann, dieses Ein-Wort-Gedicht zu komplizieren, indem ihm ein zweites Wortmolekül zugesellt wurde und ein drittes undsoweiter.

Aus beliebigen gegebenen Texten wurden Wörter herausgesucht, die geeignet erschienen. Einzelne Wörter aus dieser Wortlauge traten zueinander, bildeten eine Art Konstellation. Das gelingt nur in starker Konzentration auf die Wortkörper und ihre Bedeutungshöfe. Als syntaktisches Prinzip bot sich die Anordnung auf der leeren Fläche an: Es zeigte sich, daß es optimale Entfernungen zwischen solchen Wortmolekülen gibt und daß ein Wörterensemble die verschiedenen Entfernungen zwischen seinen Gliedern zurechtrückt. Entscheidend war, daß zu dieser räumlichen Ordnung in der Fläche ein dialektisches Prinzip in Spannung trat, das ich als das Prinzip der »paradoxen Entfernung« bezeichne: nämlich die eigentümliche Tatsache, daß oftmals die Anziehung, die innere Sympathie zwischen solchen Wörtern am stärksten ist, die ihrer Sachbedeutung nach kaum oder gar nichts miteinander zu tun haben. Es ist die Entdeckung Lautréamonts, daß von der Begegnung eines Regenschirmes und einer Nähmaschine auf einem Seziertisch ein unwiderstehlicher poetischer Reiz ausgeht. In meiner Konstellation war dieser Reiz nicht an Vorstellungen und Bilder, sondern an Wörter und ihre Artikulationsform gebunden. Denn auch diese spielt dabei eine wesentliche Rolle. Sie bestimmt auf ihrer Ebene abermals Nähe und Ferne, Homogeneität und Diskrepanz.

Diese Art von Konstellationen beruht fast ausschließlich auf der freien Spontaneität des Individuums, das sie anlegt. Sie ist darum sehr prekär und oft nicht weiter mitteilbar. Doch glaube ich, daß sie eine ausgezeichnete Einübung in den Umgang mit Sprache, eine Elementarschule der Worterfahrung ist, die jeder, der mit Sprache mehr als reproduktiv umgeht, erproben sollte. Sie hat eine gewisse Verwandtschaft mit den automatischen Texten des Surrealismus. Während diese jedoch auf somnambulen Assoziationsketten beruhen und umso besser gelingen, je weniger das Wachbewußtsein beteiligt ist, vollzieht sich die Konstellation gerade im Spannungsfeld von konzentrierter Wachheit, genauer Umsicht und Beobachtung des gegebenen Textbereiches und dem assoziativen Anschießenlassen von Bedeutungen, Beziehungen und Übertragungen. Der automatische Text ist vielmehr an die unterschwellige Eigenwelt des betreffenden Individuums gebunden und gerät leicht in den Zirkel der Wiederholungen, wogegen die Konstellation mit Hilfe der fast autonomen Vokabeln ständig den bekannten Raum übersteigen, neue Reizmomente einführen und sich auswirken lassen kann. Die Konstellation hat damit typische Merkmale einer Textmontage.

Mit der Montage ist bereits die zweite erwähnte Strukturhinsicht der Sprache erreicht: die der parametrischen Sprachschichten. Die sprachformale Fragestellung dringt zwangsläufig zu den einzelnen Sprachparametern vor und isoliert sie, um zu Ergebnissen zu kommen. So ist z. B. im ganzen der Sprache die Lautschicht ebenso real wie die der Bedeutungen, welche für gewöhnlich mit der Sprache identifiziert wird. Es ist faszinierend zu beobachten, wie in konsequent artikulatorisch angelegten Sprachsträngen punktuell Wortbedeutungen anschießen und wie durch allmähliche parametrische Differenzierung, etwa indem eine Intonationskurve eingezogen oder die Stimme emotional besetzt wird, eine Gestik sich bildet, die bereits bedeutungshaft ist, ehe noch bestimmte Wortbedeutungen auftauchen. Das Hörspiel findet hier noch ungenutzte Möglichkeiten, die ihm dazu verhelfen könnten, seinen Namen tatsächlich zu verdienen.

Ebenso bietet sich aber die Ebene des Satzes, also die der konventionellen Syntax, zum Experiment an. Es wurde die Methode von Arno Holz schon erwähnt, die Syntax durch vokabuläres Material so zu zerdehnen, daß sie nicht mehr wahrgenommen wird, aber dennoch als formale Klammer des Textes wirkt.

Auf eine letzte Ebene des isolierenden Textexperiments will ich noch hinweisen, weil sie in jüngster Zeit besonders hervorgetreten ist: die der Schrift oder besser der optischen Manifestation von Sprache. Man hat die konkrete Poesie manchmal mit diesen Schriftzeichentexten identifiziert, was wohl nicht zulässig ist, da die konkrete Poesie nach unserer Definition der Konkretheit von Sprache umfassender ist. Auch die Schriftbilder, Textscheiben, Plakattexte, poème objets oder wie sie heißen, verdanken ihre Existenz dem Rückgriff auf eine isolierte Ebene der Sprache, nämlich der optischen.

In unseren Buchstabenschriften hat sich von Anfang an ein Element der Autonomie der optischen Zeichen und ihrer Formmöglichkeiten gehalten.

Die Schriftzeichen sollten eigentlich nichts weiter als Funktionsträger sein und mit der Erfüllung ihrer Funktion verschwinden. Ein Blick auf die Schriftgeschichte zeigt, daß sie sich daran nicht gehalten haben, sondern daß sie dieselbe Negation des Verfestigten kennt, wie wir sie vorhin für die Sprache und für die Literatur festgestellt haben. Es gibt Stellen, wo die Schrift geradezu ihre Funktion außer Kurs gesetzt und sich souverän nach rein optischen Momenten organisiert hat, wie etwa in der merowingischen Gitterschrift oder in den manieristischen Schreibzügen der Schreibmeister des 16. und 17. Jahrhunderts. Diese sind klassische Beispiele für das Zusammenwirken von Spontaneität und Präzision, von Erfindung und Konstruktion. Ihre freie Phantastik ist alles andere als willkürlich oder als bloßer Ausdruck psychischer Befindlichkeit.

Was uns heute vor allem im Experiment mit der Schrift interessiert, ist die Möglichkeit einer synthetischen Schrift, die vor dem Erinnerungsfond der konventionellen Schrift lesbar wird, aber sich nicht ihrer Zeichen bedient, vielmehr nach eigenen Prinzipien neue Zeichen bildet.

Daneben aber gibt es auch den konstruktiven Weg zu einer synthetischen Schrift, der fast ohne die Spontaneität des schweifenden, probierenden Einfalls auszukommen scheint, wie ihn Wolfgang Schmidt in seiner Serie der *Zeichenfelder* demonstriert hat. Er geht von der Analyse der konventionellen Schrift aus, daß sie nämlich aus Quadrat und Kreis und deren Elementen und Segmenten gebaut ist, zumindest in ihrer Urform, der griechischen Lapidarschrift, unserer heutigen Versalschrift.

Schmidt bildet eine Matrix für die beabsichtigten Zeichenfelder, indem er zwischen Quadrat und Kreis eine Reihe von Übergangselementen ansetzt. Aus dieser Matrix gewinnt er durch Drehung der Elemente und ihre Vervielfältigung ein erstes Feld, das eine Vielzahl von Formanten enthält und selber nun zum Element der folgenden Schritte wird. Durch Übereinanderlegen, Verschieben, Drehen des Ausgangsfeldes wird eine Differenzierung und Komplizierung erreicht, in der eine Unzahl neuer Zeichenkombinationen synthetisch gewonnen wird. Unter diesen Kombinationen befinden sich auch unsere bekannten Buchstabenformen, zugleich jedoch auch eine Fülle neuer Zeichenformen, die teils noch an bekannte anklingen, teils autonom nur noch auf sich bezogen sind.

Dieses Beispiel scheint mir symptomatisch für eine Auffassung des künstlerischen Experiments, die ohne den üblichen Einfall auskommt und die Idee nur in der Konsequenz der formalen Fragestellung gelten läßt. Die Spontaneität ist hier reduziert auf die auswählende Festlegung der Arbeitsschritte. Das Überraschungsmoment des Einfalls wird repräsentiert durch das partielle Zufallsergebnis der Zeichenformen, die nicht vorhersehbar sind, sondern sich im Rahmen des streng durchkonstruierten Arbeitsablaufes beliebig einstellen. Es ist damit nur ein bestimmtes, extremes und jedenfalls vorübergehendes Verhältnis zur Spontaneität beschrieben. Nichts wäre verkehrter, als es absolut zu setzen und kein anderes mehr zuzulassen. Der Surrealismus hat mit seinen Arbeitstechniken das gegenteilige Verhältnis hervorgekehrt, nämlich sich nur der Spontaneität des unterschwelligen, buchstäblich den Ein-Fällen von überraschenden, faszinierenden Bildern

auszuliefern. Wie in den *Zeichenfeldern* von Wolfgang Schmidt unübersehbar und unentbehrlich der Zufall als Form der Spontaneität mitwirkt, so in
den surrealen Texten eine zwanghafte Bestimmtheit durch die psychische
Verfassung des Subjekts, das sich äußert, also eine Begrenztheit der absoluten Freiheit, die das surrealistische Programm fordert. Auch die extremen
Verhältnisse enthalten notwendig ihre Antipoden als Wirkungsmomente,
wenn sie überhaupt etwas erbringen sollen. Hoffnungslos scheint nur das
dilettantische Warten auf den Einfall, als gäbe es noch irgendeine Art des
Musenkusses, des Geschenks der Götter, des Einfalls als einer Art Eingebung. Diese Möglichkeit ist abgeschnitten durch die Umkehrung im Verhältnis der Sprache zur Realität, die dargelegt wurde. Die Autonomie, die die
Substanz der modernen Welt ausmacht, sitzt auch im ästhetischen Tun.
Aber es ist eine Autonomie, die an ihre Konsequenzen gebunden ist, damit
sie überhaupt bestehen kann. In diesem Sinn ist auch das ästhetische Tun
an seine Konsequenzen gebunden, d.h. seine Einfälle entspringen dem
Prozeß, in dem es sich befindet.

Nur weil dieser für das einzelne Individuum im ganzen unübersehbar
und immer nur ausschnitthaft zugänglich ist, erscheinen seine notwendigen
Schritte auch als Einfälle, als freie Entscheidungen in einem riesigen
Geflecht bereits vollzogener Entscheidungen.

An eine Säge denken

1968

> Wir hingegen denken, daß die Sprache vor allem Sprache zu sein hat,
> und wenn sie schon an irgend etwas erinnern soll, dann am ehesten
> an eine Säge oder an den vergifteten Pfeil des Wilden.
> A. Kručenych – V. Chlebnikov

Sprache ist ein transitorisches Phänomen: Sie erfüllt Ihre Funktion am
besten, wenn dabei ihr Zeichenbestand so wenig wie möglich bewußt wird.
Nicht nur die Lautfolgen, auch die Wörter, Wortgruppen, die syntaktischen
Ordnungen fallen, indem sie ihre Bedeutungen in den Aufbau eines Sinnes
geben, durchs Bewußtsein. Die Sprache ist dann am eindeutigsten Sprache,
wenn sie in ihrer Funktion verschwindet.

Poesie ist die Anstrengung, diesen Funktionsvorgang zu durchbrechen
und aufzuheben, die Sprache in ihrem Vollzug durch das Subjekt auf sich
selbst zu beziehen, ihren Zeichenkörper – Laute, Silben, Wörter, Satzformen
usw. – hervortreten und dabei möglicherweise Sinnhinsichten zu erschließen, die anders nicht erreichbar sind, da sie nicht in den konventionellen
Bedeutungen und Sinnschemata erfaßt sind. Sprache verhält sich zu sich

selbst, ohne von ihren zivilisatorischen Funktionen gehetzt zu werden. Vom pragmatischen Gebrauch her erscheint Poesie als verfremdender Eingriff in den glatten Sprachverlauf. Metrum, Reim, Alliteration, Metaphern, Inversionen usw. bremsen den flinken Durchgang der Sprachzeichen, erschweren Hören und Lesen, verhindern das vor-eilige Verstehen, lassen den Sprachzeichenkörper selbst wahrnehmbar werden. Die Geschichte der Poesie besteht aus den Erfindungen, mit denen sie Sprache der selbstverständlichen, achtlosen Vernutzung im zivilisatorischen Getriebe entzieht und in eine Autonomie versetzt, die ihr alle Welt nicht müde wird zu bestreiten. Eine Autonomie, die nur von Fall zu Fall besteht, die wie die des menschlichen Wesens, von der sie sich herleitet, nur im Protest gegen ihre Beraubung existiert und die unlösbar an ihre ‹Entfremdung› im zivilisatorischen Funktionieren gebunden ist. Dennoch ist zu vermuten, daß Sprache ohne die unermüdliche Verdunkelung, Verspannung, Infragestellung ihrer funktionellen Hinfälligkeit durch die poetische Negation nicht imstande wäre, ihrer scheinbar so selbstverständlichen Aufgabe der Differenzierung der zivilisatorischen Kommunikation zu entsprechen. Sie ist vermutlich nur darum den wachsenden Ansprüchen gewachsen, weil sie ständig gegen den Strich gekämmt, in sich reflektiert, differenziert und potenziert wird. Die Beispiele sind Legion, daß poetische Spracherfindungen in die Funktionssprache übertreten und deren Leistungsfähigkeit auffrischen.

Die poetische Negation der funktionellen Spracherblindung ist eine potenzierte Stufe der andauernden sprachgeschichtlichen Aufhebung der aktuellen Sprachverfassung, wie sie sich in der Aufspaltung in Dialekte, in Lautveränderungen und -verschmelzungen, aber auch im Kommen und Gehen von Sondersprachen bis hin zur Twensprache darstellt. So stabil die grammatischen Strukturen erscheinen, so labil sind Lautbestand und Semantik. Wo Sprache am funktionabelsten ist, ist sie zugleich am plastischsten. Die Wörter z.B. sind nichts weniger als zuverlässige Bedeutungsgleichungen. Um ihre Aufgabe, große Bedeutungsmengen mit möglichst geringem Aufwand an Sprachzeichen zu übermitteln, erfüllen zu können, kondensieren sie wesentlich mehr an potentiellen Bedeutungen, als jeweils bei der Übermittlung bewußt wird, so daß der Empfänger sie nach Erfordernis des Sinnzusammenhangs aktualisieren kann. Erst in der bestimmmten Verwendung wird ein Wort genau. Seine allgemeine Ungenauigkeit, die sich in der langen Geschichte seiner Verwendungen gebildet hat, erlaubt auch unvorhersehbare Nuancierungen in einem noch nicht dagewesenen Kontext. Die Plastizität der Wörter ermöglicht nicht nur, sie in immer neuen Hinsichten zu verwenden, sondern auch sie als Metaphern zur Darstellung von Sachverhalten zu benutzen, die ihrem primären Gegenstandsbezug nur analog sind.

Das Metapherngeschiebe einer Sprache ist Teil eines unablässigen Prozesses, den nicht nur die praktischen Bedürfnisse, für neue Gegenstände neue Bezeichnungen zu gewinnen, in Gang hält, sondern auch die Notwendigkeit, die Konstitution der Gegenstandswelt zu überprüfen, zu revidieren im nie ganz erfüllbaren Wunsch nach ihrer (wahren) Gestalt. Darum auch sind Redeweisen, Sprichwörter, verbale Versatzstücke, mit denen ganze Gespräche bestritten, mit denen Handlungen und Haltungen gerechtfertigt werden, die oft keiner Rechtfertigung mehr zugänglich sind („wo gehobelt wird, fallen Späne ..."), darum ist die ganze fixierte Redewelt Material poetischer Negation, die vom decouvrierenden Zitat über die ironische Verkehrung bis zur verbalen und phonetischen Destruktion reichen kann. Durch die Petrifizierung im zivilisatorischen Gebrauch, wie sie sich in den von einer Gesellschaft sanktifizierten, gegen die kritische Reflexion nahezu immunen Schlagworten am deutlichsten darstellt, wird Sprache ‹material› und damit zum bloßen widerstehenden Objekt für den poetisch destruierenden Angriff. Dabei tritt der doppelte Sinn von Prozeß als Kritik und Hervorbringung, als ‹Verhör›, Infragestellung, Beim-Wort-Nehmen zu Tage. Kritik vollzieht sich hier nur beiläufig als reflektierende Beschäftigung mit dem Material und als poetische Destruktion und ist sinnvoll nur als Phase der Hervorbringung. Sie wird von der Innovation aufgehoben, verzehrt und dem künftigen Empfänger zugleich vermittelt. Die Negation, in der sie wirkt, arbeitet die Bruchkante heraus, an der sich eine neue, ‹unerhörte› Sprachfassung konturiert. Diese Bruchkante gibt es nur im destruierend-konstruktiven Prozeß, nicht als kartographischen Befund einer Sprachlandschaft. Sie bedeutet die Chance der Innovation, den Moment von Spontaneität, Erfindung, Einfall – also die unkontrollierbare Phase des poetischen Vorgangs, die das Negierte als Zitat verbraucht, aufhebt, aber nicht dialektisch als dessen Umschlag, Antithese oder als Alternative erklärt werden kann.

Die zwei Thesen dieser Poetik: Poesie ist Sprache, die sich zu sich selbst verhält, und Poesie ist ein Prozeß sprachlicher Negation und Position, Destruktion und Innovation, diese zwei Grundsätze schneiden sich in dem Begriffsbündel des poetischen Machens, des Sprachhandelns, des aktuellen Vollzugs von Sprache, des Äußerns als Leistung und als Produkt. Es ist in der griechischen Wortbedeutung von ‹Poesie› bereits angelegt. Historische Gelegenheiten gab es für den hymnischen, dithyrambischen Vollzug von Poesie. Für uns ist kein Adressat für solches Äußern mehr denkbar. Zum Grundhabitus ist der konzentrierte, auf die verschiedenen Sprachhinsichten aufmerksame Vollzug geworden, in dem das sprachfähige, durch seine Sprache definierbare menschliche Wesen sich in seiner Sprache auf den eigenen Daseinsvollzug richtet, ja sein Dasein erst im Sprachvollzug hat. Von vornherein sind darin alle seine Kräfte einbezogen, Spontaneität wie Reflexion, Emotion und Vision, Traum und Bewußtheit. Die Innovation ist gar nicht anders zu erreichen als durch das Zusammenwirken der einander scheinbar ausschließenden Fähigkeiten und ihrer Methoden.

Humboldt bezeichnete Sprache als die Zwischenwelt, in der und durch die der Mensch Welt hat. Sprache ist für ihn das Prisma, das uns Realität erfaßbar und artikulierbar macht. Im Sinn der hier dargelegten Poetik ist Sprache darüber hinaus ein autonomes Medium, durch das der Mensch sich nicht nur auf sich und seine Welt bezieht, sondern das ihm, imprägniert von Wirklichkeit und diese unabsehbar reflektierend, als konkretes Gebilde gegenübertritt. Da Sprache von Grund her sein eigenes Produkt ist, in dem er sich äußert und in dem er sich entäußert hat, trifft er in ihr auf eine Realität, von der er weiß, daß sie die seine ist, ohne daß er dieses Wissen realisieren könnte – es sei denn im konkreten poetischen Vollzug. Von welcher Mächtigkeit und wie ungeheuer zugleich die Entfremdung von ihr erscheint, wird klar, wenn man sich Rechenschaft darüber gibt, in welchem Ausmaß unsere Realität sprachbedingt, ja sprachgegründet ist, – daß unsere eigene Existenz z.B. von der zureichenden Beherrschung wissenschaftlicher Idiome mehr abhängt als vom Ausfall der diesjährigen Ernte, ein Verhältnis, das noch vor wenigen Generationen absurd erschienen wäre. Daß die sprachbedingte zivilisatorische Realität ebenso versteinern kann wie die natürliche, zeigen Institutionen wie die der Krankenversicherung oder des Schulsystems, deren Reform schwieriger als die Besetzung des Mondes ist, obwohl alle ihre Elemente von uns selbst hervorgebracht und formuliert worden sind. Sprache beweist da ihre Fähigkeit, zum steinernen Denkmal zu werden. Sie tritt in solchen Realitätsklumpen aber auch als massiv konkretes Phänomen unter anderen auf, wird registriert, benutzt, verbraucht wie andere Vorkommen auch.

Die Vergegenständlichung, die sich darin anzeigt, bestimmt auch eine Poetik, die die Sprache zum Thema hat, und sie wird davon bis zur äußersten Konsequenz getrieben. In einer Situation, wo Sprachgebilde so sehr institutionalisiert werden konnten, daß ihr Gefüge sprachlich nicht mehr erreichbar ist; in der zugleich eine ungeheure verbale Produktion stattfindet, die bei weitem die individuelle Aufnahmefähigkeit übersteigt und daher zum großen Teil für zufällige, das heißt uninteressierte oder für keine Empfänger mehr hervortritt, nur weil ihre Institutionen so installiert sind, daß sie auf jeden Fall produzieren müssen; in dieser Situation wird eine Poetik aktuell, die Sprache als pures mundanes Phänomen ohne Hinsicht auf irgendeinen Funktionszusammenhang außer dem der bloßen wahrnehmenden Betrachtung entwirft. So wird poetisches Sprachmaterial analogen formalen Fragestellungen unterzogen wie das der Musik oder der Malerei, wenn auch mit seiner Eigenart entsprechenden Varianten.

Der poetische Materialbegriff umfaßt nicht nur das wahrnehmbare, tönende oder sichtbare Zeichensubstrat, er umfaßt alle an der Sprache beteiligten Schichten vom phonetischen Stoff über die artikulatorische, verbale, syntaktische bis zur semantischen Struktur. Er impliziert ebenso die diachronische Hinsicht, wie unsere Überlegungen zur poetischen Negation belegen. Die experimentelle Fragestellung gilt sowohl den Schichten (Parametern), aus denen Sprachgebilde bestehen – z.B. Melodie, Tonhöhe, Tonstärke, Tempo eines Sprechverlaufs –, wie den kleinsten möglichen Elementen, wie den kompositorischen Großformen bzw. den Kompositionsprinzipen, mit denen Texte, welchen Umfangs auch immer, gebildet werden können.

Da die klassische literarische Idee als Konstituante ihre Rolle ausgespielt hat, ist die Großstruktur eines Textes innerlich gebunden an seine Feinstruktur. Im einfachsten Falle ist das Ganze ein additives Ensemble kleinster Elemente, die nach einem Prinzip zusammenhängen. Das Ganze kann sich auch in Gruppen gliedern, die eine Kleinstruktur jeweils abwandeln und in ihrer Folge deren mögliche Variationsbreite ablesen lassen. Denkbar ist die Demonstration eines Satzes in allen Stadien seiner semantischen Kohärenz, vom bloßen Vokabelaggregat über rudimentäre syntaktische Einsprengsel und formal einwandfreie, doch semantisch undeutliche Satzfügungen bis zum Klartext. Möglich ist das komplizierte kompositorische Zusammenspiel zahlreicher Kleinstrukturen verschiedenartiger Beschaffenheit samt ihren Permutationen, Spiegelungen, Verschiebungen usw.

Ein Problem ist die Großform, die nicht mehr in einem zusammenhängenden Leseakt aufgenommen werden kann, die also eine Leseleistung verlangt wie etwa der herkömmliche Roman. Die strenge Beziehung der Groß- auf die Kleinform hängt ab von der Lesekapazität des Lesers; sie muß im Lesen nachvollziehbar bleiben, sonst sinkt der Text zur Ansammlung bloßer Wiederholungen ab. Doch ist die Lesekapazität sehr beschränkt, wenn sie sich nur auf verbale Feinstrukturen stützen kann, d.h. es gelingen nur kürzere Texte. Es sind jedoch Themen denkbar, die dem Leser eine ‹großförmige› Orientierung geben, obwohl sie sich erst unterwegs allmählich einstellen, etwa im Abbau redensartlichen Materials; athematische Themen, die nie ganz eindeutig formulierbar werden, mehr Sprach- und Wort-Felder mit der Implikation ihrer Geschichte, der zeitgenössischen Verwendungen, den bösartigen, frappierenden, grotesken Assoziationen. Athematische Sprachfelder, die die Manipulation herausfordern, um zu ihrer Wahrheit zu kommen: Wie Plakate die Decollage provozieren und dabei ihre faszinierende Fassung finden.

Es empfiehlt sich, den Gattungsbegriff, der der gewohnten Poetik schon Schmerzen bereitete, links liegen zu lassen. Die Unterscheidung von Prosa und Poesie und ganz und gar die von Lyrischem, Epischem und Dramatischem hat ihren Sinn verloren, wenn die Texte sich nicht mehr nach Haltungen von Ich, Du, Gesellschaft und Welt zu sich und zueinander charakterisieren, sondern nach ihren experimentellen Fragestellungen. Die Gattungseinteilung wird vollends zu Schrott, wenn man die intermedialen Textphänomene in den Blick nimmt, die eine immer wichtigere Rolle spielen: Texte, die in den Grenzbereichen zur Musik (sound poetry, phonetische Poesie, Lautgedichte usw.) oder zur bildenden Kunst (poème objet, Schriftbilder, konkrete Poesie) erscheinen und mit den Begriffen dieser Disziplinen oft ebenso beschrieben werden können wie mit denen der Poetik.

Seinen Grund hat das Phänomen der intermedialen Texte einmal darin, daß die Jahrtausende alte Vorherrschaft der geschriebenen Sprache als des eigentlichen Mediums der Poesie aufgelöst worden ist und die durch das sekundäre Zeichensystem der Schrift gefilterte Sprache keinen höheren literarischen Rang mehr hat als die gesprochene; zum andern in der beschriebenen Vergegenständlichung der Sprache und ihrer Emanzipation von der zivilisatorischen Sinnfunktion. Hinzu kommt eine Verfeinerung des Zeichen- und Symbolbegriffs. Durch Symbolismus und Surrealismus, unterstützt von den Einsichten der Psychoanalyse, ist die Symbolfähigkeit jedes Wortes je nach dem Bewußtseinshorizont, in dem es erscheint, erkannt worden. Da jeder adäquate Bewußtseinshorizont unabschließbar und die Korrespondenz jeden (verbalen) Phänomens mit jedem offenbar ist, hat das einzelne Symbolzeichen eine offene Bedeutungsqualität (vgl. Valéry: „Es gibt keinen wirklichen Sinn eines Textes ... Einmal publiziert, ist der

Text wie eine Apparatur, deren sich jeder auf seine Weise und nach seinen Möglichkeiten bedienen kann.").

Als Text wird daher jede geordnete Gruppierung von Sprachzeichen, seien es Laute oder Buchstaben, bezeichnet. Für die ältere Poetik beschränkte sich die Wirkung der gesprochenen Sprache außerhalb der Musik auf die Rezitation, da es für ihre spezifischen Qualitäten – Tonhöhe, -stärke, -dauer, Tempo – mit ihrer nichtquantifizierbaren Unregelmäßigkeit keine zulängliche Notation gab. Sie festzuhalten, zu unterscheiden und mit ihnen zu arbeiten, ist heute dank der technischen Hifsmittel kein Problem mehr. Die tönende Sprache erlaubt daher Kompositionen von faszinierender Reichweite. Zum erstenmal ist der Zeitverlauf von gesprochener Sprache dem poetischen Experiment zugängich geworden außerhalb der strengen musikalischen Zeitmessung. Zum erstenmal ist die emotionelle Qualitat einer Stimme außerhalb einer bestimmten Bühnenaufführung und unabhängig vom semantischen Wert verfügbar geworden. Die Möglichkeiten eines wahrhaft zeitgenössischen Hör-Spiels lassen sich nur vermuten.

Die Loslösung von der literarischen Idee hat aber auch die schriftsprachliche Poesie erweitert, – genauer: hat die formale, gestische Qualität der Schrift wieder auftauchen lassen. Nicht nur kann ein Text mit seiner Fläche in einen Funktionszusammenhang treten und auf ihr eine gestische Bewegung entfalten, er kann auch zum ‹Bild› werden. Die Worte können an einer textbedingten Reduktion oder Destruktion teilnehmen; sie sind lesbar genau in dem Grad, der jeweils zulässig oder erwünscht ist. Vielleicht sind mehrere Lesarten zugelassen. Erst der mit seiner Fläche funktional verbundene Text kann dem Phänomen der Plakatwelt begegnen (das in seiner formal wirksamen Art seinerseits Derivat der experimentellen Künste ist). Syntaktische Beziehungen diesseits der gewohnten Grammatik werden möglich. Es gibt Textfiguren, reduziert auf wenige Elemente, bestimmt für den meditativen Leser, nicht für den Stoffhuber. Es gibt das Textgespinst, dessen Schriftfragmente, Wortandeutungen, silbische Indizes eine ganze Sprachverfassung spiegeln, ohne dies zu beabsichtigen. Es gibt das Bild eines einzigen Buchstabens, in dem Sprache lautlos tönend da ist: Schicksale von Lauten, von Laut-Formen, von einmal ertönten Lautschreien, von verwischten Lautpersonen vergegenwärtigend.

Zu solchen Textphänomenen gehört diese Poetik. Sie ist deren Funktion, und sie ändert sich mit deren Änderungen. Eine normativ zeitlose Poetik ist heute noch weniger denkbar als früher. In einer Poetik kondensieren und akzentuieren sich die Grundsätze, nach denen jeweils mit der Sprache umgegangen werden kann. Sie ist abhängig von der Verfassung der zeitgenössischen Sprache, allerdings nicht im Sinne eines Spiegelverhältnisses. Sie formuliert das theoretische Fundament, ohne das kein Text mehr entworfen werden kann, wenn es auch im Hervorgang des Textes untergeht. Sie ist unentbehrlich und hinfällig zugleich.

Prinzip Collage

Arbeitsthesen zur Tagung »Prinzip Collage«

Veranstaltet vom »Institut für moderne Kunst«, Nürnberg, 29. 3. bis 3. 4. 1968

1

Die Formulierung »Prinzip Collage« deutet an, daß Collage nicht nur eine künstlerische Technik unter anderen meint, sondern sich in ihr eine Grundhaltung künstlerischen Arbeitens manifestiert, die die ganze moderne Kunst durchzieht.

2

Eine Collage vereinigt in einer Komposition Elemente, die aus der zivilisatorischen Umwelt stammen, Spuren einer Bearbeitung tragen und also gesellschaftlich vermittelt sind.

Es werden mindestens zwei Elemente heterogener Herkunft zusammengefügt.

Das ideale Modell einer Collage ist Duchamps *ready-made* aus einem Fahrradteil auf einem Hocker. Es entspricht Lautréamonts Bestimmung der Poesie als der Möglichkeit, daß eine Nähmaschine einem Regenschirm auf einem Seziertisch begegnet. Max Ernst übersetzte Lautréamonts Modell in die abstrakte Formel: Durch Annäherung von zwei (oder mehr) scheinbar wesensfremden Elementen auf einem ihnen wesensfremden Plan die stärkste poetische Zündung provozieren.

3

Collage transportiert vorgegebene, zivilisatorisch vermittelte Realität in eine neu zu konstituierende Kunst-Welt. Es gibt nichts Reales, das nicht Element von Collage werden könnte. Collage umgreift schließlich nicht nur Einzelgegenstände, sondern ganze Umwelträume, Handlungsabläufe, menschliche Aktionsmuster. In dem Maß, wie Natur reflektiert und vergegenständlicht, d.h. ein Moment des Zivilisationsprozesses wird, können auch ihre Erscheinungen in Collagen verarbeitet werden.

4

In der Collage wird im abgekürzten und für unser Bewußtsein durchsichtigen Modell die moderne Existenzentscheidung, Wirklichkeit nur als vom menschlichen Subjekt vermittelte Wirklichkeit anzunehmen, vollzogen.

Mit Hilfe des Prinzips Collage werden charakteristische Zivilisationsprozesse und Existenzsituationen ohne Ernstfallkonsequenzen nachvollziehbar.

In der Vielzahl ihrer Arbeitstechniken – von Reißen (déchirage), über Brennen (brûlage), Schneiden (découpage), Knüllen (froissage), Abreißen (décollage) bis zum Abreiben (frottage) – bilden sich analoge zivilisatorische Prozesse und Vorgänge ab. In ihren Hervorbringungen entdeckt sich, was die Ideologien, welche die zivilisatorischen Vorgänge begleiten, gewöhnlich überspielen. Collage bietet die Möglichkeit, die Einsicht in das, was sich in unserer Realität mit uns selbst abspielt, voranzutreiben.

5

Indem Collage die gegebene Realität transponiert, bringt sie mit dem Material der gegebenen eine ‹andere› Wirklichkeit hervor, die nicht nur die Innereien unserer durch Gewohnheit matt gewordenen Realität hervorkehrt, sondern – von deren Spielregeln entlastet – probeweise neue, unvernutzte, möglicherweise nur momentan benutzbare Muster und Spielregeln entwirft. In der jüngsten Phase von Collage, den Happenings, kommen sie drastisch zutage. Im Happening durchdringen sich collagierte Bild-Räume und collagierte Modelle eines denkbaren gesellschaftlichen Verhaltens, das noch nicht erkennen läßt, ob es bloßes Spiel oder Prototyp einer zuküftigen gesellschaftlichen Haltung ist.

6

Von der Unterstützung der programmatischen Flächigkeit des kubistischen Bildes bis zu dem Umwelt und Aktion collagierenden Happening weist Collage eine zunehmende Differenzierung und Ausweitung ihres Mediums auf. Die überwindet die Bildfläche zum Relief, dieses zur plastischen Agglomeration bis hin zu Kasten-, ‹Möbel-› und Maschinencollagen. Sie vermag sich dennoch immer wieder mit der experimentell weiterentwickelten Bildfläche zu verbinden, z.B. im Tachismus oder in den »combine-paintings« Rauschenbergs. Sie dient einer durchkonstruierten Objektivität ebenso wie der subjektiven Aktivität. Sie provoziert unablässig die Erfindung neuer Techniken zur Verformung, Verfremdung, Integration und Destruktion ihres Materials.

7

Durch das Medium der Collage werden die verschiedenartigsten künstlerischen Funktionen erfüllt, wie die absolute Präsentation von Farb-, Taktil-, Material- und Raumwerten oder von physischen Medien wie Licht oder Bewegung, die Assoziation und Repräsentation von Realitätsbereichen, die abkürzende Zeichen- und Symbolfunktion.

8

Die Kompositionsprinzipien und -verfahren der Collage – wie Auswahl von fremd anmutendem Material, Montage und Destruktion, Integration und Desintegration, Überlagerung, Konstellation und Konfrontation – bestimmen auch die experimentellen Arbeiten anderer künstlerischer Disziplinen, der Literatur, des Theaters, des Films, der Musik. Methodische und technische Erfindungen wandern aus einer Disziplin in die andere. Es zeichnet sich dabei eine Interdependenz aller experimentell vorgehenden Künste ab, die konsequent zur Interaktion, zur Ausbildung von Zwischenphänomenen drängt.

Collagetexte und Sprachcollagen

1968

Beim Stichwort ‹Collage› denkt man an die bildende Kunst: Um 1910 haben die Kubisten Picasso und Braque begonnen, Zeitungsausschnitte, Papierstreifen, Wachstuchstücke und andere Dinge in ihre Bilder zu kleben. Collage heißt ‹ankleben›, und so wurde eine technische Bezeichnung zum Begriff für eine Methode künstlerischen Produzierens, die seitdem in alle Disziplinen eingedrungen ist. Die italienischen Futuristen haben damals die neue Technik sofort aufgegriffen, und die Dadaisten haben sie zur autonomen Bildform entwickelt: Kurt Schwitters fügt Bildkompositionen zusammen, die nur noch aus Collage-Elementen bestehen; Raoul Hausmann und Hanna Höch erfinden die Fotomontage, die als Collage aus Fotobildern zu verstehen ist. Bildfragmente aus den verschiedenartigsten Realitätsbereichen schießen darin zu einer neuen kompositorischen Einheit zusammen, die der Sprunghaftigkeit und Disparatheit der Realität entspricht, aus der die Fotos stammen. Die Collagetechnik erweist sich als dieser Realität auf den Leib geschnitten: Heterogenes Material erscheint eng benachbart, wird simultan aufgenommen, bildet eine funktionelle Einheit, aber keine thematische. An die Stelle des geschlossenen Sinnzusammenhangs ist das Funktionengeflecht getreten, das seine Elemente in einer Hinsicht beansprucht, in allen anderen aber unangetastet läßt.

Inzwischen ist die Collage längst über ihre Anfänge als bloße Papiercollage hinausgeraten. Schon Kurt Schwitters hatte gefundene Objekte banalster Art einbezogen; Schuhsohlen, Fahrscheine, Drahtnetze, Holzräder trafen sich in seinen reliefartigen Collagen. Der nächste Schritt war die Assemblage von Gegenständen, das Zusammenfügen von heterogenen Dingen zu plastischen Agglomeraten bis hin zu den Kasten- und Möbelassemblagen der Luise Nevelson oder Kalinowskis und den Maschinencollagen Tinguelys. Die Absicht auf ein Bild und auf die Funktion der Fundstücke in einem vorgegebenen malerischen Zusammenhang war dabei längst aus dem Blick geraten, wenn auch die Papiercollage weiter gepflegt wird und zum Beispiel in der Schriftcollage neue Anwendungsbereiche gefunden hat. Auch greift die experimentelle Entwicklung innerhalb der Malerei selbst immer wieder auf die Collagetechnik zurück, etwa wenn der Maler Bernard Schultze mit Hilfe von Collageelementen eine Entwicklung von der Fläche übers Relief mit wachsenden Dimensionen bis zur freistehenden Plastik vollzieht, oder in den combine paintings Bob Rauschenbergs, der Gegenstände an die Bildfläche montiert.

Doch schon Schwitters griff mit seiner berühmten *Merz-Säule*, einer Konstruktion aus Holz und Gips, die sein Haus von unten nach oben durchwucherte und in deren Nischen allerlei Objekte einmontiert waren, bereits in den architektonischen Raum über. Heute schafft die Kunst des Environments real-irreale Umwelten aus vorhandenen und aus erfundenen, künstlichen Gegenständen, mimt die Vorstellbarkeit des Unvorstellbaren in Tuchfühlung mit dem alltäglichen Kram. Es war nur noch ein kleiner Schritt, auch menschliche Handlungen einzubeziehen – die statische Szenerie des Environments mit agierenden menschlichen Körpern zu besetzen. Im Happening werden Handlungen collagiert. Al Hansen, einer der amerikanischen Protagonisten des Happenings, bezeichnet diese als „theatre pieces in the manner of collage". Am Happening sind nun alle Medien beteiligt: Bild, Raum, Bewegung, dramatische Aktion, schließlich auch Wort und Geräusch. Bildende Kunst, Theater, Musik sind, wenn auch in völlig ungewohnter Weise und ohne Rücksicht auf traditionelle Darbietungsregeln, im Happening aktiviert und amalgamiert.

Im Happening kommen verbale Elemente vor; in den frühen kubistischen Collagen haben Wortfragmente eine bestimmte semantische Rolle im Bild gespielt. Von Schwitters ist bekannt, daß er – wie Bilder – auch Texte aus verbalem Material »gemerzt« hat, wie er es nannte. So ist die Frage berechtigt, ob die Collagetechnik auch von der Literatur benutzt wird. Es fällt einem sofort Döblins Roman *Berlin Alexanderplatz* ein, in dessen Erzählzusammenhang Zitate aus Reden, Zeitungen, Wetterberichten, Anzeigen montiert sind, die an die collagierten Zeitungsfetzen in kubistischen Bildern erinnern oder an die Fotomontagen jener Jahre: Auch Döblin läßt kaleidoskopartig die Realitätsfragmente der modernen Großstadt zusammenschießen.

Das Prinzip Collage hat in der Literatur jedoch seine eigene Herkunft. Lautréamonts berühmt gewordenes Modell einer neuen Poesie, die sich in der Begegnung einer Nähmaschine und eines Regenschirms auf einem Seziertisch ereignet,[1] hat Collagecharakter. Lautréamont nimmt Marcel Duchamps Fahrrad, auf einem Hocker montiert, vorweg: In beiden Fällen wird Heterogenes, das im geläufigen Lebenszusammenhang nichts miteinander zu tun hat, verbunden. Das Entfernteste könnte das sein, was am dichtesten zusammengehört. Was nicht bereits durch die banale Gebrauchsfunktion sich bis zum Überdruß kennt, erzeugt die intensivste Spannung. Max Ernst, selbst von einem starken unterschwelligen literarischen Impuls bewegt, brachte das poetische Modell Lautréamonts auf eine abstrakte Formel, die dann auch für die bildende Kunst des Surrealismus gültig war, die er mit seinen Bildcollagen erweitert hat. Max Ernst bemerkt, daß „die Annäherung von zwei (oder mehr) scheinbar wesensfremden Elementen auf einem ihnen wesensfremden Plan die stärkste poetische Zündung provoziert", denn je willkürlicher die Zusammenstellung, „um so sicherer (ist) eine völlige partielle Umdeutung der Dinge durch den überspringenden Funken Poesie ..."

An der Methode, wie die Spannung zwischen dem Heterogenen zu gewinnen sei, scheiden sich die Geister, im Prinzip sind sie sich jedoch einig. Der Surrealismus vertraut auf die dichte Kohärenz somnambuler Assoziationsketten; der Traum ist sein Modell, der das Unvereinbare in einem verborgenen symbolischen Kontext vereinbar macht. Der Dadaismus benutzt Zufallsstrukturen und überläßt es dem Leser oder Betrachter, Sinn-

---

1) Vgl. oben S. 21

zusammenhänge zu schaffen. Tristan Tzara schlägt das radikalste Rezept vor:

„Nimm eine Zeitung. Nimm eine Schere. Suche einen Artikel aus von der Länge des Gedichts, das du machen willst. Schneide ihn aus. Dann schneide jedes seiner Wörter aus und tue sie in einen Beutel. Schüttele ihn. Dann nimm einen Ausschnitt nach dem anderen heraus und kopiere ihn genau. Das Gedicht wird sein wie du."

Hans Arp, Tzaras Dada-Kollege in Zürich, wendet ein analoges Verfahren an, wenn er Papierfetzen auf eine Fläche fallen läßt und sie genau in der Position aufklebt, in die sie der Fall, also der Zufall gebracht hat. Erst die Aktivität des Betrachters oder – im Falle Tzaras – des Lesers bringt das Bild oder den Text zustande. Während gewöhnlich die Intention eines bestimmten, vorgegebenen Sinnes die Auswahl und syntaktische Ordnung des Sprachmaterials steuert, wird hier ein Sinnbezug, eine sinnvolle Ordnung des angebotenen Textmaterials erst nachträglich vom Leser hergestellt. Wie das klingen kann, mag ein kurzes Stück aus einem Montagetext, den die Wiener Gruppe – Artmann, Bayer und Rühm – in Teamarbeit hergestellt hat, zeigen. Aus irgendeinem obskuren *Lehrbuch der böhmischen Sprache* greifen sie Vokabeln, Redewendungen und einfache Sätze heraus, um sie willkürlich aneinanderzureihen. Das hört sich so an:

das füllen verschneiden
soldat werden
auf das pferd aufsitzen
aufs pferd springen
in den ehestand eintreten
die häuser plündern
es koste was es wolle
seine pflicht tun
schuhe anziehen
schuhe ausziehen
den pferden die hufeisen abbrechen
die kleider abnützen
das blut spritzt aus der wunde
speisen zubereiten
hochzeit machen
die kleider ausziehen
um weihnachten
ein tisch mit drei füßen
ein schauer überfiel mich
die kälte läßt nach
die wunde erneuert sich
alles umkehren ... [2]

2) aus: *Die Wiener Gruppe*, hg. von G. Rühm. Rowohlt-Verlag, Reinbek 1967, S. 206

Sinnbezüge in solchem Kaleidoskop von montierten Sprachelementen zu finden, ist der Leser befähigt durch die eigenen latenten Sinnwünsche und durch die Spannung, in der er durch nicht erfüllte und mit seinen Kräften vielleicht nicht erfüllbare Sinnerwartungen lebt. Das offene Sinnmuster eines solchen Textes bietet sich ihm zur individuellen Ausfüllung an.

Von seiten der Sprache wird die Umkehrung des gewohnten sprachlichen Vorgangs ermöglicht durch die semantische Plastizität der Wörter und durch die Eigentümlichkeit unserer Sprache, daß sinnvolle Aussagen nicht unbedingt grammatisch komplette Sätze erfordern, sondern verbale Ansätze, Andeutungen durch die Situation, in der sie erscheinen, sinnvoll ergänzt werden können, so daß dennoch zureichende sprachliche Mitteilungen zustande kommen.

Unsere Wörter, vor allem Nomina und Verben, speichern mehr an potentiellen Bedeutungen, als jeweils im Satz aktuell werden kann. Die Wörterbücher haben daher ihre Not, nur annähernd das semantische Feld eines Wortes abzugrenzen, und die besten ergänzen ihre Angaben, indem sie typische Verwendungsfälle des Wortes im ganzen zitieren. Jeder Wortkörper ist bereit, im aktuellen Zusammenhang seines Textes neue Bedeutungsnuancen aufzunehmen, auch wenn sie bisher nicht gängig waren. Ein Wortkörper ist nicht mit einer bestimmten Bedeutung verheiratet; er ist ständig fähig, semantische Verschiebungen aufzunehmen. Ja, derselbe Wortkörper kann völlig verschiedene Bedeutungen tragen, wie der Wortkörper ‹Tor› mit Haustor und Narr. Und umgekehrt kann eine bestimmte Bedeutung von verschiedenen Wortkörpern vermittelt werden. Diese semantische Plastizität der Wörter ist die Voraussetzung für die Ökonomie der Sprache: Mit einem beschränkten Wortschatz und einer begrenzten Menge von Wortkörpern kann sie unbeschränkt viele und immer wieder neue Bedeutungen und Sachverhalte wiedergeben. Und sie kennzeichnet ihren instrumentalen Charakter.

Im Gegensatz zu allen anderen zivilisatorischen Funktionsinstrumenten, die wir benutzen, hat die Sprache nicht nur geschichtliche Qualität, sondern ihr instrumentaler Wert gründet gerade in der Spannung zwischen Erinnern und Vergessen und Wiedererinnern, die das geschichtliche Bewußtsein kennzeichnet. Eine Bedeutung schießt an, wird benutzt und verschwimmt. Und bleibt dennoch im Erinnerungspotential, so daß sie selbst oder ihre Variante, vielleicht aber auch sie selbst bereits als Metapher aufs neue verwandt werden kann.

Die Eigentümlichkeit sprachlicher Collage-Bildung hängt von dieser dynamisch-geschichtlichen Struktur des Sprachmaterials ab. Die Wortkörper, so elastisch sie sich gegenüber ihren aktuellen Bedeutungen verhalten, führen zugleich riesige Erinnerungshöfe ihrer Redeverwendungen, der einmal getroffenen Bedeutungsentscheidungen mit. Das wird deutlich, wenn man zum Beispiel von einem ungarischen Übersetzer erfährt, daß in seiner Sprache auch heute noch Reimworte wie ‹Rose› oder ‹Herz› ihre Kraft haben, während sie im Deutschen nicht mehr möglich sind und nur noch als Petrefakten ihrer eigenen Geschichte weiterexistieren.

Semantische Plastizität und geschichtliche Bedeutungsspeicherung scheinen sich zu widerstreiten, tatsächlich sind sie jedoch zwei Aspekte derselben Sache: Die Wörter können ihre Bedeutungshöfe nur anreichern, weil sie nicht an eine Bedeutung fixiert sind, und die Wortkörper können auf immer neue Bedeutungsnuancen und Verschiebungen bezogen werden, weil sie immer vor dem geschichtlich differenzierten Bedeutungshof fungieren, der jeder neuen Verwendung ihren semantischen Stellenwert gibt. Erst im Bezug auf den Bedeutungshintergrund findet die neue Bedeutung ihren genauen Ort. Wenn Tristan Tzara ein Gedicht aus zufällig aneinandergereihten Wörtern zu bilden empfiehlt, dann verläßt er sich darauf, daß die Wortkörper sowohl ihren autonomen Bedeutungshof mitbringen, als auch fähig sind, im unvorhergesehenen, neuen Kontext Sinnbezüge anschießen zu lassen, weil sie nicht starr auf eindeutige Bedeutungen festgelegt sind. Dieser Sachverhalt ist konstitutiv für die sogenannte konkrete Poesie.

Zur Ökonomie der Sprache gehören aber auch ihre stereotypen Wendungen, angefangen von den simplen phraseologischen Wortverbindungen, wie ‹es ist die Rede davon› oder ‹einen Gedanken aufgreifen›, über die ideomatischen Formeln, die einen ganz spezifischen, von der direkten Bedeutung abgehobenen Sinn haben, wie ‹den Faden verlieren› oder ‹einem auf den Wecker fallen›, bis zu den sprichwörtlichen Prägungen, in denen vorformulierte Einsichten dem Benutzer die eigene Anstrengung abnehmen und die Rechtfertigung für ein schematisiertes Verhalten geben. Ich erinnere nur an das fatale Wort ‹wo gehobelt wird, fallen Späne›, das aus biederer altdeutscher Handwerkererfahrung stammt und mit dem in weniger biederen Zeiten die Menschen zum Schindluder getrieben wurden. Da solche Redemuster Allgemeinbesitz sind, werden sie ohne weiteres verstanden, und jeder Empfänger verbindet ohne Kontrolle damit, was ihm der Absender einreden will. Bei der Masse der verbalen Mitteilungen, die wir täglich aufzunehmen haben, und bei dem Tempo, mit dem sie oft übertragen werden müssen, sind die standardisierten Formeln freilich unentbehrlich, und ihr Vorrat nimmt immer noch zu. Keine Begrüßungsansprache, keine Nachrichtensendung, kein Werbetext kommt ohne sie aus.

Auf die Gefährlichkeit dieser Entwicklung hat zum ersten Mal Karl Kraus in seinem überdimensionalen Drama *Die letzten Tage der Menschheit* hingewiesen, das in den Redeschwemmen des ersten Weltkriegs entstanden ist. Das Ausmaß der sprachimmanenten Lüge, die aus der Diskrepanz zwischen dem tatsächlichen mörderischen Geschehen und den darauf bezogenen sprachlichen Äußerungen und Redegewohnheiten entspringt, zeigt ihm apokalyptische Züge. Die Präsentation des benutzten Redepotentials in den Dialogen des Buches erweist die Sprache als einen Filter, der gegen die Realität abschirmt, sie schon mit der bloßen Nennung ins Erträgliche umbiegt, ihr Interpretationen aufsetzt, die sie praktikabel machen und den Schock, der aus der unmittelbaren Erfahrung entspringen und Impulse der Veränderung auslösen könnte, neutralisieren. Dazu eine beliebige Probe aus dem Buch. Ein k. und k. General hält 1918 die folgende Ansprache an seine Offiziere:

„Meine Herren – also – nachdem unser Offizierskorps ein vierjähriges beispielloses Ringen – also gegen die Übermacht einer Welt – überstanden hat – also setze ich das Vertrauen auf meinen Stab – indem ich überzeugt bin – wir werden auch fernerhin – unerschrocken – tunlichst – die Spitze bieten. Kampfgestählt gehen unsere heldenmütigen Soldaten – diese Braven – gehen sie neuen Siegen entgegen – wir wanken nicht – wir werden den bis ins Mark getroffenen Feind – zu treffen wissen, wo immer es sei, und der heutige Tag, meine Herrn – wird einen Markstein bilden – in der Geschichte unserer glorreichen Wehrmacht immerdar ...!" [3]

Diese Bewußtseinsspaltung oder Bewußtseinskrümmung besteht auch für uns noch. Wir leben mehr oder weniger bewußt in einer von Sprachstereotypen wetterfest imprägnierten Wirklichkeit und erfahren punktuell doch immer wieder den Schock, der von dem, was sich tatsächlich abspielt, ausgeht. Die Situation wird dadurch kompliziert, daß die Sprachfilter auf die Schockerfahrung eingestellt sind, sich immer wieder an ihr orientieren, sich von ihr aufrauhen lassen und sie dadurch absorbieren. Realität wird in die verkürzte sprachliche Fassung übersetzt, und es wird dadurch der Anschein erweckt, der Realität ausgesetzt und ihr gewachsen zu sein. An diesem Besänftigungsprozeß ist gerade die Literatur beteiligt, die auf ihren harten Realismus stolz ist.

Dieser Situation von Sprache und Realität ist nicht durch die bloße Reflexion zu begegnen, vielmehr müssen die inkrustierten Sprachgebilde selbst in eine Fassung gebracht werden, die ihrer Realität entspricht. Sie müssen selbst wie Realitätsfragmente behandelt werden. Das heißt vor allem: Sie müssen aus der Vertraulichkeit, die jeder Versprachlichung als Beigabe des sprachhandelnden Subjekts innewohnt, in die Verhärtung, die Verdinglichung getrieben werden, ihren vom Subjekt gestifteten Ganzheits- und Sinncharakter verlieren, so daß das Subjekt in der Konfrontation mit dieser Wahrheit seiner Sprachgebilde ihr Verhältnis zur Realität erkunden kann. Die sprachlichen Gebilde erscheinen jetzt als das, was sie sind: Objekt unter Objekten, beliebige Versatzstücke, verdinglichtes Material, das neuen Formintentionen zur Verfügung steht. Sprachcollagen und Collagetexte werden möglich.

Es ist bezeichnend, daß in vielen mit Collageelementen arbeitenden literarischen Texten der Impuls von Karl Kraus weiterwirkt, mit der neuen, schockierenden Technik das illusionistische Sprachgewebe zu durchstoßen und die splitternde Realität erfahren zu lassen. So ist es in Döblins *Berlin Alexanderplatz*, so in Michel Butors *Mobile*, in Heißenbüttels *Deutschland 1944*, um nur einige Texte zu nennen.

Das Sprachmaterial, das für Textcollagen verwendet wird, stammt immer aus gesellschaftlichem Gemeinbesitz und ist im Umlauf gewesen. Es kann sich um wörtliche Zitate aus Reden, Zeitungen, Büchern, Verordnungen usw. handeln; es können Redensarten, Sprichwörter, aber auch Einzelwörter mit bezeichnendem Inhalt benutzt werden. Es gibt eine Vielzahl von Kom-

3) Karl Kraus, *Die letzten Tage der Menschheit*, Kösel, München 1957. S. 682

positionsformen sprachlicher Collagen: Ihre Elemente können in einen vorgegebenen Erzählzusammenhang eingebaut werden, wie im Falle des Romans von Döblin *Berlin Alexanderplatz*; oder Collageelemente können in einem Textplan neben anderen Textformen als eigentümliche Textschicht auftreten, wie es Butor in seinem *Mobile* macht; oder es kann zu einem bestimmten Thema ein ganzer Text aus collagierten Zitaten montiert werden, wozu Heißenbüttels *Deutschland 1944* ein Beispiel liefert; schließlich können Textelemente ohne vorgegebenes Thema und ohne vorfixierten Plan kaleidoskopartig zusammentreten und es dem Leser überlassen, ihren Zusammenhang herzustellen, wie es Tristan Tzara vorgeschlagen hat.

Es gibt im Grenzfall Textcollagen, die nur mit Wortkernen arbeiten, und andere, bei denen das Wortmaterial entsprechend der Tendenz zur Verdinglichung weiter zerstört wird. Im folgenden soll eine Reihe möglicher Collagetypen aus Sprachmaterial betrachtet werden.

Die Erzählgemütlichkeit des Romans zu durchlöchern, den Leser aus der angenehmen Fiktion auf die eigene banale Realität zu stoßen, dienen in Döblins Roman *Berlin Alexanderplatz* die einmontierten sprachlichen Realitätsfragmente, vom Wetterbericht über Zeitungsnachrichten, Straßennamen, Dialogfetzen, Werbesprüchen bis zu politischen Reden und zur zahlengespickten Reportage aus dem Schlachthof. Der Roman behält seine traditionelle Form; er spinnt seinen Handlungsfaden chronologisch an dem Geschick seines Helden Franz Biberkopf fort und erreicht ein vorgenommenes episches Ziel. Die Collageteile haben dokumentarischen Charakter; sie vermitteln Atmosphäre und Schlaglichter aus der modernen Großstadt, und sie bilden durch das unvermittelte Nebeneinander der Zitate mit der Handlung die oft groteske Zusammenhanglosigkeit riesiger Menschenansammlungen ab:

„Destillen, Restaurationen, Obst- und Gemüsehandel, Kolonialwaren und Feinkost, Fuhrgeschäft, Dekorationsmalerei, Anfertigung von Damenkonfektion, Mehl und Mühlenfabrikate, Autogarage, Feuersozietät: Vorzug der Kleinmotorspritze ist einfache Konstruktion, leichte Bedienung, geringes Gewicht, geringer Umfang. – Deutsche Volksgenossen, nie ist ein Volk schmählicher getäuscht worden, nie wurde eine Nation schmählicher, ungerechter betrogen als das deutsche Volk. Wißt ihr noch, wie Scheidemann am 9. November 1918 von der Fensterbrüstung des Reichstags uns Frieden, Freiheit und Brot versprach? Und wie hat man das Versprechen gehalten! – Kanalisationsartikel, Fensterreinigungsgesellschaft, Schlaf ist Medizin, Steiners Paradiesbett. – Buchhandlung, die Bibliothek des modernen Menschen. Es sind die großen Repräsentanten des europäischen Geisteslebens. – Das Mieterschutzgesetz ist ein Fetzen Papier. Die Mieten steigen ständig. Der gewerbliche Mittelstand wird auf das Pflaster gesetzt und auf diese Weise erdrosselt, der Gerichtsvollzieher hält reiche Ernte. Wir verlangen öffentliche Kredite bis zu 15 000 Mark an das Kleingewerbe, sofortiges Verbot aller Pfändungen bei Kleingewerbetreibenden. – Der schweren Stunde wohl vorbereitet entgegenzugehen ist Wunsch und Pflicht jeder Frau. Alles Denken und Fühlen der werdenden

Mutter kreist um das Ungeborene. Da ist die Auswahl des richtigen Getränks für die werdende Mutter von besonderer Wichtigkeit. Das echte Engelhardt-Karamalzbier besitzt wie kaum ein anderes Getränk die Eigenschaft des Wohlgeschmacks, der Nährkraft, Bekömmlichkeit, erfrischenden Wirkung ..." [4]

So geht die Montagemischung aus Werbesprüchen, politischen Parolen, Namen und Informationen noch über mehrere Seiten, bis der Held des Romans wieder in dieses Panorama Berliner Banalitäten einsteigt.

Lesbar wie ein Roman, aber ohne Erzählstrang und jenseits der üblichen epischen Formen angelegt, ist Michel Butors *Mobile* von 1963, das der Autor selbst als »Studie für eine Darstellung der Vereinigten Staaten von Amerika« bezeichnet. Damit ist der thematische Plan des Buches umrissen. Er wird ausgefüllt mit einer Fülle von Details aus der amerikanischen Geschichte, Politik und Gesellschaft, bereichert durch Naturbilder und Naturbeschreibungen. Der ganze, 340 Seiten starke Text ist streng durchkomponiert. Seine dominierende Thematik ist die schuldhafte Verstrickung der weißen Einwanderer in das Geschick der indianischen Urbevölkerung und die Unterdrückung der Neger, im Buch manifestiert durch Auszüge aus der Geschichte der Indianerstämme und ihrer Begegnungen mit den Weißen wie durch aufblitzende Redewendungen ‹for whites only›, deren Verkürzung zum abgegriffenen Klischee ‹... only ...› das generationenalte Elend der Unterdrückten verrät. Mit decouvrierendem Erfolg sind Zitate Franklins eingeflochten, die der ideologischen Rechtfertigung der Behandlung der Neger dienen. Die Schuld wird paraphasiert durch seitenlange Auszüge aus den Akten eines Hexenprozesses von 1692. Den zivilisatorischen Habitus blenden Zitate aus Warenhauskatalogen, Zeitungsberichten über die Weltausstellung in Chicago oder einem Reiseführer durch »Freedomland«, dem nordamerikanischen Kulturschaupark, ein. Durch das ganze Werk ziehen sich Autonamen, Speiseeisempfehlungen.

Konfrontiert wird das politisch-zivilisatorische Amalgam mit nominalem Material, das vor allem aus Namen von Städten, geographischen Orten, Landschaften und Tieren besteht. Es erscheint in unhistorischer, reiner Setzung, nur in seinem ästhetischen Wert, fast ohne syntaktische Verknüpfungen:

WILLKOMMEN IN KANSAS
                    sieben Uhr in ...
PRESTON
Das Erschreckende an diesem Kontinent waren nicht nur
seine giftigen Lianen ...
Selbst wenn sie nicht schwarz aussehen, sind sie Schwarze.
Der Präriesee.
WASHINGTON, Kreisstadt des Washington County.
Sie sind noch schwärzer als das Schwarz.

4) Alfred Döblin, *Berlin Alexanderplatz.* Walter-Verlag, Olten 1961, S. 131 f.

Seine giftigen Eichen, sein giftiger Sumach, seine Giftschlangen,
seine vergifteten Indianerpfeile ...
Auf der Straße ein riesiger Studebaker (Geschwindigkeitsgrenze nachts
60 Meilen), – „an der nächsten Texaco-Tankstelle müssen wir tanken."
WASHINGTON.
Die Peyote ist ein möhrenförmiger unbehaarter Kaktus (Lophophora
williamsii) von geringer Größe, der in den Grenzgebieten Mexikos und der
Vereinigten Staaten im Tal des Rio Grande wächst. Man kann die Knolle
frisch oder in der Sonne getrocknet genießen ... Ihre bemerkenswertesten
psycho-physischen Wirkungen sind eine außerordentliche Schärfung der
Sinnesorgane, insbesondere für die Wahrnehmung von Farben, Formen
und Tönen, visuelle und akustische Halluzinationen mit Störungen der
coenesthesiatischen Sphäre ... Diese außergewöhnlichen Eigenschaften
sind ihrem hohen Gehalt an Alkaloiden zuzuschreiben, wie Anhalin,
Meskalin, Ophophopin, usw. ... Ihr Genuß hat keine schädlichen Folgen,
wird aber von Übelkeit begleitet, doch verursacht er keine Gewohnheit.
(Nach Vittorio Laternari: *Movimenti Religiosi dei Popoli Oppressi*.)
Sie hatten schwarze Schuhe mit schwarzen Schnürbändern.
Der Klarbach-See.
Auf einem Schwarzeichenzweig zwei schreiende Ziegenmelkerweibchen, das
Männchen fliegt oberhalb von ihnen, seinen bärtigen Schnabel weit geöff-
net. Auf einem Blatt eine Raupe. In der Luft zwei Schmetterlinge verschie-
dener Art. In der linken unteren Ecke der Seite ein Detail des Fußes.
ASHLAND, OKLAHOMA.
Schwarze Gamaschen mit schwarzen Knöpfen.
Im Jahre 1890 hatte der Indianer Hockender Stier in Darlinton am süd-
lichen Canadianfluß die benachbarten Stämme zu einer großen Feier des
Tanzes der Geister eingeladen. Unter ihnen befand sich auch das Misch-
blut John Wilson vom Stamme der Delawaren (zur Hälfte Delaware, zu
einem Viertel Caddo und zu einem Viertel Franzose), der im Verlauf der
Zeremonie in Trance verfiel und der – nach seinen eigenen Worten –
fühlte, daß er in das Herz Gottes gedrungen war ... [5]

Der Text läuft aus der Vogelperspektive über der geographischen, geistigen,
gesellschaftlichen Landschaft der Vereinigten Staaten ab, wobei sich das
Grundmuster ständig wiederholt. Trotz verschiedenartiger Ausfüllung und
abwechslungsreichem Druckbild erfährt der Leser die ständige Wiederholung des Gleichen. Die beinahe magische Nennung von Namen, Orten, Tieren, Dingen wirkt als magisch-mythische Aussetzung des historischen Zeitverlaufs. Da diese nominalen Elemente ungreifbarer sind als die dokumentarischen Passagen, durch das Fehlen der Verben zudem ohne eigene
Dramatik bleiben, werden sie zum poetischen Fond der politisch-geschichtlichen Thematik, die wir genannt haben, und das heißt: sie imprägnieren
auch diese mit ihrer teils paradiesischen, teils melancholischen Stimmung.
Die eigentümliche Spannung einer Collage zwischen dem Heterogenen, hier

5) Michel Butor, *Orte*. S. Fischer-Verlag, Frankfurt 1966, S. 109 f.

dem historischen und dem zeitgenössisch-zivilisatorischen Material, wird von diesem Hintergrund überblendet und aufgelöst, ehe sie recht wahrgenommen werden kann. Obwohl das Buch schon von seinem äußeren Aufbau her den Eindruck von Montage und Collage erweckt, wird durch seine sprachliche Struktur die harte Verdinglichung des collagierten Sprachmaterials wieder in eine harmonisierte Verfassung von Sprache zurückgenommen. [6]

Als drittes, von einer bestimmten Thematik gesteuertes Beispiel einer Textcollage sei Helmut Heißenbüttels Text *Deutschland 1944* genannt, der in seinem *Textbuch 6* steht. [7] Während Butor den Grundriß eines ganzen Landes samt seinem historischen Geschick zu belegen versucht, gibt Heißenbüttel den Aufriß eines bestimmten geschichtlichen Moments unserer eigenen Geschichte, nämlich die Peripetie des NS-Staates 1944. Sein Text besteht durchgängig aus Fremdzitaten. Ihr Stil ist teils poetisch, teils pathetisch, teils sachlich, teils banal. Und so wechselt auch der Sprachrhythmus zwischen Vers und Prosa.

Den Tenor des Ganzen bestimmen mehrere Zitate von Hitler und vermutlich von Himmler, dazu aus NS-Befehlen und NS-Berichten sowie aus NS-Lyrik. Sie vermitteln Schrecken, Terror, Unmenschlichkeit. Ein Auszug aus dem Wehrmachtsbericht vom 20. Juli 1944 deutet in seiner sachlichen Diktion die politisch militärischen Folgen der NS-Politik an. Darüber hinaus öffnen zwei Zitate aus einem Werk über die Entdeckung der Atomspaltung, die in dieser Zeit sich in der Konstruktion der ersten nuklearen Bombe niederschlug, die Perspektive einer globalen Katastrophe. Auszüge aus einem privaten Tagebuch markieren den noch möglichen subjektiven Standort eines wenigstens innerlich unabhängigen Beobachters; sie vermitteln das Bewußtsein von dem, was tatsächlich geschieht und zeichnen die Möglichkeit der Einsicht in die Schuld ab.

Diese Elemente sind überlegt komponiert und werden in ihrer Eindringlichkeit durch Wiederholungen intensiviert. Es entsteht das Röntgenbild einer kumulierenden politischen Katastrophe einschließlich ihrer Untergründe und ihrer Folgen. Der ganze Text besteht aus 13 Blöcken mit je 13 Zeilen. Die 3 ersten Textblöcke lauten:

hängt ihr am Leben sie geben es brünstig für Höheres niemand zwang sie dazu denn ihres Herzens Schlag ihrer Seele Gebot hängt ihr am Leben sie geben es brünstig für Höheres niemand zwang sie dazu denn ihres Herzens Schlag ihrer Seele Gebot die lange Dauer des Krieges hat zu einer allgemeinen Lockerung der strengen Auffassung über die Verwerflichkeit der zusätzlichen Versorgung der Volksgenossen geführt Blut du lauf um nun verjüngt durch immer blühendere Leiber süß ist des Leibes Musik Worte sind Mosaik das heißt daß zwischen ihnen sich Risse ziehen diese sind logisch gesehen Lücken man muß diese gemeinsten Kreaturen die jemals den Soldatenrock der Geschichte getragen haben dieses Gesindel das sich aus der einstigen Zeit herübergerettet hat abstoßen und austreiben ich stand teils am Fenster teils auf der Wiese um mir bald diesen bald jenen Eindruck einzuprägen wie jemand der mit einer großen Reihe von Aufnahmen beschäftigt ist vielleicht daß einer spät wenn all dies lang vorbei das Schreckliche versteht die Folter und den Schrei die Front ruft in diesen Wochen nur nach Nachschub und Waffen und das Volk will das Letzte an die Front bringen um die Drohung von unseren Grenzen abzuwenden sehr bemerkenswert ist die starke Zunahme des Interesses an allen möglichen Prophezeiungen über das weitere Kriegsgeschehen Hellseher Astrologen Zigeunerinnen sowie Zahlen- und Buchstabenkabbalistik finden neuerdings wieder besonders große Verbreitung Blut du lauf um nun verjüngt durch immer blühendere Leiber süß ist des Leibes Musik Geschlechtsverkehr bei der Leibstandarde mit andersrassigen Frauen sei sehr häufig das käme schon dadurch daß die

Nachschubformationen und ähnliche Verbände viele weibliche andersrassige Hilfskräfte hätten und es hätte sich vielfach fast die Einrichtung eines Kebsweibes herausgebildet dabei werde das Problem auch im Zusammenhang mit dem Problem des § 175 gesehen sie hörte wie der Todesschweiß plätscherte die lange Dauer des Krieges hat zu einer allgemeinen Lockerung der strengen Auffassung über die Verwerflichkeit der zusätzlichen Versorgung der Volksgenossen geführt es ist ja immer ergreifend gerade bei einfachen Menschen diesem Vertrauen zu begegnen und diese Waffe müssen wir blank erhalten wie keine andere wir können es nicht dadurch erreichen daß wir möglichst lange versuchen den Leuten Sand in die Augen zu streuen sie mit Ausreden und Beschwichtigungen hinzuhalten wenn sie uns fragen mit Ausreden [8]

Daß die Form der Textcollage für die Ausleuchtung der zeitgenössischen Phänomene, die Heißenbüttel im Auge hat, nicht beliebig gewählt, deren Struktur vielmehr in beinahe erschreckender Weise entspricht, kann man aus folgendem Dokument eines aktiv an der Mordmaschinerie Beteiligten ablesen. Es handelt sich um eine kurze Tagebucheintragung des Dr. Kremer, der als Lagerarzt in Auschwitz tätig war. Unter dem 9. September 1942 notiert er, was er an diesem Tag im KZ Auschwitz Bemerkenswertes erlebt hat: „Heute früh erhalte ich von meinem Rechtsanwalt in Münster, Professor Dr. Hallermann, die höchst erfreuliche Mitteilung, daß ich am 1. dieses Monats von meiner Frau geschieden bin. Ich sehe wieder, ein schwarzer Vorhang ist von meinem Leben weggezogen. Später als Arzt bei der Ausführung der Prügelstrafe an 8 Häftlingen und bei einer Erschießung durch Kleinkaliber zugegen. Seifenflocken und 2 Stück Seife erhalten." [9]

---

6) Vgl. unten S. 227 ff.
7) Vgl. unten S. 287 ff.
8) Helmut Heißenbüttel, *Textbuch 6.* Luchterhand-Verlag, Neuwied 1967, S. 29 f.
9) Joseph Wulf, *Aus dem Lexikon der Mörder.* S. Mohn-Verlag, Gütersloh 1963, S. 15

Scheidung, Prügelstrafe, Erschießung und Seifenzuteilung liegen unge-
trennt nebeneinander. Selten ist das Zeugnis für das Nebeneinanderbeste-
hen des Unvereinbaren so drastisch wie hier. Es begegnen sich nun tatsächlich Nähmaschine und Regenschirm auf einem Seziertisch. Ein Blick in eine
Boulevardzeitung belehrt uns, daß diese Grundstruktur zu unserer täglichen
Erfahrung gehört und wir bereit sind, sie ohne weiteres hinzunehmen. Nicht
nur das Heterogene, auch das Widersprüchliche steht auf einem Blatt bei-
sammen, nur durch das formale Faktum des gleichen Datums zusammengehalten. Die Textcollage vermag diese Struktur sichtbar und ablesbar zu
machen. Ihr Ort ist immanent und transzendent zugleich, und darin unterscheidet sie sich von der Tageszeitung: sie steigt ein und distanziert, sie
vermittelt die Realitätsfragmente mit dem Zweck, nicht nur zu vermitteln,
sondern die Spannung des Zwischenraums bewußt zu machen, während
die Zeitung den Blick punktuell ansaugt und weiterspringen läßt, ohne den
Leser zur Reflexion auf das Ganze zu bringen. Die Zeitung ist allenfalls das
negative Modell einer Textcollage, insofern sie heterogene und vorformulierte Textelemente montiert. Sie werden natürlich nicht als Collage konzipiert, im Gegenteil, jede Redaktion bemüht sich, schon durch die Auswahl
und die inhaltliche Kombination der Nachrichten, dann durch die eigene
Formulierungszugabe eine bestimmte ideologische Linie auszuziehen, die
tendenziell auf ein Gesamtbild, auf eine wie auch immer geartete Schlüssigkeit der Wirklichkeit abzielt. Der vordergründige Collage-Charakter der Zeitungen wird redaktionell überspielt, nach Möglichkeit verwischt zu Gunsten
einer Stimmigkeit der Informationen und Aussagen in einem Weltbild, das
mehr oder weniger scharf im Hintergrund schimmert. Es gibt keine Zeitung,
in der nicht dieser Anticollageaffekt wirksam ist. Das beginnt bei der Wortwahl und endet beim Layout.

Die Collage tendiert in die entgegengesetzte Richtung: nicht ein gegebe-
nes Weltbild mit tausend Mosaiksteinchen zu belegen, bis es stimmt, sondern durch die frappierende Kombination des Unvereinbaren Neues, Uner-
wartetes aufscheinen zu lassen, das vorher und mit anderen Mitteln nicht
vorstellbar war. Während die Zeitung im Grunde immer darauf aus ist,
bestätigt zu bekommen, was man sowieso schon weiß, und das Innovations-
bedürfnis ihrer Leser auf die Sensation ablenkt, und das heißt: auf ein
Bewußtseinserlebnis ohne weitere Folgen, da es isoliert, nämlich als pure
Sensation dargeboten wird – während die Zeitung im Grunde konservativ
ist, auch wenn sie sich progressiv gebärdet, zerstört die Collage von vornherein jedes thematisch vorformulierte Programm und gibt die Zwischenräume frei. Mit dem gegebenen Material, mit den Brocken aus der nur zu
bekannten Realität bringt sie durch ihre Methode eine ‹andere› Wirklichkeit
hervor, die nicht nur die Innereien der fatal bekannten Welt hervorkehrt,
vielmehr zugleich Muster und Spielformen einer neuen, unvernutzten, vielleicht nur momentan, vielleicht nur in diesem künstlerisch-künstlichen
Medium erreichbaren Welt entwirft. Die Collage enthält nicht nur Kritik, sie
dreht das Kritisierte zugleich um zu einer Gestalt, die wieder wahrnehmbar
und griffig ist.

Heißenbüttels Textcollage *Deutschland 1944* aus dem Sprach- und Rede-geröll des Dritten Reiches ist ein Beispiel dafür, wie Sprachmaterial in dieser Weise ‹umfunktioniert› werden kann – bei ihm noch unter dem dominieren-den Gesichtspunkt einer Röntgenaufnahme einer kritischen politischen Phase. Gerhard Rühm, Mitglied der vorhin bereits erwähnten Wiener Gruppe, hat einmal ein Sonett von Anton Wildgans, dessen pseudogeorgi-sche Gebärde und trivial verschwommene Ethik unerträglich sind, umstruk-turiert, indem er es in seine Wörter auflöste und diese zu einem neuen Text montierte. Das Pathos zuckt zwar noch in den Fragmenten, aber es mimt keine Gebärde mehr und muß von Fall zu Fall die Wörter freigeben, die dann als winzige poetische Gruppierungen wirken, gelöst von der Behaup-tung eines großen sinnstiftenden Zusammenhangs, allein angewiesen auf die Bedeutungshöfe, die die Wörter von sich aus mitbringen.

Dabei zeichnet sich die Funktion der Destruktion des vorgefundenen Materials ab, die längst eine wesentliche Phase von Collage geworden ist. Schwitters hatte für seine Papier- und Reliefcollagen von vornherein zer-brochenes, fragmentiertes, unbrauchbares Material verwendet. Wenn aber Totalität, intakte Sinnbezüge an Stellen behauptet werden, wo die geringste Reflexion auf Sprünge und Widersprüche stößt, wie zum Beispiel in jeder Zeitung, dann provoziert dies den destruierenden Eingriff, der die tatsäch-liche Verfassung dieses Gegenstands ans Licht bringt. Destruktion wird, sobald man sich auf die zivilisatorische Realität einläßt und sie nicht nur als Versatzstück für eine übergewölbte Weltanschauung benutzt, zur unent-behrlich korrespondierenden Methode von Konstruktion. Destruktion ist mit derselben Kompetenz am Bestand und an der Verfassung zivilisatorischer Realität beteiligt wie die Konstruktion. Ihre Methoden zugunsten der angeb-lich aufbauenden, positiveren Konstruktion zu vernachlässigen, heißt nicht nur, die eine Gesichtshälfte unserer Wirklichkeit übergehen, sondern auch auf höchst fruchtbare formale Methoden künstlerischen Arbeitens verzich-ten. Die bildende Kunst kennt längst einen ganzen Katalog von destruieren-den Techniken, die ohne weiteres neben den konstruierenden angewandt werden – ich nenne nur die Décollage, das Abreißen von aufgeklebtem Papier, zum Beispiel von Plakatwänden, die Froissage, das Knüllen von Papier, die Déchirage, das Reißen, die Brûlage, das Brennen: Sie alle bilden analoge zivilisatorische Prozesse im künstlerischen Medium ab und trans-formieren diese Prozesse zu formalen Methoden, die unmittelbar zu positi-ven künstlerischen Gebilden führen können, also gar nicht einer nachzie-henden aufbauenden Gestaltung mehr bedürfen. Dem Stichwort Collage, mit dem wir es hier zu tun haben, schließt sich daher unmittelbar das der Décollage an, wie sie von den Malern Rotella und Vostell u. a. angewandt worden ist. In der Décollage mischen sich Schrift- und Bildelemente im harten Nebeneinander; die Schriftzeichen können soweit zerstört sein, daß sie zu reinen graphischen Elementen werden.

Décollagen können von selbst entstanden sein, wenn Witterungseinflüsse zum Beispiel und Passanten eine Plakatwand décollagiert haben. Der zivili-satorische Ablauf bringt sie von sich aus hervor, und unsere Sache ist es nur noch, unser Auge zu üben, daß es die endgültige Vollkommenheit des Ruins erfaßt. Vostell hat in Paris und in Köln Autobusfahrten arrangiert, welche Schauwillige an bestimmte Orte führten, die in diesem Sinne sehenswert waren: Kunst-Orte also, die nur im Augenblick des Betrachtens existieren und nur durch die Intensität des Betrachters aus der banalen Hinfälligkeit der städtischen Umgebung herausgeschnitten werden. Sie sind Sache des Betrachters geworden und verschwinden wieder mit ihm. Die von den zivilisatorischen Faktoren geformte und verformte Umwelt ist potentielle Kunst-Welt; dazu gehört auch die Text- und Sprachwelt: die Plakate, die Schriftrelikte, die Geräuschfilme, das unabsehbare Gemurmel, das unsere Welt erfüllt. Bezeichnenderweise ist einer der Erfinder des Happenings, der Amerikaner Allan Kaprow, auch auf die Idee gekommen, ein Environment aus Sprache zu machen. Sprache in ihren verschiedenen zivilisatorischen Aggregatzuständen, geschrieben, gesprochen, gehört längst zu unserer dinglichen und verdinglichten Umwelt und wird produziert und konsumiert wie andere Gegenstände auch. Aus Kaprows Bericht über die Errichtung dieses Environments im September 1962 geht hervor, daß seine Anlage das Publikum nicht nur zum Aufnehmen, sondern ebenso zum Mitmachen, zur Aktivität aufforderte. Der Konsument beteiligt sich an der Produktion. Kaprow beschreibt die beiden Räume in der Smolin Gallery, New York, in denen sich das Environment *Worte* damals abspielte:

„außen am ersten raum ein elektrisch erleuchtetes schild »WORTE«. am oberen rand der wände blinken überall rote und weiße lampen. innen hängen vier lampen in augenhöhe: eine blaue, eine gelbe, eine grüne, eine weiße. die weiße blinkt, die anderen leuchten stetig. zwei senkrechte lampenreihen (...) an gegenüberliegenden wänden. an den beiden anderen wänden sind nebeneinander fünf durchgehende tuchrollen angebracht, ebenfalls von decke bis boden, auf die worte gedruckt sind. diese festgelegte elemente enthaltenden, mit der hand zu drehenden rollen können miteinander in jeweils wechselnde übereinstimmung gebracht werden, können miteinander sinnvolles oder unsinnvolles ergeben, ganz nach wunsch. die anderen beiden wände bedecken wortstreifen auf papier (beschriftet von einer gruppe von freunden und mir und willkürlich aus einer anzahl von gedichtbänden, zeitungen, comic-heften, dem telefonbuch, populären liebesgeschichten, etc. genommen; diese elemente wurden gemischt, und ich komponierte sie zu wandgroßen poemen). obendrüber roh beschriftete schilder, die das publikum auffordern, die rollen zu rollen und weitere wortstreifen von den stößen, die an einen zentralen pfahl genagelt sind, abzureißen und sie über die, die schon da sind, drüberzuheften. zusätzlich wird das publikum eingeladen, die grammofons zu bedienen und die platten zu spielen, die ich aus gesprochenem, vorträgen, schreien, anzeigen, weitschweifigem unsinn, etc. komponiert hatte – einzeln entweder oder alle zugleich.
im kleineren, blau gestrichenen raum – eine einzelne schwache glühbirne beleuchtet ihn, oben ist er mit einem plastikfilm abgedeckt – ist die atmosphäre sehr eng und intim (...). herab (...) hängen viele tuchstreifen (...). oben sieht man durch die plastik hier und da auf dem film

verstreute zerknitterte Zeitungen schimmern. der besucher muß sich durch die gehänge durchwühlen (...). an die stoffgehänge sind viele kleine papierstückchen geheftet mit notizen von verschiedenen leuten an verschiedene leute. am eingang liegen stift, heftklammern und papier für zusätzliche notizen bereit." [10]

In solchem Environment erfahren die Zeitgenossen buchstäblich, wie die Wortinflation ihnen über den Kopf wächst: Sie lesen an den Wänden und auf den Rollen, was sie irgendwie sowieso schon kennen, und nur an der Stelle, wo sie selbst die Rollen drehen und Zufallskombinationen von Worten und Sätzen erzeugen können, bekommt der Käfig der Wiederholungen des sattsam Bekannten, das zivilisatorische Sprachverlies einen Sprung. Wir erinnern uns an die Formel Tristan Tzaras, ein Gedicht auf den absoluten Zufall zu gründen, und merken dabei doch einen wichtigen qualitativen Unterschied: zum Zufall und zur Aktivität des Betrachters ist die Reflexion auf die Beschaffenheit dieser unserer Welt durch das Medium eines zugerichteten Environments gekommen. Tzaras Partner spielte noch mit sich und seinen Worten allein, und am Schluß wurde versprochen: „Das Gedicht wird sein wie du." Bei Kaprow spielt die gesamte zivilisatorische Realität mit, der die Potenz einer Kunst-Welt zugesprochen wurde. Einschließlich der Sprachphänomene, die in ihr vorkommen, weist sie Collagecharakter auf.

Unser geläufiges Sprachgut selbst ist von derselben inneren Disparatheit wie eine Plakatwand: Seine Zersprungenheit resultiert daraus, daß wir unaufhörlich verfestigte sprachliche Muster, stereotype Redewendungen benutzen müssen, die meist in ganz andersartigen Zusammenhängen entstanden sind, für uns jetzt aber nahezu indifferent benutzbar sind. Was gemeint ist, macht das folgende Beispiel drastisch deutlich: In dem Bericht eines in der Schlacht von Stalingrad eingesetzten deutschen Offiziers heißt es an einer Stelle, wo vom Zusammenscharren der letzten Reserven die Rede ist: „Dieses Ganze wurde gekrönt durch die Ankunft eines Reservebataillons." Dem Mann rutscht das Wort ‹krönen›, das weiß Gott aus einem anderen Sachzusammenhang stammt, gedankenlos als Relikt seiner gymnasialen Aufsatzerziehung auf die Zunge. Lakonisch heißt es dann gleich darauf von der Krone dieses Unternehmens: „Irgendwie werden sie schon aufgerieben worden sein."

An solchen extremen Beispielen zeigt sich die Struktur unserer Sprache selbst collagehaft, und so hat Literatur nach Karl Kraus immer mit dem Collageeffekt zu rechnen, ja es gehört zu ihrer Arbeit, diesen Charakter aufzustöbern und drastisch zu machen.

Bei Kaprow tritt Text-Collage über in die Aktion mit dem Geschriebenen oder Gesprochenen. Es ist ohne weiteres möglich, seinen Environment-Entwurf mit collagierten Sprech-Szenen anzureichern, die von spontan auftretenden Schauspielern in Gang gesetzt werden, vielleicht unter Beteiligung des Publikums. Das unmittelbar Gesprochene könnte in die Collage einbezogen werden. Weitere Möglichkeiten collagierter Sprache bietet das stereo-

---

10) aus: *Happenings,* hg. von J. Becker u. W. Vostell, Rowohlt-Verlag, Reinbek 1965, S. 343 f.

phone Hörspiel. Während das monorale Hörspiel im großen und ganzen seine Texte sukzessiv anordnen mußte, da sonst ein bloßes Sprachgemisch entstanden wäre, kann das Stereo-Spiel mehrere Texte simultan anbieten, die ein geübtes Ohr ohne weiteres unterscheiden kann, da sie von verschiedenen Raumpositionen ausgehen. Eine Fülle von Verfahren, das Textmaterial zu bearbeiten und zu montieren, stehen zur Verfügung, von artikulatorischer Verfremdung der Stimme durch den Sprecher selbst bis zur apparativen Veränderung des tönenden Materials. Die Dramaturgie des Stereo-Hörspiels kann heterogenes Textmaterial aufeinanderzuführen; sie hat es in der Hand, mit den Graden seiner Verständlichkeit bzw. Unverständlichkeit zu spielen; sie kann durch die akustische Realisation des Unvereinbaren im selben Klang- und Hörraum die Phänomene zivilisatorischer Sprachwirklichkeit in drastischer Weise herausschälen, interpretieren, zum Schockmoment präparieren oder zum ironischen Spielzeug degenerieren. Das zukünftige Stereo-Spiel ist von allen verfügbaren Medien vielleicht am besten geeignet, die Umfunktionierung zivilisatorischer Funktionselemente in ästhetische Modelle zu vollziehen.

Die naive Übereinstimmung von Wort und Sache, Ausdruck und Wirklichkeit ist zerschlissen durch den tatsächlichen Gebrauch der Sprache wie durch die unerhörte Kluft zwischen dem Faktischen dieser Realität und den Worten, die damit fertig werden sollen. Dabei hat sich herausgestellt, daß auch die Sprache faktischer Natur ist; daß sie ebenso real ist wie das, was sie vermitteln soll: Phänomen zwischen Phänomenen, nicht nur Vermittler, Medium, Bedeutungstransporteur. Sie kann als pures Phänomen in den Blick geraten und ähnlich wie andere sinnliche Gegenstände behandelt, zum Beispiel collagiert werden. Weil sie nicht ganz in ihrer Funktion verschwinden, das heißt aber auch, weil sie durch ihre Trägheit oder durch ihre Fliehkraft in ihrer Funktion versagen kann, vermag sie die Welt der Phänomene zu vermehren. Ihr Zeichencharakter kehrt sich dann auf sie selbst zurück, sie wird zum Zeichen, das nur noch sich selbst zeigt – unnütz offenbar in solcher Verfassung und überflüssig wie ein ausgedientes Automobil. Da sie jedoch auch dann noch den Charakter eines vom Menschen hervorgebrachten Seienden nicht verlieren kann, bleibt sie, in welcher Verfassung sie auch erscheint, für uns, ihre Erzeuger bemerkenswert. Wenn nicht gar die Offenlegung solcher Beschädigung, die Demonstration, daß Sprache von Grund auf und möglicherweise von Anfang an verdinglicht sein muß, ihre Zugänglichkeit steigert, da wir möglicherweise dasselbe von uns zu sagen haben.

Michel Butors *Mobile* – eine Textcollage?

1968

Im Untertitel ist das Buch[1] als »Studie für eine Darstellung der Vereinigten Staaten von Amerika« gekennzeichnet, und seine dominierende Thematik ist die schuldhafte Verstrickung der weißen Einwanderer in das Geschick der indianischen Urbevölkerung und die Unterdrückung der Neger, im Buch manifestiert durch Auszüge aus der Geschichte der Indianerstämme und ihrer Begegnung mit den Weißen wie durch aufblitzende Redewendungen, deren Verkürzung zum abgegriffenen Klischee ein generationenaltes Elend verrät. Dieser Strang, nochmals gespiegelt in Auszügen aus den Akten eines Hexenprozesses von 1692, vergegenwärtigt lautlos die Düsternis europäisch-amerikanischer Fehlhaltungen gegenüber dem Fremdartigen, Unangepaßten wie gegenüber dem, der dem Trend im Weg ist, Butors Studie könnte die groteske Spaltung europäischen Geschichtsverhaltens zwischen mörderischem Mythus und zivilisatorischer Seelenmassage aufweisen. Seine Montagetechnik gäbe dem Leser ein Gefühl von Objektivität beim Durchblick durch die gewohnten Kulissen.

Doch ich halte an dem Konjunktiv fest, zumindest bis klar geworden ist, was in diesem *Mobile* als Bewegung zu erkennen ist. Die reizvollste, aber auch am schnellsten verbrauchte ist die des ungewohnten Satzbildes: Die Texte laufen wechselnd in vier verschiedenen Satzbreiten und in drei verschiedenen Drucktypen, neben der normalen und der kursiven erscheint eine Versalschrift. Mit ihr sind die Namen, die Städte-, Landschafts- und Staatennamen wiedergegeben, die das topographische Gerüst des Buches bilden. Da die 50 Kapitel, jeweils einem amerikanischen Bundesstaat gewidmet, jedoch nicht nach deren geographischer Nachbarschaft, sondern alphabetisch nach ihren Anfangsbuchstaben geordnet sind, löst die reale Topographie sich in eine imaginäre auf, deren Grundmuster sich ständig wiederholt, wenn auch mit immer neuen Ausfüllungen. Darin liegt eine weitere Bewegung: Sie setzt voraus, daß der Leser das Buch wenigstens einmal ganz gelesen und im Lesen die ständige Wiederkehr des Gleichen erfahren hat. Diese wird zwar durchlöchert durch die Rückblende auf einmalige historische Ereignisse. Aber es ist nicht zu erkennen, daß die Wiederkehr des Gleichen tatsächlich abbrechen könnte: Daß die beinahe magische Nennung von Namen, Orten, Tieren als Symptom dieser Verfassung jemals ans Ende kommen und einem anderen Duktus von Sprache weichen müßte, als der ist, an den der Leser von der ersten Seite an gewöhnt wird: Sprache als mythisch-melancholischer Aussetzer von Zeit, die doch unterm Lesen unaufhörlich davonschießt. Der Leser, der einmal ans Ende des Buches gekommen ist, kann ohne weiteres beliebig zurückgreifen und irgendwo seine Lektüre fortsetzen: Das Kaleidoskop der Textsplitter erscheint immer

---

1) Michel Butor, *Orte*, aus dem Französischen von Helmut Scheffel. S. Fischer-Verlag, Frankfurt 1966

wieder in neuen Facettierungen; die 50 Kapitel sind so gut wie 500 – ein Textlabyrinth, in dem man sich freiwillig verläuft und irgendwo festliest, weil es doch keinen Ausgang gibt.

Wenn der thematische Hauptstrang die geschichtliche Schuld der weißen Amerikaner bei der Besitznahme und Ausbeutung des Kontinents behandelt, also eminent politisch erscheint, so konkurriert ihm ständig die sprachlich-poetische Aussetzung jeden Zeitverlaufs und damit jeder geschichtlichen Orientierung in einer mythischen Gegenwart der Nomina. Da diese Elemente unangreifbarer sind als die dokumentarischen Passagen, durch das Fehlen der Verben aber auch ohne Dramatik bleiben, geraten sie zum poetischen Fond jener politisch-geschichtlichen Thematik, und das heißt: sie imprägnieren auch diese mit ihrer teils paradiesischen, teils melancholischen Stimmung. Die Spannung, die in der Kontrafaktur von historischer Schuld und zeitgenössischem zivilisatorischem Geröll entsteht, diese harte Spannung zwischen dem Heterogenen, aus der die moderne Existenz überhaupt besteht, wird von solchem Hintergrund aufgelöst, ehe sie recht wahrgenommen wird.

Bei den Überlegungen zum Phänomen Collage beschäftigt uns in allen Disziplinen immer wieder der Unterschied zwischen Werken, die die Collage-Technik wie ein beliebtes Mittel verwenden, und solchen, die ihre eigentümliche Struktur erfüllen, nämlich heterogene Elemente in einem Werk zusammenzubringen, ohne den Bruch zu überspielen. Wenn ich Butors *Mobile* betrachte, scheint mir jetzt ein solches Werk nur möglich, wenn es von seinem Grund her athematisch ist, das heißt, das die Thematisierung des Textes zur Aufgabe des Lesers macht und sie ihm nicht mitliefert. Von Butor wird man durch alle 50 Kapitel immer nur auf der einen Spur geführt, die sich zwar vertiefen oder streckenweise verlaufen kann, aber keiner Überraschungen, keiner Widersprüche fähig ist. Und damit gibt er weniger, als ein Historiker oder ein Soziologe mit seinen Methoden zu dem Thema beitragen kann.

Trotz der formalen Neuerungen im Schriftbild und in der Textmontage wirkt das *Mobile* Butors im ganzen eher beruhigend als erregend, es ist eher kontemplativ als dialektisch und darum der klassischen Dichtung näher als einer Text-Collage. Durch die thematische Bindung an die Darstellung einer politisch-gesellschaftlichen Topographie der Vereinigten Staaten und die von solcher Thematik bestimmte Auswahl des sprachlichen Materials schneidet sich Butor von vornherein auch den Zugang zu den Methoden der sogenannten konkreten Poesie ab, die sprachliche Phänomene um ihrer selbst willen, zur Erkundung ihrer Strukturen wie ihrer sinnlichen Beschaffenheit darstellt und damit auch die Beziehungen aufdeckt, die durch Sprache festgelegt sind. Bei Butor gibt es keinerlei Reflexionen auf das Sprachmaterial selbst. Die einzige Stelle, wo das Buch auf seine eigene Anlage zurückverweist, besagt zugleich, daß die sprachliche Substanz nicht in den Blick kommt. Ziemlich am Anfang nämlich, bei der Erwähnung einer Sammlung von Steppdecken oder »quilts« aus Stoffmosaiken heißt es: „Dieses ‹Mobile› ist etwa wie ein solcher »quilt« zusammengesetzt." Eine harmonisch angelegte Komposition also, die das Auge erfreut und ihren

Zweck erfüllt, deren Technik aber durch eine andere ersetzt werden könnte, ohne daß der Zweck und die Harmonie darunter leiden müßten. Die Fragmentierung, die Bruchkanten, die im Material unwiderruflichen Verwerfungen sind nicht erfaßt und gehören nicht dazu, auch wenn sie sich im Material abzeichnen sollten. Collage wird als Technik benutzt – als Struktur einer Gesellschafts- und Geschichtsverfassung aber, die durch einen solchen Text allererst sichtbar, in ihrem Ausmaß und ihrer Drastik erkennbar gemacht würde, versäumt.

Das läßt sich an einem einzigen Symptom ablesen, das zum Schluß noch erwähnt werden soll: Der Text kennt Destruktion nur als Thema, aber nicht als Vorgang in der Sprache. Syntax und Vokabular sind im konventionellen Sinn intakt, wenn es auch Auslassungen und abgebrochene Sätze gibt. Zu dem umfassenden Phänomen, das mit dem Begriff Collage nur signalisiert, nicht beschrieben wird, gehört aber das Moment der Destruktion so unvermeidlich, wie es als Moment auch in unserer zivilisatorischen Realität allgegenwärtig ist. So kann man sagen: Butors *Mobile* -Text orientiert sich an Calders harmlosen equilibristischen Mobiles eher als etwa an Tinguelys Maschine, die sich selbst zerstört und den bezeichnenden Titel *Hommage à New York* hatte. 1960 konstruiert, muß sie ungefähr zur selben Zeit entstanden sein wie Butors Buch, und doch ist sie ihm um die Erfahrung einer Generation voraus.

wörter und sachen

1980

1

ununterbrochen fallen sachen aus ihren zusammenhängen, büßen ihre verwendungen ein, heißen auf einmal nicht mehr, wie sie bis dahin gehießen hatten, sondern zeigen sich als ein konglomerat von anmutungen, spuren, geschichten, an denen der name nur noch als etwas beiläufiges hängt, das nicht mehr viel besagt.

unaufhörlich geraten wörter aus ihrem zusammenhang, verlieren den halt, den ihnen die brauchbarkeit gegeben hatte, purzeln uns zwischen die füße und verschwinden zwischen erinnerungen, die niemand mehr hat. die masse des unbrauchbaren nimmt rapide zu. vieles entsteht nur deshalb, damit es möglichst rasch überflüssig wird und ersetzt werden kann. das gilt für sachen ebenso wie für wörter. eine alte zeitung ist daher wie ein friedhof. in ihr liegen einträchtig nebeneinander begraben sachen und wörter, botschaften der dinge (die anzeigen) die trockenen häute der nachrichten (aus wörtern). weil sie losgelassen wurden, springen sie uns ins auge, und du reibst dir die augen, weil du auf der rückseite des spiegels erwachst.

2

gegenstände fallen aus ihren verwendungen, werden aus ihren zusammen-
hangen vertrieben, fallen uns – ehe sie vielleicht für immer im müll oder
schrott verschwinden – ins auge und heißen auf einmal nicht mehr, sondern
zeigen sich als ein konglomerat von anmutungen, von gewesenem, behaftet
mit geschichten oder den sätzen, wörtern, satzfragmenten von geschichten,
jedenfalls in der schwebe zwischen ding und wörtern: nicht mehr brauchbar, doch reste von gebrauch duldend, überzogen, besät von gebrauchsspuren, die sich manchmal entziffern lassen, oft aber undeutlich sind und
bereits die gestalt des dings verformt, wenn nicht versteckt haben. diese in
unserer zivilisation ständig anfallenden sachen, die mir ins auge fallen, weil
sie aus ihrem verwendungszusammenhang herausgefallen sind, erscheinen
mir nicht als bilder, sondern als eine art von gedichten, die sich in sehr
großer entfernung befinden und daher nurmehr sichtbar, jedoch nicht hörbar oder lesbar sind. umgekehrt finde ich auch buchstaben in gruppen,
wörter, sätze aus buchstabengruppen, die nicht mehr lesbar, hörbar und
dennoch sichtbar sind – ihrerseits vergleichbar jenen aus ihrer welt gefalle-
nen sachen. manchmal treffen beide – wörter und sachen – irgendwo
zusammen, auf einem kistendeckel, einer schaufensterscheibe, und es sieht
so aus, als hätte ihnen nichts besseres zustoßen können.

3

im konzept von collagen, wie ich sie verstehe, steckt, daß dinge und wörter
ein kaum mehr trennbares konglomerat bilden. dies betrifft vor allem dinge
und wörter, die im laufe der zeit aus ihrem verwendungszusammenhang
geraten sind, deren identität also nicht mehr durch ihren zweckbezug
geschützt wird. unsere zivilisation beruht darauf, in massen dinge und
wörter hervorzubringen und zur verfügung zu haben, die im handumdrehen
vernutzt werden, ihren gebrauchswert verlieren und durch andere, neue
ersetzt werden. dies gilt nicht nur für sachen, sondern auch für wörter, die
ihren halt verlieren, weil sie niemand mehr im munde führt und die schließlich zwischen erinnerungen verschwinden, die niemand mehr hat. man
nimmt an solchen vorgängen teil bei der lektüre alter zeitungen, in denen
die häute abgeschiedener nachrichten neben den kadavern vertrockneter
sachen (z.b. in den anzeigen) lagern. sie erscheinen uns plötzlich als wesen,
die es nicht gibt und die dennoch unsere geschichte enthalten, kondensiert
in anmutungen, spuren, entblößungen, verkehrungen. weil ihre zwecke sie
losgelassen haben, verblassen ihre namen, und sie ziehen vorstellungen an,
die bis dahin nichts mit ihnen zu tun hatten.

Über den Zufall

1991

Das Unwahrscheinliche ist das Wahrscheinliche.
Zufall: gibt es nicht – alles ist Zufall.
Ich bewege mich in einem Labyrinth.
In meinen Arbeiten spielen Zufallsmomente eine große Rolle.

Negativer Zufall = durch Vorgabe strikter Systematik den Z. ausschalten,
z. B. im *Asche-Text* [1] sind alle Momente geregelt, vor allem durch die
Vorschrift, alle vorkommenden einsilbigen Adjektive mit *a* im Stamm
zu verwenden. Ebenso ‹herz› und ‹hirn› = Typ des lexikalischen Textes. [2]

Der ‹Zufall› ist in der Seite, die mir Dinge, Vorfälle, Begegnungen mit
Personen, usw. zeigen, enthalten. Er tritt an den Schnittpunkten meiner
Lebensmomente mit denen anderer Personen oder Gebilde auf. In sich
mögen diese notwendig und konsequent entstanden sein, sich ‹entwickelt›
haben.

In meinen Arbeiten ist ‹Zufall› soviel wie ‹Zulaß›.

Ich bin, mehr oder weniger intensiv, ständig auf der Suche nach Wörtern,
Bildern, Redeteilen, auch Gegenstände, Bedrucktem, die aus ihrem, mir
nicht einsehbaren Weltwinkel herkommen. Ich sammele sie auf, betrachte
sie, passe sie ein in mein Vorhandenes, bewahre, verarbeite sie und lasse
sie wieder fallen, vergessen, verschwinden.

Das Zufällige, Zufallhafte an etwas ist immer befremdlich, trifft mich
von der Seite, ist ja auch gerade das Nichterwartete. Alles, was existiert,
sammelt während seines mundanen Daseins die Spuren dessen, was mit ihm
geschehen ist, ihm angetan wurde, aber auch die Spuren der eigenen Tätigkeiten, des Gebrauchs, dem es oder er oder sie unterworfen waren, auch des
Verbrauchs.

Zufall ist keine Beliebigkeit diesseits jeder Zwangsläufigkeit. Zufall ist
immer der bzw. ein Charakter der Konstellation, in der ich mich befinde.
Die Zufallsqualität wird erst von mir, dem in unabsehbare Zusammenhänge
versetzten ‹Ich› als solche erfaßt, festgestellt, ja hervorgebracht, wenn nicht
gar deklariert. Ja, ich werde wach erst im Erfahren, Erfassen, Bestimmen
von Zufällen, die ich in ihrer Befremdlichkeit, mit ihrem Überraschungsmoment, in ihrer Halbleserlichkeit an mich heranlasse. Zufall ist daher –
für mich – kein naturwissenschaftlicher, sondern ein existentialer Begriff.

In den visuellen Texten spielte der Zufall von Anfang an eine wesentliche
Rolle. In den frühen Streifencollagen wurden Texte mit der Schere in Strei-
fen zerschnitten, wobei die Buchstaben in Fragmente zerlegt wurden.
Die entstehenden Letternfragmente waren ‹zufällig›. Sie wurden dann nach

---

1) *einsilbige eingriffe*, in: franz mon, *das wort auf der zunge*, Janus press, Berlin 1991, S.182
2) *in aller munde aus allen wolken* und *das hirn abbalgen*, ebd. S. 102, 104

einer gewählten Regel neu zusammengesetzt zu einer Textur. An einer Stelle konnte die Kombination der Formteile festgelegt werden, alle anderen Kombinationen ergaben sich jedoch als Folge davon – die Zeichenkonfigurationen waren ‹zufällig›. Es zeigten sich nichtvorhersehbare, überraschende Gruppierungen und Figurationen.[1]

Ein weiteres Verfahren nutzte die Zufallsschwankungen des Reißens. Je nach Faserlaufrichtung ergaben sich mehr oder weniger steuerbare Rißlinien, immer jedoch mit Abweichungen von dem vorausvermuteten Verlauf. In den seit 1964 entstandenen zentrierten Collagen werden Rißlinien konzentrisch über- bzw. nebeneinandergelegt, wobei die angerissenen Text- und Bildfragmente einen neuen, zufallsgenerierten Lesezusammenhang anbieten.

Bei den zugleich oder kurz zuvor entstandenen *Preßtexten* ist nur noch eine vage, praktisch blinde ‹Steuerung› des Arbeitsvorganges möglich. Ein Textplakat wird geknittert durch eine Walze gedreht. Durch die Knitterung des Papiers verformen sich die Buchstaben, schrumpfen, knicken, jeder Text wird aufgebrochen, seine erste Lesbarkeit weicht einer neuen, in der jetzt auch der Verarbeitungsvorgang sichtbar wird.

Die Steuerung ist minimal, zumal nur die eine Hand das Plakatpapier zurechtrücken kann, da die andere die Kurbel der Walze bewegt. Es wird akzeptiert, was an verformtem Text jenseits der Walze hervortritt.

Laut dem Grimmschen *Wörterbuch* hat das Wort ‹Zufall› einen langen Weg zurückgelegt bis zum heute dominierenden Bedeutungshof des Beliebigen, Unkontrollierbaren, Unberechenbaren. Zufall meinte im älteren Sprachgebrauch: Einfall, Anfall, Unfall, Vorfall. Das Wort ist also vielverflochten mit der Sprachpraxis. Es bezeichnet aspektreich das Zusammentreffen, Eintreffen, Eintreten, Zustoßen von Ereignissen, Konstellationen, Qualitäten, Zuständen. Dabei tönt oft das Moment des Unvorhersehbaren, sei es in negativer, sei es in glückhafter Beschaffenheit, an. Das Wort agiert inmitten menschlicher Lebenspraxis, ja es ist, genau betrachtet, eines ihrer Hauptwörter. Es beinhaltet auch die Momenthaftigkeit der lebenswirksamen Vorgänge und Ereignisse, und zwar nicht als der Moment in einer Reihe mit anderen, der sich im Bezug auf die anderen bestimmt, sondern als singulärer, mit Überraschendem, Befremdendem, Belästigendem oder Hilfreichem imprägnierter Moment.

‹Zufall› sei das Nichtnotwendige, wird gesagt. In meiner Erfahrung ist das Notwendige die Wahrheit des Zufalls, wie auf der anderen Seite das Notwendige immer von Zufall nicht nur begleitet und durchmischt, sondern von Zufall angestoßen, gezeugt, zur Erscheinung gebracht wird. Dem Zufall entspricht: der Fund, die Abweichung, die Fremdartigkeit, das ganz und gar Eigentümliche, die Wunde, die Spur, das Unerwartete, das Zusammentreffen der Nähmaschine mit dem Regenschirm auf dem Seziertisch; auch die Autonomie des ‹Materials›, die Eigensinnigkeit der Dinge (bis zur Tücke des Objekts); die Hervorkunft der Traumbilder, die für mich immer auch ‹grund-

---

1) Beispiele visueller Texte vgl. oben S. 120 f. und 153 f.

los›, nicht in einen neurotischen Hintergrund vermittelbar ist; der poetische Einfall, der plötzlich in meine Wörter einfällt. (Novalis: „Der Dichter betet den Zufall an.")

Ich selbst bin zufallshaft. Meine Momentaneität besteht darin, wird erst möglich, weil ich nach vorne gespannt bin, erwartend, horchend, suchend. Zwar bin ich vollgepackt mit Determinationen, und sie zehren einen großen Teil meiner Lebenszeit auf; doch durch die Ritzen bricht ein, von der anderen, der fremden Seite, die ich nicht bin, was mir nicht homogen ist und daher fast wie ein Arkanum erwartet und verlangt wird.

»perkussion«

1992

perkussion

trittst aus dem haus nach rechts dich wendend
da siehst du.
trittst aus dem haus nach links dich wendend
da hörst du.
trittst aus dem haus dich umdrehend
triffst du.
ahnungslos. schadhaft.
wäre so gut wie.
wäre genauso gut wie ganz und gar.
bis auf den finger. hör nicht drauf. laß davon.
und auch in keiner gefahr nicht.
um den kleinen finger. wickelkind.
ins ohr auch. auch ins herz.
geblasen. o du fröhlich. gib das pfötchen.
wer sich in gefahr. mein hauptgeschäft.
ist die braut. will nicht länger. blut und bier.
vom scheitel bis zur sohle.
geht er hin und singt und singt und singt.
so andernteils. doch du, du hörst nicht drauf. du omega.
des haares fülle schwillt und rinnt
und fällt in fäden weich vom scheitel. schädel.
wickelkind. so windelweich an haupt und gliedern.
willst du nicht mein krauter sein.
sollst nicht länger warten. [1]

1) abgedruckt in: franz mon, *fallen stellen*. Spenge 1981, S. 51

Das Gedicht beginnt mit einer alltäglichen Situation: Jemand verläßt das Haus und tritt ins Freie. Er sieht etwas, er hört etwas, man erfährt aber nicht, wen oder was er sieht oder hört. Der Text eilt weiter zu einer dritten Möglichkeit: im Moment, da du das Haus verläßt, wendest du dich um und triffst – wieder wird verschwiegen, wen oder was. Die Stelle bleibt leer, es sei denn der Hörer oder Leser selber entscheidet, blitzschnell, worum es geht. Das *ahnungslos*, das dann folgt, läßt eine Überraschung vermuten. Du wendest dich um – und triffst dich selber?! So könnte es sein, und du, Leser, Hörer, bist der stille Zuschauer bei diesem Gespräch eines Du mit sich selbst. Da du daneben stehst, mußt du ertragen, daß in dem Zwiegespräch auch dir unbekannte Sachverhalte angesprochen, nur angedeutet werden; daß blinde Flecken, für dich blinde Flecken vorkommen, deren Sinn du erraten und ergänzen mußt.

Das klingt schlimmer, als es ist. Wie jede Rede hat auch diese Rede eine Innenansicht, die nur dem Sprechenden völlig vertraut ist, weil er es ist, der die Wörter, Sätze und Satzfolgen genauso wählt, fügt und färbt, wie es sei-nen Impulsen, seinen Zwecken und vor allem seinem Zumutesein entspricht. Die Innenansicht ist sein Geheimnis, und jeder Gesprächspartner, und auch du Zuhörer, bleibst im Ungewissen, wieviel davon durch die Äußerung zu dir durchdringt. Es wäre zum Verzweifeln, gäbe es nicht die Außenansicht der Wörter, Sätze, Texte, und die gehört niemandem oder allen bzw. jedem, der sie zu verwenden weiß. Jedes Sprachfetzchen wurde schon vieltausendfach gebraucht, und es werden unkontrollierbar Bedeutungstöne und Nebentöne mittransportiert, vor allem wenn wir Redensarten, feste Wortverbindungen, Sprichwörter und Zitate gebrauchen. Doch auch an jedem Wort können Erinnerungen an Schreckbilder, Glücksmomente, an Schatten, Gesichter, Vorfälle hervorblitzen, die sich darin im Laufe seiner Verwendungsgeschichte gespeichert haben.

Zur Besonderheit des Gedichts *perkussion* gehört, daß es voller solcher kleiner Sprachteile steckt. Ein paar sollen herausgehoben und verdeutlicht werden. Meist genügt schon ein Antippen, weil sie jeder kennt oder kennen könnte, so etwa bei den beiden volkstümlichen Liedern, die der Text anspricht: *O du fröhlich* heißt es einmal, und das Wortbröckchen ruft das Weihnachtslied herauf. Zwei Zeilen weiter steht: *ist die braut. will nicht länger.* Der Anfang ist'weggelassen, doch jeder erkennt das Kinderlied *Unser Ännchen ist die Braut.* Zwillingsformeln, oft mit gleichem Wortanlaut, gibt es in unserer Sprache in Hülle und Fülle. Im Gedicht wird eine solche Formel erfunden, sie heißt *blut und bier* und wirft gespenstisch frühere Blutwortgruppen an die Wand, wie »Blut und Boden« – eine Naziparole mit fatalen Folgen –, »Blut und Tränen« – Churchills Perspektive zu Beginn des Zweiten Weltkriegs – oder Bismarcks »Eisen und Blut«.

In der darauffolgenden Zeile steht ein weiteres sprachliches Fertigteil. Es heißt *vom scheitel bis zur sohle*. Wir kennen es aus Redewendungen wie ‹ein Kavalier vom Scheitel bis zur Sohle›. Auch hier weiß man nicht, was alles dahinter steckt, bis man erfährt, daß die Floskel einem Vers des Alten Testaments entstammt und zu Zeiten, da den Menschen Bibelsprüche noch auf der Zunge lagen, in die Alltagssprache übernommen wurde. Der biblische Vers bedrohte Gesetzesbrecher mit bösen Geschwüren von der Sohle bis zum Scheitel. Den alten Sinn sieht man heute der Floskel nicht mehr an, und doch steckt er verborgen darin und läßt sich aufdecken. Scheinbar fugenlos schließt die nächste Zeile an und hebt damit oberflächlich den Bruch auf. Es klingt als liefere sie in einem gemeinsamen Satz Prädikat und Subjekt, wenn es heißt: *geht er hin und singt und singt und singt* . Da hat man doch im Ohr die Formulierung: „Da geht er hin und singt nicht mehr". Was bei uns heißt: Jemand macht sich nach einer erfolglosen Anstrengung enttäuscht und mutlos davon. Im Gedicht ist der negative Ton beseitigt. Er *singt und singt und singt* – dagegen kann doch keiner was haben. Über eine Einwendung hinweg – *doch du, du hörst nicht drauf* – geht es leicht und fließend weiter, übrigens mit dem einzigen vollständigen Satz im ganzen Text:

des haares fülle schwillt und rinnt
und fällt in fäden weich vom scheitel. schädel.
wickelkind. so windelweich an haupt und gliedern.

Da herrschen helle, wohlklingende Vokale vor: *ü – i – ä – ei*, und sie werden von weichen, fließenden Konsonanten eingefaßt. Zu schön, um wahr zu sein? Eine erste Warnung zuckt, wenn dem Scheitel, durch eine Assonanz verbunden, der Schädel folgt, in dessen Bedeutungshof doch auch das Todeszeichen, der Totenschädel sitzt. Das *wickelkind* gleich danach, also ein Lebenszeichen erster Güte, löscht das jedoch wieder und bewirkt ver- mutlich auch, daß der lautlose Bezug zu brutaler Gewaltanwendung in dem Wort *windelweich* , das doch so wickelkindgemäß klingt, daß dieser Gewalt- bezug gar nicht erst registriert werden kann. Das geschieht erst hinterher, wenn man sich klar macht, daß wir das gute deutsche Wort ‹windelweich› nur in einer einzigen Redewendung kennen, nämlich „jemanden windel- weich schlagen" im Sinn von ‹jemand fürchterlich verhauen›.

Fast offen zutage liegt der Drohton jedoch in der nächsten, der vorletzten Zeile. Durch den Satz *willst du nicht mein krauter sein* wird die Redensart „Und willst du nicht mein Bruder sein, so schlag ich dir den Schädel ein" angetippt – die vordere Satzhälfte reicht aus, die brutale Konsequenz zu vergegenwärtigen. Wie hinter einer Maske wird der ‹Bruder› hinter dem *krauter* versteckt, womit früher ein alter Sonderling bezeichnet wurde.

Mir kommt das ganze Gedicht vor wie eine Goldwaage, die imstande ist, winzige Bröckchen, Teilchen, ja Spurenteilchen von Sprache abzuwägen. Freundliche, lebenszugewandte Momente sammeln sich auf der einen Seite; die andere registriert bedrohliche, gewalthafte, todesnahe Elemente. Jede neue Wortgruppe bringt den Zeiger erneut ins Schwanken, und bis zur letz- ten Zeile kommt er nicht zu einem sicheren Ergebnis.

Die Sprache des Textes weist, mit einer Ausnahme, keinen vollständigen Satz auf. Sie springt aus einem Zusammenhang in den nächsten und in einen dritten. Die Welt dieser Sprache zeigt sich zerklüftet. Es ist, als wäre etwas in Gang, was nicht aufzuhalten ist, seit der Angesprochene das Haus verlassen hat; auf das er doch, und zwar ohne zu zögern, antworten sollte. Sind wir das? Ist das unsere Situation, unser Zustand? Es muß nicht – doch es könnte so sein.

Literatur im Schallraum

Vorspann zu *wer ist dran*

Hörspiel mit Dialogteilen aus der Vorfassung von *herzzero*
Sendung im Hessischen Rundfunk, 1962

Wir haben nach dem Krieg die Entwicklung des Hörspieles als eigene literarische Gattung erlebt. Seine Errungenschaft war es, Sprache wieder als Sprechen zur Geltung zu bringen. Und zwar im Absetzen von der Bühne, die es ja auch mit der gesprochenen Sprache zu tun hat. Unbehelligt von der sichtbaren Bewegung der Figuren, ja schließlich sogar frei von bloßer Geräuschkulisse hat uns das Hörspiel das Ohr geschärft für gestische Werte im Gesprochenen, für die winzigen Modulationen der Stimme, für die Imaginationskraft des lautenden Wortes. Es blieb jedoch am Muster der Bühne orientiert, wenn es seine Mittel aufwandte, um einen Handlungs- und Geschehensablauf – und sei er noch so irreal und in heterogene Zeiten und Räume verspannt – darzustellen. Als Stimmen bestimmter Personen teilten die Hörspielstimmen Erlebnisse, Gefühle, Konflikte, Schicksale mit, wie es auch auf der Bühne geschieht. Das Hörspiel ist im Grunde ein Drama der Imagination und ließe sich auch mit anderen Mitteln als denen des Funks verwirklichen. Der Funk ergibt sich ihm nur beiläufig, ohne in seiner technischen Substanz ergriffen zu werden.

Friedrich Knilly hat in seinem Büchlein, das vor einiger Zeit unter dem Titel *Das Hörspiel* in der Urban-Bücherei erschienen ist, die Möglichkeiten eines funkeigenen Hörspieles gegen die des konventionellen abgegrenzt. Es leuchtet jedem ein, daß ein so unabweisliches und wirkungsstarkes Äußerungsmittel wie der Funk mit seinem ästhetisch noch kaum entdeckten Instrumentarium nach ihm angemessenen Kunstformen drängt. Nur in der Musik ist dieser Vorgang durch die Entwicklung zur elektronischen Musik bereits vollzogen. Im Hör-Spiel steht er noch weithin aus. Doch warnt nun gerade die Entwicklung der Elektronenmusik davor, mit fliegenden Fahnen zur technischen Kunst übergehen zu wollen. Wie die besten Vertreter dieser funkeigenen Musikform nie die Reflexion auf die Instrumentalmusik vergessen haben, wird auch das radiophone Sprachspiel nicht vergessen dürfen, daß es Sprechspiel bleiben muß, wenn es nicht in der grauen Unendlichkeit der technischen Möglichkeiten verschwinden soll. Die Versuchung ist zwar groß, mit dem Instrumentarium der Funktechnik ein polyphones, vieldimensionales Stimmenspiel zu inszenieren, doch glauben wir, daß es sich im bloßen Reizgewitter erschöpfen müßte, wenn nicht zugleich die Möglichkeiten, welche der menschlichen Stimme offenstehen, mit bedacht werden. Es handelt sich dabei um den Bereich zwischen Gesang und Deklamatorik, um die reinen artikulatorischen Lautungen im Untergrund der

Sprache und die Gestik ihrer winzigsten Sprechbewegungen. Auf diesem Gebiet diesseits der Sprache, aber auch diesseits der Technik ist trotz der spontanen Versuche seit dem Dadaismus noch viel zu erforschen und zu erfahren.

Den Text sprechen drei Stimmen unabhängig voneinander auf Band. Der Text ist fast durchweg dialogisch, so daß jede Stimme mit sich selbst in Zwiesprache gerät. Doch ist sie angewiesen, nicht dramatisch, sondern rezitierend zu sprechen, also die Erinnerung an Bühnen- oder Hörspiel in der bekannten Form zu vermeiden. Die 3 Stimmen unterscheiden sich erheblich in ihrem Sprechtempo, in der Art der Pausierung, in der Tonqualität usw. Damit rechnen wir auch. Wir wollen sie, wie sie sind, und verfremden sie auch – von wenigen Stellen abgesehen – nicht durch technische Kunstgriffe. Wir ordnen sie ganz schlicht einander zu und zwar mit dem funktechnischen Mittel des mechanischen Zusammenspielens. Je länger das Band nun läuft, desto weiter geraten sie im Text auseinander. Die langsamste bringt Textstellen wieder zur Sprache, welche die anderen längst hinter sich haben. Aber auch die beiden anderen differieren untereinander. Die Unterschiede im Temperament der Stimmführung schlägt sich im Stück als Differenz in der Zeitordnung nieder. Die Gegenwart ist auseinandergezogen, Vorwegnahme und Erinnerung spielen in ihr mit, ohne daß die Dimensionen sich jeweils reinlich scheiden ließen.

Es entstehen dabei aber auch, wenn 2 oder 3 Stimmen ineinandergeblendet werden, neue Dialogpassagen, die der Text ursprünglich nicht vorgesehen hatte. Es sind gewissermaßen synthetische Dialoge, spielerisch vom technischen Mechanismus zusammengewürfelt und an das diffuse Gespräch eines Wartesaales erinnernd. Manchmal bleibt es bei bloßer Stimmenkulisse, oft aber kommen auch überraschende Aussagen zustande.

Diesen unwillkürlichen Dialogen stehen klare Zwiegespräche zweier Stimmen gegenüber, die sich genau an den gegebenen Text halten. Sie sind aus den Einzelstimmen montiert, denn jede Stimme hatte ja den ganzen Text für sich allein gelesen, also ohne Partner. Es sind auch dies Dialoge, die nicht stattgefunden haben – was übrigens der Zuhörer nicht merkt, wenn es ihm nicht gesagt wird. Die einzigen echten Dialogstellen sind jene, wo eine Stimme nur mit sich selbst im Gespräch ist. Diese 3 Dialogformen, aus der zuletzt genannten gewonnen, wechseln miteinander ab und gehen ineinander über.

Die wichtigste Arbeit bei diesem Stück war die Beurteilung des Stimmenmaterials, insbesondere des mehrschichtigen, und seine kompositorische Auswahl. Der ursprüngliche Text gab die Reihenfolge an; er ist in seiner festliegenden Fassung vollständig in dem Stück enthalten. Die Komposition stützt sich in der Hauptsache auf den Wechsel von Simultandialogen, klaren Zweierdialogen und einzelnen Stimmen. Sie folgt jedoch nicht einem vorweg aufgestellten Plan, sondern richtet sich nach den Bedingungen, die sich jeweils an Ort und Stelle eines ausgewählten Stückes ergeben. Der Charakter des aktuellen Sprechstückes gibt an, welche Fortsetzung es haben muß.

Dieser Montagetechnik mit Bandschnitt und Blende mußte natürlich der ursprüngliche Text einigermaßen entsprechen. Auch er ist schon aus zahlreichen kleinen Einheiten, aus Mikrodialogen, Einzelsätzen, Einwortsätzen, Redensarten, winzigen Beschreibungen usw., die oft von Zeile zu Zeile wechseln, montiert. Der Text weist bereits die Facettenform auf, die das Hör-Spiel dann noch potenziert. Sie erlaubt es, sekundenhafte Dialoge neu zusammenschießen zu lassen. Sie gibt die Freiheit zu dem Versuch, jedes Moment des Textes mit jedem anderen zusammengeraten und neue Kombinationen entstehen zu lassen. Zugleich gerät dabei das Ganze ins Schweben. Die bestimmte Zeit ist ebenso aufgehoben wie das identifizierbare Individuum. Die Zeitordnungen der verschiedenen Sprechvorgänge sind gegeneinander verschiebbar: Die Verfassung des Wartesaales kann das ganze Stück kennzeichnen. Jeder kann zu jeder Zeit abgerufen werden, jeder kann mit jedem unterdessen irgendetwas zu reden beginnen.

Diese prästabilierte Harmonie, die immer wieder zwischen künstlerischem Experiment und der Realstruktur unserer Welt aufgedeckt werden kann, macht vielleicht auch für den Skeptiker die Beschäftigung mit diesen Vexierspielen lohnend. Sie sind auch Spiegel für die Verfassung unserer Welt und mögen in dem, der sie zu lesen versteht, neue Einsichten provozieren. Freilich haben sie auch das Trügerische und Zweifelhafte an sich, das allen Spiegelungen innewohnt und uns mit ihrer Erscheinung wieder versöhnt.

Vorspann zur Funkfassung von *herzzero*

Sendung im Westdeutschen Rundfunk, 1965

Zu dem Stück, das Sie heute Abend hören werden, sind ein paar Worte vorweg erforderlich. Trotz seiner zunächst vielleicht befremdenden Eigenart hat dieses Stück nur die eine Voraussetzung, daß alles, was im selben Sprachhorizont erfahren und formuliert wurde, von den Mitgliedern dieser Sprachgemeinschaft erschlossen werden kann. Die zentrale Schwierigkeit, auf die der Hörer stößt, entspringt der Zerfaserung des Subjekts oder der Subjekte, die den sprachlichen Verlauf tragen und seine Handlungsebenen verständlich machen. Dies ist jedoch eine für alle experimentellen Texte gültige Problematik. Musils Formel vom »Mann ohne Eigenschaften« ist längst allgemein geworden und betrifft die Personen auf der Bühne ebenso wie die Figuren eines Romans. Im Grunde ist das klassische Subjekt aus den Angeln gehoben oder aus den Fugen geraten, statt seiner erscheint das Medium – in unserem Fall die Sprache – als Aktionsmitte. Das Subjekt ist eine Möglichkeit unter anderen geworden, nicht mehr selbstverständlich gegeben. Es stellt sich – wenn es gut geht – unterwegs ein. Es baut sich durch den Text auf und um und ab; zeigt sich oft nur vage, homunkulushaft, wie aus mehreren Personen zusammengeschossen, oder nur, wie in

Bildern von Paul Klee, aus einzelnen Gliedern bestehend, zwischen denen Leerräume gähnen. Es ist transitorisch, passierend, Moment im Textprozeß. Es kann auch völlig fehlen, wie in den meisten sogenannten konkreten Texten, die ein reines Sprachgebilde ohne Erinnerung an außerhalb Liegendes, ohne Emotionen und seelische Engramme errichten wollen. An solchen Gebilden wird jedoch auch deutlich, daß nur das Bild des Subjekts, seine Namhaftigkeit aus den Texten verschwunden ist – weil der Text selbst subjektiv geworden, selbst in den Prozeß der Subjektivität eingetreten ist: als Vollzug eines Sprachaugenblicks, eines sprachlich geschehenen Existenzmomentes, eines bestimmten Zeitverlaufs.

Solche Texte sind weitherzig; sie nehmen den Hörer und Leser auf, wie er von sich her ist, mit seiner ganzen Erinnerung, seinen Spracherfahrungen und den Erwartungen, die er an die Sprachgebilde – Wörter, Wendungen, Nuancen – knüpft, sie provozieren seine untergründigen Wünsche. Der Hörer und Leser kann bei ihrer formalen Struktur einsetzen und sich an ihr entlanghangeln, bis er an einen Knoten kommt, der ihn erwas angeht. Er kann den Text auch als Echowand für sich selbst benutzen: und wird dabei erfahren, wie sein eigenes Potential an Bildern, Formtendenzen, Assoziationen aktiviert, bereichert, durch neue Beziehungen differenziert und umgebildet wird.

So sind diese Texte im Grunde Pläne, Muster, Modelle, die auf ihre Realisation durch den Leser warten. Wer sich genau genug auf sie einläßt, und die intensive Genauigkeit ist das einzige, was sie verlangen, findet seine Fassung, und dennoch ist es nicht seine private, unverbindliche, sondern Variation des eine Grundtyps, was sich daran erweist, daß man die eigene Auffassung mit fremden vergleichen und ihre Reichweite erörtern kann.

In dieser Weise will auch der Text, den Sie heute hören werden, aufgefaßt werden. Er ist in mehreren Arbeitsgängen aus Hunderten von Elementen, Fragmenten, einzelnen Textpassagen montiert und verschliffen worden. Sie reichen vom Einzelwort, einer artikulatorisch prägnanten Wortgruppe über Redensarten, Fundstücke, Zitate, Kurzdialoge bis zu parabelförmigen Handlungsabläufen. Oft sind sie in verschiedenen Ebenen ineinander gearbeitet, mit raschem Wechsel der Textsubjekte. Sie ordnen sich im großen nach bestimmten thematischen Feldern oder bestimmten Sprachmotiven, wobei die Tendenz besteht, das Frühere immer wieder im Späteren gegenwärtig zu halten, es zu zitieren oder verwandelt zu spiegeln. Eine solche Montage setzt Bewußtheit und ein nicht unbeträchtliches Maß an Konzentration – auch beim Hörer – voraus. Der Text lebt von den Spannungen zwischen den Bruchkanten einerseits und von der Spannung zwischen den großförmigen Themen und dem Eigengewicht des Materials andererseits. Zufälligkeit in der Wortgruppierung, Fremdartigkeit der Beziehungen, Momentanität und die Unabsehbarkeit des Beziehungsgeflechts, die Verweisung von einem zum andern und durch alle Momente hindurch auf ein imaginäres Ganzes machen den Reiz eines solchen Stückes aus.

Die Substanz des Textes liefern weithin die Gerinnungen unserer sprachlichen Realität, wie wir sie alle kennen und im Ohr haben: Redensarten, Gesprächsfloskeln, Zitathaftes, generationenlang kursierende Sprichwörter,

Anspielungen auf Geläufiges, dabei wird das Geläufige immer wieder verdreht, so daß es plötzlich neu erscheint, manchmal erschreckend, manchmal erheiternd. Das Ganze bewegt sich im Assoziieren, Weiterdrehen, Identifizieren, Fallenlassen, Wiederaufgreifen. Die Bewegung ist die der Sprache und ihrer Geschichte, bis ins Banalste hinein.

herzzero ist kein Roman, obwohl er genug romanhafte Züge hat und sein Umfang ihm die Bezeichnung eintragen könnte. Er setzt diesseits der üblichen Gattungen ein, verwendet neben der Prosa auch lyrische Einschmelzungen und dialogisch-szenische Passagen; an einer späteren Stelle kommt die Skizzierung eines Einakters zum Beispiel. Es zeichnet sich darin die Aufhebung der gewohnten Gattungen ab, die wir seit der Jahrhundertwende vielfältig beobachten können. Sein Zentrum ist Sprache als Vollzug, indem das Gebräuchliche aufgefangen und umformuliert wird und indem die inkrustierte Sprache im ganzen aufgelöst und vom artikulatorisch-mimischen Grund her aufs neue eingeübt wird.

Literatur im Schallraum

Zur Entwicklung der phonetischen Poesie

1967

Abseits der gängigen Literaturformen von Prosa, Lyrik, Drama oder Hörspiel tauchen seit über einem halben Jahrhundert sprachkünstlerische Gebilde auf, die bisher keinen offiziellen Rang erhalten haben, weder im öffentlichen Literaturbetrieb noch in der Literaturwissenschaft: die Klang- und Lautgedichte, auch »poèmes phonetiques«, »sound poetry«, »phonetische Dichtung« genannt, die sich auf die tönende Sprache, auf das Schallmaterial stützen, das wir beim Sprechen benutzen bzw. mit den Artikulationsorganen hervorbringen. In der Regel bestehen sie aus Klanggebilden ohne Wort- oder Satzsinn, sind vielleicht sogar spontan gesprochen, vielleicht mit Hilfe technischer Apparaturen verfremdet, schwebend zwischen verständlichen und unverständlichen Sprachteilen. Weniges davon ist publiziert. Man kennt ein paar Namen: Hugo Ball, Kurt Schwitters, Raoul Hausmann, die Veteranen dieser eigentümlichen Sprachkunst. Ein paar verschollene oder abseits erschienene Schallplatten gibt es.

Hugo Ball, einer der Initiatoren der Lautpoesie, nannte mit Absicht seine aus Silben ohne Wortsinn gebildeten Texte »Klanggedichte«, schloß sie also der Lyrik an. Kurt Schwitters, ein paar Jahre später, glaubte, eine *Sonate in Urlauten* zu komponieren. Er orientierte sich an einem musikalischen Formmuster. Beides kennzeichnet die Unsicherheit des Anfangs. Inzwischen haben wir uns daran gewöhnt, in den Künsten nicht mehr auf den stabilen Gattungsbegriffen zu bestehen, sondern zwischen den bekannten Gattungen, ja zwischen den verschiedenen Disziplinen völlig neue Erscheinungen auftauchen zu sehen, die sich nicht mehr ohne weiteres einordnen lassen. Auch die Stücke aus dem Sprachschall haben längst die Nabelschnüre zur Lyrik oder zur Musik abgetrennt, und so ist es auch müßig zu diskutieren, ob sich in ihnen Sprache manifestiert oder nicht: Sie tut es, und tut es wieder nicht. In umfassenderem Sinn als die überlieferte Literatur haben sie es mit der Sprache zu tun, weil sie gesprochenes Schallmaterial, auch das konventionelle ertönende Wort, als Grundlage haben; weil sie ausdrucks-sprachliche Möglichkeiten aufgreifen, Emotionales, Gestisches, das zur gesprochenen Sprache gehört, auch wenn es sich nicht in Wortbedeutungen darstellt. Aber sie greifen unbedenklich auch nach Verfahren, die nichts mit Sprache zu tun haben: Längst spielen die Tonbandapparatur mit ihren technischen Möglichkeiten, Schallphänomene zu bearbeiten und zu verändern, und auch elektronische Manipulationen eine wesentliche Rolle.

Das Schallmaterial, das die phonetische Poesie verwendet, ist primär von den menschlichen Sprechorganen erzeugt. Es ist vielfältiger Natur und reicht von bloßen Geräuschen, die bei der Tätigkeit der Artikulationsorgane mitentstehen, über die Ausdruckslaute zu sinnfreien Silben und verfremdetem Wortmaterial. Schon allerprimitivste Schallerzeugnisse, wie Schnalzen, Räuspern, Husten, Schmatzen, können emotional besetzt sein und bilden so die unterste Materialschicht auch des Sprechens.

Welche Art Schallmaterial gemeint ist, belegen etwa die Stücke des Franzosen François Dufrêne, der aus dem Kreis der Lettristen herkommt, sich jedoch von ihnen getrennt hat. Er verläßt sich ganz auf die spontanen Bewegungen der Mundorgane und kennt keine Hemmungen bei der Verwendung aller nur möglichen Mundgeräusche. Es sind Äußerungen der Kreatur im Stimmbereich, die Beklemmung und Behagen, Abwehr oder Lust anzeigen. Damit ist schon der nächste Herkunftsbereich phonetischer Texte, nämlich der der Ausdruckslaute, wie ach und oh, erreicht; aber auch das Lachen, Hecheln, Gurren gehören dazu. Beim frühmenschlichen Prozeß des Spracherwerbs haben sich solche unwillkürlichen Ausdruckslaute, da sie immer wieder in der gleichen Situation und in der gleichen Form ertönten, zu Symbolen verfestigt, und daraus hat sich allmählich eine elementare Schicht von Symbolen gebildet. [1]

Es bleibt noch eine dritte vorsprachliche Quelle zu nennen: die motorischen Artikulationen, die aus dem Spaß am bloßen Spiel der Sprachwerkzeuge entstehen. Kinderreime und Nonsensverse beweisen, daß auch die pure Sprechmotorik lustbesetzt sein kann. So haben sich die russischen Futuristen, die vor dem 1. Weltkrieg zu den Erfindern der Lautpoesie gehörten, auf motorisch-rhythmische Verse ohne Sinn bezogen, mit denen sich die Mitglieder bestimmter Sekten in Ekstase versetzten. Überliefert ist folgender Vers:

---

1) vgl. F. Kainz, *Psychologie der Sprache*, Stuttgart 1954, Band 1, S. 277

> fente rente finiti funt
> fente rente finti funt
> (schneller:) fente rente finiti funt
> (noch schneller:) fente rente finiti funt

Wir hüten uns natürlich vor der Meinung, die phonetische Poesie sei analog den frühmenschlichen Sprachzuständen aufzufassen. Wir beschreiben zunächst nur die Sprachschichten, deren sie sich bedient, wissen im übrigen aber, daß es sich bei ihr nicht mehr um eine naive Sprachäußerung, sondern um bewußte Kunstprodukte handelt. Sie werden auf dem Hintergrund einer hochdifferenzierten Gebrauchssprache formuliert und sind, auch wenn sie nichts als expressive Lautung, emotionaler Ausdruck zu sein scheinen, einer ästhetischen Konzeption verpflichtet und in eine Komposition einbezogen. Sie sind auch noch im expressiven Schrei reflektiert gebraucht.

Aufschlußreich für die Weise, wie phonetische Poesie in ihrem frühen Stadium erfahren wurde, ist eine Notiz, die Hugo Ball 1917 in seinem Tagebuch festgehalten hat. Auf einer Soiree der von ihm geleiteten »Galerie Dada« in Zürich zeigte die Tänzerin Sophie Täuber, die spätere Lebensgefährtin Hans Arps, »abstrakte Tänze«. Das heißt, sie übersetzte Lautgedichte von Hugo Ball ins Tänzerische, indem sie sie mit den Gliedern des ganzen Körpers artikulierte. Das erinnert an die vorhin erwähnte motorisch-akustische Gesamtbewegung früher Sprachverfassung. Ball schreibt: „Es genügte eine poetische Lautfolge, um jedem der einzelnen Wortpartikel zum sonderbarsten, sichtbaren Leben am hundertfach gegliederten Körper der Tänzerin zu verhelfen. Aus einem *Gesang der Flugfische und Seepferdchen* wurde ein Tanz voller Spitzen und Gräten, voll flirrender Sonne und von schneidender Schärfe". [2]

Dies phonetische Gedicht wird als Äußerung des Organismus vollzogen und tritt bedeutungslos-sinnvoll buchstäblich vor Augen. Es lohnt sich, den Text Balls selbst zu hören, der dem Tanz der Sophie Täuber zu Grunde lag:

> tressli bessli nebogen leila
> flusch kata
> ballubasch
> zack hitti zopp
>
> zack hitti zopp
> hitti betzli betzli
> prusch kata
> ballubasch
> fasch kitti bimm
>
> zitti kittillabi billabi billabi
> zikko di zakkobam
> fisch kitti bisch

[2] *Die Geburt des Dada,* hg. von Peter Schifferli, Zürich 1957, S. 134

bumbalo bumbalo bumbalo bambo
zitti kitillabi
zack hitti zopp

tressli bessli nebogen grügrü
blaulala violabimini bisch
violabimini bimini bimini
fusch kata
ballubasch
zick hiti zopp [3]

Hugo Ball hat leider keine Hinweise aufgezeichnet, wie er dieses Gedicht vorgetragen hat. Vermutlich mit einem intensiven, das ganze Gedicht tragenden Rhythmus, in einer Art Sprechgesang, wie er es von anderen Lautgedichten berichtet. Wie in den Abzählversen der Kinder spielt die Sprache mit sich selbst. Sie wiederholt in der Abwandlung: *flusch kata – prusch kata – fusch kata*. Sie formuliert einförmige Vokalreihen: *zitti kitillabi billabi billabi*, imitiert Phänomenisches, irgendwelche Physiognomien oder Bewegungen, Haltungen. Sie nutzt dabei die Symbolik, die den Lauten innewohnen kann, die sie im jahrhundertelangen Gebrauch angezogen haben und die auch im täglichen Handhaben der Sprache gegenwärtig ist. Freilich läßt sich die Lautsymbolik hier nicht mit etwas Bestimmtem identifizieren, da nur die Überschrift *Gesang der Flugfische und Seepferdchen* den Bereich andeutet, in dem sie gilt. Die silbische Sprachbewegung kehrt sich vielmehr immer wieder auf sich selbst, ihre eigene Sinnlichkeit zurück, wie es etwa die beiden ersten Versgruppen zeigen: Die zweite wiederholt Silbenfolgen der ersten, wenn auch teils mit leichter Abwandlung; sie läuft zurück, wobei sie das Gehörte variiert und so schließlich bei einer anderen Fassung mündet. Man kann das artikulatorische Ornament dieser Silbenfolgen mühelos nachzeichnen.

Entgegen dem Selbstverständnis der damals agierenden Künstler des »Cabaret Voltaire« in Zürich muß festgestellt werden, daß ihre phonetischen Gedichte kein revolutionäres Alibi haben. Hugo Balls eben vernommenes Klanggedicht gehört, verspielt und ein bißchen versponnen, einem arabesken Jugendstil an, der zu der Zeit, als das Gedicht vorgetragen wurde, schon sehr gealtert war. So sind bezeichnenderweise vom jungen George, also Jahrzehnte früher, zwei Zeilen eines Versuches erhalten, die *Odyssee* in eine selbst erfundene Klangsprache zu übertragen. Und Else Lasker-Schüler formulierte ebenfalls Jahrzehnte vor Hugo Ball Gedichte zuerst in einer Art »Ursprache«, wie sie es nannte: „Ich hatte damals meine Sprache wiedergefunden, noch aus der Zeit Sauls, des königlichen Wildjuden herstammend“, fabuliert sie, „ich verstehe sie heute noch zu sprechen, die Sprache, die ich wahrscheinlich im Traum einatme ...“ Das mystische Idiom der Lasker-Schüler imaginiert eine unbekannte, exotische Sprache, den Traumlandschaften des Jugendstils entsprechend. Dabei hat sie die Absicht, etwas

3) ebenda, S. 55

Bestimmtes auszusagen, mag es auch nur im Medium des reinen Klangs mitgeteilt werden können und der zusätzlichen Übertragung in den Klartext eines gewöhnlichen Gedichtes bedürfen. Jedenfalls formuliert sie wohl zum ersten Mal, abseits irgendwelcher Onomatopoetik, ein Klangsymbolgedicht im Sinn der romantischen Sprachtheorie.

Sie zielt damit in eine etwas andere Richtung als Christian Morgensterns beinahe gleichzeitiges und viel berühmteres *Großes Lalula,* das 1905 in den *Galgenliedern* erschien. Die reichhaltig verwendeten Satzzeichen aller Art vom Komma bis zum Ausrufezeichen deuten an, daß Morgenstern konventionelle Redeweise nachahmen und ironisieren will. Das Moment der Ironie, von Morgenstern selbst mit anderen Mitteln erfolgreicher fortgeführt, verschwindet lange Zeit aus den Lautgedichten. Erst bei jüngsten Autoren, wie Ernst Jandl oder Bob Cobbing, macht es sich wieder, und zwar auf ganz anderen Wegen, bemerkbar. Jahrzehntelang schien sich in der imaginativen Lautsymbolik und dem arabesken Lautspiel, wie sie Lasker-Schüler und Hugo Ball vorgeführt hatten, die Möglichkeit dieser Kunst zu erschöpfen. Die Beziehungen zur konventionellen Sprache waren jedenfalls völlig gekappt.

In die beiden genannten Richtungen stießen Raoul Hausmann und Kurt Schwitters vor. Hausmann wandte sich ganz dem elementaren, emotional besetzten Artikulieren zu, um eine Sprache diesseits der Sprache zu schaffen. Schwitters, von Hausmann angeregt, orientierte sich an dem klanglich-musikalischen Aspekt des Materials, als er es zu seiner *Sonate in Urlauten* komponierte. „In den Lautgedichten", schreibt Raoul Hausmann, „handelt es sich nicht nur um haltloses Gestammel anarchistischer Ungehemmtheit, sondern sehr oft um Wortballungen, die aus der Epimneme verschiedener Sprachen ins Bewußtsein steigen" – eine Theorie, die ihre Schwächen hat, für Hausmann selbst, der im Deutschen wie im Tschechischen beheimatet ist, einen wahren Kern haben mag. Symptomatisch daran ist die Behauptung des Sprachcharakters entgegen dem chaotischen Anschein. Hausmanns phonetische Stücke kennzeichnet eine unerhörte Verfeinerung der Artikulationsbewegung, er tastet sich in alle Richtungen einer Artikulationsgestik hinein, die uns im gewöhnlichen Sprachgebrauch nicht so zur Hand ist. Er kommt zu einer andeutenden Lautgestik, die der Hörer nachvollziehen soll:

```
                          bbbb
      N'moum      m'onoum      onopouh
                     p
                     o
                     n
                     n
                     e
          ee       lousoo      kilikilikoum
      t'  neksout          coun'      tsoumt      sonou
   correyiosou    out              kolou
      Y'        IIITTITTTTIYYYH
                       kirriou         korrothum
```

N'   onou
mousah
da

        ou
DADDOU
irridadoumth
t'   hmoum
kollokoum
o n o o o h h o o u u u m h n [4]

Die Absicht der Lasker-Schüler auf eine neue, nichtkonventionelle und dennoch irgendwie mitvollziehbare, kommunizierbare Sprache wird von Hausmann mit viel geschickteren Mitteln fortgeführt. Hausmann bettet seine Erfindungen von neuen Klangsilben in Sprechgewohnheiten ein, die uns allen geläufig sind, wenn wir miteinander Kontakt aufnehmen: Er arbeitet mit wechselnden Stimmlagen, hoch oder dumpf, er mobilisiert die Ausdruckselemente des Sprechens, wimmert, jammert, wehrt ab, beschwört, bestärkt, sabbert, zerfasert das Redezeug. Er sitzt dichter am Sprechen als die vor ihm, er beobachtet es genauer. Zwar notiert auch er seine Stücke auf dem Papier, aber zu realisieren sind sie nur, wenn sie ertönen. So gibt es außer der Aufzeichnung durch das Tonband keine Möglichkeit, sie zureichend festzuhalten.

Hausmann kennt keine ästhetische Auswahl, er bringt alle Laute, die er für sein Sprachtheater braucht, auch häßliche, unförmige, wie sie in den wohllautenden Arabesken Hugo Balls oder der Lasker-Schüler keinen Platz hatten. Sie erscheinen, weil sie einer bestimmten Artikulationseinstellung entspringen, Verlautung einer Artikulationsgestik sind. Obwohl ihr Ausdruckswert für den Zuhörer verständlich ist, bleiben solche Stücke doch durch und durch monologisch, narzistische Lautgebärden, die mit keiner Antwort rechnen. Es ist eine Art Lyrik, die aller lyrischen Kennzeichen beraubt ist bis auf das eine, Ausdruck und Äußerung zu sein. Bis zu dieser Konsequenz ist kein Expressionist vorgedrungen.

Hausmann probt alle Schichten durch, die unser Sprechen aufweist. Bezeichnenderweise vergrößert er beim Vortrag seiner Stücke die Artikulationsgestik zur Körpergestik und mimt, was er imaginiert. Damit nähert er sich einem Sprechspiel aus den autonomen Mitteln der körperlichen Artikulationsorgane.

Ehe diese Spur weiterverfolgt werden kann, ist es erforderlich, die Strukturschichten des Sprechens faßlicher zu machen. Wir haben es dabei mit zwei verschiedenen Hinsichten zu tun. Einmal mit den Eigenschaften des Sprachschalls. Es sind dieselben wie in der herkömmlichen Lyrik und in der Musik: die Klangfarbe, die Klanghöhe, mit der melodischen Führung der Stimme, die Klangstärke mit der dynamischen Akzentuierung und die zeitliche Ordnung des Sprachablaufs. Diese Hinsichten sind auch für die

4) R. Hausmann, *Courrier Dada.* Paris 1958, S. 67 f.

gewohnte Dichtung, vor allem die lyrische, von großer Bedeutung und wurden bereits vielfach analysiert. In der Dichtungsanalyse völlig unbeachtet geblieben ist dagegen die andere Strukturschicht, die der Artikulation. Darunter verstehen wir lautphysiologisch die Ausgliederung der Sprachlaute durch die Organe zwischen Lippen und Kehlkopf, die zusammenfassend als Ansatzrohr bezeichnet werden. Der aus dem Kehlkopf hervortretende tönende Lautstrom wird von Zunge, Gaumen, Zähnen, Lippen artikuliert. Bei jedem Laut sind wenigstens zwei Organe beteiligt; der Laut entspringt also einer koordinierten Bewegung, die in den tönenden Atemstrom eingreift. Die vokalischen Laute entstehen als Gestaltung des Resonanzraumes der Mundhöhle, die Konsonanten, indem der Atemstrom an bestimmten Stellen der Mundhöhle beengt oder unterbrochen wird. Da immer Atemstrom und artikulierende Bewegung zugleich beteiligt sind, ist es fragwürdig, im landläufigen Sinn Vokale und Konsonanten zu unterscheiden. Auch dem scheinbar reinen Vokal ist ein konsonantisches Geräusch, und sei es ein h-Laut, beigemischt, und jeder Konsonant hat mittönendes vokalisches Element. Man spricht daher besser von Lautdyaden als den kleinsten phonetischen Einheiten, und Lautdyaden bilden zugleich die einfachste Form der Silbe. Im Grunde ist es unmöglich, die Grenzen zwischen den Lauten abzustecken. Die Laute bilden ein gleitendes Artikulationsband zwischen den extremen Polen der vokalischen Klanggeräusche und der scharfen konsonantischen Verschlußlaute. Der Atemstrom und die Koartikulation, also das Miteinanderartikulieren der benachbarten Laute, bewirken Angleichungen, die je nach dem Nachbarn anders ausfallen. Die kleinste Artikulationseinheit ist daher nicht der Laut sondern die Silbe, die aus einem vokalischen und einem konsonantischen Element besteht. „Die Silbe“, sagt der Sprachwissenschaftler Porzig, „entsteht durch die Gliederung des Atems innerhalb des Lautstroms.“ Der Atem staut sich an den Konsonanten und strömt dann freier weiter. „Der Wechsel von Behinderung und Freigabe des Atems macht die Silbe aus.“ (Porzig)

Für die phonetische Poesie war die Silbe und nicht der Einzellaut von Anfang an das wichtigste Bauelement, wie etwa die Texte von Morgenstern oder Ball beweisen.

Diese artikulatorische Beobachtung läßt sich auch an Texten machen, die zunächst gar nicht darauf abgestellt sind, wie an dem »Schützengraben«-Poem von Ernst Jandl. [5] Um der Lautsymbolik willen unterdrückt Jandl in diesem Text bewußt alles Vokalische, und so läßt sich beim Sprechen gut beobachten, wie die Konsonanten vokalisch mittönen.

Ein anderes artikulatorisches Phänomen, das der Lautabtönung je nach der konsonantischen Nachbarschaft, liegt dem folgenden Text von Bob Cobbing zu Grunde, und zwar planmäßig, wie eine Anmerkung des Autors erkennen läßt. Das Stück dreht sich um die beiden o-Laute, wie sie im englischen ‹pot› und in ‹go› zu unterscheiden sind. In koartikulierender Angleichung spricht Cobbing das als Material verwendete Wort ‹oberammergau› als *omeramergau* aus. Das Stück zeigt zugleich, wie der Rhythmus als selbständiges Moment sich über den Text legt, ebenso aber auch die poetische Lust an Reim- und Echobeziehungen:

pot / pot / potpourri	pot / ollapodrida	pot / omeramergau
om / omeramergau	om / om / potpourri	om / ollapodrida
oll / ollapodrida	oll / omeramergau	oll / oll / potpourri
poc / pocahontas	poc / popocatapetl	poc / poc / opossum
op / op / opossum	op / pocahontas	op / popocatapetl
pop / popocatapetl	pop / pop / opossum	pop / pocahontas
on / onondaga	on / on / opopanax	on / pomological
pom / pomological	pom / onondaga	pom / pom / opopanax
op / op / opopanax	op / pomological	op / onondaga 6)

Kurt Schwitters hat als erster mit seiner *Sonate in Urlauten* (seit 1923) eine Lautdichtung geschaffen, in der die Klangeigenschaften der Sprache autonom und ohne Rücksicht auf eine inhaltliche Mitteilung verwendet werden. Schwitters setzte die Silben ihrem Klangwert entsprechend als quasimusikalische Bausteine in die Komposition ein. Planvoll wechselt er zwischen langen und kurzen, hellen und dumpfen, harten und weichen Silben. Er wiederholt und permutiert silbische Gruppenmotive, deren beherrschendes das Grundmotiv *fömsbäwätäzäu* ist. Schwitters hat sein Grundmotiv von Hausmann übernommen, es aber in einer Weise verarbeitet, die der Raoul Hausmanns diametral entgegengesetzt ist: Während dieser sich im spontanen Sprechvollzug vorantastet, plant Schwitters bewußt Abfolge, Tempo, Tonstärke, Dauer der silbischen Elemente. Wenn er die Teile als Largo, Scherzo und Presto bezeichnet, zeigt er, daß er sich bewußt an musikalischer Arbeitsweise orientiert:

Scherzo
(die themen sind karakteristisch verschieden vorzutragen)

Lanke trr gll (munter)
  pe pe pe pe pe
    Ooka ooka ooka ooka
....

Lanke trr gll
  pii pii pii pii pii
    Züüka züüka züüka
....

Lanke trr gll
  Rrmmp
    Rrnnf
....

Lanke trr gll
  Ziiuu lenn trll?
    Lümpff tümpff trll
....

5) Ernst Jandl, *Laut und Luise*. Olten 1966, S. 47 ff.
6) Bob Cobbing, *sound poems*, Writers Forum Poets Number Seven, London 1965

Lanke trr gll
  Rrumpff tilff too
....

Lanke trr gll
  Ziiuu lenn trll?
  Lümpff tümpff trll
....

Lanke trr gll
  Pe pe pe pe pe
  Ooka ooka ooka ooka
....

Lanke trr gll
  Pii pii pii pii pii
  Züüka züüka züüka züüka
....

Lanke trr gll
  Rrmmp
  Rrnnf
....

Lanke trr gll   [7]

Alle diese Texte benutzen die Silbe als Bauelement, wenn auch mit ganz verschiedenen kompositorischen Methoden. Es lag nahe, die Permutationsmöglichkeiten, die in einer Silbe liegen, zu entwickeln, wie es in meinen Artikulationsstücken geschieht, die jeweils eine bestimmte Artikulationsform, wie *was*, *er*, *se*, *henk*, in winzigen Schritten allmählich verändern und in ihren verschiedenen Bewegungsrichtungen durchspielen. Mit der Verschiebung der Artikulationsstellungen der Organe zwischen Lippen und Kehlkopf verändern sich nicht nur die Konsonanten erzeugenden Engen und Durchlässe, sondern es verändert sich auch der Resonanzraum der Vokale, so daß die Vokalfärbung ständig wechselt. Es entsteht eine Folge von permutierenden Silben, die trotz allen Veränderungen untergründig ihre Ausgangsform mitführen. Unversehens schießen Bedeutungen an, nuancieren sich mit der artikulatorischen Bewegung, springen in eine andere über und verschwinden wieder. [8]

Das Wort als phonetische Einheit tritt hier zurück: Es kann erst wieder erfaßt werden, wenn über die Silbe und ihre Struktur Klarheit besteht. Das Wort verwirrt zunächst nur durch seine Imprägnierung mit Bedeutungen, oft genug mit verwaschenen, mißbrauchten, entgleitenden Bedeutungen. Der Bedeutungskosmos, der einem Wortkörper anhängt, der milchige Bedeutungshof ist ein eigener Gegenstand des poetischen Experiments,

7) abgedruckt in: K. Schwitters, *Das literarische Werk*. Bd. 1. Lyrik. Köln 1973, S. 228. Schwitters hat die Lautsonate als Nummer 24 seiner Zeitschrift *Merz* gedruckt (1932). Einen kleinen Teil hat er auf Schallplatte gesprochen. (Auf der Basis einer erst in letzter Zeit aufgefundenen Schellack-Aufnahme liegt jetzt der Gesamttext als Vortrag von Schwitters vor; CD 1993, wergo 286 304-2.)
8) vgl. das Stück auf der Schallplatte *Konkrete Poesie*, hg. von A. Bitzos, Bern 1966

und es gibt bisher nur wenige Stellen, an denen sich beide Aspekte: der des phonetischen Wortkörpers und des milchigen Bedeutungshofes berühren. Erinnert sei an *Finnegans Wake* von James Joyce. Doch hat in den letzten Jahren die Spannung zwischen semantisch klarem und verunklärtem Text, die Auflösung der semantischen Worthinsicht im phonetischen Substrat oder umgekehrt die Kristallisation von Semantik aus einem phonetischen Ablauf eine ganze Reihe von Autoren beschäftigt.

Das Wortmaterial kann dabei auf verschiedene Weise verfremdet, in seinem semantischen Wert herabgesetzt werden, bis es den phonetischen Pol erreicht: etwa durch die simple monotone Wiederholung, durch silbische Auflösung, durch die Verformung von Einzellauten. Brion Gysin hat ein Stück gesprochen, das nur aus der Wiederholung von *I am – am I* besteht.[9] Behauptung und Infragestellen wechseln miteinander. Durch das penetrante Wiederholen intensiviert sich die Bedeutung und löst sich zugleich auf zum bloßen Vokabelgeräusch. Konsequent verfremdet sich die Stimme dabei, was durch Beschleunigung des Bandes bewirkt wird.

Völlig ohne jede technische Hilfestellung arbeitet Ernst Jandl seine Texte. Oft liegt ihnen nur ein einziges Wort zu Grunde, das sich kaleidoskopisch in seine Silben auflöst oder im Hin und Her artikulatorischer Übungen allmählich aus Silben zusammentritt. Die Silbe erscheint als autonomes sprachliches Element mit einer lockeren Verbindung zum Wort, die sich verdichten, aber auch ganz lösen kann. Es kommt vor, daß das steuernde Wort selbst gar nicht auftritt, daß es nur durch das Würfelspiel seiner Silben hindurchschimmert, wobei die Silben sich von ihm abkehren und eigene Bedeutungen anziehen, wie in dem Stück *viel vieh o sophie.* [10]

Die Verschiebung aus dem hinfälligen Redegebrauch in die konzise Form einer konkreten phonetischen Poesie erreichen auch die beiden Wiener Friedrich Achleitner und Gerhard Rühm. Sie entdeckten zunächst die groteske Seite des Dialekts, insbesondere des Wiener Dialekts, und zeigten, wie diese Sprache zur artikulatorischen Form gerinnen kann, die auf jede Semantik verzichtet hat. [11]

Die phonetische Feinstruktur solcher Texte läßt sich mit keiner Schrift, nur mit Hilfe des Tonbandes aufzeichnen. Erst das Tonband hat dem Zwischenbereich der phonetischen Poesie seine Entwicklung ermöglicht. Es objektiviert den subjektiven Vollzug einer Sprechbewegung; es dient aber auch dazu, das phonetische Material zu bearbeiten, zu verformen, zu mischen usw. Typen eines völlig neuen Hör-Spiels, oder besser: Sprechspiels zeichnen sich ab, die die Möglichkeiten der Apparatur ausnutzen.

Denn Schnitt, Blende, Mischung, Schichtung sind nicht nur – wie für das herkömmliche Hörspiel – technische Tricks, ein akustisches Szenarium abrollen zu lassen, sie entsprechen Formen des Sprachvollziehens selber – wenn man sie aus dem technischen ins kommunikative Vokabular überträgt, könnte man sie auf das Verstummen, Das-Wort-Abschneiden, In-die-Rede-

---

9) Wiedergegeben auf der Schallplatte der *Revue OU*, Nr. 20/21.
   Abgedruckt in An *Anthology of concrete poetry*, hg. von E. Williams. New York 1967
10) Ernst Jandl, *Laut und Luise*. Olten 1966, S. 144 f.
11) f. achleitner, h.c. artmann, g. rühm, *hosn rosn baa*. Wien 1959

Fallen, Überschreien, Einschmeicheln, Eines-Sinnes-Sein und worauf auch immer beziehen. Die technischen Handlungen selbst haben bereits eine Gestik, die mit der sprachlichen korrespondiert, und an den Stücken von Raoul Hausmann war abzulesen, daß sprachliche Gestik nicht ans Wort gebunden ist, sondern dem artikulierenden Lautwerden selbst bereits innewohnt. Diese vom Sprechen wie von der Apparatur angebotene Gestik kann für sich, ohne Bezug auf die übliche Handlung komponiert werden. Ja, der Apparat erschließt Möglichkeiten, mit den Sprechbewegungen in einer Weise zu verfahren, die uns sonst nicht in den Sinn kommt, obwohl sie passieren kann, obwohl sie tatsächlich passiert. Er macht es nicht von selbst; das Tonband ist kein Automat, sondern ein Instrument, dessen Reichweite und Gesetzlichkeiten man kennen muß, wie der Musiker die seines Instrumentes kennt.

Als Beispiel dienen die *Phonèmes structures* (1966) von Arrigo Lora-Totino.[12] Jedes Stück wird nach einem genau festgelegten Zeitplan komponiert, nichts der Improvisation überlassen. Eines seiner Stücke ist zusammengesetzt aus Lauten, die für die italienische Sprache eigentümlich sind. Die ertönenden Laute sind nicht in dieser Reihenfolge und nicht in einem Redezusammenhang gesprochen, sondern nachträglich mit Hilfe des Bandes montiert worden. Beim genauen Hinhören erkennt man die Schnittgrenzen – und wird daran erinnert, daß der natürliche Sprechablauf ein Lautkontinuum erzeugt, das keine scharfe Abgrenzung der Einzellaute zuläßt. Bei Lora-Totino steht die Apparatur senkrecht zur Sprache, wenn man so sagen darf; und sie schärft dabei zugleich die Aufmerksamkeit für ihre Erscheinung und ihre Struktur. Das Maß des apparativen Eingriffs nimmt im Laufe des Stückes zu. Hallraum und Vibration verfremden die Sprache, facettieren die Laute, bis sie fast ganz in einem denaturierten Geräusch aufgehen.

Wenn man die Stücke von Lora-Totino aus dem Jahr 1966 mit einem beliebigen Ausschnitt aus den *Poèmes phonetiques* Raoul Hausmanns vergleicht, die 1918 konzipiert wurden, so wird das Ausmaß deutlich, in dem inzwischen die instrumentale Apparatur mit ins Spiel gekommen ist. Bei Hausmann stellt sich die Ausdrucksgestik, die allem Sprechen innewohnt, ganz selbstverständlich ein. Bei Lora-Totino dagegen ist die Gestik technisch vermittelt. Durch die Montagetechnik wird die natürliche Sprechgestik zudem von vornherein ausgeschaltet, weggeschnitten, so daß die instrumental bedingte allein hervortreten kann.

Noch weiter in der Instrumentierung des sprachlichen Schallmaterials geht Henri Chopin in dem Stück *Vibrespace, Audiopoème,* das 1964 publiziert wurde.[13] Alle Schallphänomene, die dabei hörbar werden, sind sprachlicher Herkunft, allerdings weitgehend durch technische Medien verfremdet. In der Nachfolge Raoul Hausmanns und der Lettristen verwendet Chopin allerlei Mundgeräusche, wie Atmen, Hauchen, Zischen, Schmatzen. Das Stimmaterial dient ihm nur noch zur Tonfärbung. Das Ganze wird

---

12) Wiedergegeben auf der Schallplatte *Phonetische Poesie,* hg. von Franz Mon, Luchterhand-Verlag, Neuwied

13) s. *Revue OU. Cinquième Saison.* Hg. von Henri Chopin. Nr. 20/21

durch den Wechsel der Tonlagen komponiert. Die Konfrontation der menschlichen Stimme mit dem technischen Instrument ist bewußtes Programm. Die Instrumentierung des Stimmaterials wird vollzogen in der Absicht, dadurch ihre unendlichen Möglichkeiten freizulegen.

Wir brechen hier unsere Erkundung der phonetischen Poesie ab. Vielleicht sollte man die Frage stellen, ob ihrer Entstehung ein spezielles Motiv jenseits des bloßen poetischen Äußerungsdranges zugrundeliegt. Ein Motiv, das aus der gegenwärtigen Situation von Sprache und ihrer ästhetischen Verfassung entspringen könnte. Vielleicht sind die phonetischen Sprachwerke Ausgleichsbewegungen gegen eine rationale Austrocknung der Gebrauchssprache, wobei Sprachdimensionen zu Wort kommen, die längst verschliffen oder verloren schienen. Sie könnten auch der Versuch sein, Sprache in einer grassierenden Sprachlosigkeit in Gang zu halten und zugleich ihre Kopulation mit dem technischen Medium zu erproben, ohne das unsere Existenz nicht mehr denkbar ist. Auf jeden Fall zeigt sie an, daß die Differenzierung unseres Wahrnehmungsvermögens und unserer Kommunikationsmittel längst noch nicht abgeschlossen ist, sondern weitergeht. Und sie zeigt an, daß die künstlerischen Disziplinen immer in Bewegung bleiben und kein System sie festzulegen vermag.

Bemerkungen zur Stereophonie

1969

Die Stereophonie ermöglicht ein Hörspiel, das sich endlich von der angestrengten Illusion in der Nähe des Hörers agierender Stimmen befreien kann, der das monophone Hörspiel – gerade weil es geringere Plastizität hat – immer wieder nachjagt. Die größere Realitätsnähe, die sich die Erfinder der Stereophonie erhofften, schwappt ins Absurde über, wenn man mit dem Finger genau auf den Punkt weisen kann, wo einer spricht, ohne daß man genau sieht, wo man Schritte hört und keine Füße findet, wo Glocken klingen und keine hängen. Der mit solch hochgedrillter Illusion gefoppte Hörer kommt sich als Blinder vor, der an seienen Platz gebannt ist, wenn er nicht auch noch seinen (Hör)raum einbüßen will. Und noch schlimmer; er muß – auf eine solche Realitäts-Realität vereidigt – an seinem zeitlichen Orientierungsvermögen zweifeln, denn die von der Realitätsillusion geforderte Einheit der Zeit funktioniert natürlich nicht.

Die Stereophonie ist alles andere als ein realistisches Medium, sie ist ein artifizielles Mittel zur Ordnung und Unterscheidung von Hörwahrnehmungen, die in der Monophonie ineinanderfallen müßten. Die Stereophonie verbessert die Syntax der Hörereignisse; sie macht – für das Hörspiel – überhaupt erst eine differenzierte Beziehung zwischen simultanen Hörereignis-

sen möglich: Jetzt erst läßt sich z. B. sagen, ob sie tatsächlich ineinanderfallen oder ob sie nebeneinanderstehen. Jetzt erst, da es den schalltoten
Raum gibt, gibt es auch den hörbaren, dimensionierten Raum.

Erst wenn die – sowieso beschränkte – Stereophonie nicht als Wahr-
nehmungsillusion, sondern als syntaktisches Mittel zur Ordnung von Hörereignissen verstanden wird, kann sie mit der Syntax der Zeitverläufe in
Beziehung treten. Räumliche Positionen und zeitliche Verläufe dienen
dann der Ordnung und Beziehung desselben Materials.

Dabei darf nicht übersehen werden – und das schneidet die Bedeutung
der Stereophonie zurück –, daß Hörereignisse zuerst zeitlich geordnete Vorgänge sind, vor allem wenn es sich um sprachliche handelt. Daraus hatte
das monophone Hörspiel sein Selbstbewußtsein abgeleitet – es war stolz
auf den produzierten imaginären Raum oft genug zeitlos gedachter Stimmen. Es ist sicher, daß das stereophone Hörspiel nicht hinter diese Leistung
von Imagination zurückfällt, sondern daß es im Gegenteil die Imagination
entschiedener, als es dem monophonen je möglich war, an die Sprache bindet: Das Hörspiel wird mit den neuen syntaktischen Mitteln nun allererst
Sprachspiel, das sich auf den organisierten Laut auch von Wörtern und
Sätzen konzentriert, die Imagination in die Konkretheit des laut werdenden
Sprachmaterials investiert, statt nur von ihm angereizt und aufgeblasen zu
werden. Der Realitätsgewinn durch die stereophone Syntax fällt der Sprache
zu, er besteht nicht darin, daß ich vor mir irgendwelche Ottos herumham-
peln zu hören glaube, sondern daß mir Wörter, Redewendungen, Ausrufe,
Dialoggelenke, Redenetze usw. ohne jede Ablenkung ins Ohr dringen und
nach den Prinzipien von Collagen so aufeinanderbezogen werden können,
daß ich etwas erfahre, was in keinem anderen Wahrnehmungsverhältnis
erfahrbar ist, daß sich etwas ‹abspielt›, was sich nur unter den Bedingungen
eines stereophon geordneten Hörraums abspielen kann. Da es unsere Sprache ist, die da erscheint, ist das stereophone Hörspiel durch und durch ‹real›,
wenn diese Bezeichnung überhaupt etwas bezeichnen soll. Da das Sprachmaterial aber unter Bedingungen geordnet wird, die nicht mit denen unserer
üblichen Erfahrungswelt übereinstimmen – wir sprachen eingangs davon –,
ist das Gehörte irreal, abstrakt – und gewinnt dadurch die Möglichkeit,
in seiner Materialität konkret zu werden. Die Stereophonie abstrahiert
und konkretisiert zugleich, wie es im optischen Medium die Fotografie tut,
welche Wahrnehmungsinhalte zustande bringt, die unserem Auge sonst
verschlossen sind.

Es muß gesagt werden, daß das stereophone Hörspiel ein vorläufiger
Behelf ist, da es nur einen kleinen Ausschnitt räumlicher Dimensionen
für die Syntax von Hörereignissen erschließt. Erst das über alle räumliche
Dimensionen, also auch die von rechts und links, hinten, oben und unten,
verfügende Hörspiel vermag die Erwartungen zu erfüllen, die jetzt an die
Stereophonie geknüpft werden. Die Ordnung größerer sprachlicher Verläufe
könnte erst gelingen, wenn nicht nur ein Hörraum, sondern mehrere, ja
ganze Folgen und Systeme von Hörräumen einbezogen würden. Sie würden
zugleich den jetzt noch an seinen Platz gefesselten Hörer beweglich machen
und ihm die Freiheit der Wahl dessen, was er hören will, geben. Er würde

damit nicht nur an der Komposition seines Hörspiels beteiligt, sondern auch dem Risiko ausgesetzt sein, Hörereignisse zu versäumen, die er eigentlich hören sollte oder wollte. Die zunehmende Differenzierung bringt mit zunehmender Freiheit auch ein größeres Maß an Zufälligkeit und Bruchstückhaftigkeit ins Spiel. Sie entspricht damit den realen Verhältnissen, in denen wir leben, mehr als das lückenlose Band des stereophonen Hörspiels. Allerdings hat auch dies die Möglichkeit, so stark zu differenzieren, daß das Aufnahmevermögen des Hörers überfordert wird und ganze Stränge verlorengehen. Das kann zur Kompositionsabsicht gehören.

Der Hörer des Hörspiels *das gras wies wächst* [1] erfährt keine Geschichte. Es gibt zwar Dialoge, aber keine zusammenhängende Handlung. Es handeln die Sprachelemente. Subjekte sind die Wörter, die Wörteragglomerationen, die gestanzten Redensarten, Fragepartikel, überhaupt Fragen aller Art, wie sie *Quick* und *twen* in populären Tests, in Interviews, in Briefkastenecken bereithalten. Wörterreihen treten in Spannung zu Redensarten. Redensarten hinterbauen Dialoge. Dialoge werfen Fragen auf, die von Wörterreihen beantwortet werden. Es ist gut, sich die verschiedenen Strukturtypen klarzumachen, in denen Sprachliches manifest wird. Sie spannen sich hier von primitiven Artkulationen über lexikalische Wörterversammlungen, winzige Dialoge bis zum wissenschaftlichen Essay – im Zitatausschnitt – und zur Auflösung monologischer Redeketten. Eine entscheidende Rolle spielt das Bewußtsein des Hörers, das das verwendete Sprachmaterial wiedererkennt, das sich erinnert, wo diese Prägungen herkommen, wie und von wem sie benutzt worden sind. Das ganze Material ist transparent auf einem riesigen Hof gebrauchter Sprache, der zugleich etwas von einer Bahnhofshalle und einem Friedhof hat.

Bemerkungen nachträglich zum Hörspiel
das gras wies wächst
Vorspann zur Wiederholungssendung des Saarländischen Rundfunks im April 1983

das gras wies wächst ist 1969 entstanden. Der Saarländische Rundfunk hat kurz darauf das Stück als Gabe für Freunde und Besucher auf einer Schallplatte vervielfältigt; Jahre später brachte auch der Luchterhand-Verlag auf Initiative von Klaus Ramm eine Platte davon heraus. So wurde das Stück in weiterem Kreis, als es durch die Sendungen geschehen konnte, und gezielter bei den tatsächlichen Interessenten publik. Die Folge war, daß ich auf *das gras wies wächst* immer wieder Reaktionen erhielt – die letzte gerade vor ein paar Tagen, was bei Hörspielen, die nur gesendet werden, in diesem

1) siehe unten

Umfang ausgeschlossen ist. Die Leute reagieren vor allem auf das Thema, welches das Stück durchzieht: Facettierungen von Gewalt in verschiedenster Weise, obwohl nicht dies das Thema war, das die Konzeption bestimmt hatte. Mich interssierte zuerst ein sprachliches Phänomen, und zwar eins, mit dem Sprache Prozesse, auch sprachliche Prozesse in Gang setzen kann zwischen denen, die sich auf sie einlassen oder auf sie einlassen müssen: das Fragen.

Ich wollte die verschiedenen Typen und die verschiedenen Methoden von Fragen aufstöbern. Denn mir schien das Fragen eine der elementarsten Möglichkeiten sprachlicher Aktivität zu sein, wichtiger für das Innewerden dessen, was wohl mit der Sprache los ist als andere sprachliche Handlungsweisen, wie Befehlen, Beschimpfen, Schmeicheln, Beschwören, Umwerben usw. Es ist die Tätigkeit, die sich auf ein Ziel richtet, ohne es zu kennen, vielleicht sogar, ohne zu wissen, ob es das Ziel überhaupt gibt, und wenn es existiert, ob es erfaßbar, benennbar, erreichbar ist, und ist es erreichbar in der Antwort, ob es das Erfragte tatsächlich ist.

Die Ungewißheit über die Beschaffenheit der Antwort – Wahrheit oder Lüge oder etwas dazwischen – und über ihren Inhalt – zutreffend, ausreichend oder nicht – hängt der Frage an und läßt sich nicht abschütteln. Die Ungewißheit kann zum Verstummen oder zu einer neuen Runde, vielleicht einer Sisyphusrunde führen, so daß eine Fragekette ohne Ende entsteht, die konsequenterweise auch ohne Anfang gewesen sein wird. Mit dem Thema des Fragestellens war die Unabschließbarkeit sprachlichen Handelns angeschnitten. Antworten wirken als Zahnräder in der Fragekette, diese weiterbewegend, ohne sie abreißen zu können – sie purzeln hervor, frappieren, ärgern, vergnügen, befriedigen, enttäuschen – jeweils eine Weile und verschwinden, als hätte es sie nicht gegeben.

Ich sammelte fragerelevante Situationen – Interview, Verhör, Aufrufen von Namen, Rätsel, Quiz usw. – und fütterte Antworten ein. Die Antworten bestanden aus Redensarten, aus Wörterreihen, aus Zitaten, Fundstücken verschiedenster Herkunft, Feilspäne, über das Energiefeld der Fragebatterien gestreut. Es entstanden Zeigefelder aus sprachlichem Material, in denen nun auch Themen, Inhalte erkennbar wurden; das der zeitgenössischen Praxis von Gewalt wohl am deutlichsten, festgenagelt durch den Namen Eichmanns. Anatomisch aufgeklappt, nicht abgehandelt, nicht als Ereignis erzählt, es sei denn als Teil der eigenen Geschichte des Hörers. Denn jeder Hörer akzentuiert die zahlreichen Textteile, die sich in der Folge des Stückes ablösen, überlappen, stoßen, verdrängen, verwischen, nach seinen Vorgaben, seinen offenen oder versteckten Vorlieben. Das Stück selbst hat keine erzählbare Geschichte. Hörend sammelt der Hörer die Indizien, die auf eine Geschichte verweisen, die ihn interessieren mag.

Die Hörspieldramaturgen des Saarländischen Rundfunks, Johannes Kamps und Horst Hostnig, die mich zur Produktion des Stückes aufgefordert hatten, setzten ohne langes Feilschen voraus, daß der Autor auch die Regie übernahm. Das war konsequent gedacht im Sinne experimentellen Arbeitens und erwies sich als die Voraussetzung dafür, daß Hörspiel als akustischer Prozeß entstehen konnte. Da ich keine Hörspielpraxis hatte, schon gar nicht mit der Regie, konnte ich alles, was ich vom damals schon klassischen Hörspiel im Ohr hatte, beiseite lassen. Der Sender hatte vorab, wie das so üblich und nötig ist, ein Manuskript verlangt, und das gab es auch. Doch die tatsächliche Gestalt der Textpassagen wurde erst während der Arbeit mit den Sprechern entwickelt; von den meisten Textpassagen wurden mehrere Varianten hergestellt und gespeichert. Dabei kamen manchmal überraschende, nicht vermutbare stimmliche Gestaltungen zustande, andere, angestrebte erwiesen sich als unbrauchbar oder gelangen gar nicht. Das Manuskript für die Montage, die Partitur, wenn man so will, entstand erst nach Ende der Aufnahmen, in Kenntnis des gesamten tönenden Materials, das als Vorrat den mehrfachen Umfang des schließlich montierten Stücks hatte.

In diesem Hörspiel wird so gut wie keine technische Veränderung der Stimmen vorgenommen. Es interessiert die Artikulationsbreite der Stimmen mit ihren Färbungen, Stärken, Geschmeidigkeiten; ferner ihr Vermischen, Verwischen, Vereinzeln, Kulminieren. Deshalb wurden Stimmen mit ganz verschiedenen Möglichkeiten ausgesucht und außer den beiden Frauen- und drei Männerstimmen auch die eines Jungen und eines Mädchens einbezogen. Ich hatte die Vorstellung, es sollte eine Art von Film aus Stimmen entstehen. Die Stimmen sollten analog dem Farb- und Gestaltmaterial des Films verwendet werden mit Verläufen, Stockungen, Stauungen, Abgrenzungen, Löchern, und zwar sollte ihre sprecherische Beschaffenheit vorgezeigt werden, diesseits musikalischer Organisation, voller tönender Gestik, ausgedrückte Bedeutungen behandelt wie Material: aus dem einen handelsüblichen Zusammenhang gerissen, einem neuen zuckenden eingepflanzt. Alles das lief zusammen, lief aus in dem 40 Sekunden lang dröhnenden Nasallaut *nnnn*, der dem Wort *sonn* entsproß und der während des Tönens seine Bedeutung wandelt.

Hörspielkonzepte *blaiberg funeral* und *bringen um zu kommen*

Sendung im Radio Stockholm 1970 bzw. im Westdeutschen Rundfunk 1970

Bei meinen beiden Hörspielen *blaiberg funeral* und *bringen um zu kommen* wurde auf ein vorausgehendes, ausgearbeitetes Manuskript verzichtet. Es sind Modelle desselben Hörspieltyps. Die Arbeit im Studio begann auf Grund eines nur in Umrissen festgelegten Konzepts, das bestimmte sprachliche Materialvorstellungen einschließt. Die Partitur entstand während der Arbeit im Studio; sie steht am Ende, nicht am Anfang. Sie ist das letzte Stadium eines Prozesses, der aus Probieren, Wählen, Verwerfen, Wiederholen besteht und zu dessen wichtigsten Elementen die Erfahrung der Möglichkeiten, die sich als nicht brauchbar erweisen, gehört. So gab es bei beiden

Stücken eine Zwischenfassung, die wieder aufgelöst und völlig umgekrempelt wurde. Die Vielfalt des erprobten und kombinierten Materials hatte zu einer labyrinthischen Zerklüftung der Komposition geführt; in einem neuen Arbeitsansatz wurde das Sprachmaterial polarisiert und dabei die Partitur so durchsichtig gemacht, daß das Labyrinth als eine Qualität des Materials und nicht mehr als zufällige Streuung erscheint.

Die Polarisierung orientiert sich an der semantischen beziehungsweise nichtsemantischen Qualität des Sprachmaterials. Es werden benutzt: vorgegebene Texte, mit Hilfe des Tonbands notierte gesprochene Sprache, phonetisch-artikulatorische Äußerungen spontaner Natur. Im ersten Stück mit dem Titel *blaiberg funeral* handelt es sich um die Polarisierung auf einen litaneiartigen Text *blaiberg ist tot, blauberg ist tot* und so weiter, durch etwa dreißig Namen von Lebenden und Toten hindurch, und auf spontane Lautäußerungen. Die Blaiberg-Litanei taucht in neun verschiedenen Fassungen auf, gesprochen von vier Sprechern in den unterschiedlichsten Stimmlagen zwischen Flüstern und Schreien; neben der deutschen Version kommen französische und schwedische vor. Dieser Text skelettiert das Stück, er liefert den Verständnishorizont für die dazwischengeschobenen oder dazugemischten Lall-, Stöhn- oder Lachlaute. Diese wiederum färben die Bedeutung der Totenlitanei um, bis in ihr Gegenteil.

Das phonetische Sprechmaterial besteht zum Teil aus einfachen Lauten, zum Teil aus Ausdruckssequenzen, die emotional besetzt sind und sich auf bestimmte psychische Verfassungen zu beziehen scheinen. Solche Situationen wurden den Sprechern als Motivation für ihre Äußerungen vorgegeben; sie hatten auf Anweisungen wie zum Beispiel folgende sprachlich-mimisch zu reagieren: „Sie begegnen jemandem, der Ihnen gründlich verhaßt ist, und Sie versuchen, ihn totzulachen." Oder: „Stellen Sie sich vor, Sie fahren abends in der Dämmerung allein auf einer Straße. Plötzlich sehen Sie etwas am Straßenrand, Sie steigen aus und finden eine bewußtlose, ganz in Leder gekleidete Stewardeß." Mit dieser Methode wurde Ausdrucksmaterial zutage gefördert, das für gewöhnlich verschlossen, ja tabuisiert ist. Für den Hörer ist die Situation jedoch nicht mehr erkennbar. Er versteht, was er hört, auf dem Hintergrund seiner eigenen Spannungen und im Kontext des Stückes. Frühere Versuche mit Schauspielern hatten ergeben, daß sie die Führung durch eine konkrete Imagination brauchen, um solche Ausdrucksmodulationen zustande bringen zu können, da sonst eine Gefühlssperre die freie Artikulation hemmt.

Von den Kompositionsverfahren, mit denen die einzelnen Komplexe der Stücke organisiert werden, sollen drei besonders erwähnt werden: die Parallelversionen, die Paraphrasen und die Kumulierungen, die bis zur Textfläche getrieben werden können. Die Parallelversionen bieten denselben Text in verschiedenen stimmlichen Realisationen. In dem Stück *bringen um zu kommen* geschieht dies zum Beispiel durch Frequenzverschiebung und damit Verzögerung und Tonänderung der einen Stimme oder dadurch, daß der Text geflüstert und gemurmelt wird. Es entstehen Echowirkungen und eventuell Textsynthesen durch die sich allmählich gegeneinander verschiebenden Fassungen. Bei den Paraphrasen wird der Text in verschiedenen syntaktischen Anordnungen durchgespielt. Dabei können sich neue, nicht geplante Dialogfragmente ergeben, oder es entstehen gewissermaßen ‹stereoskope› Bedeutungsgitter. Eine derartige Paraphrase erscheint am Ende des zweiten Stückes.

Man kann sagen, daß die Wiederholung desselben, das anders geworden ist, das dominierende Organisationsprinzip beider Stücke ist. Der Angriff auf die Identität geschieht auf immer neuen Wegen. Zwei, die dasselbe äußern, äußern nicht dasselbe. Jede sinnliche Realisation hebt die abstrakte Identität auf bis zur völligen Fremdheit. Umgekehrt aber erweist es sich, daß das Entfernteste zusammengehören kann, ja daß die Beziehungen und Korrespondenzen, die uns faszinieren, erst durch das Heterogene zustande kommen. Auch hier bietet das radiophone Medium durch Schnitt und Montage adäquate Mittel an. Das Prinzip Collage, das damit beschrieben ist, sitzt in der radiophonen Technik, und es gibt nichts Selbstverständlicheres, als es ins Spiel zu bringen.

In diesem Sinn geht es in den beiden Stücken nicht nur um die Erkundung bestimmter und teilweise neuer technischer und formaler Verfahren, durch die die Spiellandschaft differenziert werden kann, sondern ebenso darum, die Bedeutung der technischen für die sprachlichen Strukturen und mit den sprachlichen für die Erfassung von gesellschaftlichen aufzudecken. In diesem Beziehungsdreieck zu hören, müssen wir uns erst langsam angewöhnen. Meine beiden Hörstücke sollen dieser Einübung dienen.

Zur Eigenart solcher Stücke gehört es, daß nicht nur ihre Materialien und das Collageprinzip, nach dem sie geordnet sind, vielfältige Möglichkeiten der Komposition erschließen, daß jede Fassung also nur eine von vielen möglichen Fassungen ist, daß es daher nicht auszumachen ist, ob es eine optimale Fassung gibt – zur Eigenart dieser Stücke gehört es auch, daß der Hörer jeweils seine Fassung hört und daß er bei jedem neuen Hören desselben Stückes, je nach seiner Aufmerksamkeitsrichtung, eine andere Hörgestalt herstellt. Die Interpretation stößt daher auf Schwierigkeiten, die sie von klassischen Stücken, denen der Interpret das Postulat der organischen, abgerundeten Gestalt unterlegt, an der kein Element weggenommen oder hinzugesetzt werden darf, nicht gewöhnt ist. Diese Stücke lassen ebensoviele Interpretationen zu, wie es Hörer und wie es Aufführungen gibt. Das heißt nicht, daß ihr Verständnis beliebig ist. Es heißt nur, daß sie den Hörer vereinzeln und daß sie ihn unmittelbar an sich anschließen. Der Hörer kann hier nicht im Vorbeigehen konsumieren, sondern zum Spaß des Hörens gehört unerläßlich der des reproduzierenden Produzierens.

Vorspann zu *pinco pallino in verletzlicher umwelt*

szenisches Hörspiel, Aufführung in Wilhelmsbad 1972
Sendung im Hessischen Rundfunk 1973

Das szenische Hörspiel *pinco pallino in verletzlicher umwelt* wurde für den Hessischen Rundfunk produziert und während der »Wilhelmsbader Produktionen« am 21. und 22. April 1972 aufgeführt. Das Stück erprobt die Möglichkeit, Hörspiel um eine szenische Dimension zu erweitern. Zur akustischen Dimension treten szenische Ereignisse auf der Bühne, die durch die Stimmen gesteuert werden und nur in ihrem Aktionszusammenhang zu verstehen sind. In dem Stück wirken je zwei männliche und zwei weibliche Sprecher und ein stummer, agierender Schauspieler mit. Die Geschehnisse auf der Bühne erhalten ihre Impulse von den Äußerungen, den Wortgefechten, Fragen und Zweifeln, aus denen das Hörspiel besteht. Während das akustische Material der Stimmen auf Tonband festgelegt ist und abläuft, agiert und reagiert der Schauspieler spontan auf das Gehörte.

Quer über die Bühne sind hintereinander neun halbdiaphane Papierwände gespannt, die jeweils einen halben Meter Abstand voneinander haben. Der Schauspieler befindet sich zu Beginn im Hintergrund hinter der letzten Papierwand. Während des Stückes arbeitet er sich allmählich durch die Folge der Papierwände hindurch. Die Wände dienen ihm zugleich als Widerstand und als Äußerungsmittel, mit dem er seine Reaktionen auf das Gehörte artikuliert. Indem er das Papier vibrieren läßt, indem er es reißt, knüllt, klopft, scheuert, antwortet er auf die Stimmen, die zwar mit ihm im Raum, aber prinzipiell nicht zu erreichen, nicht zu beeinflussen sind. Seine Stummheit wird hörbar im stummen Material. Seine Position ist vergleichbar der des Hörers, nur daß dieser in der Regel in keiner Weise zu reagieren vermag.

Das Licht wird in zwei langsam sich verändernden Bewegungen geführt: Zunächst erscheint nur ein großer, milchiger Lichtfleck, der von vorne erzeugt wird. Er wird allmählich und kontinuierlich kleiner und blasser, bis er völlig verlöscht. Nach einer Dunkelphase entwickelt sich dann aus der Tiefe ein zunächst punktförmiger Lichtschein. Dieser wird größer und stärker. Dabei erscheint irgendwann schattenhaft vage die Gestalt des agierenden Schauspielers. Sie schärft sich zur Silhouette, je weiter der Spieler durch die Papierwände dringt und je intensiver das Licht wird. In dem Augenblick, da der Spieler die vorderste Wand durchbricht und auf die Bühne stürzt, erlischt das Licht und verstummt das Stück.

Die Handlungen des Spielers sind nur in groben Zügen festgelegt. Ihm bleibt Spielraum, auf die Stimmen, die ihm über Kopfhörer zugeleitet werden, spontan zu reagieren.

Der Zuschauer beobachtet also in dem Spieler einen ‹Hörer›, der sich zu dem Gehörten in einer Weise verhält, daß zwar seine Reaktionen sich manifestieren, sich äußern, sogar hörbar (durch die Papiergeräusche) werden, jedoch nicht Teil des akustischen Spieles werden können. Es ist eine Ohnmachtsposition, die der Zuschauer nicht nur aus seiner eigenen Rolle als Hörer, sondern allgemein aus seiner Rolle im gesellschaftlichen Regelspiel kennt.

Das Stück kann auch ohne die szenische Dimension aufgeführt werden. Es verliert dann allerdings seine spezifische Konstruktion, da der Hörer wieder – wie eh und je – damit beschäftigt sein muß, auf dem eigene Erfahrungsgrund die gehörten Fragmente zusammenzufügen, verstehbar zu machen, ohne daß er auf sich selbst, den Hörer, stößt.

Das Stück hat zahllose Handlungsspuren, die von Pinco pallino – d.h. von jedermann – herrühren oder die auf ihn zulaufen. Wobei sein Porträt überdeutlich und diffus zugleich ist. Manche Dialoge erscheinen in zweifacher Fassung, z.B. auf der einen Seite – im Stereoraum – von den beiden weiblichen, auf der anderen von den beiden männlichen Stimmen gesprochen. Gleichzeitig beginnend, ziehen sie sich durch das verschiedene Sprechtempo der Sprecherpaare auseinander. Das Frühere erscheint simultan mit dem Späteren, das Spätere erhellt den Sinn des Früheren. Das Material ist aufgespalten, zerstreut, es verdeckt sich selbst, wird zum Echo, verliert in monomaner Wiederholung seine Selbstverständlichkeit. Es stammt aus Redensarten, Zitaten, Kommandos, aus Aufgelesenem ebenso wie aus spontanen Erfindungen.

In der szenischen Aufführung wurden bestimmte Sprechpassagen, die im Stereoraum ertönen, in verfremdeter oder mechanisierter Form im Rücken der Zuschauer monophon nochmals eingespielt. Der Zuschauer saß im Stimmenraum. Er hörte – wenn auch sekundär – von hinten, was ihm schon bekannt war, während Sprech-, Geräusch- und Schattenspiel vorne weiter getrieben wurde.

Vortext zu dem Hörspiel *da du der bist*

Sendung im Westdeutschen Rundfunk und NCRV Hilversum 1973

Im Januar 1971 trafen sich auf Schloß Queekhoven eine Reihe von Hörspielmachern und Komponisten aus Holland und der Bundesrepublik zu einem Austausch ihrer Konzepte, Erfahrungen und Ergebnisse. Dabei kam, fast unvermeidlich, die Rede auch auf die Frage, ob ein kollektives Arbeiten möglich und fruchtbar sei und ob es auch zwischen Vertretern verschiedener Disziplinen, zwischen Wortautoren und Komponisten etwa, stattfinden könne. Gemeint war nicht das übliche Verhältnis zwischen Komponist und Autor, bei dem der Autor als Zulieferant des Komponisten einen Text zur musikalischen Bearbeitung zur Verfügung stellt. Denn dabei bleibt jeder bei seinem Leisten, der eine bei der Sprache, der andere bei der Musik. Die Diskussion mündete in dem Entschluß, ein Experiment in unserem Sinn zu unternehmen. Tera de Marez Oyens war bereit, sich als Komponistin an dem Vorhaben zu beteiligen.

Unseren Überlegungen ging die Feststellung voraus, daß die Grenzen zwischen den verschiedenen künstlerischen Medien überall diffus geworden sind – daß Komponisten Sprach- und Sprechmaterial in seiner ursprünglichen Beschaffenheit verwenden, daß Autoren Stücke nach musikalischen Kompositionsprinzipien anlegen. Dieses Auflösen sehr alter und bisher immer für stabil gehaltener Grenzen vollzieht sich übrigens überall, nicht nur zwischen Musik und Sprache, auch zwischen Text und Grafik, zwischen Malerei und Plastik, zwischen Plastik und Architektur ... – ein Aufheben der Zuständigkeiten, das zweifellos zusammenhängt mit der Einführung des experimentellen Zugriffs und dem damit zusammenhängenden unablässigen Prozeß von Destruktion und Konstruktion. Das Neue Hörspiel lebt davon. Es übergreift Sprechstücke, Tonstücke, Geräuschspiele verschiedenster Faktur, die musikalische Werte ebenso nutzen wie mit dem Tonband aufgelesene Funde aus der Alltagssprache. Im Neuen Hörspiel scheinen Beispiele einer interdisziplinären Gattung entstanden zu sein, die frei über die ganze Breite literarischer und musikalischer Mittel verfügt.

Dennoch bleiben für den, der in diesem für Überraschungen, Einfälle, Innovationen offenen Feld sich bewegt, antagonistische Positionen, resistente Strukturen spürbar, die entweder als sprachlich oder als musikalisch zu qualifizieren sind. Vorausgesetzt, daß Komponist wie Autor nur mit Sprachmaterial arbeiten, gerät der eine in der Konzentration auf den Prozeß von Sprechhandlungen in ein Verlaufsmuster hinein, das nicht mit dem des anderen, der zuerst die Klang- und Zeitwerte des Materials beachtet, zu verwechseln ist. Nur vordergründig spielt es eine Rolle, daß der Autor ein ganz anderes Verhältnis zur Kategorie des Inhalts, zur wörtlichen wie übertragenen Aussage hat, als der Komponist. Er kann – im Gegensatz zum Komponisten – auch nicht absehen von der spezifisch sprechermotorischen Dynamik einer Sprachhandlung, von ihrer porösen Spontanität, ihren alogischen Bewegungen, ihren paranoischen Zuckungen, den Phänomenen der Lüge und des Vergessens, die in jeder Rede mitspielen. Das ist auch Material des Autors, und es ist heute so unbekannt und verschlossen wie je. Einige sogenannte O-Tonstücke, also Hörpiele, die aus Originalaufnahmen montiert sind, sind damit beschäftigt, eine Ästherik der Sprechstrategien zu entwickeln. Aufzeichnung vorgefundenen Materials steht in Spannung zur freien experimentellen Manipulation in der Collage, durch die Verwendung technischer Verfremdungsmittel. Am Punkt der Verfremdung treffen sich Musik und Literatur spätestens wieder. Das experimentelle Hörspiel distanziert von den geläufig dahinrinnenden Sprechvollzügen mit ihren Kaschierungen, Verdrehungen, Manipulationen und setzt dazu destruierende, verfremdende, analysierende Mittel ein. Ebenso zerstört, verfremdet, verändert, transformiert der Komponist sein Sprachmaterial. Seine Stimmen sind instrumentalisiert; sie sind getrennt von ihren Trägern, die eigentlich Sprecher sind, aber nicht sprechen können. Es gibt Stimmen, aber keine Sprecher. Wenn dieses Verhältnis festgehalten und bewußt in Beziehung gesetzt wird zur Verfremdungsarbeit des Autors, dann zeichnet sich eine Zone der

Kooperation ab. Vom Blickpunkt des Komponisten liefert der Autor in einem
ersten Arbeitsgang verfremdetes, aufbereitetes, geöffnetes sprachliches
Material, das in einem zweiten Arbeitsprozeß, bei dem die ursprünglichen
Sprecherhandlungen völlig vergessen werden, in ein nichtsprachliches oder
utopisches Orientierungssystem versetzt wird. Die musikalische Fassung
bedeutet in diesem Zusammenhang potenzierter Widerspruch gegen die
Natur der normalen, geläufigen, natürlichen Sprache. Sie dient dem Autor
nun seinerseits dazu, durch Konfrontation und Mischung die Redeverläufe
und Sprachmuster der Alltagssprache ins Schwanken und Schweben zu
bringen und so in Frage zu stellen. Aus dem unbesehen hingenommenen
Ernst der üblichen Sprachverwendung wird Freiheit des abgerückten und
zugleich unter die Haut gehenden Spiels.

Wir wissen nicht, ob wir dieses Ergebnis mit unserem Versuch erreicht
haben. Unser Experiment sollte auf einfachster Basis angesetzt werden.
  Wir verabredeten, dasselbe Textmaterial von denselben Stimmen –
es wurden vier Sänger, zwei Frauen und zwei Männer, bestimmt – einmal
nach sprachlichen und einmal nach musikalischen Gesichtspunkten sprechen bzw. singen zu lassen. Jeder von uns sollte dann, getrennt vom anderen, jedoch unter Benutzung des gesamten Materials ein Stück herstellen.
In einer 2. Phase sollten die beiden Stücke reflektiert und der Versuch, ein
drittes, gemeinsames Stück zu produzieren, gemacht werden.
  Der zu Grunde liegende Text sollte in Material und Struktur möglichst
einfach und doch differenziert sein. Tera de Marez Oyens wählte einen Text
von mir aus, der aus einer syntaktischen Permutation der vier Wörter: *da* –
du – *der* – *bist* besteht. [1] Diese Wortfolge hat durch die drei anlautenden *d*
eine starke Konsistenz, die jedoch nicht monoton wirkt, da jedes der vier
einsilbigen Wörter einen anderen Vokal aufweist. Inhaltlich sind die vier
Wörter *da* – *du* – *der* – *bist* nahe an der unteren Grenze. Es wird kein Substantiv und kein Verb, also kein inhaltlich bestimmtes Wort benutzt. Die vier
Wörter lassen eine Menge von Umstellungen und Kombinationen zu, durch
die die Syntax und damit der Sinn verändert wird, z.B.: *der da bist du* –
bist du der da? – du bist der da! – du da bist der usw.
  Die vier Sprecher hatten sowohl die vier einzelnen Wörter wie auch vorformulierte Sätze und Satzfolgen zu sprechen, darunter auch Komplexe der
ursprünglichen Textfassung. Bei den Aufnahmen mit den Sprechern kamen
auf das sprachliche Konto alle Anweisungen, bestimmte Sprechhandlungen
auszuführen, also etwa einen Frageton, einen Befehlston, eine Rufton zu
verwenden, flüsternd zu suchen, aufzuzählen, ein Erstaunen zu artikulieren
usw. Es entstanden imaginäre Handlungsfragmente, Situationsfelder, die der
Hörer als Verstehensrahmen benutzt. Die Sprecher wurden zu spontanen,
freien Sprechakten provoziert, die manchmal rhythmisch in Ketten verlie-
fen, manchmal zu Konglomeraten gebündelt wurden. Dabei wurde den
Sprechern ein Spielraum bei der Artikulation und der emotionalen Besetzung gelassen, den sie spontan ausnutzten. Bei manchen Passagen wurden

---

1) abgedruckt in: Franz Mon, *Lesebuch*, Luchterhand-Verlag, Neuwied 1972, S. 24

zusätzlich steuernde Anweisungen gegeben, eine bestimmte imaginierte Situation mit spontanen sprachlichen Mitteln zu realisieren. Alle Stimmlagen gesprochener Sprache kommen dabei vor, vom Flüstern übers Murmeln und Nuscheln bis zum Schreien und Heulen, und es werden die verschiedensten emotionalen Färbungen – positive wie negative – eingebracht.

Alles, was in den drei (Teil-)Stücken zu hören ist, basiert auf den erwähnten vier Wörtern *da – du – der – bist.* Auch noch in der manipulierten Unkenntlichkeit sind diese Wörter versteckt. Wie sich einerseits eine Menge sinnvoller Sätze aus den vier Wörtern bilden lassen, kann man sie andererseits in ihre phonetischen Einheiten auflösen. Dabei entstehen Lautketten, die von der Qual der Sinngebung entlasten und als reines Spielmaterial verwendet werden können.

Über das kompositorische Vorgehen bei der Erarbeitung ihres Teilstückes äußerte sich Tera de Marez Oyens wie folgt:

„Zu den Textpassagen von Franz Mon habe ich zunächst eine Arbeitspartitur, eine Art von musikalischem Schema entworfen, das aus zehn Fragmenten besteht. Alle vier Sänger singen jedes Fragment neunmal, und zwar mit wechselnder Dynamik und wechselndem Tempo, wobei die Skala jedesmal von »sehr schnell und piano« bis »sehr langsam und forte« reicht.

Dabei kam ein sehr großes Reservoir an musikalischem und sprachlichem Material zustande. In einem der Fragmente wurde vorgeschrieben: "Jeder Sänger wählt einen freien Ton und singt darauf das erste Wort. Beim Atemholen nimmt er das nächste Wort auf einer neuen Tonhöhe usw., bis alle Wörter an der Reihe gewesen sind."

Bei der Montage der beiden Einzelstücke stand jedem von uns das gesamte Material, das sprachliche wie das musikalische, zur Verfügung. Beide Vorfassungen haben zur Voraussetzung, daß es keine bestimmte, festgelegte Thematik gibt, daß das Thema vielmehr im Vorzeigen und Verändern besteht: Man kann die Sätze hören und verstehen, wenn man es darauf anlegt; man kann aber auch in die Löcher zwischen den Wörtern und in die Kavernen der Wörter fallen. Es entstehen Situationsskizzen, die der Hörer ausfüllen und ergänzen kann; es tauchen Tonpassagen auf, die aus dem Material dieser Stimmen entstanden sind, jedoch keiner Stimme mehr zu gehören scheinen. Bei meiner kompositorischen Bearbeitung des Materials standen natürlich die musikalischen Gesichtspunkte im Vordergrund, wie andererseits die sprachlichen Gesichtspunkte in dem Stück von Franz Mon dominieren.

Durch seine größere Affinität zu den Wörtern und seine Vertrautheit mit den Möglichkeiten der Dialogform kann man bei ihm deutlich eine dramatisch-emotionelle Linie verfolgen, durch die das Stück als Hörspiel charakterisiert wird. Zwar sind auch in meiner Fassung dramatische Elemente enthalten, doch bleiben sie latent und sind nicht essentiell für das Ganze. So kann man zum Beispiel das „Dies irae" am Schluß ebensogut als musikalischen Zugriff wie als dramaturgische Konsequenz der vorhergehenden ‹Verurteilung›, die ein massenhysterischer Chor vollzieht, verstehen.

Worauf es mir jedoch sehr ankommt, ist, das Problem der Kommunikation zu verdeutlichen. In den Stimmen kommt der Mangel an Kommunikation und das Suchen nach ihr, der Einfluß, den ein Mensch auf den anderen nimmt, und schließlich das Ausschließen dessen, der sich nicht konform verhält, zum Ausdruck. Um dies darzustellen, habe ich oft die vier Sängerstimmen verdoppelt und verdreifacht, Montagen und Mischungen hergestellt und an einigen Stellen mit Hilfe elektro-akustischer Mittel die Stimmen verfremdet. Soweit wie möglich blieben jedoch die Stimmen in ihrer natürlichen Verfassung, damit der Hörer nicht vom eigentlichen Prozeß abgelenkt wird.

Eine Absicht bei der Bearbeitung war es, die Grenze zwischen Sprechen und Singen aufzuheben. Obwohl es deutlich gesprochene Teile und rein gesungene Chöre gibt, treten verschiede Passagen auf, wo gesungene und gesprochene Worte als Elemente der Komposition benutzt werden, ohne daß der Übergang vom Sprechen zum Singen und umgekehrt mehr festgestellt werden könnte. An solchen Stellen sollen Sprache und Musik völlig integriert, die Wörter ihrer Semantik entkleidet werden und nur noch als Bausteine für Klangmuster dienen."

Als dritter Teil unseres Vorhabens war die Kooperation zwischen Autor und Komponist auf der Basis der beiden isoliert hergestellten Stücke geplant. Vor Beginn des Projektes bestanden große Unterschiede zwischen Komponist und Autor beim Umgang mit dem Sprachmaterial und hinsichtlich der kompositorischen Verfahren. Es schien nicht ausgeschlossen, daß die Synthese scheitern würde. Auch in diesem Fall hätte das Projekt zu einem Ergebnis geführt, denn auch die Entdeckung einer Unmöglichkeit ist sinnvoll. Ein Experiment soll Möglichkeiten freilegen, nicht vorher festgelegte Resultate liefern.

Daß sich die angezielte Synthese verwirklichen ließ, ist vor allem der gewählten Methode zu verdanken. Während die beiden ersten Teile, also die Basisstücke, nach den Prinzipien von Montage und Collage hergestellt wurden, fanden wir für den synthetischen dritten Teil gewissermaßen ein skulpturales Verfahren. Aus dem gesamten tönenden Material der beiden Basisstücke wurde eine kompakte Mischung von etwa sechs Minuten Länge hergestellt. Zu diesem Zweck zerlegten wir die insgesamt dreiundvierzig Minuten Dauer der beiden Vorfassungen in ungefähr gleichlange Teilstücke, die dann simultan abgespielt und gemischt wurden. Aus diesem lärmend-chaotischen Block wurde durch planmäßiges Wegnehmen von Passagen eine reduzierte Fassung gewonnen, an der nun Zufall und Montage, Improvisation und Planung, Konstruktion und Destruktion mitgewirkt haben.

Von der einen Seite wurde Gesprochenes, von der anderen Gesungenes eingegeben: In der Synthese kommt an zahlreichen Stellen die ursprüngliche Grenzlinie zwischen Musik und Sprache ins Vibrieren, und es entsteht ein breiter Grenzraum, an dem beide Bereiche gleichermaßen beteiligt sind.

Hörspiele werden gemacht

1974

1

Hörspiele sind kein verinnerlichtes Theater, wie man einmal gemeint hat –
obwohl sie bildhafte, sprachlich vermittelte innere Vorstellungen wecken
können; sie sind keine Reportagen, obwohl sie auf dem Tonband festge-
haltene Ausschnitte aus konkreter Wirklichkeit enthalten können; sie sind
keine Musik, obwohl sie musikalisch anmutende Elemente verwenden können; sie dienen nicht der Übermittlung von Informationen, obwohl sie
Informationen speichern können. Offensichtlich haben wir es mit einem
Typ von Produktion zu tun, der seine Identität behauptet, ohne daß sie
festzulegen wäre. Die wenigen Merkmale, die allen Hörspielen zukommen,
sind schnell aufgezählt: Erstens ist es ein Produkt des Rundfunks, es wird
im Auftrag der Sendeanstalten hergestellt und durch das Ausstrahlen der
Sender veröffentlicht. Das schließt – zweitens – ein, daß Hörspiele mit Hilfe
technischer Apparaturen produziert werden, und das heißt bereits, daß die
Entwicklung der radiophonen Technik, etwa die Erfindung der Stereophonie, auch die Entwicklung des Hörspiels bestimmt. Hörspiel gibt es nur im
Spielraum der Technik – die Vermutung liegt nahe, daß die technischen
Apparate nicht nur bescheidene Mittel im Hintergrund bleiben, die man
beim Anhören des Ergebnisses ruhig vergessen kann, sondern daß die
Apparate die Struktur solcher Spiele bestimmen, ja gar selbst zum Mitspieler, zum Bestandteil des Spiels werden könnten. Wenn wir nur einen kleinen
Einblick in die Bedingtheit des Hörspiels durch die technischen Möglichkeiten des Studios haben, verstehen wir, daß die Frage „Was ist ein Hörspiel?"
erst ihren Sinn hat, wenn man über das „Wie wird ein Hörspiel gemacht?"
einigermaßen Bescheid weiß. Doch vorher muß noch ein Merkmal ergänzt
werden, das so konstitutiv für das Hörspiel ist wie die Technik: nämlich daß
zu seinem Material die Sprache gehört – verkürzt könnte man sagen: Hörspiel ist immer auch Sprachspiel. Es hat Experimente gegeben, die nur aus
Geräuschen bestanden – im Extremfall nahm ein Mikrophon die an einem
bestimmten Ort während einer bestimmten Zeit vorkommenden Geräusche
auf, die dem Hörer zum Wiedererkennen angeboten wurden. Dem Namen
nach auch ein Hör-Spiel. Der Sache nach vielleicht ein Mittel zur Schärfung
der Wahrnehmungsfähigkeit – denn in dem Augenblick, da mit diesem
Geräuschmaterial technisch und kompositorisch gearbeitet wird, gerät es
in den Bannkreis musikalischer Fragestellungen und muß sich da in einer
differenzierten Entwicklung behaupten. Wir können solche Extremfälle in
dem heutigen Zusammenhang vergessen und die Formel festhalten: Hörspiel ist ein radiophon bedingtes und bestimmtes Sprachspiel.

Das scheint ein mageres Ergebnis zu sein. Es scheint aber weniger selbstverständlich, wenn man sich die beiden Kontrahenten vergegenwärtigt:
die Sprache und die Technik, die Wörter und die Apparate. Nachdenklich
kann schon der harmlose Umstand machen, daß das Tonbandgerät gesprochene Sprache, lebendige Sprache dauerhaft festzuhalten vermag, daß also

z. B. in einem Hörstück eine Stimme auftauchen kann, deren Sprecher bereits tot ist; ferner daß durch die Montagetechnik ein Dialog zwischen zwei Personen hergestellt werden kann, die sich nie gesehen, die sich nicht gekannt haben, ein synthetischer Dialog gewissermaßen, der von Gnaden der technischen Montage lebt. Daß man durch Herausschneiden einzelner Wörter aus einer Äußerung ihren Sinn ins Gegenteil verkehren kann. Daß die Stimmfärbung eines Sprechers durch Filtergeräte bis zur Unkenntlichkeit verändert, eine Männerstimme zu einer Kinderstimme verwandelt werden kann. Die sprachliche Äußerung, das zeigt schon dieser kurze Katalog, ist den Apparaten ausgeliefert und es gibt keine Manipulation, die mit ihrer Hilfe nicht möglich wäre. Nicht ohne Grund weigern sich die Gerichte, Tonbänder als Zeugen zuzulassen. Aber außerhalb der Gerichtssäle sind die Apparate präsent, und sie gehen ihre Symbiose mit der Sprache ein. In den Medien Rundfunk und Fernsehen gibt es nur apparativ vermittelte sprachliche Äußerung. Manchmal ist ein Schnitt in der Rede eines Bundestagsabgeordneten harmlos und erklärt sich durch die Nötigung zum Raffen – oft genug sitzt er aber genau an der Stelle, wo ihn der Redakteur der Sendung haben will, und der freundliche Hörer glaubt, er werde informiert. Apparativ erfaßte Sprache ist immer in Gefahr und steht im Verdacht, manipulierte Sprache zu sein. Das Hörspiel sitzt genau an diesem Knotenpunkt von Sprache und Apparat, an dem auch die täglichen, manchmal existenzwichtigen Informationen und Meinungen gemacht werden.

So hat es bereits Hörspiele gegeben, die medienkritisch Manipulation der Manipulation betrieben, um aufzuzeigen, was hinter der harmlos aufgemachten Fassade steckt. Ludwig Harigs Hörspiel *Staatsbegräbnis* zählt dazu: Dieses Stück schoß nicht nur das Pathos hochoffizieller Beerdigungen an, sondern machte bewußt, wie wehrlos die Reden der Mächtigen der Schnippelpolitik der Mediengewalten ausgesetzt sein können.

Doch es genügt nicht die kritische Gebärde nach außen. Der Hörspielmacher heute muß begriffen haben, daß er Sprache nicht mehr wie einst naiv gebrauchen und das technische Medium dabei nur als neutrales Transportmittel benutzen kann. Und auch der Hörer sollte wissen, daß jedes Wort, jeder Dialog, jedes Geräusch bearbeitet, verfremdet, synthetisiert sein kann. Genaues Hinhören, aufmerksames Unterscheiden hat das naive Sicherzählenlassen abgelöst. Hören und Reflektieren auf das Gehörte sind ein und derselbe Vorgang. Hörspiele werden gemacht – was das bedeutet, zeigt am besten der Vergleich mit dem Bühnenstück. Denn auch das wird ja gemacht: in oft langwieriger Kleinarbeit von der dramaturgischen Bearbeitung des Spieltextes über die Proben mit den Schauspielern bis zur Aufführung. Doch den Ablauf einer Aufführung, die individuelle Leistung der Schauspieler hat der Regisseur schließlich nicht mehr im Griff – sie geschieht und behält ein Element des Unvorhersehbaren. Eine Hörspielaufführung geht vom Tonband aus und der Regisseur gibt das Tonband zur Sendung erst frei, wenn es genau die Fassung hat, die er will – er hat alle Stimmen, alle Tonelemente auf Band als Material der endgültigen Montage und kann sie bearbeiten nach seinen Absichten. Es gibt Hörspiele, die sich aus Hunderten von einzelnen Tonaufnahmen zusammensetzen, oft in einer

Form, die keiner der beteiligten Sprecher bei den Aufnahmen ahnen konnte, oft in einer Reihenfolge und Gruppierung, die mit der der Aufnahme nichts mehr zu tun haben. Der Vergleich mit dem Film liegt nahe. Das am Schluß vorgeführte Stück ist durch und durch ein Kunstprodukt aus planmäßig gewonnenem, tönendem Material und planmäßiger technischer Bearbeitung und Montage. Wenn der Textautor nicht selber auch der Regisseur ist, wird der Regisseur unvermeidlich zum Mitautor. Je mehr der technische Apparat in Anspruch genommen wird, um so stärker wird auch die kreative Beteiligung der technischen Spezialisten am Mischpult und im Schneideraum.

Die Erfindung der elektromagnetischen Aufzeichnung von Sprache, des Tonbandgerätes also, wirkt sich jedoch auch auf das Verhältnis zwischen Autor, Text und Stimme aus. Das Bühnenstück, wie wir es kennen, bindet den Sprecher eng an den Text, notfalls hilft der Souffleur nach. Der Schauspieler hat den Text des Autors, also eine vorweg formulierte und festgelegte Rede, zu realisieren und sinngemäß zu vermitteln. Die Nabelschnur zwischen Text und Sprecher reißt nicht ab – das bedeutet zugleich, daß es nie im eigentlichen Sinn gesprochene, spontan produzierte, unvorhersehbare Sprache sein kann. Bestenfalls gelingt dem Autor eine gute Imitation gesprochener Sprache, nie aber hat er die eigentümliche Brüchigkeit oder die knöcherne Härte oder die zerfasernde Geschwindigkeit des mündlich produzierten Sprechens im Spiel. Er hat auch keine andere Wahl als den vorweg fixierten schriftlichen Text, wenn er das Stück nicht der Improvisationskunst des Schauspielers ausliefern will. Spontane emotionale lautliche Äußerungen, wie Jammern, Schreien, Heulen, bleiben in einem solchen Textgehäuse auf jeden Fall peripher. Die Bühne fügt sich willig der gesellschaftlichen Tabuisierung emotionaler individueller Aktionen. Mit dem Tonband wird das anders. Es ist imstande, jede Lautäußerung aufzuzeichnen, jeden Schrei, jedes Röcheln, jede Artikulation. Das Mikrophon kann überall gegenwärtig sein als Zeuge oder als Spion. Es fängt Äußerungen auf, die kein Schauspieler auf die Bühne zu bringen imstande wäre. Es liefert sie auf Tonband und dort ist es vogelfrei: zur Manipulation, zur Montage, als Zeuge, als Beweis, als Verräter. Das Hörspiel hat diese Chance begriffen und in Gestalt der sogenannten »O-Ton-Hörspiele«, der Originalton-Hörspiele, eine eigene Gattung entwickelt. Der Autor sammelt etwa mit seinem tragbaren Gerät in Kaufhäusern, Wirtsstuben, Bahnhöfen, auf Friedhöfen oder bei Parties sein Sprachmaterial – authentisch gesprochene Rede, die er als Material für sein Stück verwendet. Das kann rein berichtend, dokumentierend gemeint sein und Hörstücke zur Folge haben, die zur Reportage tendieren, wie z.B. Karsunkes Hörspiel über den Dutschke-Attentäter Bachmann. Es kann kritisch oder satirisch angelegt sein und wie in einem Hohlspiegel in grotesker Vergrößerung unerwünschte Verhältnisse demonstrieren. Es kann anatomisch Sprachstrukturen sichtbar machen und den Blick für Intonationen, für Bedeutungen, Sinnbezüge unterhalb der ausdrücklichen Sprachmittel von Wort und Satz schärfen. Es kann auch das Medium selbst ironisieren wie das *(Hörspiel) Ein Aufnahmezustand* von Mauricio Kagel, das aus mitgeschnittenen Gesprächen, Regieanweisungen, Zufallsgerede bei einer Aufnahme im Studio montiert wurde.

2

Wie einst Kurt Schwitters sich nur zu bücken brauchte, um Fahrscheine,
Schuhsohlen, Bruchstücke des Alltags als Material für seine Collagebilder
aufzusammeln, so liegt das konkrete Sprechmaterial praktisch auf der
Straße. Die Spiele, die damit möglich sind, sind noch längst nicht erschöpft.
Schwieriger ist es, mit den emotionalen, kaum oder gar nicht kontrollier-
baren, spontanen Äußerungen des Lachens, Schreiens, Stöhnens, Brummens,
der Ah- und Oh- und Eh- und Ih-Laute. Sie sind kurzgeschlossen mit unserer Gefühls- und Tiefenwelt und werden von der Gesellschaft – und wir alle
gehören dazu – nur in Rudimenten geduldet, in ihrer Breite und Fülle
jedoch unterdrückt und diffamiert. Das hat seine guten Gründe – es käme
eine Schreckenswelt dantesker Färbung zustande, wenn alle diese Trieb-
und Gefühlsäußerungen ungehindert sich ausleben dürften. Denn nicht nur
Lachen und Weinen, Freude und Trauer kommen darin vor, sondern ebenso
das terroristische Brüllen, das auf Kasernenhöfen überwintert. Aber diese
Schichten existieren und sie haben ihre impulsive Kraft, sie sind wirklich
und wirksam, auch wenn sie lautlos bleiben müssen. Die Sprachwissen-
schaft zuckt noch davor zurück, solche lautlichen Äußerungen, die zwar
unsere Sprechwerkzeuge benutzen, aber ohne Wörter und Sätze auskommen, zur Sprache zu rechnen. Das ist eine Sache der Definition und der
Vorstellung, die man von sich und der Menschheit hat. Für die Poeten
gehören alle diese Artikulationen zur Sprache, da sie bedeutungsbesetzt
sind: Der miterlebende Hörer kann sie verstehen, sie stellen eine Verbindung
her, sie haben einen Inhalt, wenn auch einen noch so primitiven, generellen,
nicht differenzierten. Sie heißen etwas, also sind sie Sprache. Man kann sie
mit den Gesten vergleichen, man kann sagen, auch die emotionalen Lautäußerungen des Menschen haben gestischen Charakter: Man kann sie verstehen, obwohl ihre Mitteilung ohne Wörter und Sätze zustande kommt.

Fein dosiert kommen solche Dinge in jeder Rede vor. Aber sie erscheinen
so gut wie nie in völliger Freiheit, jedenfalls nicht außerhalb der privatesten
Sphäre – sind also für das Tonband des Hörspielmachers kaum zu erreichen.
Es sei denn, er stellt eine Situation her, in der die Hemmungen und Hinder-
nisse beseitigt oder wenigstens gemildert sind. Erste Versuche mit Schauspielern ergaben, daß die Hemmungen in der normalen Studiosituation
nicht aufzuheben sind. Die Ergebnisse waren dürftig, die Lautsequenzen
blieben erzwungen und brachen nach ganz kurzer Zeit wieder ab. Hier
bremsten zusätzlich zum gesellschaftlichen Tabu das Selbstverständnis und
die Ausbildung der Schauspieler. Einer weigerte sich überhaupt, die anderen
waren willig, aber brachten nichts Erschütterndes zustande. Der Versuch,
den ich damals bei der Arbeit an meinem ersten Hörspiel *das gras wies
wächst* unternahm, mußte abgebrochen werden. Einige wenige Artikulationen dieser Art konnten ins Stück eingebaut werden, doch es war nicht
das, was mir vorschwebte. Da half mir die Lektüre des Buches des polni-
schen Regisseurs Grotowsky weiter. Er beschreibt die Methoden, mit denen
er mit seinen Schauspielern arbeitet und seine Ergebnisse erzielt. Seine
Gruppe bildet eine feste Gemeinschaft, und die Methoden haben meditativen Charakter. Das war auf unsere hiesigen Bedingungen nicht zu über-

tragen. Aber der Grundsatz war übertragbar, die Schauspieler ganz zu sich kommen zu lassen, sie aus dem Produktionszusammenhang des Studios zu lösen und sie wenigstens für diese kurze Zeit ohne jeden Druck sich frei und ungehemmt äußern zu lassen. Das Stück wurde vergessen, der Schauspieler war nur er selbst und nichts sonst. Es blieb auch dann Spiel, das war nicht zu vermeiden und sollte nicht vermieden werden. Die Lust am Spiel war die Voraussetzung der Spontaneität und der Freiheit, die diesen Artikulationen diesseits der alten Tabus zugrunde liegen mußten. Aber es war ein Spiel um des Spieles willen. Ich habe diese Form der sprachlich-artikulatorischen Kreativität mehrmals mit ganz verschiedenartigen Schauspielern und Sängern versucht, und sie gelang nach anfänglicher zögernder Verwunderung über die Zumutung jedesmal. Vorgearbeitet hat dem die Stimmung und das Interesse, wie sie durch das Aktionstheater, die Happenings, die phonetische Poesie verbreitet worden sind.

Jede sprachliche Äußerung hat situativen Charakter. Das heißt, sie entsteht in und als Antwort auf eine ganz bestimmte Situation – im luftleeren, also hier im situationsfreien Raum passiert nichts, ich mußte also imaginative Situationen als Motivation für die erwarteten Äußerungen herstellen. Das geschah, indem ich dem Sprecher im abgeschirmten Raum eine Situation beschrieb, in der er sich mit Hilfe seiner spontanen Artikulationen zurechtfinden, behaupten, realisieren sollte. Solche Anweisungen lauteten etwa:

> „Sie haben sich mit einem Rasiermesser in den Handballen geschnitten. Die Angst vor dem Schmerz ist ebenso groß wie der Schmerz selbst."

Oder: „Sie wachen plötzlich im Dunkeln auf. Sie wissen nicht, wo Sie sind. Sie versuchen, mit ihrer Stimme eine Orientierung herzustellen."

Oder: „Stellen Sie sich vor, Sie fahren abends in der Dämmerung allein auf einer abgelegenen Straße. Plötzlich erkennen Sie etwas am Straßenrand. Sie steigen aus und finden eine bewußtlose, ganz in Leder gekleidete Stewardeß."

Oder: „Sie begegnen jemandem, der Ihnen gründlich verhaßt ist, und versuchen, ihn totzulachen."

Oder: „Schieben Sie mit Ihrer Stimme einen Wagen vor sich her."

Oder: „Versuchen Sie mit Ihrer Stimme Wasser zum Kochen zu bringen."

So gewonnenes spontanes Artikulationsmaterial wurde von mir zuerst in dem Stück *blaiberg funeral* (1970) verwendet.

Die Sensibilität für die Ausdrucksleistung der Laute ließ sich dann bei denselben Sprechern auch auf den Umgang mit den Wörtern übertragen. Ein Hörspiel aus dem Jahr 1973 verwendet nur die vier Wörter *da – du – der – bist*. Die Sprecher, die für dieses Stück verpflichtet wurden, waren dieselben, die auch schon die Artikulationen für die vorangehenden Stücke geleistet hatten. Jetzt aber waren ihnen wieder ganz normale Wörter als Material vorgegeben. Banales und Erschütterndes kommen gleichermaßen zutage. In den besten Fällen sind es zugleich Psychoporträts der betreffenden Personen, Abdrücke ihrer Tiefenreliefs.

3

Wir haben bisher die kleinsten sprachlichen Einheiten, seien es Wörter, seien es spontane Lautäußerungen, beobachtet. Aber ein Hörspiel ist ja nicht ein Haufen von Wörtern und Lauten, sondern ein organisiertes Ganzes, das von übergeordneten Gesichtspunkten gesteuert wird. Das traditionelle Hörspiel, das bis zum Anfang der sechziger Jahre das Feld beherrschte, kannte ein Textbuch, nach dem der Regisseur das Spiel realisierte. Für viele der neueren Stücke gilt das nicht mehr. Von meinen Hörspielen hatte nur das erste, das *gras wies wächst* von 1969, einen fertigen Text, ehe die Arbeit im Studio begann – und auch der wurde während der Arbeit völlig umgestülpt. Allen späteren Stücken lag kein Text mehr zugrunde, sondern es gab ein Bündel aus verschiedenartigem Textmaterial und Beschreibungen, welche sprachlichen Leistungen die Sprecher vorzunehmen hätten. Ferner gab es ein generelles Konzept für die Anlage des Ganzen. Doch die Planung im einzelnen ergab sich erst wahrend der Produktion, in Kenntnis des von den Sprechern hervorgebrachten Sprachmaterials. Zwischen die Aufnahmen und die Montage des Materials schob sich eine Phase, in der in Kenntnis der zahlreichen Einzelaufnahmen die Partitur entstand. Doch auch dann noch blieb sie labil, korrigierbar je nach den Ergebnissen der Mischungen und der Montage. Diese Stücke wurden also auf dem Hintergrund allgemeiner Form- und Aussageerwartungen von unten her aufgebaut. Die kleinste Einheit stellt der »Take« dar, das ist desjenige Tonbandstück, welches die Sprechleistung eines Schauspielers oder einer Schauspielergruppe festhält. Ein Take kann etwa einen Dialog oder eine artikulatorische Sequenz oder eine Satzfolge enthalten. Er kann ein paar Sekunden, er kann zehn Minuten dauern. Ein Take kann, wie vorhin bereits erklärt, weiterbearbeitet werden. Er kann aber auch mit anderen Takes zu einer Mischung verarbeitet werden und dann eine neue dramaturgische Kleineinheit darstellen.

Bei dem Stichwort ‹Mischung› muß auch die Blende erwähnt werden; die Blende ist allgemein bekannt aus der Filmtechnik. Ihr Zwillingsbruder ist der Schnitt, der ebenfalls aus dem Film stammt. Vor allen anderen hörspielspezifischen Mitteln, wie Hall, toter Raum, Lautstärke usw., sind Schnitt und Blende wichtig, weil sie erst die Gliederung und Ordnung der Hörereignisse der dramaturgischen Einheiten der Takes ermöglichen. Die Blende führt im Film wie im Hörspiel eine Hörfolge weich in eine andere über oder überlagert die eine durch eine andere, wobei die frühere allmählich erlischt, ausgeblendet wird. Der Schnitt dagegen setzt hart eine Sequenz an die andere ohne Übergang, es entsteht ein spürbarer Bruch, der etwa als Pause – im Film als black out – erscheinen kann. Die Blende betont die Kontinuität, die Gleichzeitigkeit, die Zusammengehörigkeit, das Fließen in Raum und Zeit – der Schnitt zeigt die Kontraste, die Widersprüche, die Abbrüche, die Verschiedenheit und ist rationaler als die Blende. Die Schnitt-Technik hat im Hörspiel noch ein besonderes Verfahren der Montage hervorgebracht, die sogenannte »cutup«-Methode. Hierbei wird ein Text in Stücke zerschnitten, die in anderer und oft zufälliger Reihenfolge wieder zusammengeklebt werden. Es entsteht ein kaleidoskopartiges Hörereignis, in dem unerwartete

Bedeutungsfragmente aufblitzen. Das cut-up-Verfahren spiegelt auf kleinstem Raum das Prinzip des experimentellen Hörspiels überhaupt: Zufall und Methode, Fragmentierung und überspringende Sinnbezüge zwischen den Fragmenten. Jedenfalls setzt es die rein zeitliche Abfolge der Ereignisse außer Kurs und bietet neue Ordnungen an, wie auch die Simultaneität der übereinandergeblendeten Hörvorgänge eine nicht gewohnte Zeitvorstellung mit sich bringt.

Dabei kann zufälliges Überlappen und Aneinandergeraten von Stimmen im Hörraum passieren, wie es auch in der Realität oft genug auftritt. Noch bleibt vieles verständlich, aber es ist keineswegs beabsichtigt, daß alles verständlich sein soll. Der Informationsverlust durch die Situation, in der sich Hörer und Sprecher befinden, gehört zu den Hörspielthemen, ja die Erfahrung mit den Grenzen der Verstehbarkeit und Verständlichkeit ist vielleicht eines der wichtigsten Probleme im gegenwärtigen Hörspiel. In dem Stück *bringen um zu kommen* gibt es eine Passage, in der die Stimmen bis an die Grenze der Verständlichkeit massiert werden, wobei die Sprecher Zahlwörter zur Konversation zu verwenden hatten, die sie mit Hilfe der Intonation zu Fragen, Ausrufen, Feststellungen usw. prägten. Der Hörer vernimmt Konversation an sich ohne bestimmten Inhalt. Der Eindruck der Masse von beteiligten Stimmen wurde durch vielfaches Überblenden der vier beteiligten Stimmen erreicht. Dieser technische Prozeß tendiert zur Verwischung jeder Einzelstimme im Konglomerat Tausender tönender Partikel, zur Auflösung in einer Ton- und Geräuschfläche, die nur noch vibriert, aber keine Individualitäten mehr unterscheiden läßt.

Einen ganz anderen Charakter hat die Überblendung in einer Passage, die in dem Stück *pinco pallino* vorkommt. Ein Dialog wurde von zwei Frauenstimmen und von zwei Männerstimmen auf Band gesprochen. Dann wurden beide Fassungen – die der weiblichen und die der männlichen Stimmen – gleichzeitig beginnend gemischt. Beim Mischen wurde mal die eine, mal die andere Fassung ausgeblendet und wieder hervorgeholt, so daß ein Wechsel entsteht. An einigen Stellen ist das Überblenden genau zu hören. Da die beiden Dialogpaare mit verschiedener Geschwindigkeit ihren Dialog sprechen, stellt sich unterwegs eine Verschiebung der beiden Fassungen gegeneinander ein. Die beiden Paare befinden sich also jeweils an verschiedener Stelle desselben Dialogs, wenn sie durch die Blende miteinander in Kontakt kommen.

Solch komplizierte Organisation von Dialogmustern gelingt nur im stereophonen Hörraum. Als zu Anfang der sechziger Jahre die Stereophonie für Funksendungen eingeführt wurde, geschah dies in der Erwartung, dem Hörer die Illusion größerer Naturnähe zu vermitteln. Freilich, der Schauplatz der agierenden Stimmen blieb nach wie vor imaginär, da er nur mit akustischen Requisiten, nicht mit optischen verdeutlicht werden konnte. Der Versuch, mit Hilfe nur akustischer Raumillusion die Kluft zur realen Welt zu verringern, blieb unzureichend, weil er den Hörer als Zuschauer beanspruchte und ihn mit den noch immer zu geringen akustischen Signalen zum Sehen bringen wollte. Wer die vollständigere Vermittlung von Realität sucht, bedient sich inzwischen des Fernsehens, so daß die Stereophonie im Hinblick auf ihre populäre Anfangserwartung sich überlebt haben müßte.

Warum lohnt es sich trotzdem, eine Übertragung der Berliner Philharmoniker stereophon zu empfangen? Weil man auf der breiteren akustischen Basis die Instrumente besser unterscheiden, die Aufführung also besser verfolgen kann. Und warum lohnt sich die Stereophonie im Hörspiel? Weil man auf ihrer breiteren akustischen Basis die einzelnen Stimmen besser unterscheiden und einander zuordnen kann als beim monophonen Empfang. Der Gewinn liegt also nicht in der größeren Illusion, sondern in der besseren Ordnung der Stimmen, der Laute und Geräusche. Solange nur ein gewöhnlicher Dialog aus zwei Stimmen zu hören ist, bedeutet die Stereophonie wenig. Hilfreich wird sie erst, wenn mehrere Stimmen gleichzeitig vernehmbar werden oder wenn rasch wechselnde Beziehungen zwischen mehreren, gar einer Vielzahl von Stimmen erfaßt werden sollen oder wenn sich statische Stimmen von beweglichen abheben müssen. Beim monophonen Empfang fallen gleichzeitig ertönende Stimmen in einem Punkt zusammen und bilden schnell einen akustischen Klumpen, die Ausbreitung der Stimmen über den stereophonen Hörraum hilft dagegen, sie auseinanderzuhalten und weckt die Aufmerksamkeit auf ihre Bewegungen, auf das Bedeutungsgeflecht simultaner Äußerungen. Sie schärft die Sensibilität für vielschichtige kommunikative Vorgänge.

So wird verständlich, warum die zwei Daten zusammenfallen: das der Einführung der Stereophonie im Hörspiel und das des Beginns neuer experimenteller Hörspielformen – beides seit Anfang der sechziger Jahre. Das klassische Hörspiel hat die Stereophonie beleckt und dann abgelehnt – aus gutem Grund: Denn die Verinnerlichung der sprachvermittelten Hörereignisse zersetzte sich, wenn sie in einem quasi-illusionistischen Hörraum gefordert wurde. Die Fragestellungen des neuen experimentellen Hörspiels dagegen konnten sich im monophonen punktuellen Hörraum nicht entfalten. Wenn im Hörspiel die Kompliziertheit des technischen Mediums beim Wort genommen und der Prozeß zwischen Sprache und Apparaten in Gang gesetzt werden sollte, dann ging das erst in dem Moment, wo die angebotene Vielfalt und Raffinesse der technischen Mittel auch adäquat hörbar und vernehmbar gemacht werden konnten. Erst die Stereophonie hat diesen Prozeß mitteilbar, diskutabel, publizierbar gemacht.

4

Mit der Einführung der Stereophonie wurde im Hörspiel auch die gewohnte Arbeitsteilung zwischen Autor und Regisseur zur Disposition gestellt. Es läßt sich zwar ein Manuskript denken, in dem die verschiedenen Kompositionsstränge, die an einem Stereohörspiel beteiligt sind, genau beschrieben werden, der Regisseur hätte dann nichts weiter zu tun als eh und je: das Manuskript ins Spiel umzusetzen. Sobald aber die Stimmen aus der klassischen Bindung an einen Text entlassen und ihr ganzes Potential an Artikulationen einbezogen werden soll – sobald solches Material dem Prozeß der apparativen Verarbeitung ausgesetzt wird, ist keine vorweglaufende Festlegung des Stückes mehr möglich. Der Regisseur, also derjenige, der tatsächlich im Studio mit den Sprechern arbeitet, die Stimmen freizusetzen hat, rückt unmittelbar an die Seite des Autors. Es hat Beispiele engster Kooperation zwischen Hörspielautor und Regisseur gegeben. Der nächste Schritt: den Regisseur als Autor oder den Autor als Regisseur arbeiten zu lassen, liegt nahe. Jetzt kann der Autor-Regisseur die Stimmen, die ganze Palette des vermuteten, des beabsichtigten Sprachmaterials erproben und ausmodellieren lassen – das auf Band gesammelt wird für den späteren Prozeß von Auswahl und Entscheidung während der Montage. Und auch während der Montage geht das Experimentieren beim Herstellen der Mischungen, also der größeren Einheiten weiter. Die Auswahl des jeweiligen Materials, die zeitliche Zuordnung der einzelnen Takes, die räumliche Anordnung der Stimmen, die Festlegung ihrer Bewegung im Raum von rechts nach links, von vorne nach hinten, die Dominanz der einen Stimme über die andere, die lautliche Differenzierung, die Einplanung der Pausen: Ist das Arbeit des Autors oder des Regisseurs? Sie machen die Substanz des Spiels aus und charakterisieren denjenigen, der sie bestimmt, als Autor – auch wenn er in der Rolle des Regisseurs daherkommt. Näher als beim traditionellen Hörspiel rücken jedoch auch die scheinbar rein technischen Mitarbeiter am Mischpult und im Schneideraum an die Autorenfunktion heran. Die Kompliziertheit der Apparate, die am Hörspiel beteiligt sind, verlangt die Anwesenheit von Spezialisten. Nur sie kennen die ganze Skala der technischen Mittel und die möglichen Nuancen ihrer Wirkung. Diese Spezialisten kennen ihre Geräte – und sie müssen wenigstens in dem Maß, wie der Autor-Regisseur ihre Medien kennt, auch Einblick in die sprachlichen und kompositorischen Elemente haben, die von der Seite des Autor-Regisseurs an die Apparate herangetragen werden. Bei meinem allerersten Hörspiel, das war 1962, damals noch eine Monoproduktion, habe ich erlebt, wie der Techniker am Mischpult sein inneres Widerstreben, an solch unverständlichem, turbulentem Produkt mittun zu müssen, während der Arbeit allmählich fahren ließ und von der für ihn völlig neuen Erfahrung, mit den Stimmen spielen und unerwartete Dialoge entstehen zu hören, fasziniert wurde mit dem Erfolg, daß seiner konzentrierten Beteiligung zum guten Teil das Ergebnis zu verdanken ist.

5

Zum Schluß noch ein paar Bemerkungen über die Thematik experimenteller Hörspiele. Diese Hörspiele werden dadurch, daß sie über die öffentlichen Rundfunkanstalten verbreitet werden, jedem Rundfunkteilnehmer, jedem Hörer angeboten. Sie haben jedoch, gemessen an anderen Sendearten, nur eine schmale Hörerschaft. Dennoch lassen sie sich nicht aus den Hörfunkprogrammen auf die Schallplatte verbannen. Ganz davon abgesehen, daß Sprachschallplatten kaum einen Interessentenkreis haben, Hörspiele für Schallplatten also vermutlich keinen Produzenten fänden – die Thematik dieser Hörspiele – wir haben sie vorhin beschrieben: Sprache im Medium der Apparate – ist eine öffentliche Angelegenheit. Sie geht potentiell alle an, heute ist vielleicht erst eine bestimmte Hörergruppe zur Aufnahme vorbereitet. Auf die stereotyp wiederkehrende Klage: solche Stücke seien unverständlich, kann nicht dadurch reagiert werden, daß das Maß an Verständlichkeit der Stücke erhöht wird, sondern nur so, daß das Maß an Verstehensfähigkeit bei den Hörern vergrößert wird. Der andere Weg hieße, die Augen und Ohren verschließen vor der unerhörten Quantität an Noch-nicht-Verstehbarem, an Nichtverstehbarem in unserer Gesellschaft. Diese Stücke können nur Modelle sein für Kommunikations- und für Informationszustände, die uns auf der Haut sitzen. Sie können als Modelle auf die Spur von Einsichten führen. Sie können jedoch nicht analysieren und rationale Untersuchungen von Bestandsaufnahmen ersetzen. Ich sehe den Sinn dieser Stücke in ihrem Modellcharakter: Sie stoßen uns unter vereinfachten Bedingungen und ohne die Belastung durch die realen täglichen Situationen auf Phänomene und Probleme unseres Kommunizierens, unserer Sprachverfassung, die wir sonst nur über uns hängen lassen, die uns quälen, die wir aber kaum artikulieren können. Und solche Spiele haben für den einzelnen Hörer ihren Sinn gerade in der Herausforderung, seine Fähigkeit und seine Möglichkeiten aufzufassen, wahrzunehmen, Beziehungen herzustellen, Vergleiche anzustellen, Sinnbezüge zu erkennen – zu verstehen, in Gang zu bringen und zu schärfen. Es geht um Genauigkeit des Zu- und Hinhörens, auch des Hinhörens auf Äußerungen, die mir vielleicht gegen den Strich gehen, die mir unsympathisch sind, die mir keinen Spaß machen. Es geht um ein genaueres, reflektierenderes Verhalten gegenüber sprachlicher Artikulation, auch gegenüber einer unzureichenden, lädierten, kaum mehr verständlichen. Daß uns derartiges tagtäglich passieren kann – daß ein Großteil unseres Elends dem Manko an kommunikativen Fähigkeiten anzulasten ist, braucht nicht bewiesen zu werden – es weiß jeder. Es gibt Hörspiele, die haben die kommunikative Situation direkt zum Thema – ich zähle Handkes Hörspiel mit dem lapidaren Titel *Hörspiel* dazu, es realisiert Verhörsituationen, die so offen angelegt und geschnitten sind, daß jeder in sie einsteigen kann. Es gibt Hörspiele, die die Grenze des Verstehens und des Nichtverstehens ausprobieren. Es sind dies Stücke, die in hohem Maße reflektiert und apparativ angelegt sind. Es gibt Spiele, in denen wir Zeitgenossen mit unseren Meinungen und Formulierungsnöten selber zu Wort kommen, mitgeschnittene Sprechfetzen, Interviewteile, Atemgeräusche mit und ohne Wortpartikel. Sie alle, ob mit einem vordergründigen Thema oder Inhalt bedacht, oder aus überraschendem Material zusammengesetzt, erwarten einen Hörer, der eine Stunde, eine halbe Stunde genau zuhören kann: Damit er es lernt, auch sonst genau zuzuhören. Es ist gut, wenn er – der Hörer – weiß, daß dazu nicht allein der gute Wille genügt, sondern auch Kenntnis des Gegenübers, Kenntnis seiner Artikulationsmittel, seiner Ausdrucksweisen, seines Wortschatzes gehört – im Falle des Hörspiels: seiner Methoden, seiner technischen Mittel, der Artikulationen, die die Sprache im Umkreis der Apparate gelingt.

Hörspiel ist Spiel. Gerade weil die Apparate es möglich machen, authentische Realitätsstücke ins Spiel zu bringen, darf der Spielcharakter des Ganzen nicht vergessen werden. Nur wenn Hörspiel die Bedingungen des Spiels aufrechterhält, ja drastisch zu Bewußtsein bringt, hat es eine Existenzberechtigung. Es kann Informationen in beliebiger Menge enthalten; es kann

Statements bedeutender Zeitgenossen ebenso als Material benutzen wie Mitschnitte von Sprechchören aufgebrachter Demonstranten: Es darf dennoch nicht mit einer Reportage, einer Nachrichtensendung, einem Interview, einem Feature verwechselt werden. Denn sein Zugriff zur Realität heißt immer: Die Zusammenhänge der Realitäten zerreißen, um die Situation des Spiels herzustellen. Was Nachrichten, Reportagen, Interviews und was der radiophonen Vermittlungen von Wirklichkeitsausschnitten mehr sind, was diese Mitteilungen enthalten, wird mit Leichtigkeit morgen dementiert, im nächsten Mund entstellt, gerät in einen falschen Zusammenhang und damit schon unter die Räder. Von der Sprache in Realität, von den tausend und abertausend Partikeln, durch welche sich Gesellschaft in Sprache präsentiert, weiß nach kurzer Zeit niemand mehr, was ist davon behauptet, was ist bewiesen, ist es eine Nuance oder bereits die Nuance einer Nuance. Gesellschaftliche Realität, politische Realität ist zuerst und immer auch Realität in Sprache: Und sie ist damit auch schon dem Verwaschungs- und Verwitterungsprozeß dieses flüchtigsten und unfaßbarsten Materials ausgesetzt. Keines seiner Partikel bleibt bei sich selbst, es verweist auf nächste und übernächste, verschwindet in einem riesigen unübersehbaren Geflecht von Interessen, Einflüssen, Meinungen, Manipulationen, Interpretationen. Im Spiel wird diese fliehende Realität aufgehalten, wird ihr Zusammenhang zerrissen und die Elemente, die Fragmente werden in einen neuen, nichtrealen Bedeutungs- und Sinnzusammenhang gebracht. Ein Spiel kann – im Gegensatz zur Realität – wiederholt, also abermals wahrgenommen, überprüft, bedacht werden. Im Spiel können Worte beim Wort genommen und Konsequenzen faßbar gemacht werden, die in der Realität übertönt und vergessen werden. Je authentischer das Material erscheint, das Realität dem Spiel zuliefert, umso drastischer muß der Spielcharakter dargestellt werden. Nur unter den Bedingungen des Spiels, nur solange sein nichtrealer Spielraum existiert, kann der Verwischungsprozeß der Realität in Sprache angehalten und der Hörer instand gesetzt werden, seine Fähigkeiten zum Wahrnehmen, zum Kombinieren und Einsicht gewinnen zu erproben. Verkürzt könnte man sagen: Realität in Sprache hat nur unter den Bedingungen des Spiels eine Chance, zu ihrer Wahrheit zu kommen und Einsichten zu ermöglichen, die nicht schon im Moment ihres Entstehens wieder korrumpiert werden können.

Über radiophone Poesie

1977

Meine artikulatorisch-phonetischen Stücke, die ich mit der eigenen Stimme hervorgebracht habe, sind in der Zeit von 1960 bis 1962 entstanden. Es handelte sich um Permutationen von Silben ohne Bedeutung. Dabei wurde eine bestimmte Silbe durch Veränderung der Artikulationseinstellung entwickelt, bis die Ausgangsform nicht mehr zu erkennen war. Ich wählte diese systematische Methode, um zu verhindern, daß eine nur subjektive, expressive Lautäußerung zustande kam, da die bloße private Emanation mir als Gefängnis und als Verhinderung dessen, was ich eigentlich erfahren wollte, erschien. Da die Methode der Permutation jedoch sich bald erschöpfte und ich begriff, daß ich selbst nicht zugleich die Frage stellen und die Antwort geben konnte, vielmehr ein größeres Potential an Überraschung, an Vielfalt des Stimmaterials benötigte, war mir das Angebot einer Rundfunkanstalt willkommen, experimentelle Hörspiele herzustellen. Das war 1969. Es entstand das radiophone Stück *das gras wies wächst*. Nur punktuell gelang es mir damals, phonetisch-emotionale Stimmprodukte von den Sprechern zu erhalten und in das Stück einzubeziehen. Es zeigten sich psychologische Sperren bei den Sprechern. Als Schauspieler waren sie nur bereit, sich im konventionellen Rahmen der gewöhnlichen bedeutungsbezogenen Sprache zu äußern.

Bei meinem zweiten Stück *blaiberg funeral*, das 1970 in Stockholm entstand, änderte ich daher die Voraussetzungen und Methode. Statt der Schauspieler nahm ich Sänger, die gewohnt waren, mit ihrer Stimme ohne Bezug zur Bedeutung der Aussage artifiziell und hemmungslos umzugehen. Und ich fand eine Methode, die Stimmäußerungen zu steuern, ohne eine Partitur vorgeben und ohne die Spontaneität einschränken zu müssen. Die Sänger wurden in eine imaginäre Situation versetzt, in der sie sich mit ihrer Stimme spontan, aber ohne Verwendung der konventionellen Sprache zu äußern hatten. Durch dieses Verfahren gelang es, ein sehr breites Spektrum an Lautsequenzen zu erhalten. Es wurden vielfältige Lautkombinationen, vor allem aber auch emotionale Typen des Sich-Äußerns erzeugt. Die Masse des Materials war schließlich viel umfangreicher, als für das Stück nötig war. In Kenntnis des Materials wurde die Partitur entwickelt, die dem Stück zu Grunde liegt.

Bei den späteren Stücken wurde grundsätzlich dieses Verfahren beibehalten. Die Arbeit im Studio mit den Sprechern beginnt mit der akustischen Aufzeichnung bestimmter Lautstrukturen und Textkonzepte. Die Sprecher bekommen ihre Anweisungen teils mündlich, teils haben sie schriftliche Texte vor Augen. Immer aber wird eine Mehrzahl von Realisationen vorgenommen. Dabei entstehen Fassungen mit Abweichungen, die nicht vorhersehbar waren. Die emotionalen Möglichkeiten eines Sprechers entfalten sich oft erst während einer längeren phonetischen Sequenz. Es erscheinen unerwartete Färbungen, Stauungen, Zerfaserungen der Stimme. Imaginationen schlagen durch, die nachher nicht mehr zu identifizieren sind, die jedoch den Stimmcharakter durch und durch prägen.

Eine zweite Arbeitsphase stellen die technischen Manipulationen und die Mischungen des Stimmaterials dar. Dabei wird ein großer Teil des originalen Stimmaterials verändert, verfremdet, differenziert und zu kleineren kompositorischen Komplexen verbunden. Diese Komplexe bilden die wichtigsten Bausteine des endgültigen Stückes.

Es seien hier drei solcher Verfahren erwähnt: die Parallelversion, die Paraphrase und die Kumulierung. Bei der Parallelversion wird dasselbe Textstück in mehreren akustisch voneinander abweichenden Fassungen synchron montiert. Dies kann etwa durch Frequenzverschiebung und damit Tonänderung und Verzögerung der Stimmen geschehen. Es entstehen dabei Echowirkungen oder synthetische Texte, indem Textelemente, die bisher nichts miteinander zu tun hatten, sich überlagern. Wird ein Text in verschiedenen syntaktischen Fassungen durchgespielt, entstehen Paraphrasen – auch dies eine Methode, synthetische Dialoge oder unerwartete, decouvrierende, paradoxe Kontexte zu gewinnen. Die Textkumulation schließlich ist eine spezifische radiophone Form, bei der die Gleichzeitigkeit beliebig vieler Texte ausgenutzt wird. Von einer bestimmten Dichte des Textmaterials an entsteht eine asemantische, vibrierende Textfläche. Der Hörer kann zum Beispiel die Auflösung der semantischen Seite von Sprache allmählich erfahren; er verfolgt einzelne Sprachpartikel, er schnappt letzte Reste von Bedeutung auf, ehe die dröhnende Bedrohung manifest wird.

Diese Hörspiele sind keine Musik, sie bleiben, auch wenn sie total asemantisch erscheinen, an die Bedeutungen der Sprache gekoppelt. Die Partitur, die während der Arbeit im Studio schließlich entsteht, reflektiert immer auch die Bedeutungen, die Inhalte, obwohl sie formal durchkonstruiert wird. Sie entsteht erst während der Arbeit, und sie entwickelt sich in Kenntnis des materiellen Charakters der von den Sprechern erzeugten und durch die Technik veränderten Takes, der akustischen Bausteine. Die Partitur ist grundsätzlich polarisierend angelegt: Sie bringt Themen, Tendenzen, Reflexe ins Spiel, die von außen eindringen, die da sind, ohne daß sie ausartikuliert werden können. Sie wird aber auch von der Mikrostruktur des vorhandenen und für dieses Stück erzeugten Sprachmaterials bestimmt. Sie bezieht die Sprache als Wort und Satz auf der einen Seite und als emotionale Lautgeste auf der anderen Seite ein – die beweist, daß das Asemantische auch semantisch und das Semantische auch asemantisch ist.

Im Verlauf der weiteren radiophonen Stücke wurde diese Polarisierung systematisch verfolgt. Die für mich zunächst abschließende Fassung wurde in dem Stück *da du der bist* (1973) erreicht. Hier wurden zwei Vorfassungen durch mechanisch montierende Verfahren konzentriert zu einem Komplex von Lauten, Geräuschen, Wortpartikeln, Satzfragmenten, in dem punktuell Bedeutung hervorsticht und erlischt.

Es wird oft gesagt: Diese Hörstücke seien schwer verständlich, sie schreckten einen normalen Hörer ab. Dies ist richtig, solange der Hörer nur hören will, was er sowieso schon weiß. Das experimentelle Stück muß ihn ärgern, bis er lernt, sich loszulassen, und das heißt: Auf die maximale

Sicherung seiner Existenz durch unaufhörliche Bestätigung ihrer Geordnetheit, ihrer Dauerhaftigkeit zu verzichten. Wir haben es erlebt und erfahren es ständig aufs neue: Unsere Sprache ist ambivalent, wir existieren durch sie, und wir lügen durch sie. Sie bietet das raffinierte Instrument der Bosheit, der Zerstörung, der Pervertierung ebenso wie der Liebe und der Orientierung. Ihre Realität muß uns schmerzlich werden, damit wir empfindlicher werden für das, was mit ihr und durch sie angerichtet werden kann.

Anmerkungen zu dem Hörspiel
hören und sehen vergehen

Sendung im Westdeutschen und Norddeutschen Rundfunk 1977

Vor nahezu einem Jahr wurde eine erste Fassung im großen Sendesaal des WDR als szenisches Hörspiel aufgeführt. Die drei Sprecher führten die Dialoge teils unter sich, teils jedoch mit präparierten Stimmen, die ihnen vom Tonband zugespielt wurden. Die Stimmen kamen von verschiedenen Stellen des Raumes, auch aus dem Hintergrund des Zuschauerraumes. Die sichtbare Szenerie war also um einen unsichtbaren, imaginären Hörraum erweitert. Als wir den Mitschnitt der Aufführng abhörten, erwies es sich, daß der Radiohörer auch nicht andeutungsweise die Unterscheidung zwischen realem und imaginiertem szenischem Raum nachvollziehen konnte. Deshalb wurde im Studio eine neue Fassung des Stückes gesprochen und dabei mit elektroakustischen Mitteln die gewünschte Raumwirkung jedes einzelnen Dialoges hergestellt.

Ich erwähne diesen Vorgang, um anzudeuten, daß jedes Medium seine eigentümliche Realisation verlangt. Der Hörraum im großen Sendesaal prägt die Stimmen ganz anders als der Mikrohörraum einer Radiowiedergabe. Der Ort der Darstellung, der Wiedergabe gehört zur Sache selbst und ist ein Teil des ästhetischen Materials.

Das Thema des Stückes lautet nach einer alten Redensart *hören und sehen vergehen*. Die Dialoge drehen sich um Hören und Sehen, um Augen und Ohren, und es lag durchaus nahe, daß der Zuhörer auch ein Zuschauer sein und mit Ohren und Augen beschäftigt sein sollte. Es ist ein rechtes Thema für eine Multimedia-Darstellung, in der optische und akustische Mittel zusammenwirken, in dem es was zu hören und was zu sehen gibt – vielleicht: Bis einem Hören und Sehen vergehen. In diese Richtung ging auch das allererste Konzept des Stückes. Es sollte eine Art Oper werden, allerdings in verfremdetem Sinne: Musik, Stimmen, Geräusche, stumme Szenen, Schatten, Licht und Finsternis sollten aufeinanderzulaufen, sich durchdringen und sich wieder trennen: jedes auf seinen Winkel, eines ohne das andere. Dieser Plan ließ sich bisher noch nicht verwirklichen. Das sprachliche Material aber läßt sich aus dem Gesamtprojekt herauslösen und in Hörszenen umsetzen. Das geschieht nun in dem folgenden Stück.

Es treten auf zwei männliche und eine weibliche Stimme, anonym, ohne Namen, obwohl man ihnen leicht passende Namen geben könnte. Wenn Sie es aber nachher beim Zuhören probieren, merken Sie, daß Sie unversehens eine vierte Person glauben reden zu hören, die auch einen anderen Namen haben sollte. Vor allem die beiden männlichen Sprecher variieren manchmal im Verlauf eines Dialoges die Stimmlage, die Stimmfarbe in einer Weise, daß man plötzlich andere Personen zu hören meint. Man hört sie flüstern, nuscheln, schreien, erschrecken, erstaunen – mal selbstbewußt und herausfordernd, mal eingeschüchtert, greisenhaft, debil. Es ist nicht mit Sicherheit herauszuhören, wieviele Personen eigentlich an dem Stück beteiligt sind – und es soll auch nicht fixiert werden, da an diesem Spiel nicht nur die Spieler, sondern auch die Zuhörer beteiligt sein sollen: Denn es sind ihre Ausdrücke, ihre Redensarten, Sprichwörter, Drohungen, Ängste und Schmeicheleien, die zur Sprache kommen.

Wie gesagt: Es geht um Hören und Sehen, und wie dies einem vergehen kann, beunruhigt unter der Hand unablässig die Dialoge. Die Reden, die geführt werden, sind gespickt mit allen möglichen Redensarten, Zitaten, Anspielungen auf das, was uns Hören und Sehen bedeuten, was mit Augen und Ohren los ist. Im Lauf vieler Jahrhunderte hat sich in der Sprache ja niedergeschlagen, daß die Körperzonen um Auge und Ohr in vielfältiger Weise mit Bedeutungen besetzt worden sind. Auge und Ohr sind in unserer Zivilisation die primären kommunikativen Organe, da wir unsere Kultur auf Distanz aufbauen müssen, also Riechen und Berühren als Kommunikationsweisen zurückgedrängt, ja weithin verdrängt haben.

Schaut man sich das Sprachmaterial an, das um Auge und Ohr zusammengekommen ist, so stellt man fest, daß es bei weitem nicht nur um Wahrnehmungen geht. Zählen wir einiges auf, um zu verdeutlichen, was gemeint ist: ‹ein Auge zudrücken› heißt eben nicht, ein Auge zudrücken, sondern über etwas hinwegsehen; beim ‹Sand in die Augen streuen› werden keineswegs Augen mit Sand bestreut, sondern es geht um Manipulation oder Betrug; wer die ‹Ohren auf Durchzug stellt›, hat durchaus nicht einen Wind im Gehirn, sondern verweigert das Zuhören; es können einem ‹die Augen aufgehen›, auch wenn er sie tatsächlich geschlossen hält – er hat einen Schritt auf die Wahrheit hin getan.

Unsere Sprache erweist sich als quergestreift mit Gebärden des Drohens, Verweigerns, Schmeichelns, Betrügens. Sie ist ein gelenkiges Instrumentarium, in der harmlosen Rede Doppelsinn zu verstecken und gleichzeitig mitzuteilen. Man kann mit ihrer Hilfe unmerklich drohen, angreifen, verletzen, ausforschen, aus schwarz weiß machen. Sie ist moralisch indifferent, so scheint es jedenfalls, sie ist nicht schlechter und nicht besser als ihre Benutzer. Aber sie sammelt durch Tausende von Benutzern die Treffsicherheit, die ätzende Schärfe, den haarfeinen Schliff, der nur verletzt, nicht mordet.

Es gab vor ein paar Jahren die Preisfrage „Können Wörter lügen?" – natürlich nicht, will man auf die Schnelle antworten. Nicht wie wir, würde ich sagen, aber auf ihre Weise: als hochzivilisiertes und darum unerhört gefährliches Instrumentarium und darum ebenso wie der Täter selbst getroffen vom schrägen Licht. Wie gelenkig werden mit der planmäßig getroffenen Wortwahl, der richtigen, nämlich manipulativen Reihenfolge der Wendungen Wahrheiten hervorgebracht, die es eigentlich gar nicht gibt.

Hier geht es um ein Spiel, und der Ernst – auch dieser Ernst – bleibt im Hintergrund. Er schattiert das Ganze, und der Hörer sollte die Schatten bemerken, damit er die Perspektive, die Plastik der Vorgänge erkennt. Dieses Spiel hantiert mit den Stereotypen der Sprache, eingegrenzt auf ein bestimmtes thematisches Feld – nämlich dem von Hören und Sehen und ihrem Vergehen. Will der Hörer eine Nutzanwendung mitnehmen, dann sei die vorgeschlagen: Daß er in Zukunft vorsichtiger umgeht mit den Versatzstücken der Sprache, die ihm so leicht zur Hand sind, die so gut klingen, die so praktikabel sind, weil sie ihm gebrauchsfertig geliefert werden. Er hat selbst in aller Regel nicht eine einzige selber erfunden; er nutzt aus, was andere formuliert und zugeschliffen haben. Selbst wenn ihm die Zunge gelenkig ist, sollte er nicht so tun, als rede nur sein Ich mit seiner Zunge. Er sollte mit einem Stück innerer Scham wissen, daß durch ihn hindurch Tausende von Vorläufern mitschwätzen, daß seine Rede durch die sprachlichen Versatzstücke, die sie benutzt, Gedanken hervorbringt, die nicht unbedingt oder jedenfalls nicht in der ganzen Reichweite von ihm stammen.

Beim Zusammensuchen der Redensarten, mit denen wir umgehen, gerät man unvermittelt und unvermeidlich in die Methaphysik. Man hört ‹die Engelchen singen›, man weiß nicht, ‹wo die Glocken hängen›, man sieht den ‹Himmel voller Geigen›, und über allem wacht ‹das Auge des Herrn›, und ‹das Auge des Herrn macht das Vieh fett›. Die Stimmen in unserem Spiel changieren hinüber ins Numinose, an einigen Stellen zumindest. Das wird dadurch angedeutet, daß sich die beiden männlichen Stimmen chorisch vereinigen. Man könnte sagen: An der Rede der Mächtigen beteiligt sich das Übermächtige, und der Hörer kann in seiner eigenen imaginativen Landschaft festlegen, wo er sie ansiedelt: hier oder dort, als Phänomene oder als Phantome, als Geister oder Gespenster. Was jeweils zwischen den gebündelten Männerstimmen und ihrer Partnerin verhandelt wird, ob es brisant oder lachhaft ist, wird sich vielleicht dem Verständnis eines jeden Zuhörers anders darstellen. Das ist durchaus beabsichtigt. Denn das Spiel spielt auch mit den Doktrinen, und soweit solche unterschwellig vorhanden sind, sollen auch sie ins Schweben kommen.

Die Spieler haben keine Namen; es sind Personen, aber sie bleiben anonym. Doch im Zusammenhang der Reden taucht eine Reihe von Namen auf, die mit dem Thema zu tun haben. Da sie wie Blitze kommen und wieder verschwinden, sollen sie bereits vorweg erwähnt werden, damit die Überraschung, die sie begleitet, entspannt wird. Es werden genannt: Buster Keaton, Polyphem, Wilhelm Tell, David und Goliath. Es sind mythische Figuren – übrigens auch Buster Keaton –, die jedem von uns bekannt und für jeden von uns mehr oder weniger bedeutungsvoll sind. Außer Buster, dem Antihelden, sind alle großartige oder fratzenhafte Gewalttäter, und als solche dienen sie auch dem Stück. Sie werden als Hintergrundmalerei verwendet, am drastischsten die Geschichte von David und Goliath, die wir aus einer alten barocken Darstellung übernehmen, weil deren Darstellungsweise bereits so herrlich verfremdet ist, daß sie uns nicht mehr an die Nerven gehen kann, sondern zum Lächeln reizt. – Anders geht es mit dem Wilhelm Tell. Er wird hier und dort namentlich genannt, aber seine Geschichte spielt schattenhaft und verfremdet an verschiedenen Stellen des Stückes mit, z.B. in dem Schuß, der an einer Stelle ertönt, echot auch der Apfelschuß und der Tyrannenmord. Tell ist uns Deutschen bekannt durch das Monumentalgemälde, das Schiller von der Sage gepinselt hat: Tell, der Heros, der Supermann, der übermächtige Retter, der selbst das Aberwitzige schafft – ein Karl Moor mit nur noch positivem Vorzeichen. Mit ein paar Handgriffen, schließlich mit einem Schuß bringt er die Welt wieder in Ordnung, und nichts, was er tut, geht ins Auge, keinem außer dem Bösewicht Geßler vergehen dabei Hören und Sehen. Mir scheint dies ein sehr dauerhaftes Muster, und so sollte er in diesem Spiel nicht fehlen. Auch die Mythen, die wir mitschleppen, und wie gesagt, Wilhelm Tells Geschichte ist eine, sind Versatzstücke. Sie können ebenso hinterhältig wirken wie die Sprachfloskeln, von denen die Rede war. Sie sind stabil wie Mikroben und oft genug ebenso gefährlich.

Ohne die drei Sprecher – ohne ihre sängerisch trainierten, unendlich beweglichen Stimmen bliebe das alles trocken und leblos. Es sind Hanna Aurbacher, Ewald Liska und Theophil Maier, die sich als »trio ex voco« bereits einen Namen gemacht haben. In diesem Hörspiel kommen – im Gegensatz zu meinen früheren Stücken – fast keine bloß phonetischen Lautäußerungen vor. Alles verläuft in Dialogen oder Monologen, alles was laut wird, ist ordentlich in Rede und Gegenrede, in Sinn und Bedeutung gebunden. Doch alles ist nichts ohne das zuckende emotionale Leben dieser Stimmen. Dabei besteht der Widerspruch, daß alles bewußt und festgelegt, nichts spontan hervorgestoßen ist. Auch dies im Gegensatz zu den früheren Hörspielen. Die Stimmcharaktere, die Stimmfarben, die Stimmverläufe sind kalkuliert und ändern sich planmäßig, wobei sie an bestimmten Stellen rücksichtslos über den natürlichen und erwarteten Tonfall hinweg sich verfremden und ins Künstliche gehen. Indem diese gesangsmäßig trainierten Stimmen den natürlichen Sprecherton imitieren und immer wieder fallen lassen, verspielen, übertönen, bestreiten sie zugleich die Selbstverständlichkeit der Äußerungen und des Geäußerten. Denn nichts liegt diesem Stück, trotz seines Verzichtes auf das nur phonetische Material, ferner als die Wiedergabe natürlichen, realen, in der Gesellschaft üblichen Geredes. Der Aggregatzustand von Sprache ändert sich: Man weiß nicht mehr, ist sie flüssig, gasförmig oder fest; ist ihre Spontaneität planbar, oder ist das Bewußteste bereits von Fremdem, Unleserlichem unterwandert?

Diese Fragen werden hier hingestellt als Impulse für den Hörer. Er kann sie festhalten und als Sonden beim Hören benutzen. Er kann sie vergessen, um sie möglicherweise am Schluß als eigene Entdeckung hervorzuholen, falls ihm nicht unterwegs Hören und Sehen abhanden gekommen sind.

Vorspann zu dem Hörspiel
Wenn einer allein in einem Raum ist

Sendung im Westdeutschen Rundfunk 1982

Wenn einer allein in einem Raum ist – dieses Thema beschäftigt mich seit vielen Jahren, und es hat eine ganze Reihe von Textfassungen bewirkt. Ursprünglich ging es darum, zu erfassen und zu beschreiben, was ein Schauspieler, der sich allein auf der Bühne befindet, mit sich, seinem Körper und dem leeren Bühnenraum anfangen könnte. Von der Beschreibung seiner möglichen Verhaltensweisen ist einiges in die gegenwärtige Hörspielfassung eingegangen: Wie er seinen Körper als Requisit, als Objekt, als Einrichtungsgegenstand verwenden kann; wie er mit der ablaufenden Zeit, wie er mit dem leeren Raum wohl umgehen wird; wie er gespannt ist auf unbekanntes Erwartetes und wie er sich der Erwartung entziehen mag.

Die ersten Textfassungen begnügen sich mit einer Beschreibung der Verhaltensmöglichkeiten; die dem Hörspiel zugrundeliegende kommt sehr schnell vom er zum du, von der bloßen Beschreibung also zu einem Dialog, der zwar einseitig verläuft, weil der Angesprochene nichts sagt, dessen Leerstelle jedoch der Hörer auszufüllen vermag. Die vier Stimmen – zwei Frauen-, zwei Männerstimmen – gehören folglich nicht dem, von dessen Existenz die Rede ist. An seiner Stelle tasten sie mit ihren Vermutungen, Prognosen, Reflexionen, Befunden den Spielraum aus. Sie wägen ab, entscheiden sich für die eine oder andere Möglichkeit, verfolgen deren Konsequenzen und Verästelungen. Sie sprechen in ständig wechselnden Stimmlagen, vom milden Flüstern bis zum rhetorischen Brüllen.

In die artikulierte Rede schieben sich emotionale Äußerungen ein – Atmen, Lachen, Schreien, Stöhnen –, deren Quelle, deren Subjekt oder Subjekte uneindeutig bleiben: Sind es noch die Stimmen, die über den einen, der allein in einem Raum ist, ihre Vermutungen anstellen; ist es dieser selbst, reagierend auf das Vernommene; sind es dritte, von außen Eintretende, Eindringende, deren Ankunft und Anwesenheit erwartet, vermutet, befürchtet wird? Denn auch die vier Stimmen bleiben nicht in der Beobachterrolle, sondern zeigen Masken vor, erscheinen in bestimmten Rollen, vervielfältigen sich zum geselligen Beisammensein, zum gesellschaftlichen Tohuwabohu und zerdrücken dabei die ursprünglich angenommene Leere eines Raumes, in dem einer allein mit sich ist.

Der Text, der dem Hörspiel zugrunde liegt, gliedert sich in 29 Phasen. Jede neue Phase nimmt die vorangehende dem Sinn nach, in Teilen auch wörtlich oder in leichter Variation auf. Das Gewesene bleibt so im Gegenwärtigen, neue Aussagen erscheinen auch als Permutationen der bereits bekannten. Der gegenwärtige Augenblick gewinnt an Stabilität, weil er sich den eben vergangenen und mit ihm die Reihe aller vergangenen Augenblicke einverleibt. Die Schübe zum Neuen, der Fortschritt treibt mit einer gewissen Trägheit aus dem festgestellten Bekannten hervor. Darin stellt sich eine Alternativstruktur zur Collage dar, die ihre Gegenwart ja durch die Gleichzeitigkeit fremdartiger, sich ausschließender Momente gewinnt.

Die einzelne Textphase wird dabei immer länger. Sie muß länger werden, weil sich mit dem Austasten einer solchen hypothetischen Existenz – nämlich eines, der allein in einem Raum ist – deren mögliches Geschick immer weiter verästelt. Der Raum, der zunächst schlicht ein Bühnenraum, ein Zimmer, eine Zelle, eine Dunkelkammer war, fällt im Verlauf der Redevorgänge auseinander in nurmehr projektierte Dimensionen. Er wird zum imaginierten Spielraum, in dem alles Denkbare möglich und Mögliches wahrscheinlich wird. Aus dem anfänglichen minimalen Satz – *wenn einer allein in einem Raum ist* – entfalten sich mit Wenn und Dann immer weitergreifende hypothetische Geflechte. Aus Entwerfen, Wählen, Fallenlassen von Möglichkeiten kondensiert sich jedoch allmählich eine Geschichte, und die Konjunktive, welche die anfänglichen Reden beherrschten, werden in das Kalkgerüst eines offensichtlich stabilen, erzählbaren Vorgangs eingekapselt.

Je weiter dieser Transfer fortschreitet, desto mehr schwindet der Spielraum: der gedachte dessen, der allein in einem Raum ist, ebenso wie der imaginative des Hörers. Es wird festgeschrieben, was passieren wird. Die Geschichte verengt sich in dem Maß, wie die Redephasen länger werden. Je insistierender die Redenden die Sache verfolgen, umso kleiner wird der Spielraum dessen, von dem die Rede ist. Das angesprochene Du erscheint eingebunden in seine Geschichte, angebunden an ein Geschick.

Über Ernst Jandl –
über Helmut Heißenbüttel

„aber schreiben ist mir pflicht" –
Zu den Texten von Ernst Jandl

1980

„warum o warum du dich nicht halten denn dann an sprachen": Ernst Jandl
ist für mich einer der ganz wenigen, die ihre Sache auf nichts – als Sprache
gestellt haben. Er selbst versteht sich zwar als Hinundherspringer zwischen
experimentellen und nichtexperimentellen Schreibweisen, doch was besagt
das bei einem, der sich hemmungslos auf alle Hinsichten von Sprache, die
strukturellen wie die inhaltlichen, einläßt. Meine These, sagt er einmal, ist
es, „daß ich mit sprache anfangen kann, was ich will", doch dann folgt ein
Nachsatz, der zusammen mit dem ersten wie eine Zange wirkt: „alles, was
die sprache mit sich anfangen läßt". Ein Prozeß ist hier im Gang, bei dem
von vornherein keineswegs klar ist, wer Subjekt, wer Objekt, wer Frager,
wer Antworter ist. Jandls Zunge ist seine Zange, mit der er die Sprache
greift, sie zerrt und schüttelt, doch sie beißt auch ihn und läßt ihn nicht
mehr fahren. „jede verwendung von musik ist zu unterlassen", heißt es
apodiktisch abweisend in den Anweisungen zu dem Stück *Aus der Fremde*
(1979). Dafür gibt es eine Tonbandvorlage mit des Autors eigener Stimme,
die den Schauspielern vor Beginn ihrer Arbeit verdeutlichen soll, wie eng
Text und Lautbarwerden zusammengehören. Jandls Texte sind mit Jandls
Zunge genäht, und es gibt wohl keinen anderen lebenden Autor bei uns,
der so viele Schallplatten besprochen hat wie er. Nicht nur hängt der Erfolg
seines Schreibens entscheidend von der stimmlichen Qualität seines Vor-
trages ab, es gehört der stimmliche Vollzug, das Lautwerden und Hörbar-
machen substantiell zu seinen Texten dazu. Ich erinnere mich, als ich zum
ersten Mal ein Bündel Manuskripte mit Jandls minimalisierten Texten in
der Hand hatte, daß ich den Eindruck hatte, daß der Buchdruck nicht das
zureichende Medium dafür sein könnte.
Ein bemerkenswertes Experiment haben damals, in den ersten 60 er Jahren, offensichtlich ähnlich gereizt von der reduzierten Schreibfassung dieser
Texte, Bernhard Jäger und Thomas Bayrle gemacht, die auf Lithographie
eingeschworen die Gulliver-Presse betrieben. Sie unternahmen es, die
Jandl-Texte typographisch zu ‹inszenieren›, mit grafischen Mitteln ihre
Gestik, ihr semantisches Volumen zu versichtbaren. Es war die Zeit, als
das Intermedium zwischen den verschiedenen Künsten uns faszinierte, und
das Buch *Hosi-Anna*, in dem Jäger und Bayrle die Ergebnisse ihrer Beschäftigung mit Jandls Texten gesammelt haben, ist eines der schönsten Beispiele

dafür. Der großformatige Band erschien 1966, zugleich mit dem Buch *Laut und Luise*, mit dem er zum Teil textidentisch ist.

Durch die Visualisierung entsteht ein ästhetischer Spielraum, der dem schreibmaschinenvermittelten Text allein nicht zugänglich wäre und der seine eigene Semantik mitbringt. So entfaltet sich in der Version von *Hosi-Anna* der karge Text *lauter leise leute* über acht Seiten, die jeweils zu Doppelseiten organisiert sind, und es erweist sich, daß die minimalen Impulse dieses assonierenden Wörterdreischritts maximale Visionen auszulösen fähig sind. Die erste Doppelseite zeigt 19 Reihen mit jeweils 46 menschlichen Halbfigürchen; dem entsprechend erscheint auf der nächsten Doppelseite in 19 Reihen jeweils 46 mal das Wort ‹lauter›. Die Seiten sind schwarz gedruckt, Figürchen bzw. Wörter erscheinen negativ, also weiß auf schwarz. Die Figurendoppelseite wiederholt sich noch einmal, gefolgt von der Textdoppelseite, auf der die Schrift nun jedoch stellenweise durchgestrichen und über weite Passagen verwischt, ja völlig weggewischt ist. Auf der dabei entstandenen Leerfläche steht der ganze Text *lauter leise leute*, und zwar in drei Schriftgrößen anwachsend, so daß im Gegensatz zum Textsinn das Wort ‹leute› als lärmendes Signal hervortritt und damit das ‹lauter› auf unerwartete Weise beim Wort nimmt.

Ich weiß nicht, ob Jandl an der Konzeption der visualisierten Fassung seiner Texte beteiligt war. Ich vermute, daß es nicht der Fall ist, denn in allen seinen Büchern spielt die optische Vermittlung der Texte eine untergeordnete Rolle. Auch bei Texten, die die Syntax der Fläche benutzen, um den Lesevorgang zu steuern, werden die Möglichkeiten der Schrifttype nicht genutzt; sie sind durchweg in der Grundschrift des Bandes gesetzt. Nur an mehr peripherer Stelle – in dem Sonderheft der *neuen texte* 16/17 (1976), das ihm gewidmet ist – zeigt er durch den Abdruck von *Textbildern*, daß er sich mit scripturaler Grafik beschäftigt hat.

Diese Einstellung ist kein Zufall. Denn die grafische Entfaltung eines Textes führt von einem bestimmten Stadium der Komplexität von seinem Wortsinn hinweg und gewinnt, indem sie den intendierten Aussagebereich überschreitet, ihre eigene Semantik. Die dem Text inhärenten Bedeutungsbezüge verschwinden zu Gunsten neuer, nicht vorhersehbarer Zeichenensembles mit eigener Lesart und eigener Intention. Schrift ist ja bereits als optisches Zeichensystem weit abgehoben von der Sprache im Vollzug, so daß ihre Entzifferung, die Wiederbelebung, Wiederherstellung des Sprachprozesses beträchtlicher Anstrengung bedarf, wie jeder merkt, der die Mühe des Lesens mit der des Hörens vergleicht. Die grafische Textur rückt das Ohr natürlich noch weiter ab und macht den sprecherisch-stimmlichen Vorgang des Textes vergessen angesichts des ganz anderen Aufnahmevorgangs des Auges, zwischen dem Bildganzen und seinen Details in einer komplizierten Wechselbewegung zu schwingen, wobei das abgelesene, kumulierende Resultat in einer Gleichzeitigkeit gegenwärtig bleibt, mit der der labile Merk- und Vergessensvorgang des Hörens nicht konkurrieren kann. Je bildhafter der Text sich zeigt, desto unhörbarer wird das einstmals Gesprochene. Umgekehrt: Das Im-Ohr-Liegen eines verlautbarten Textes, die Erfahrung von Zeitlichkeit, Hinfälligkeit, aber auch das sonderbare Sichverwandeln des Gehörten, wenn es im Gedächtnis älter wird und gar von anderem Gehörten überlagert und verfärbt wird, kommt nur zustande, wenn er gehört wird.

In diesen Zusammenhang gehört auch die oben zitierte Anweisung Jandls „jede verwendung von musik ist zu unterlassen". Die Probe darauf kann man machen, wenn man nachforscht, inwieweit er die phonetischen Spielräume der Sprache für die Vermittlung seiner Texte nutzt. Wer Jandls stimmliche Möglichkeiten kennt, vermutet, daß er auf die akustische Ausarbeitung der Texte alle Sorgfalt verwendet, und das ist auch der Fall. Er überläßt nichts dem Zufall und schon gar nichts der expressiven Spontaneität, legt vielmehr den Vortrag, teilweise mit Hilfe von einfachen Notationen, fest. Man kann darin eine Beschränkung sehen, und ihm selbst ist es bewußt, daß die meisten seiner Texte, auch die, die er als Lautgedichte bezeichnet, „eigentlich in einer ganz normalen stimmlage" bleiben. Er weiß genau von dem Verfremdungspotential der Stimme, hat es aber für sich selbst nicht erschlossen, obwohl er dem nicht von vornherein ablehnend gegenübersteht. Sagt er doch in einem Interview mit Peter Weibel, das in dem genannten Sonderheft der *neuen texte* abgedruckt ist: „wenn es meine these ist, daß ich mit sprache anfangen kann, was ich will, – alles, was die sprache mit sich anfangen läßt, dann gilt das genauso für die stimme." Um anzudeuten, wie weit das reichen könnte, stellt er sich als ideale Sprecherstimme für das Hörspiel *das röcheln der mona lisa* (1970) die Stimme eines Kehlkopfkranken oder eines Sprachgestörten vor. So schneidet er eigentlich mehr tangential das Potential der phonetischen Abweichungen, des stimmlich Abnormen, der akustischen Verformung und Transformation an. Beispiele ziehen sich durch sein ganzes Werk, stellvertretend für vieles sei nur auf die Paraphrase von Goethes *Ein Gleiches* (in *Der künstliche Baum*, 1970) verwiesen, wo durch die Verformung der Lautfolge neue Bedeutungen erzielt werden. Jedoch vermeidet er den Transfer ins Musikalische, der bei einer radikalen Ausnutzung der stimmlichen Möglichkeiten gar nicht zu vermeiden wäre, ebenso wie den ins Bildhafte. Nie wird die andere ästhetische Struktur – sei es der Musik, sei es des Bildnerischen – in einer Weise zugelassen, daß die der Sprache ihre Dominanz verlöre. Das Gegenteil ist offenbar der Fall. In Jandls jüngsten Arbeiten spielt die (typo)grafische Dimension keine Rolle mehr und fällt der phonetischen nurmehr die dienende zu. Im Vorspann zu der »Sprechoper« *Aus der Fremde* (1979) wird angegeben, daß die Stimmen sich „mehr oder weniger an der Grenze zum Singen" bewegen, jedoch „ohne Gesang tatsächlich zu erreichen", die Doppelnatur einer ‹Oper› wird also von vornherein abgewiesen. Und den Sprechern wird zwar „Freiheit bei der Improvisation der Stimmführung" eingeräumt, doch muß sie zweckbezogen auf die Vermittlung der Textbedeutung eingesetzt werden, wie ausdrücklich verlangt wird. Improvisationsspielraum ja, doch zugleich wieder aufgehoben im Gesamt der textlichen Parameter.

In diesem Stück und in den anderen, in den letzten Jahren veröffentlichten Arbeiten Jandls (gedruckt in den Büchern *die bearbeitung der mütze* (1978) und *der gelbe hund* (1980)) konzentriert sich das Interesse entschiedener denn je auf die Verfassung von Sprache als Verfassung unserer selbst, dargestellt bevorzugt mit den Mitteln einer gebrochenen Syntax. Es erscheint Alltagssprache, und sie wird verwendet zum Aufzeichnen von nahezu nichts, wenn denn das Registrieren des von Sprachminima durchsetzten Daseins als Nichts gelten kann. Überhaupt noch etwas formulieren, also irgendwie geordnet sagen können, dem Verstummtsein sich noch einmal und immer wieder entziehen, Sprache gangbar halten und nicht endgültig unter die Schwelle der Desorganisation gleiten lassen ist die Funktion solcher Texte. „er müsse hundertmal neu beginnen ehe er den anfang habe", heißt es in dem Stück *Aus der Fremde*. Im untergründigen Konnex mit Hinfälligkeit, Abbruch, Atemlosigkeit, Überdruß, aber auch in der Erfahrung, daß Sichäußern und gar das Schreiben nahezu unmöglich (geworden) ist, wird Gesprochenes zum Gebrochenen – was den doppelten Wortsinn des Beschädigten und des Hervorgekotzten einschließt. Der Schrei, ein anderes Hervorbrechendes, als Antwort auf Sprachnot und Verstummen steht Jandl von seiner Position her nicht zur Verfügung. Seine Sprache ‹schreit›, indem sie Artikulationen zum Kreischen bringt.

Nichts von alledem ist ‹natürlich›. Die Texte haben nichts mit spontanem Äußern zu tun, und es sind – jedenfalls nicht im unmittelbaren Sinn – keine Psychogramme. Es sind vielmehr artifizielle, bewußt angesetzte Experimente mit aktuellen Zuständen unserer Sprache, Ausforschungen des Unerträglichen im Banalen. „jede verwendung von musik ist zu unterlassen", signalisiert auch eine asketische Einstellung, die gezwungen ist, sich einzupassen in das, was uns übriggeblieben ist.

„eine Art von Erinnerung hatte sich erhalten" – Zu *Deutschland 1944* von Helmut Heißenbüttel

1980

> man zerschneide und arrangiere die Stücke zu jeder beliebigen Kombination
> und was in Wahrheit gesagt werden kann, drückt sich hiemit so aus,
> daß das Sein des Geistes ein Knochen ist.   *Textbuch 6*

Textbuch 6,[1] das letzte in der Serie, besteht als einziges der Reihe nur aus Collagetexten. Sechs der Texte sind offensichtlich völlig aus Fremdmaterial, aus Zitaten zusammengesetzt, einer – ‹vokabulär› – verwendet Redensarten, Versatzstücke der Alltagssprache in kettenartiger Verschlingung. Eine weitere Bündelung collagierter Texte finde ich nur noch in *Textbuch 4*, nämlich die Gruppe *zusammensetzungen*; auch diese enthalten ausschließlich Fremdzitate. In diesem Fall hat Heißenbüttel die Autoren, von denen die Zitate stammen, vorab genannt. Im ganzen *Textbuch 6* gibt es nur einen Hinweis auf einen der Zitatspender (*über einen Satz von Sigmund Freud*). Alle anderen Zitate bleiben anonym, und ihre Zuordnung ist also dem Spürsinn des Lesers überlassen. Bei keinem der Texte ist das Interesse an der Aufdeckung der Zitatherkünfte so dringend wie in dem Stück *Deutschland 1944*. Nach der Spielregel dieses Textes stammen alle seine Elemente aus im Jahr 1944 Geschriebenem, Verlautbartem, Publiziertem. In ihnen bildet sich die politische Landschaft der Deutschen in dem Augenblick ab, da die Brocken der Nation in zeitlupenhafter Explosion auseinanderzufliegen beginnen. Je tiefer man in den Text eindringt, desto trockener wird einem der Mund, denn er läßt ablesen, daß tatsächlich tausend Jahre zu Ende gehen. Von der Hitze hochgetrieben, flockt die Asche einer verheizten Kulturnation. Heißenbüttel, nach der Herkunft der Zitate befragt, nennt einige Quellen auf Anhieb, einige mit Fragezeichen. Über die zentralen Zitate gibt es keine Zweifel: Himmler, Hitler, Goebbels haben sie im Mund gehabt, Schriftliches stammt von Ernst und Friedrich Georg Jünger, Kunrat von Hammerstein, Gottfried Benn, Josef Weinheber, auch Heribert Menzel und Hans Baumann scheinen beteiligt. Hinzu kommen die anonymen Autoren eines Wehrmachtsberichtes und der »Nachrichten aus dem Reich«. Nur Deutsche also kommen zu Wort, die Welt draußen erscheint nur in Gestalt der Feinde, von denen gesprochen wird; keine fremde Äußerung dringt ein; wir sind unter uns. Die Zurückhaltung der Namen im Textzusammenhang ist ebenso richtig wie ihre allmähliche Aufdeckung. Lesend merkt man: Sie alle, die hier noch Worte finden, sind Masken, ihre Subjektivität ist – auf diese oder jene Weise – ausgekernt, sie sind an einer Sache beteiligt, die sie verzehrt. *Wie ich alles das so hinschreibe erfaßt mich dermaßen die Ungeheuerlichkeit dieser Dinge daß ich meine ich müsse aus einem bösen Traum erwachen.* Gerade diejenigen der Zitierten, die sich beobachtend-reflektierend mit ihrem Ich melden, registrieren auch die säkulare Katastrophensituation, in der Individuen, und

---

1) Vgl. oben S. 220 f.

das bedeuten ja Namen, im Übergang zu Schall und Rauch begriffen sind. Dennoch spielt es für den späteren Leser eine Rolle zu wissen, wer das war, der da spricht. Posthum, in der historischen Perspektive gerinnen die schon Verdunsteten wieder zu Gestalten.

Alle Texte im *Textbuch 6* sind in gleicher Weise organisiert: in jeweils 13 Strophen zu je 13 Zeilen, wobei die Stropheneinteilung mechanisch über die Rhythmen der Montage gelegt ist und diese an zufälligen Stellen durchschneidet. Abrupt, zufallsbestimmt erscheinen auch einige der Textschlüsse. Ahnungslos zum Weiterlesen bereit, umblätternd findet man plötzlich eine leere Seite. Diese leeren Seiten sind Schnitte, wie sie auch die Collagetexte durchziehen. Vor allem in *Deutschland 1944* werden sie kaum gemildert, indem etwa ein Zitat gleitend ins andere hinübergeführt wird. Hier stoßen sich die Inhalte hart (... *süß ist des Leibes Musik / Geschlechtsverkehr der Leibstandarte* ...), scheppern die Rhythmen der Textbrocken gegeneinander: Bruchstücke aus Gedichten, Reden, Tagebüchern, einem Wehrmachtsbericht, Protokollen reihen sich nach der immer wieder überraschend gültigen Regel, daß gerade das Disparate zusammengehört, und begnügen sich mit dem Jahr ihrer Entstehung – 1944 – als einzigem gemeinsamen Nenner. Der Gestus der Texte springt von Pathetik zu Lakonik, von lyrischem Schmelz zu dürrem Bericht, von Betroffenheit zu mordsüchtigem Gebell. So setzt der erste 13-Zeilen-Block mit intensiv hochgespannten Daktylen, emotional aufladend ein (*hängt ihr am Leben sie geben es brünstig für Höheres niemand zwang sie dazu denn ihres Herzens Schlag ihrer Seele Gebot* ...), fährt fort mit einer prosaischen Feststellung (der »Nachrichten aus dem Reich«: *die lange Dauer des Krieges hat zu einer allgemeinen Lockerung* ...), diese wiederum wird aufgesogen von (daktylisch) lyrischem Pathos (*Blut du lauf um nun verjüngt* ...), darauf dröhnt Hitlers Drohung (*man muß diese gemeinsten Kreaturen*) und schließlich teilt sich ein Beobachter (Ernst Jünger) mit, dessen Sprache rhythmisch-ästhetisch stilisiert (*ich stand teils am Fenster teils auf der Wiese um mir bald diesen bald jenen Eindruck* ...), dessen Standort distanziert ist. Wobei das letzte Zitat bereits in den zweiten strophischen Block hinüberläuft.

In der Struktur von Collage liegt es, daß jedes Partikel isolierbar ist und nach seiner Herkunft aus einem außerhalb des Textes liegenden Zusammenhang befragt werden kann, wobei jeder Leser mit den eigenen Erfahrungs- und Erinnerungsreflexen beteiligt ist, so daß sich beim Lesen eine nicht bestimmbare individuelle Tiefendimension ergibt (die auch sehr flach sein kann). Zugleich jedoch ist die textliche Nachbarschaft, die unmittelbare und die weitere, mit ihren Verkettungen für die Lesart und die Gestik des Textes maßgebend. Das materiale Interesse des Lesers richtet sich auf die Tiefendimension; es wird von Aussagen gefüttert, die die Gefühlsskala vom Banalen bis zum Schauderhaften abtasten; wobei auch die bloße Neugier auf den Stoff gefühlsbestimmt ist. Durch die hart angeschnittenen Nachbarschaften der Bruchstücke geraten die divergierenden Stimmungen jedoch übereinander, mischen sich, büßen ihre Eindeutigkeit ein. Etwa wenn Friedrich Georg Jüngers harmlose, reimgarnierte Gedichtzeilen *Charons schwarzer Nachen kann nicht nach dem andern Ufer finden ohne daß die lichten Horen hier*

ein Rosensträußchen winden zwischen dem Wehrmachtsbericht vom
20. Juli 1944 mit seinen Katastrophen und dem (leitmotivisch wiederkehrenden) Satz seines Bruders Ernst *sie hörte wie der Todesschweiß plätscherte* und nur durch diesen von dem historischen Zitat aus der Rede
Himmlers über den Entschluß zur Ausrottung des jüdischen Volkes getrennt
steht. – Ein anderes Beispiel: *Blut du lauf um nun verjüngt durch immer
blühendere Leiber süß ist des Leibes Musik Geschlechtsverkehr bei der Leibstandarte mit andersrassigen Frauen sei sehr häufig* – Leiber, Leibes, Leibstandarte scheppern aneinander, die ideologisch gespreizte Erotik des ersten
Textes kehrt ihr garstiges Hinterteil im zweiten hervor – beide zusammen
zeigen erst die Wahrheit.

Zitate aus Gedichten jenes Jahres sind wichtige Bestandteile des ganzen
Textes. Heißenbüttel macht durch diese Beimischung den Satz Adornos über
die Unmöglichkeit, nach Auschwitz noch Gedichte zu schreiben, begreiflich.
Sowas wirkt wie ein Gas, das die schauerlichen Masken aufbläht und ihre
Todesfalten vertuschen hilft. *zur Erd gesenkt den Schild und zerhaun das
Schwert nackt* – Hölderlins später Duktus bezirzt. *wir pflanzen Korn und
Lilien in die Asche und Efeu in die Schatten unsrer Schwerter wir sammeln
Märzgewölk ob alten Brachen* – der Nibelungen Heldengespenster scheinen
über dem Morast dieses Jahres zu geistern. Die Sprache ist es: Mit ihrer
Hilfe ziehen die Teilnehmer und Täter einen schillernden Film über das,
was passiert. Als bloße Handlanger hasten dabei die Dichter am Rande mit.
Die zentralen Akteure beherrschen auch diese Sache direkt. Was sie von
sich geben, entblößt drastischer als die Lyrik das glitschige Verhältnis von
Wörtern und Taten, die abgründig verankerte Teilhabe der Sprache am
Schauerlichen. Himmler: „man darf die Dinge nicht unter kleinen ichbezo-
genen Gesichtspunkten betrachten, sondern muß das Gesamtgermanentum
ins Auge fassen, das ja auch sein Karma hat": rein verbale Rechtfertigung
für das Auslöschen von Menschen durch Benennung eines Phantoms
(‹Gesamtgermanentum›) aus uralten Zeiten, die Beschwörung einer Hohl-
welt, in der ein Wort (‹Karma›) als Quasi-Seele flattert. – Goebbels: „hier
kämpft eine Nation um ihr Leben und wie das Leben des Einzelnen vom
Ausgang des Krieges in seinem Sein oder nicht Sein abhängt so muß er
auch mit allen seinen Kräften für diesen Kampf zum Einsatz gebracht werden (...) wir werden unter allen Umständen diesen Kampf solange führen,
bis, wie Friedrich der Große gesagt hat, einer unsrer verfluchten Gegner
müde wird weiterzukämpfen" –

Hoffnung nur noch verbal in Gestalt einer historischen Analogie
(Rettung Friedrichs durch den unerwarteten Tod der Zarin), die gehört wird
und geglaubt werden muß. Syntaktisch fungiert Friedrich der Große bloß
als Vergleich, den Beteiligten an solcher ‹Sprachhandlung› ist dieser Name
jedoch die Substanz der Botschaft. Die Realität beider Äußerungen ist die
Ankündigung der drohenden Negierung des einzelnen, die jeder auch als
ihn betreffende Todesdrohung verstanden hat.

Am extremsten wirkt vielleicht das Himmler-Diktum: *jeder guten Anlage
in jedem Volksgenossen die ungehemmte Entfaltung und jeglicher Leistung
ihren vollen Lohn zu sichern denn am Ende könne nur auf diese Weise der*

*Bolschewismus und Kommunismus überwunden werden und das erhalten
werden wovon das Abendland abhänge nämlich der Einzelne als Persönlichkeit.* Die Wörter bewegen sich in solchem Munde wie Roboter, über ihre
Bedeutung befindet allein der Redner – gute Anlage, Leistung, voller Lohn,
Abendland, Persönlichkeit zucken über die Zuhörer hin wie eine Light show,
illuminieren und zerhacken das von Millionen Leichen gebuckelte Environment.

Karl Kraus hat in *Die letzten Tage der Menschheit* an Hand von Material
aus dem ersten Weltkrieg den Sachverhalt, daß das Schauerliche nicht ohne
das Lügenpotential von Sprache möglich ist, ein für allemal drastisch
demonstriert. Auch er damals mit den Mitteln der Collage. Heißenbüttel
schreibt, gewollt oder nicht, auf diesem Hintergrund, und es genügen statt
der vielen hundert Zitate runde 30, um *Deutschland 1944* zu orten. Es entfaltet sich auch keine figurenbesetzte, rhetorische Szenerie, sondern kompakt drückt Satz an Satz, geäußert von zunächst jedenfalls anonymen
Stimmen.

Deutschland 1944 kumuliert in einem Redezitat Heinrich Himmlers,
das insgesamt viermal auftaucht und schon dadurch von den anderen
Bruchstücken des Textes abgehoben wird: *ich habe mich entschlossen auch
hier eine ganz klare Antwort zu finden ich hielt mich nämlich nicht für
berechtigt die Männer auszurotten sprich also umzubringen oder umbringen
zu lassen und die Rächer in Gestalt der Kinder für unsere Söhne und Enkel
groß werden zu lassen es mußte der schwere Entschluß gefaßt werden dieses
Volk von der Erde verschwinden zu lassen. Es geht um die Vernichtung des
jüdischen Volkes.*

Erstmals erscheint das Zitat im 4. Textblock, eingefaßt von einem Rahmen aus Tagebuchnotizen widerstehender Autoren, der distanzierend und
zugleich verschärfend wirkt; dann in rascher Repetition im 10., 12. und 13.
Textblock, wodurch alle benachbarten Elemente dominiert und überdröhnt
werden. Ist es Zufall, ist es Absicht, daß an den einzigen Stellen, wo Zitate
nicht über die Textblöcke hinausgreifen, der Schnitt des Textblocks und
des Zitats also zusammentreffen, dieses Textstück erscheint, so daß es auch
dadurch noch herausgeschnitten wird (am Anfang des 10. und am Ende des
12. Textblocks). Wie ein Echo aus Todeswüste tönt um das Himmler-Diktum
in vierfacher Wiederholung ein Satz von Ernst Jünger, der aus einer Traum-
erzählung dieses Jahres stammt und vermutlich im Zusammenhang mit
dem tragischen Ende seines Sohnes steht: *sie hörte wie der Todesschweiß
plätscherte.*

Der Charakter des Dokumentarischen, der zur Collage ebenso gehört wie
die schwebende Interferenz der Elemente, welche gerade die Eindeutigkeit
des Dokumentierten in Frage stellt, verliert sich, wenn das Material nurmehr
wiederholt und wenig oder nichts Neues mehr hinzukommt, wie es vom 10.
Textblock an immer stärker der Fall ist. So bestehen der 12. und 13. Textblock dann nur noch aus repetierten Teilen, darunter, wie gesagt, noch einmal das Himmler-Zitat und dreimal der Satz von Ernst Jünger (im 13. Textblock). Die Wiederkehr des Gleichen in dem letzten Viertel des Textes setzt
die Neugier außer Kraft, die Fragmente beginnen zu kreisen in einem Stru-

del, der eine Innenseite bildet. Es ändern sich nur noch die Konstellationen der Teilstücke untereinander, es ergeben sich wechselnde Kontexte. Dasselbe wird in anderer Nachbarschaft jeweils anders lesbar. Der Leser findet sich einem Kaleidoskop veränderlicher Abfolgen gegenüber, die an einer beliebigen Stelle abbrechen werden, doch eigentlich kein Ende erkennen lassen. Er kann auf den Abbruch nach dem 13. Textblock verschiedenartig reagieren: er kann die Sache fallenlassen, oder, indem er die Wiederholung aufnimmt, zu früheren Passagen zurückkehren und sie in die Leseerfahrung des letzten Teils einbeziehen, weil ihn die Unabschließbarkeit des Ganzen nicht in Ruhe läßt.

Dies gilt offenbar auch für den Autor. Heißenbüttel hat *Deutschland 1944* zu einer Hörcollage ausgearbeitet (Westdeutscher Rundfunk 1979). Diese Fassung benutzt zum Teil Überlagerungen der verschiedenen Bruchstücke, und der Text ist zu dem Zweck beträchtlich erweitert worden um längere zusammenhängende Passagen. Deren Überlagerung bewirkt, daß die Aussagen ihre Verständlichkeit einbüßen, die Äußerungen der Texte akustisch verwischt, zerstört werden, so daß nur Fetzen verständlich bleiben. Während der Leser sich dem Text gegenüber wiederlesend und in der Wiederholung meditativ verhalten kann, ist der Hörer dem Ablauf des Stückes mit seiner Unwiederbringlichkeit ausgeliefert – er muß daher seine Erfahrung unmittelbar im Moment des Hörens machen und an Ort und Stelle wahrnehmen, worum es geht.

Deutschland 1944 ist lakonische Zeitaufnahme und Klage gegen Sprache als Mittäter. Die Geschehnisse, die zur Sprache kommen, sind geschehen, weil Sprache als Medium mithandelnd verfügbar war. Sie hat alibisiert, phantomisiert, desorganisiert. Natürlich ist ‹die Sprache› keine Täterin, sie zu subjektivieren, gibt keinen Sinn. Aber sie ist auch kein neutrales, indifferentes Mittel, das so reinlich wieder hervortritt, wie es eingegeben wurde. Die Farbe dessen, was sie mitbewirkt hat, bleibt ihr anhaften. Sie ist ein geschichtliches Etwas, dessen Valenz ständiger Veränderung unterliegt, das nicht festlegbar ist und deshalb in höchstem Maße politische Relevanz besitzt. Ablesbar ist dies in dem Text nicht nur für Deutschland 1944 sondern auch für Deutschland 1984.

„Das Lachen vollzieht sich im Innern der Kapsel" – Über Ernst Jandls Hörspiel *das röcheln der mona lisa*

1990

1

„... eine Kapsel, in der vieles drin ist und sich bewegt, eine Kapsel, in die immer wieder Neues hineinfällt und die trotzdem total isoliert und abgeschlossen ist, also ein in sich funktionierendes System, ohne Hoffnung, da je herauszukommen. Das Herauskommen, das ja im Hörspiel auch gezeigt wird, ist dann letzten Endes der Tod." So kennzeichnet Ernst Jandl in einem Gespräch mit Jörg Drews sein Hörspiel *das röcheln der mona lisa*. [1]

2

Das Stück wurde zuerst 1970 vom Bayrischen Rundfunk gesendet. Es ist ein Stück für das Ohr. Die zahlreichen Textpartikel, aus denen das Stück besteht, geraten durch Jandls Stimme in einen eigentümlichen akustischen Aggregatzustand, der optische Phantasien allenfalls momentan und flüchtig zuläßt. Jandl hat eine Methode, die Hör-Augenblicke durch Brüche, Sprünge und Wiederholungen zu intensivieren und sie mit Hilfe gestörter Identität dem Hörgedächtnis einzuprägen, so daß ihre emotionale Vibration noch lange im Hörer nachwirkt. Der Hörer wird in Spannung versetzt, weil er nie weiß, was ihn erwartet – die Vorhersehbarkeit des Textablaufes ist gering. Auch gelangt er von einem Moment zum andern aus einem Unsinnsloch in aufblitzenden Tiefsinn. Oft kann er nicht entscheiden, ob das, was er hört, so naiv gemeint ist, wie es klingt, oder ob es ein bitterböser Witz ist. Ehe er sich entscheiden kann, ist der Moment vorbei.

3

Nach dem Manuskript besteht das Stück aus 24 Sprechszenen.[2] Die kürzesten haben nur wenige Worte und dauern gerade ein paar Sekunden; die längsten simulieren dialogische Redeweise zwischen einer Jandl-Stimme und einem, als »chor« bezeichneten Cluster aus Jandl-Stimmen. Der Text ist eine Kompilation aus Fertigteilen, die sich teilweise auch andernorts bei Jandl finden lassen, aus Fundstücken, Notizen, Aufgelesenem, Ohrwürmern, Floskeln, Sprüchen, Zitaten. Sie haben im Grunde oder von Hause aus nichts miteinander zu tun: Deshalb passen sie ausgezeichnet zueinander, wie etwa die *Ho-Chi-Minh* -Rufe und *ich bin din* (Szene 12).

4

Alles hängt an Jandls Stimme. Jandl selbst hängt an Jandls Stimme. Sie sagt *ich* , schon mit dem ersten Wort des Stückes – *ich dir machen an mir* ...: Viermal etwas ankündigend und dabei das *du* anbohrend und wieder zurückziehend: *ich – dir – an mir*. Diese Stimme allein ist die Instanz, mit

---

1) Klaus Schöning (Hg.), *Hörspielmacher,* Autorenporträts und Essays. Königstein 1983, S. 207

2) Ernst Jandl, *gesammelte werke,* hg. v. Klaus Siblewski, Luchterhand 1990, Bd. 3, S. 119-144

der man (du, ihr, wir, sie) zu tun hat. Sie bringt auch persönliche Bezüge mit ins Spiel: Erlebnisse, Erfahrungen, Erinnertes dringen durch, etwa wenn ein Kindheitsbild zu einem Liedchen gerinnt und sogar Namen genannt werden (Szene 18). Doch diese Stimme hämmert solange, bis jede naive Emotion getilgt ist. Es gibt einmal ein Kind (... *und wird da ernsti springen*), der Text zeigt es vor, und die Stimme treibt es aus. So wird mit dem Erinnerten, Alltagsgeschehen, den Anspielungen, Einbringungen aus den verschiedensten Bereichen verfahren. Jandls Stimme arbeitet wie mit zwei Organen: Mit dem einen greift sie zu, zeigt sie, behauptet sie, erhebt sie, imaginiert sie szenische Spots; das andere bearbeitet die Wörter, als wären sie über einen Resonanzboden gespannt, überführt sie in Geräusche, Geräuschbündel, denaturiert sie mit Methode.

5

Die Sequenz von Lippenlauten (*bbbbbb* ...), mit der das Stück einsetzt, markiert eine Grenzlinie, jenseits deren mit leisem Drohton seltsame Arten von »Überraschungen« angekündigt werden: *halsüberraschung, sprachüberraschung, farbüberraschung, temperaturüberraschung.* Es hört sich an wie ein Programm, wie Stationen einer imaginären Reise. Die Abwendung vom Gewohnten wird alsbald deutlicher; sie zeigt sich sprachlich im Auswechseln von Lauten (*träune sind schäune – schän dich*) und in der Imagination einer quasirituellen körperlichen Folterung (*DIE ARME HÄNGEN AM STRICK AN DEN FÜSSEN HÄNGT DER STEIN* ..., Szene 5) – angeblitzt nur einen Augenblick lang, kein Ernstfall, nur der bedrohliche Riß, der sogleich als *HARMLOSER KNALL BEIM ZERREISSEN* enthäutet und als *TRICK* weggetan wird.

Oder doch nicht? Oder doch nicht ganz? In der folgenden Szene 6 taucht erstmals der von Jandl – im Begleittext zu dem Stück – als bedeutsam markierte Slogan „schöner sterben" auf, umfaßt von den vier rätselhaften ‹Überraschungen›. Der Slogan – doch wohl hergeleitet aus dem bekannten Zeitschriftentitel »Schöner wohnen« – schwingt hier im Gleichgewicht seines positiven und seines negativen Pols. Das polarisierende Spiel wird in der nächsten Szene (7) weitergetrieben, und zwar vermeintlich und offensichtlich zugunsten des positiven Pols. Emphatisch tönt es: *WIR SIND JUNG*, dreimal, und jedesmal antwortet die Einzelstimme, wenn auch „trocken, rasch": *und das war schön. schön* ist auch Element in Szene 8, jedoch artikulatorisch zerdehnt und in zwei Stücke zerlegt (*sch-önn*); geliftet nur noch durch ein, freilich ebenso zerdehntes und zerlegtes *jja/wooooooooooooooooooooooo/l*, welches der Chor schließlich in einer unbestimmten Zahl von Wiederholungen aufgreift. Der Negativpol scheint ausgelöscht und vergessen – da setzt er sich mit einem einzigen („laut, langgezogen") *n-e-i-n* wieder in Kraft.

6

Schon im Titel ruft das ‹röcheln› konnotativ auch das Lächeln der Mona Lisa mit auf. Semantisch besteht ein drastischer Gegensatz. Artikulatorisch dagegen schmilzt er dahin: Die zweite Silbe ist in beiden Wörtern identisch;

das *Ö* ist eine Verengung des *Ä*, *R* und *L* sind beides Dauerlaute, von denen der eine im Rachen, der andere am Gaumen postiert ist. Für einen des Deutschen Unkundigen erscheinen die beiden Wörter wie artikulatorische Varianten. Probeweise bildet er eine weitere mögliche: löcheln / rächeln: Das Löcheln der Mona Lisa / Das Rächeln der Mona Lisa. Der semantische Gegensatz verzittert in der Austauschbarkeit, also auch Gleichzeitigkeit der Lautgestalten.

Jandl treibt zwar nicht an dieser Stelle, doch bei anderer Gelegenheit das Spiel mit den Wörtermünzen: Als *farbüberraschung* verhält sich ein Grün, wenn es zum *grünßen sie ihn von mir* wird; ein Violett, daß sich verpuppt zu *vio/letztes mal*; ein Rot wird ergänzt zum *rot/schherunter* (Szene 17). Es ist wie eine verbale Genmanipulation. Bei völliger Erhaltung der Wortbedeutung ‹grün› verdrängt dieses das für sich sinnleere ‹grü-› und bildet, ins Verb eingepflanzt, das Superding *grünßen*. Die Handlung ‹grüßen› wird grün eingefärbt, die Farbe Grün wird zur Qualität des kommunikativen Vorgangs. Die Synthese verbirgt nicht ihre Nahtstelle. Nur die Jandl-Stimme heftet die divergenten Teile aneinander. Ihr Atem ist es, der die Brocken belebt.

Dem Verfahren der Wörterklitterung entspricht auf der anderen Seite die Methode der Wörterspaltung. Dabei werden Wörter, meist auf dem ersten Vokal, so in die Länge gezogen, daß die gedehnte Lautung das Festwerden der Bedeutung verhindert, bis die andere Wortsilbe, nach einem Hiatus trocken nachgesetzt, die Wortgestalt im Ohr vervollständigen kann (z. B. in Szene 8 *hauuuuuuuuuuuuuuuuuuuuuuu/se*). Lautgeste und Wortgestalt zeigen sich als zwei Seiten einer, allerdings gespaltenen Münze. Beim gewöhnlichen Sprechen verschwindet die Lautform hinter der Bedeutung, nur diese lebt auf und arbeitet weiter. Durch Spaltung und Dehnung der Lautform wird die Bedeutung verrückt. Ein langgezogenes *hau-* macht den Verzehr von Zeit – Sprachzeit, Hörzeit, Atemzeit – spürbar, möglicherweise quälend, bedrängend spürbar; zumal dann ein Schnitt kommt mit seiner zäsierenden Wirkung / Bedeutung, ehe die nachgeschobene zweite Wortsilbe die Konvention wiederherstellt und die Spannung löst.

7

Durch das ganze Stück ziehen sich zwei sprachliche Ebenen und geben ihm eine kaum spürbare, fast lethargische Spannung: die Ebene des verbalen Textmaterials, das sich aus allen möglichen Elementen und Brocken zusammensetzt, und die der asemantischen artikulatorischen Lautsequenzen.
Mit einer solchen, nämlich einer monoton gesprochenen Reihe von Lippenlauten, beginnt das Stück, und sie grenzt es gegen die Alltagswelt ab. Jandl nennt diese Lautfolge »Basisgeräusch«. Er mischt es an zahlreichen Stellen ins Spiel, so daß es sich teils offen, teils verdeckt wie eine Sedimentschicht durch das Ganze zieht; dabei verbale Teile auseinanderdrückt, ohne selbst eine andere Mitteilung als die der labial-musikalischen Lautfolge zu haben.

Daß es sich um eine konstitutive sprachliche Dualität handelt, erweisen die artikulatorischen Lautfolgen in den Szenen 17 und 22. Jandl spricht in der Regieanweisung (Szene 17) von „sterbetönen", „ächzen, stöhnen, wimmern etc.", Angaben, welche die Intention andeuten, doch das stimmliche Produkt so wenig wie die beigegebenen grafischen Notationen angemessen charakterisieren können. Hart angeschnitten und stimmlich drastisch abgehoben wird in die artikulatorischen „sterbetöne" ein englisches Kinderlied (*tell me nelly if it's true*) montiert. Den ‹ungenauen›, auf keine verbale, keine syntaktische Ordnung beziehbaren Lautfolgen wird damit ein Text entgegengesetzt, der akustisch nahezu ausschließlich aus einsilbigen Wörtern besteht: diskreten verbalen Worteinheiten also, die Jandl dazu noch minutiös separierend artikuliert. Dort der offene, eine emotionale Eng- wie auch Fernführung bewirkende tönende Atemstrom, hier der in jeder Hinsicht korrekte, fast gehackte verbale Text. Auch wenn beide Ebenen getrennt sind und sich methodisch trennen lassen, Jandl bindet sie an- und auch ineinander: Beides ist für ihn komplette Sprache – wobei zu bedenken ist, daß er sprachliche Deformationen – semantische Brüchigkeit, vertauschte Metaphern, unkorrekte Syntax, Abbrechen des Sprechverlaufs – als authentische Momente von Sprache versteht. Sie lassen sich, weil die sprachlichen Normen nicht die Normalität von Sprache sind, nicht austreiben, werden vom Poeten vielmehr mit Methode eingetrieben.

8

Dichtung „erfaßt Sprache als Körpergeräusch", bemerkt Jandl im Begleittext der Plattenhülle. Das Stück folgt dieser Einsicht am deutlichsten in Szene 14. Diese besteht aus dem Ineinandergreifen zweier Reihen. Der Satz *die sonne geht auf und zu* verfehlt bewußt das erwartete „die Sonne geht auf und unter", zieht vielmehr die Aussage des Satzes *der mund geht auf und zu* an sich. Beide Sätze werden stimmlich ineinandergestaucht; dann ändert der Mund-Satz seine Aussage: *ER IST OFFEN / ER IST WEITER OFFEN / ER IST SEHR WEIT OFFEN* ... Womit er eine der polaren Möglichkeiten bevorzugt und ins Extrem treibt; doch setzt sich unvermittelt die andere Möglichkeit durch: Aus geschlossenem Mund tönt *ER IST ZU.*

Aussage und Körperhandlung (des geschlossenen Mundes) fallen paradox zusammen, denn ein geschlossener Mund bedeutet eigentlich den Willen zum Nichtsprechen, Verstummen, Schweigen. Nur ein unter Zwang geschlossener Mund versucht dennoch eine Äußerung. Dem folgt wie ein distanzschaffender, aufreizender Kommentar der schon bekannte Satz: *ich / dir / machen / an mir / sprachüberraschung.* Sodann wird, wie in einem der Wiederholung fähigen Experiment und zur Festigung des Gezeigten, der Mund-Satz ein zweites Mal entwickelt.

Im Stimmencluster und vielfach wiederholt läuft der Sonnen-Satz (*die sonne geht auf und zu*) durch. Er verändert seine Aussage nicht, seine Wahrheit scheint stabil – bis in der letzten Wiederholung die Aussage kollabiert, wenn das *zu* stimmlich zerdehnt wird. Wie der Mund nun auch die Sonne: zu.

Doch ist dies nicht das letzte Wort. Die polarisierende Bewegung nimmt die folgende Szene (15) wieder auf, nun jedoch von allen Anklängen und Bedeutsamkeiten entlastet, da nur bezugslose Präpositionen (*vom vom zum zum*) im Spiel sind, das sich „ruhig, in einem weiten raum" vollziehen soll.

Doch die Heiterkeit des schwerelosen Spiels ist flüchtig. Mit befehlend dröh-
nendem ... *und zurück*, das mehrfach und zuletzt eindrücklich wiederholt
wird, bricht auch dieses Gleichgewicht zusammen. Folgerichtig werden sich
in der übernächsten Szene (17) die desolaten *sterbegeräusche* anschließen
– Sprache als Körpergeräusch im kaum mehr verstellten Sinn.

9
Jandl: „das Leere, dem wir entgegenblicken" ist das ‹Zentrum›, um das sich
die vielen Teile, die das Stück ausmachen, von selbst ordnen. Das Stück
endet, folgerichtig, mit der in „höchster erregung" angekündigten *temperaturüberraschung*: Eingemischt in die labialen »Basislaute« und in knar-
rende Stimmgeräusche ertönt geflüstert und in die Länge gezogen ein zwei-
maliges *kaaaaalt* als letztes Wort (Szene 24). Es desavouiert den vorangegangenen letzten Versuch, wenn nicht Hoffnung, so doch Offenes
(*glaube – öffnung und liebe*) zu erreichen, *einen SPALT!* wenigstens
vor sich zu finden (Szene 23).
　　Der Schluß ist eindrucksvoll. Er ergibt sich offensichtlich notwendig
aus der an vielen Stellen aufscheinenden Thematik. Doch kann ein solches
Stück überhaupt einen ‹Schluß› haben? Das „Verstummen", das Jandl
programmatisch ansteuert, ist als Innenseite des zivilisatorischen Sprachprozesses ein infinitesimaler Vorgang. Das heißt: Verstummen geschieht
jederzeit und in jeder sprachbetroffenen Existenz, und insofern ist ‹Ende›
allgegenwärtig. Zugleich jedoch ist unser Sprachprozeß so unabschließbar
wie die menschliche Existenz. Jandls kompositorische Methode entspricht
dem auch: Er synthetisiert in dem Stück alle möglichen Arten von Textmaterial, die seine Schreibexistenz hervorgebracht und zusammengetragen
hat. Dabei ist die Wiederverwendbarkeit des Materials in ganz verschiedenen Zusammenhängen bemerkenswert. Es gibt nicht den unverwechselbaren
poetischen Ort für eine einmalige poetische Aussage. Die Textteile sind
fluid, besitzen eine Art Autonomie, die sie für immer wieder andere Konstellationen nutzbar macht. Ihre Identitäten sind variabel bis an die Grenze
der Beliebigkeit. Daher ist auch die Methode, nach der synthetisiert wird,
radikal offen und für Überraschungen aller Art gut.
　　Der Bezug auf „das Leere, dem wir entgegenblicken" (Jandl) liefert nur
scheinbar das ‹Zentrum›, das einem Magnetfeld vergleichbar die Textpartikel organisiert. Denn das ‹Leere› wird, einmal ins Sprachfeld geraten, eine
meditative Kategorie und polarisiert sich mit der des ‹Vollen›: Das sich in
unabsehbaren Füllungen manifestieren kann. Die Kompositionsmethode,
die mit Sprüngen, Schnitten, Brüchen (»Überraschungen«) ebenso arbeitet
wie mit Übergängen, Analogien, Vertauschungen, Verwischungen, vermag
eine Fülle von mundanem sprachlichem Material zu erschließen und in dem
Stück zu binden. Nur wegen der praktischen Umstände – Dauer, Medium
usw. – muß diese Fülle endlich und begrenzt bleiben. Potentiell ist sie unabschließbar und innovativ wie das Sprachgewebe, mit dem zusammen und
auf Grund dessen wir existieren. *das röcheln der mona lisa* endet zwar,
aber es kann nicht aufhören.

10

Wer sich auf das Stück einläßt, überschreitet eine Grenze. Es wird von
Anfang an nicht verborgen, daß Radikalität im Spiel ist. Mit Konsequenz
wird jede Art von Hoffnung als illusionär, werden tragende Polaritäten
als trügerisch und hinfällig dargetan. Die dialogischen Sequenzen laufen
letztlich allesamt auf einen Schreckpunkt zu, und ein solcher sitzt auch in
den freimütig angekündigten »Überraschungen«. Dabei ist das ganze Stück
aus trivialem Material zusammengefügt. Zum überwiegenden Teil handelt
es sich um kleine Wörtermünzen, im Alltag vernutzte Redewendungen,
Floskeln, Banalzitate, Kinderverse. Keine seltenen Wendungen, keine extremen Formulierungen, keine Schmuckwörter des Schreckens, des Grauens.
Wer sich auf das Stück einläßt, bewegt sich an der Alltagslinie entlang,
aber nicht auf dieser, der von Gewohntsein nicht mehr bemerkten, sondern
auf der anderen Seite, wo selbst das Banale nicht mehr selbstverständlich
ist. Wie auf einer rituellen Reise wird der Hörer vom alltäglich Gewohnten,
gerade indem er es wahrzunehmen genötigt wird, abgedreht. Es gelingt
durch die Entindividualisierung der Textteile, der angespochenen Personen,
auch der Ereignisse, die aufgerufen, auch der Visionen, die aus ihren Räumen zurückgerufen werden. Jandls Methoden, die beschrieben wurden,
bewirken das, vor allem aber und über alles andere hinaus und hinweg seine
Stimme. Sie führt, ohne zu berühren. Sie trifft, ohne zu zielen. Wer dieses
Stück durchgestanden hat, weiß: Er hatte den Kopf in der Schlinge.

„Was fast gar nichts zählt, ist alles" – Über Helmut Heißenbüttels *Textbuch 9*

1991

Textbuch 9 ist ein Vademecum für alle möglichen und unwahrscheinlichen
Gelegenheiten. Seine 39 Texte sind leicht handhabbar. Keiner erreicht den
Umfang von zwei Seiten. Jeder besteht aus 13 Sätzen, welche durchnume-
riert und daher leicht wiederfindbar sind. Die Texte sind auf drei Gruppen
zu jeweils 13 aufgeteilt, deren jede eine Art von Schwerpunkt hat: narrative
Stücke die erste, vorwiegend abstrakte Texte, aber auch welche mit persönlichen Implikationen des Autors die zweite Gruppe, indes die dritte gemischt
ist aus persönlich imprägnierten, politisch akzentuierten, poetologischen
und einigen narrativen Texten. Es können sich thematische Zusammenhänge zwischen mehreren aufeinanderfolgenden Texten, also Teilsequenzen
bilden; sonst jedoch gilt rascher Wechsel der Themen, der Innen- oder der
Außensicht, der Abstraktionsgrade, der Sprecher- bzw. der Erzählerrolle.

Heißenbüttels Vorliebe für die Zahl 13 als Maßeinheit für Texte reicht
zurück bis in die *Topografien* von 1956. Dort bestehen die *Pamphlete* aus
13 römisch durchgezählten Abschnitten. *Textbuch 5* (1964/65) trägt den

Titel *3 x 13 mehr oder weniger Geschichten.* Doch weisen nur zwei der 39 Stücke selbst 13 Abschnitte auf, außerdem konkurrieren noch andere Maßzahlen (7 bzw. 11).

Radikaler setzt sich die 13 als Organisationsmaß im *Textbuch 6* (1965/67) durch. Dessen sieben Texte sind jeder in 13 Abschnitte zu je 13 gleichlangen Zeilen eingeteilt. Sie wirken wie mit der Schere geschnitten, wobei weithin keine Rücksicht auf Wort- und Satzgrenzen genommen wird. Im 1985 erschienenen *Textbuch 8* sind zwei der drei Textgruppen der Maßzahl 13 unterworfen.

Erst im *Textbuch 9* von 1986 bestimmt die Maßzahl 13 die Gesamtlänge – aus 3 x 13 Texten – und den Innenaufbau der Einzeltexte mit ihren jeweils 13 Sätzen, was schon im Titel (»3 x 13 x 13«) hervorgehoben wird. Der Vergleich der Verwendungsfälle der Maßzahl 13 in den verschiedenen Textbüchern ergibt, daß 13 nicht gleich 13 ist, die Meßzahl vielmehr ganz unterschiedliche Textaggregate zuläßt. So auch im *Textbuch 9*, worüber noch zu sprechen sein wird. Verallgemeinernd kann man jedoch sagen, daß die Verwendung einer derart rigiden, einschneidenden Methode des Textzuschnitts jedenfalls Ordnungen nach klassischen poetischen Maßen ausschließt, ja ihre Zulässigkeit letztlich bestreitet; auch daß Abrundendes, Vermittelndes, Versöhnendes, Harmonisches zumindest dubios ist, hier keinen Ort mehr hat.

Aus dem Hintergrund schlägt die alte Anmutung der 13 als einer irregulären, ja als der ‹gefährlichsten› Zahl überhaupt durch. Im Grimmschen *Wörterbuch* liest man: „sie ist des teufels dutzend. alle dreizehn treiben heiszt in Baiern liederlichkeiten aller art treiben." Der unverhoffte dreizehnte Gast würde – bei Goethe – wenn nicht sich selbst, so zumindest einigen der übrigen Gäste zum „fatalen memento mori". Dornröschen wird von der dreizehnten Fee tödlich bedroht, was die zwölfte nur mildern, nicht zur Gänze abwenden kann. Die 13, nur durch sich selbst teilbar, paßt in keine Harmonie mit anderen Größen. Für unser Gefühl korrespondiert die 13 mit ihrem nagativen Leumund den unserem Jahrhundert innewohnenden Qualitäten, wie Dissonanz, Asymmetrie, Nichtidentität, unaufgelöste Widersprüche, Unbestimmbarkeit, Fragilität, Fragmentierung usw.

An den textschließenden 13. Sätzen im *Textbuch 9* läßt sich immer wieder eine solche problematische Wertigkeit dieser Meßzahl ermitteln. So findet sich eher eine ausbrechende als eine abrundende Aussage (Seite 42: *13 Wer jedoch annimmt, damit sei die Sache erledigt, der täuscht sich, denn nun fängt es erst an.*); eher eine beklemmende als eine euphorische (Seite 44: *13 Dann erblickte er, eingeklemmt zwischen die näher aneinandergerückten Wände des Flurs, den weiblichen Körper noch einmal, über und über mit gelb, rot, violett, blau, schwarz verfärbten Flecken bedeckt, die an den Rändern scharf abgegrenzt waren, abgewendeten Kopfs, schwarz verklebten Haars.*); eher eine befremdende als eine befreiende (Seite 61: *13 Über meine Nachdenklichkeit nachdenkend assoziiere ich plötzlich bestürzenderweise Schlagsahne Schlagbohrmaschine und Schlaftabletten.*); eine parodistische eher als eine affirmative (Seite 40: *13 Selbstentblößer aller Länder vereinigt euch, denn euch gehört die Zukunft.*).

Diese 13. Sätze haben das letzte Wort. Der Leser zuckt zwar, doch er nickt auch. Häufig sind sie als Pointe ausgebildet, auch wenn das, was auf den Punkt gebracht wird, bereits wieder davonläuft.

Was wiegt gegen die Dominanz der 13 die Drei, welche die Textgruppen zählt? Ist sie, die nach altem Glauben magische, zauberkräftige, numinose Zahl, in der der dialektische Widerspruch sich versöhnt und die „auch bei dingen und handlungen ... das abgeschlossene, vollendete, vollständige bezeichnet" (Grimm), Gegenlager der Dreizehn? Erreichen die aus 3 x 13 Texten errichteten Textbücher durch die Dreiergruppen Stabilität, Abrundung, Vollzähligkeit? Könnte daher auch an ihrem Schluß Heißenbüttels Dictum stehen: „Dem kann ich eigentlich nichts weiter hinzufügen." Oder bliebe zutreffender der Gegen-Satz: „Darüber wäre wohl noch viel zu sagen"?

Das auffälligste Strukturmerkmal der Texte ist die Wiederholung. Es wird angewandt als Wiederholung von einzelnen Wörtern, von Wortgruppen und von syntaktischen Strukturen. Auch die Wiederholung gehört zum Altbestand der Textarbeit Heißenbüttels. Schon 1956 stand in den *Topografien*: „das Wiederholen wiederholen" und noch deutlicher: „Rekapitulierbares das ist mein Thema". Im *Textbuch 9* beherrscht die Wiederholungsform alle Texte, mal mehr, mal weniger. Die Parallelisierung aufeinanderfolgender Sätze kann bis zur nahezu wörtlichen Identität gehen, wie in dem Text *Die neue Zukunft des Sozialismus* (Seite 53). Am weitmaschigsten ist die Wiederholungsstruktur in dem Stück *Inselkrimi* (Seite 64), dessen linearer Erzählungsverlauf nur wenige Wiederholungsmomente zuläßt. Rätselhaftes gibt sich auf, wenn im variablen Ablauf des immer wiederkehrenden Gleichen, Ähnlichen, Schongehörten auf einmal ein ganz neues Wort auftaucht. Obwohl zuallermeist zum gewöhnlichen Wortschatz gehörend, wirkt es als isolierte Einzelheit irregulär und überraschend.

Die strikteste Form der Parallelführung weisen die mit abstrakten Themen befaßten Texte auf, wie zum Beispiel *Wirtschaftspolitik* oder *Die neue Zukunft des Sozialismus* (Seite 52 und 53). Die Redemuster von Thesen, Argumentationen und Folgerungen werden in den permutativ klappernden Mechanismus eingepaßt und vermitteln den Eindruck von Zwangsläufigkeit, der solchen Vorgängen gerne zugeschrieben wird. Indem sie sich eine Pointe leisten (Seite 53: *13 Wenige werden alles haben*), desavouieren sie die vorgeführte Logik.

Von ganz anderer Art ist die Wiederholungsstruktur in den Texten, die autobiografische Momente enthalten und an denen persönliche Betroffenheit beteiligt ist. So werden in dem Stück *Der Stoff den sich die Einbildung ausgedacht hat* (Seite 66) in sich langsam verändernden parallelen Sätzen ein Gang vom Dorf in die Stadt, später eine Gang auf dem Deich geschildert. Die Allmählichkeit der Satzveränderungen entspricht in den ersten vier, fünf Sätzen noch dem Vorgang des Gehens mit seinen fast unmerklichen Verschiebungen der Orte und der Wahrnehmungen. Und in die Verfassung des Gehenden mischt sich ein meditativer Zug, der immer stärker wird. Die Methode der variierenden und dabei fortführenden Wiederholung verschmilzt diese betrachtenden Elemente mit den Wahrnehmungen. Beim

Lesen bilden sich, bewirkt von der Engführung der Sätze, Zeiteinheiten als Äquivalente jedes der Sätze. Sie entsprechen nun keineswegs mehr dem Bild, das vom realen Zeitverlauf vermittelt wurde. Sie verdanken sich der durch die Abfolge der Sätze durchgehaltenen Identität, die nur, weil sie modifikabel ist, erhalten bleiben kann. Die durch Wiederholungen, auch mit Abwandlungen, bewirkten vielfachen verbalen und syntaktischen Verflechtungen lassen die Zeitquanten nahezu zur Ruhe kommen. Hervorscheint aus solchem expandierenden Augenblick ein Fremdwerden, eine Befremdung, schon in Satz 9, pointiert im letzten: *13 Manchmal trete ich aus dem, was ich immer gesehen habe, heraus und stehe unheimlich mittendrin wie in der Fremde und sehe alles zum ersten Mal.*

Solche Verzitterung bleibt nicht vereinzelt. Sie hängt zusammen mit Heißenbüttels Verständnis aller Rede- also auch Schreibpraxis, daß jede Rede durch und durch wiederverwendete Rede ist, daß keiner redend ein Wort neu erfindet, vielmehr den riesigen Fundus seiner Vorgänger benutzt. So auch der Poet. Reden bedeutet Zitieren. Darum ist die Frage unausweichlich: Wer redet denn, wenn ich rede?

Die Beunruhigung darüber macht sich am deutlichsten in *Autobiographie* (Seite 69) bemerkbar: *1 Wenn ich schreibe, bin ich nicht ich sondern ich ... 12 Ich vergesse mich, wenn ich von mir schreibe, vollkommen und finde den Fremden, der ich bin, geschrieben wieder.* Und letztlich: *13 In den Text gestorben.* Der Text ist das Andere, das Fleisch, der Sarg.

Es gibt einen Text, in dem die Verzweiflung über die Fremdheit, die Unzugänglichkeit des Textes, der doch Ich ist, bis ins Äußerste geführt wird: *Il sueño de la razón* (Seite 46 f.). *1 Dieser Traum glich einem Buch, dessen Seiten nicht zurückzublättern waren, weil sie, ungeblättert, aneinander klebten.* Nur *durch gewaltsames Abreißen der Seiten voneinander* ist Zurückblättern, also Rekapitulieren, also Wiederholen, Wiederhervorholen möglich (Satz 2). Für den Leser, der im Sinn Heißenbüttels zugleich produktiv das Gelesene nutzender Sprecher ist, droht ein Fiasko. Es bleiben nur *Bruchstücke von Verstehen, Bruchstücke wie von Wörtern, Fetzen wie von Sätzen,* die *ergänzbar* sein sollten, *tatsächlich nicht zu ergänzen* waren. Angesichts dieses Befundes drängt sich die Frage auf: *... kam es dann nicht darauf an, zu zerreißen und nicht das Rekonstruierbare, sondern das Zerrissene ins Auge zu fassen, als der Weisheit sozusagen letzter Schluß?* (Satz 10) Man kann dem *sozusagen* Bitteres oder Höhnisches abschmecken, die Rißlinie jedenfalls wird manifest, wenn in den folgenden Sätzen (11-13) zwar noch syntaktische Identitäten mit einzelnen der vorangehenden Sätze, die ebenfalls nahezu ohne Prädikate auskommen (Satz 6, 7, 9), bestehen, jedoch – bis auf ein Detail in *Traumflug* (Satz 11) – keine verbalen Wiederholungsmomente mehr vorkommen. Die Kontinuität bricht nach Satz 10 ab. An Stelle der Reflexion tritt in Satz 11 pure Bildlichkeit, wozu es an anderer Stelle einmal heißt: *Was ich weiß, ist ein Bild, keine Ableitung, kein Begriff* (Seite 68). So auch hier, wenn da steht: *11 Helles Blau, zu Grau moduliert, Taubenblau, ein Mantel, der davonschleicht, schimmernd undurchlässig, scharf abgegrenzt, flach, zerteilt von einer Winkelbahn von außerordentlich kaltem Gelb, flüchtig vorgezeigt, wie im Flug, Traumflug, eben noch wahr-*

genommen. Die Anmutung von Collagematerial in den vorangehenden Äußerungen (*Bruchstücke, Fetzen, Reste* ...) bewahrheitet sich jetzt. Dieser Satz sitzt wie ein fremd herangeführtes Collagesegment am Traumriß. Während der Traum jedoch in der erinnernden Reflexion bis zur desaströsen Folgerung getrieben wurde, tritt das komplexe Bild wie eine Halluzination abgeschlossen, rätselhaft hervor und scheint fähig, die ganze Last der vorangegangenen trostlosen Einsicht aufzuwiegen. Hervorgetreten aus einem unzugänglichen Fundus, könnte der Satz ein Zitat in Heißenbüttels Manier sein.

Die elliptische, mehr auf Partizipien als auf verbale Prädikate gestützte Sprechweise wird auch in den folgenden Sätzen beibehalten. Satzflecken reihen sich an, ohne verknüpfende Wiederholungsmomente. Auch thematisch besteht kein Zusammenhang mehr. Vielmehr wird Reflexion (*der Zwang zu denken*) ad absurdum geführt (Satz 12). Satz 13 schließt mit deprimierendem Tenor: *13 Die Verwirrung einer Landschaft aus einander widersprechenden Perpektiven, nichts Beruhigendes, kein Trost, reine Verrücktheit.* Der Satz wird, wie Satz 11, nichtdiskursiv gefaßt, ohne Verwendung eines Prädikats. Das Subjekt – *die Verwirrung* – ist Attribut von *einer Landschaft*, die selbst formal (Genitiv-)Attribut ihres Attributs ist. Diesem Vertauschspiel sind in Form von Negationen weitere attributive Aussagen angefügt.

Reine Verrücktheit : beginnt mit einem solchen letzten Wort nicht auch bereits so etwas wie Trost, wenn auch kein beruhigender? Durchstreift man am Ende der Lektüre nochmal alle die 13. Sätze der Texte, so findet man nahezu überall ein verneinendes Moment, das von abwägenden, skeptischen, verrückenden, auf den Kopf stellenden, doch auch vermittelnden Intentionen eingefärbt wird. Solche Art von Verneinung ist der anderen Art: Sie grenzt aus, lehnt ab, wehrt ab; sie hält jedoch auch ihr Feuer trocken, verhindert zu rasche Entscheidung, hält auch das Unwahrscheinliche für wahrscheinlich. Und so endet folgerichtig das *Textbuch 9* im *Versuch über die Wahrheit* (Seite 73) programmatisch: *12 Ansätze, Bruchstücke, Fetzen, Reste, Abkürzungen, Überbleibsel, Rätsel, zählen sie nicht? 13 Was fast gar nichts zählt, ist alles.*

Die Verzweigungen von Sprache

Literatur zwischen den Stühlen

1985/1986

1

„Werden wir die Sprache der Computer sprechen?" war die Frage, die sich
die Deutsche Akademie für Sprache und Dichtung auf ihrer Frühjahrstagung
1986 zu beantworten vorgenommen hatte. Viele Beiträge waren von der
Sorge getönt, daß die starren Abläufe computergezeugter Texte auf die
Dauer das menschliche Sprachvermögen verarmen lassen könnten. Es tut
gut, wenn man sich angesichts solcher bedrohlicher Perspektiven klar
macht, daß Vergleichbares mit der Verschriftlichung unserer Sprachleistungen seit langem in Gang ist. Die Ablösung der Mündlichkeit aller gesellschaftlichen Kommunikationen durch die Verschriftlichung in einem langen
Prozeß war sicher ebenso einschneidend und bedrohlich für die menschliche
Sprech- und Sprachfähigkeit wie die anstehende Computerisierung weiter
Textbereiche. Auch die Ausbreitung des Schriftgebrauchs war von Warnungen und Aversionen begleitet. Platon etwa hat in seinem Dialog *Phaidros*
sein Unbehagen gegenüber der Schriftbenutzung anstelle der mündlichen
Rede zum Ausdruck gebracht. Es heißt bei ihm:

> „Vergessenheit wird dieses in den Seelen derer, die es kennenlernen, her-
> beiführen durch Vernachlässigung des Erinnerns, sofern sie nun im Ver-
> trauen auf die Schrift von außen her mittels fremder Zeichen, nicht von
> innen her aus sich selbst, das Erinnern schöpfen. Nicht also für das Erin-
> nern, sondern für das Gedächtnis hast du ein Hilfsmittel erfunden. Von
> der Weisheit aber bietest du den Schülern nur Schein, nicht Wahrheit dar.
> Denn Vielhörer sind sie dir nun ohne Belehrung, und so werden sie Viel-
> wisser zu sein meinen, da sie doch insgemein Nichtwisser sind und Leute,
> mit denen schwer umzugehen ist, indem sie Scheinweise geworden sind,
> nicht Weise." [1]

Platon läßt Sokrates für das gesprochene Wort plädieren, das genau für den
Gesprächspartner formuliert ist und im dialogischen Hin und Her wirksam
wird, während die vorweg schriftlich verfaßten Reden der Sophisten starr
sind. Wir haben inzwischen die Vorzüge des Geschriebenen zu schätzen
gelernt und Philosophie wie Literatur in einer Entschiedenheit darauf
gegründet, so daß wir Platons Kontroverse nur schwer nachvollziehen können. Heute jedoch, mit dem Blick auf die Sprache der Computer, wird sie
plötzlich aktuell als Beispiel einer ähnlichen umstürzenden Situation. Wir
allerdings sehen nicht so sehr die mündliche Sprache als die Schriftlichkeit
als Widerstand auf der Rollbahn der Computer. Nur sind wir außerstande,

---

1) Platon, *Phaidros* 257a. In: *Sämtliche Werke*, Bd. 2. Heidelberg o.J., S. 475

uns das Ausmaß der quantitativen und der qualitativen Veränderungen vorzustellen, die die neue Textverarbeitungstechnik bewirken könnte. Sprechen wir von Literatur, dann gibt es nur noch eine vage Erinnerung daran, daß unsere selbstverständliche Gewohnheit, Literatur als geschriebene, als Ensemble von Texten aufzufassen, Jahrtausende gesprochener Poesie verdrängt.

In der historischen Tiefe der griechischen Poesie trifft man auf die Mythe vom magisch tönenden, götterentsprossenen Sänger, der mit der Gewalt seiner Stimme Menschen, Tiere und Bäume zu erregen vermochte und dessen Klagelied sogar den Hades öffnete: Orpheus, das Inbild des tönenden Poeten. Faßbarer als dieser, dessen Lieder verschollen sind, ist der Urtyp des nordgermanischen Skalden, der wie Orpheus göttlicher Abkunft sein soll: Bragi Boddason, der im 9. Jahrhundert gelebt hat und von dem Verse überliefert sind. Auch die Skalden haben mündlich und aus dem Gedächtnis vorgetragen. Odin, so wußten sie zu berichten, habe den Dichtern den Skaldenmet überlassen, durch dessen inspirierenden Genuß sie teil am Göttlich-Numinosen gewannen.[2] Ihre Praxis freilich war nüchtern und artifiziell. Dichten in der germanischen Grundbedeutung des Wortes hieß ‹ordnen, herrichten›, und das taten sie: Die von dämonischen Phantasmen wie von praktischer Gewaltanwendung unaufhörlich bedrohte Welt mit ihren Texten ordnen und da hineinzuwinden die Geschichten und Geschicke ihrer Zuhörer, so daß ein wertebesetztes Relief erschien, wo ansonsten das Chaos wartete.

Sieht man von der begründenden Mythe ab, die in einer gewaltdurchherrschten Gesellschaft ihr eigenes Gewicht haben mochte, so zeigen diese Dichter sich als artifizielle Könner ohne priesterlich-magisches Gehabe. Von vielen sind die Umrisse ihrer Lebensläufe bekannt. Sie waren als Krieger, Kauffahrer, Fürstenberater in den Alltag verflochten und zeichneten sich im übrigen durch ein umfangreiches, trainiertes Gedächtnis und die Gabe eindringlichen Formulierens aus. Ihre mündlich vorgetragenen Gedichte waren ausgefeilten Regeln und schwierigen Formvorgaben unterworfen: mit genauen Vers- und Strophenplänen, einer von der gebräuchlichen manchmal extrem abweichenden Wortstellung, mit syntaktischen Verschachtelungen und einer surreal anmutenden Verrätselung der Aussagen, die nur die Kenner aufzudröseln wußten. Im 13. Jahrhundert hat Snorri Sturluson in der Prosa-*Edda* dieses poetologische Regelwerk festgehalten.

Bei uns sitzt die Vorstellung fest, ausgearbeitete Literatur hinge von der Schrift ab, und nicht in Schriftform Gefaßtes gilt als archaisch, vorliterarisch, volkstümlich und kann vernachlässigt werden und wurde es auch. An der mündlich ausgeübten und mündlich vorgetragenen Skaldenliteratur läßt sich ablesen, daß Literatur, also auch die orale, die nur gesprochene, voller Erfindungslust und alles andere als primitiv ist. Und nicht nur den Stoffen, den stories galten die Neuerungen, sondern auch die Formen wurden mit hellem Sinn für Erfindungen entwickelt.

---

2) Für des Nordischen nicht mächtige Leser bietet das Büchlein Klaus v. See, *Skaldendichtung*, München und Zürich 1980, wesentliche Informationen und bibliographische Angaben.

2

Es ist dies reflexive Moment nicht abhängig vom Selbstverständnis des Poeten. Ich erinnere in diesem Zusammenhang an Mallarmé, dessen Konzeption von Dichtung das schreibende Ich im Werk verschwinden ließ: „Ich bin nunmehr unpersönlich", heißt es in einem Brief, „bin nicht mehr Stéphane, so wie du ihn kanntest, sondern eine Fähigkeit des geistigen Universums, sich selbst zu sehen und zu entfalten, und zwar mittels dessen, was mein Ich war..."[3] Mit dem Konzept des *Livre*, des Buches, das dem Kosmos entsprechen sollte, ist Mallarmé jedoch der erste Konzeptkünstler: Das Werk wirkt gerade darum auf uns so faszinierend, weil es nur gedacht und nicht realisiert wurde, weil es wohl nicht zu realisieren ist. Werk und Konzept des Werkes sind eins: Die Poetik ist hier die Sache selbst, identisch mit dem Werk.

In der Praxis des Schreibens laufen die manchmal somnambule Gewißheit über das, was und wie was zu schreiben ist, die Hemmungslosigkeit des Formulierens, im Moment, da formuliert wird, quer zu der Brechung durch den Zweifel, das Zucken der Orientierungslosigkeit, das Sinkenlassen angesichts der Unmöglichkeit einer Fortsetzung. An dieser Konfliktstelle ist Bewußtsein unvermeidlich in Gang, die Arbeitsweisen aufzudröseln, ihre Stringenz zu überprüfen, Alternativen zu finden, Korrespondenzen herzustellen – es ist die exemplarische poetologische Situation im Schreibprozeß. Poetik im Zusammenhang des Schreibens ist Gerüst, Hilfslinie, und zwar manchmal unentbehrliche Hilfslinie, doch wird sie im Schreibvorgang verbraucht. Sie hat im Grunde keinen normativen, von der aktuellen Gegebenheit ablösbaren Wert.

Die ältere Schreibweise von Literatur läßt noch ‹littera› – den Buchstaben, also die Schrift – als das begriffsbildende Moment erkennen. Dadurch wird freilich überdeckt, daß Literatur, insofern man damit Dichtung meint, mit der mündlichen, von Stimme getragenen Poesie beginnt.

Die historischen Stellen lassen sich ermitteln, wo orale Literatur veraltet; wo sie – wie die homerischen Lieder oder die Sagenberichte, auf denen das *Nibelungenlied* aufbaut, – verschriftet wurden und dabei ihre Qualität änderten.

Im Mittelfeld der Literatur verschwindet seit der klassischen Antike, im Norden mit der Christianisierung, die mündlich ertönende, mündlich weitergegebene Literatur und damit ihre besondere Erfahrung des Höraugenblicks, der sich mit Modifikation immer aufs neue wiederholen kann, und die mythisch geprägte Leistung von Erinnerung, in der sich die Geschicke aneinanderreihen. Wo Stimme nun noch laut wurde, auf dem Theater und im kultischen Raum, war sie gebunden an den geschriebenen, ja vorgeschriebenen Text, und es trennte sich die Leistung des Autors von der des Sprechers.

Nur an den Rändern hat sich, bei uns bis ins 18., 19. Jahrhundert hinein, in der Sprechsprache Existierendes erhalten: bei den Märchen- und Geschichtenerzählern, bis auch deren Dinge aufgeschrieben und damit dem

---

3) Zitiert nach: Wolfgang Max Faust, *Bilder werden Worte*. München 1977, S. 67

Weiterspinnen entzogen wurden; und auf der subkulturellen Bühne, etwa der Commedia dell' arte. An solchen Stellen gab es noch eine Weile stimmlich-szenische Produktionen, die alle Register der Laut- und Körpersprache bis ins Animalische und Obszöne hinein nutzten. Stimme, Mimik, Gestik, Akrobatik wirkten ineins. Improvisation und Invention wurden nicht in Textbüchern festgehalten, sondern nur von bestimmten lernbaren Typisierungen und Standardisierungen von Dialog, Rolle, Situation gestützt.

Nicht die Dichter haben die Schrift erfunden, und auch an ihrer typographischen, kalligraphischen Ausfaltung waren sie höchstens marginal beteiligt. Doch hat es, als das neue Zeichenrepertoire allgemein zugänglich wurde, offensichtlich entsprechende poetologische Bedürfnisse gegeben. Als Begleiterscheinung bei der Nutzung der Schrift durch die Autoren sei auf die lange Tradition der Figurengedichte hingewiesen, die seit dem Hellenismus in Gang ist und die bis zum Barock, wenn nicht bis Apollinaire reicht. In der konkreten und in der visuellen Poesie, die für mich mit Mallarmé beginnt, hat die Autonomie der Schriftzeichen auf der Textfläche eine neue Begründung erfahren, wie andererseits das Lautgedicht die abgestorbene Mündlichkeit von Poesie, freilich ebenfalls in völlig anderem Bezugsrahmen, wiederaufleben läßt.

Der Übergang der Literatur aus der Sprech- in die Schriftsprache hat der Literatur beträchtliche Vorteile gebracht. War doch der mündliche Text in seiner Existenz von der lückenlosen Kette getreuer Überlieferer abhängig; der schriftliche dagegen besitzt, zumal wenn er in vielen Exemplaren vorliegt, ein ungefährdeteres Dasein. Der schriftliche Text ist ferner bis ins kleinste Detail der Bearbeitung, Differenzierung, Abwandlung zugänglich; er gewinnt im Vergleich mit dem gedächtnisgespeicherten mündlichen eine andere Mikroqualität. Die Lektüre kann, im Gegensatz zum Zuhören, an jeder Stelle unterbrochen und beliebig wiederholt werden. Der schriftliche Text ist nicht nur von der Zeit, sondern auch vom Ort unabhängig, leicht zu transportieren, leicht verfügbar zu halten. Nur der schriftliche gibt die Grundlage für eine Übersetzung in andere Sprache, wodurch seine Mobilität nochmals zunimmt. Der mündlich vorgetragene und von Mund zu Mund übertragene Text benötigt die Gruppe sowohl der Rezipienten wie der Produzenten; der schriftliche individualisiert seinen Autor wie seinen Leser in hohem Maße. Schriftlichkeit bewirkt aber auch durch ihre für die Gesellschaft generell verbindlichen Ausdrucks- und Darstellungsnormen die Lockerung des Provinziellen, die Lösung des Bewußtseins aus dem Winkel; sie transportiert Maßstäbe und mit diesen die Fähigkeit zur Kritik. Die Schriftliteratur hat, seit Luther, am Ausfeilen der Schriftsprache und diese an der Ausgestaltung und Sicherung der Hochsprache mitgewirkt. Sprich, wie du schreibst – und nicht umgekehrt, lautet ein Korrektiv, mit dessen Hilfe das Mitglied einer Schriftliteratur besitzenden Gesellschaft Zugang zur Emanzipation im aufklärerischen Sinn erlangt.

So läßt sich ohne Überspitzung sagen, daß keine Zivilisation von überregionalem Rang ohne angemessene Methoden der Verschriftung ausgekommen ist. Keine der uns geläufigen Kulturen hat jedoch in so weitreichender und tiefgreifender Weise ihre gesamte politisch-gesellschaftliche

Existenz auf Verschriftung und Vertextung gesetzt wie die europäische seit der frühen Neuzeit. In den Gesellschaften der Antike und des Mittelalters konnte, ohne daß das zivilisatorische System zu leiden hatte, die Masse der Mitglieder über bloß rudimentäre oder gar keine Kenntnisse im Schreiben und Lesen verfügen. Das gesprochene Wort reichte in allen Bereichen des öffentlichen und privaten Handelns aus, Vorgänge in Gang zu setzen, Entscheidungen zu vermitteln, Verbindlichkeiten jeder Art herzustellen. Es wurde bei Bedarf von Aufzeichnungen begleitet, von Urkunden gestützt. Der Kredit eines Kaufmanns bestand in der Gültigkeit und Zuverlässigkeit seines Wortes. Hierarchische Beziehungen wurden durch symbolische Handlungen, zu denen das Wort gehörte, gestiftet.

Vorreiter der anbrechenden Änderung dieser Verhältnisse war ausgerechnet die Institution, die das Symbolhandeln aufs feinste ausgebildet hatte: die römische Kurie. Ihr spätmittelalterlicher Anspruch, den ganzen Erdkreis im Namen Christi zu lenken, schlug sich nieder in der Entwicklung einer Ländergrenzen überschreitenden Verwaltungsorganisation, mit der das ganze Kirchenvolk erfaßt wurde und insbesondere die Pfründen und Abgaben aller Art kanalisiert werden konnten. Die früheste bürokratische Praxis entstand in diesem Zusammenhang.

Die Geschichte der Neuzeit hat gezeigt, daß von der Vielzahl der Staaten, die damals ihre Existenz zu behaupten versuchten, nur diejenigen sich konsolidieren und überdauern konnten, die an Stelle der gewohnten ständischen Organisationsform allmählich die apersönliche, auf auswechselbare Beamte gestützte, zentralisierte Verwaltung ausbildeten. Und das Instrument der Bürokratie ist die Schrift. Das Hin und Her zwischen den beiden Strukturen füllt die Jahrhunderte. Seit dem 17. Jahrhundert installierte sich ganz offensichtlich das bürokratisierte Regierungssystem, das in späteren Konstellationen auch noch den Monarchen wegdrückte. Es hat eine einzigartige Methode der Verschriftlichung und Vertextung aller relevanten Vorgänge des öffentlichen Lebens entwickelt, das im übrigen nie an den Grenzen des privaten haltmachte – man braucht nur an die schriftlichen Polizey-Ordnungen der Obrigkeit zu denken, die bis in den Intimbereich hinein Verhaltensnormen kodifizierten.

Zunächst hatte die Verschriftlichung der Rechtsverhältnisse, wie bei den Babyloniern und den Römern, durchaus auch positive Aspekte: Transparenz, Nachprüfbarkeit, allgemeine Gültigkeit, Regelung der obrigkeitlichen Beliebigkeit usw. waren und sind etwas wert; und so wurde diese Praxis von einer progressiven Welle durch die Jahrhunderte getragen.

Daß das System der neuzeitlichen Wissenschaften genau hier hineinpaßt, liegt auf der Hand. Mit Juristik, Kameralistik, Staatslehre, Finanzwissenschaft und seit dem 19. Jahrhundert mit den gesellschaftswissenschaftlichen Disziplinen haben sie die bürokratisch vertextete Zivilisationsorganisation mit Verfahrensweisen, Strukturen, Informationen und nicht zuletzt auch Zielsetzungen versorgt.

3

Ich glaube nicht, daß man übertreibt, wenn man hinter und über der alltags-
weltlichen Realität eine zweite Realität heraufziehen und sich installieren
sieht, die tendenziell jedenfalls unabhängig ist von der Bindung an Personen mit ihren Hin- und Zufälligkeiten, unabhängig auch von konkreten,
leicht zu gefährdenden Situationen: eine nur aus fixierten Zeichenkomple-
xen bestehende Realität, die die alltagsweltliche Realität mit ihren Schrift-
und Begriffssystemen durchherrscht, Normen festhält und die Verhaltens-
vorgaben steuert und kontrolliert. Nur wenn nicht kalkulierte, etwa gar
nicht vorhersehbare Kalamitäten einbrechen, zeigt es sich, daß diese über-
lagernde Realität Löcher hat, und es ist Aufgabe der Politiker, der Spezialisten, sie schleunigst zu schließen.

Die Innenansicht der unser Dasein regelnden, überlagernden Institutionen zeigt, daß ihr Stoffwechsel ungeheure Textmengen verbraucht. Textmengen, die unablässig bewegt, verändert, ausgewechselt, erneuert werden
müssen. Wir alle sind mit einem Großteil unserer Fakten und Umstände –
von den Geburtsdaten, Wohnsitzen, Besitztümern, Fahrzeugen, Kontonum-
mern bis zu den Absichten und Verfehlungen – namentlich oder anonym
Futter der Datenkonglomerate und damit Bestandteil dieses Stoffwechsels,
und es endet dies keineswegs mit unserer Beerdigung. Die benötigten Textmengen weisen alle denkbaren Aggregatzustände auf: vom Kleingehackten
der Registraturen, Karteien, Kirchenbücher, Datenbanken über Verordnungen, Erlasse, Verfügungen, die kapillarisch in alle möglichen Verhältnisse
eindringen, bis zu komplexen Texturen, die zu erstellen es der Scharen
von speziell ausgebildeten Formulierern und die im zivilisatorischen Stoffwechsel wirksam werden zu lassen es noch zahlreicherer Spezialisten-
truppen bedarf.

Die Überlegung stellt sich ein, ob mit der Raffinierung der Vertextungsmethoden – gar wenn man die überhaupt noch nicht ausgeschöpften elektronischen Verfahren einbezieht – sich das Verhältnis der beiden Realitäten
nicht umdrehen könnte: in dem Sinn, daß der Text- und Datenprozeß mit
seinen Definitionen, Rastern, Selektionen die Zugehörigkeit zum Real-
bereich steuert, was auch die entsprechende Negation, die Beseitigung,
die Ausmerzung des Überschüssigen einschließen könnte.

Mit solchen Gedankenfluchten wäre bereits Literatur erreicht. Das
Weiterdriften bis zum Umkippen ins Groteske oder Absurde wäre dann
ihre Sache.

Es läßt sich nicht übersehen, daß der Praxis der Vertextung, wo immer
sie auch auftritt, ein Hang zur Komplettierung, zur Perfektionierung innewohnt. Die Fehlerreste, die Unauffindbarkeit auch nur weniger Prozent-
punkte machen Kribbeln. Sie auszutilgen sind sie überall in Gang, die
Kammerjäger der kompletten Bereinigung, in den Versicherungen, bei den
Arbeitsämtern, beim Finanzamt, bei der Polizei, in den Wissenschaften,
in der Werbeindustrie usw. Es steckt ein Stück Utopie darin als Element
unseres Alltags, das wir normalerweise wie manches andere verkraften, es
sei denn, es verbindet sich mit übergreifenden, überhängenden utopischen
Konzepten – Vertextungen eigener Art, die wie Tuberkelbazillen im unab-

sehbaren Netz der gesellschaftlichen Vertextungen eingekapselt nisten und in geeigneten Konstellationen mit Hilfe politisch agiler Gruppen virulent werden können.

Man kann an Modelluntersuchungen zur Praxis der Machtergreifung 1933 in kleineren Städten wie unter dem Mikroskop betrachten, wie allein noch die Sprachphantasmen der blanken Utopie die blanke Gewaltanwendung bei der Usurpation der Macht abdeckt. Das utopisch-konzipierte Textsystem tritt dabei in Konkurrenz mit dem zivilisatorisch üblichen, nutzt dessen Funktionen, ohne sich doch an die – ebenfalls kodierten – Spielregeln zu halten.

Der Komplex der Hundertprozentigkeit, der zunächst wie eine Marotte wirkt, spielt dabei eine fatale Rolle. Zur Logik der Utopie gehört die Vollendung und die Restlosigkeit; das gewährt dem Verstand Genuß, da den die Ratio beirrenden Resten, in Gestalt der Abweichler, das Ende angesagt wird, und es ergreift das Gemüt, daß das Vollkommene sich zu erscheinen anschickt. Die Tugend der Reinlichkeit mit ihrem Abscheu vor den Schmutzrändern ist ebenso im Spiel wie das Glück, mitvibrieren zu dürfen im ehernen Schritt der Geschichte.

Die Wahlen der Jahre nach 1933, solange es noch welche gab, zeichneten sich dadurch aus, daß sie solchem Bedürfnis Genüge taten. Sie erreichten die fast Hundertprozent an Jasagern. Hitler hatte eine weit in die Zukunft sich erstreckende Liste solcher Schmutzränder, die zu beseitigen zum utopischen Prinzip gehörte: Kommunisten, Intellektuelle, Juden, Zigeuner, Geisteskranke und – dazu kam es dann nicht mehr – als größter Brocken die Katholiken. Auch Stalins Ausmerzungsprogramm hatte orgiastische Ausmaße, damit Platz für den neuen Menschen werde.

Die Kopulation von Gewalt und utopischer Vertextung läßt sich im Modell an den Morden des 30. Juni 1934 beobachten. Im Sinn der traditionellen Vertextung wurde das Abschlachten der SA-Führer und der bürgerlichen Oppositionellen ein paar Tage später durch ein vom Reichstag akklamiertes Gesetz über Maßnahmen zur Staatsnotwehr legalisiert. Doch bereits am Tag danach, am 1. Juli, einem Sonntag, verspann Goebbels die Fakten in ein Redenetz, in dessen Zusammenhang sie einen völlig neuen Aggregatzustand erlangten. Die Rede wurde am 1. Juli über alle Sender verbreitet und am Montag, den 2. Juli, im vollen Wortlaut in den Tageszeitungen gedruckt. Ich greife aus dem Text nur zwei Momente heraus. Zunächst die utopische Hundertprozentigkeit: „Der Führer", so hört man, „pflegt alles, was er tut, ganz zu machen. Auch in diesem Fall. Wenn schon, denn schon." Die Redensart – ‹wenn schon, denn schon› – ist jedermann geläufig, sie ist gängige Alltagsmünze und geht leicht von der Zunge, und so leuchtet die darin enthaltene Konsequenz auch ohne weiteres ein. Zumal Goebbels zuvor die makabre Heiligenlegende ausgemalt hat: „Sein – Hitlers – ganzes Leben gilt dem deutschen Volk, das ihn deshalb tief verehrt, weil er groß und gütig ist, aber auch erbarmungslos sein kann, wenn es notwendig wird." Und es wurde notwendig, wie der Fortgang der Rede plausibel zu machen weiß: „Jetzt wird reiner Tisch gemacht", damit kommt Goebbels zur Sache, „und die Eiterbeule, nachdem sie ausgereift war, aufgestochen. Die Lauterkeit und

Anständigkeit der Partei und all ihrer Organisationen ist durch die Ausmerzung dieser fragwürdigen Elemente wiederhergestellt." Und unter Nutzung derselben Bildersprache ein wenig später: „Und Pestbeulen, Korruptionsherde, Krankheitssymptome moralischer Verwilderung, die sich im öffentlichen Leben zeigen, werden ausgebrannt, und zwar bis aufs Fleisch." [4] Wer könnte dagegen etwas einzuwenden haben?!

Unter solchen Sprachmasken schrumpfen die Taten zu Nebensächlichkeiten. Der längst aufgespannte utopische Hintergrund bot die Ansatzstellen für die Umwertung und vermittelte die Glaubwürdigkeit auch einer solchen Darstellung. In einem Text mit dem Titel *Deutschland 1944* [5] hat Helmut Heißenbüttel mit den Mitteln der Zitatcollage einen Schnitt durch das Spätstadium dieses Text-Todesprozesses gelegt, der im fahlen Licht der nazistischen Utopie in Gang war. Das verwendete Material stammt aus Reden, Protokollen, Gedichten, Tagebüchern, Berichten verschiedener Instanzen, alle aus dem Jahr 1944. Es sind Äußerungen von Tätern, Widersachern, distanzierten Beobachtern. Einige der Autoren vermag der kundige Leser zu identifizieren, einige lassen sich vermuten, andere bleiben im Dunkeln. Man vermißt die Aufdeckung der Namen jedoch nicht, denn es geht um den fiebrigschauderhaften Prozeß im Ganzen, nicht mehr um Einzelheiten.

Der anvisierten, durch den Vollzug des Textes – und zwar beim Schreiber wie beim Leser – erst aufzudeckenden Thematik entspricht das Verfahren, durch das der Text zustande kommt: nämlich keine Kontur, keine Gestalt vorab zu geben, sondern das Disparate, Fremdartige, Sich-Stoßende im Textspielraum zusammengeraten zu lassen. Den Zufalls- und Schnittcharakter der Collage hat Heißenbüttel noch dadurch geschärft, daß er die Zitatmenge in strikt gefaßte Abmessungen füllte: Der ganze Text ist in 13 Teile zu je 13 Zeilen geschnitten. Die Blockgrenzen zerteilen Textzusammenhang ohne Rücksicht auf den Inhalt.

Die Bruchstücke der Collage saugen den Leser jeweils in ihre Tiefe, weiten mit ihren Konnotationen und Korrespondenzen, die im Wortlaut nicht erscheinen, den Text ins Unabsehbare. Die geborstene, vernebelte, demolierte Textlandschaft dieses letzten Jahres der utopischen Tausend wird aufgeklappt, nicht um ein Panorama vorzuweisen – das wäre unmöglich; vielmehr wird gezeigt, in welchem Ausmaß und in welchem Wirklichkeitszustand Sprache mit dem faktischen politisch-terroristischen Geschehen, das später als Geschichte trockengelegt wird, verquickt ist. Sprache erweist sich als ein in allen Fugen gegenwärtiger Wirkstoff. Der Zustand ihres Vokabulars, ihrer Redensarten, ihrer Verknüpfungsgewohnheiten im jeweiligen historischen Moment ist alles andere als wertneutral; erst mit ihren wertdurchtränkten Mitteln läßt sich Verrecken als heroisches Aufrecken, das Wimmern der Todesmühle als Dröhnen des Weltgeistes deuten. Das Realitätsschlamassel ist auch ein Sprachschlamassel – das ist das Thema des Textes *Deutschland 1944*; lesend und auf die Kumulierungen und Wiederholungen achtend findet man es im Verlauf des Textes heraus.

4) Goebbels zitiert nach: *Münchner Neueste Nachrichten* Nr. 176 vom 2.7.1934, S. 1 und 2
5) Helmut Heißenbüttel, *Textbuch 6*, Neuwied und Berlin 1967, S. 29 – Vgl. oben S. 287 ff.

Infolge seiner Komposition aus zahlreichen Zitatfragmenten bleibt der Text jedoch offen für ebensoviele Sinn- und Anmutungserfahrungen, wie er Leser findet. Im Gegensatz zu klassischen Texten, deren Bedeutungselemente sich beim Lesen gegenseitig aufladen und gleichzeitig eingrenzen, so daß der Deutungsfocus immer eindeutiger wird, verlangt und provoziert der offene Text, wie er mit *Deutschland 1944* vorliegt, Anschlüsse und Korrespondenzen nach vielen Seiten. Der klassische Text strebt nach der einen authentischen Deutung, mag es auch im Einzelfall beträchtliche Variationsbreiten geben. Der offene Text mutet jedem Leser eine eigene Focussierung zu, und er ist in unvergleichlich höherem Maße auf die Voraussetzungen angewiesen, die der Leser als Vorwissen und Vorerfahrung mitbringt. Der Text von Heißenbüttel macht diesen Sachverhalt eindringlich deutlich.

4

Die öffentlich ertönende Sprache und wirkende Rede hat nur an einer Stelle durch die Jahrhunderte hindurch der Verschriftlichung widerstanden: auf den Kanzeln. Unvertilgbar, seitdem die Reformatoren den Heilszugang auf die Wort-Verkündigung konzentrierten. Das Ohr blieb, trotz einer Flut von flankierenden geistlichen Druckschriften, der favorisierte Adressat des geistlichen Zuspruchs. In der politischen Öffentlichkeit wird erst mit der Französischen Revolution das mündliche Wort virulent – bemerkenswerterweise in einem Moment der Geschichte, das sich durch die Maximierung der Vertextung des Wissens durch die Enzyklopädisten auszeichnet. Die politischen Reden der Jakobiner wurden, wie die geistlichen Predigten, zwar vielmals zuvor schriftlich fixiert, doch erst in den Redeschlachten des Konvents wurden sie politisch scharf. Die Taten der Epoche kamen zuerst als Reden ans Tageslicht.

Die alte Gesellschaft war letztlich den Wirkungen dieser oralen Zündschnüre nicht gewachsen. Mit den politischen Massenbewegungen unseres Jahrhunderts kam die Praxis der direkten mündlichen Beeinflussung, Einstimmung, Emotionalisierung von Personengruppen, von Menschenmengen in Blüte. Lenin und seine Aktivisten verwendeten die mündliche Agitation mit Erfolg, und die Bolschewisten entwickelten noch vor der massenweisen Verbreitung des Radios den Einsatz technischer Mittel, etwa indem Eisenbahnzüge als rollende und rasch verschiebbare Rednertribünen eingesetzt wurden. Mit ihrem Stimmlaut haben sich die Agitatoren der Massenbewegungen – Mussolini hart auf den Fersen Lenins und selbst Muster für Hitler – in der Gefühlswelt ihrer Zuhörer eingenistet. Für Hitler ist die emotionale Wirkung seiner Stimme vielfach bezeugt. An Wirkung kam ihm keiner gleich, auch der Doktor Goebbels nicht, der ihm an Rhetorik und Rabulistik zweifellos überlegen war.

Golo Mann schreibt in seinen *Erinnerungen und Gedanken* (1986) über die Stimmqualität der Naziredner:

„Hitler hatte unter seinen Getreuen eine Menge Nachahmer, aber so gut wie er konnte es keiner. In seinem gutturalen Sprechen war für mein Gefühl etwas durchaus Fremdes, Undeutsches. Aber ein echter Österreicher war er auch nicht. Er war aus Niemandsland. Nur ein im Grunde

Fremder konnte so faszinieren, so sich Deutschland unterwerfen, wie es diesem gelang. Görings Stimme: eine blecherne Trompete. Dagegen die von Goebbels völlig anders und damals einzig in ihrer Art: sonor, ja wie Samt, auch dann, besonders dann, wenn er eine gewaltige Bosheit aussprach, wie demnächst: 'Wir sind die Herren über Deutschland.' Ein wollüstiger, aber leiser Triumph. Schreien konnte auch er ..., aber da war dann echte theatralische Steigerung."
Die massenwirksame orale Agitation durchzieht wie ein immaterieller Kampfstoff unser Jahrhundert und erreicht durch die elektronischen Medien noch das hinterste Dorf und den abgekapselten Lauscher. Das ereignet sich gleichzeitig mit einer Vervollkommnung der Vertextung des gesellschaftlichen Lebens, ebenfalls ermöglicht durch die elektronisch betriebene Technik.

5

Ich möchte mich auf ein weiteres Beispiel beziehen, das verdeutlicht, wie Literatur mit der alles überziehenden zivilisatorischen Vertextung befaßt ist. Der Komponist und Hörspielautor Mauricio Kagel hat 1979 ein Hörspiel mit dem Titel *Der Tribun* produziert. Sein Suchrahmen waren Passagen, Kernstellen, Partikel aus politischen Reden aus aller Herren Länder. Die Bearbeitung dieses auf etwa 500 Karteikarten stichwortartig notierten Materials geschah in der Weise, daß Kagel ins Studio eingeschlossen mit Hilfe der Karteikarten politisches Reden improvisierte und inszenierte. Kagel schreibt dazu: „Ich habe nicht (einen bestimmten) Text gelesen, sondern meine Reden frei gehalten, mit Hilfe einer breiten Palette von Wut bis Pseudoliebe, von verwerflicher Rhetorik bis Betonung von Edelgedanken, um einen Zustand unaufhörlichen Sprechens zu rekonstruieren." [6]
Die vielstündigen Bandaufnahmen fingierter und doch authentischer Reden wurden schließlich zu einem knapp einstündigen Hörspiel verdichtet. Der Hörer vermeint, eigenen Hörerinnerungen zu begegnen. Im Gegensatz zu Heißenbüttels Entscheidung, die Fundstücke zu nehmen, wie er sie gefunden hat, verschleift, vermischt, verdreht, verkalauert Kagel sein Rohmaterial. Auch unterzieht er es einer Intonation, die den Originalen wohl abgehorcht ist, doch sie zugleich auch mit einem abstrus-grotesken Pathos überzieht, wodurch das mörderische Pathos der Originale auf den Jahrmarkt gerät, dessen Ort heute auch das Hörspiel sein kann.
Von Gerhard Rühm gibt es eine Reihe von Stücken, die in diesen Horizont gehören. Ich erwähne die *Zensurierte Rede*, die Rühm 1969 in einem tschechoslowakischen Studio hergestellt hat. Material ist eine politische Rede jener Tage. Durch Bandschnitte wurden alle Wörter der Rede bis auf die Randlaute am Anfang und Ende ausgekernt, so daß drastisch hörbar wird, worum es geht: das Ansetzen zum Sprechen und fortwährend erzwungene, gequälte Verstummen.
Aus der Hörspielproduktion der letzten zehn, fünfzehn Jahre wäre eine ganze Reihe weiterer Beispiele dafür zu nennen, wie das unsere Welt durch-

6) Klaus Schöning (Hg.), *Hörspielmacher.* Königstein 1983, S. 138

strömende Text- und Redematerial präpariert, ironisiert, decouvriert werden kann. Ich weise nur auf die Hörspiele von Ferdinand Kriwet hin, der Sprach- und Geräuschmaterial auf Fußballplätzen, in Popkonzerten und bei Wahl- schlachten gesammelt und es – quer zu den realen Verläufen – zu artifiziel- len Hörfilmen strukturiert hat. Kriwet sucht, um das Material seiner Stücke zu gewinnen, optimale Stellen massenhaften Sprachrauschens auf: In zwei Stücken – *Apollo America* und *Voice of America* – hat er die medialen Aus- schüttungen der Mondlandungen, in *Campaign* die einer amerikanischen Präsidentenwahlschlacht, in *Modell Fortuna, Ball* und *Radioball* die der Fußballplätze eingefangen und verarbeitet.

Bei der Montage des Materials – das aus Liveaufnahmen, aber auch aus Funk- und Fernsehmitschnitten besteht – geht es Kriwet nicht um das reportagehafte, quasidokumentarische Wiedergeben; vielmehr bewegt er sich bewußt auf dem Grat zwischen Authentizität und formalartifizieller Komposition. Er sagt selbst:

„Es war von Anfang an meine Absicht, diese Sprache künstlich zu cha- rakterisieren, also ihre Eigentümlichkeiten, ihre unverwechselbaren ver- wechselbaren Besonderheiten in verdeutlichender Form zu komponieren. Meist geschah dies in der Isolation der Materialien. So habe ich z.B. sol- che Töne, Geräusche und Stimmen, die in der allgemeinen Begeisterung untergehen, auf die man auch sonst nicht achtet, die man einfach über- hört, aus ihrem Zusammenhang herausgeschnitten. Erst dadurch wurden diese Töne, Geräusche, Stimmen in ihrer Eigenart hörbar."[7]

Durch die Beachtung winzigster Hörphänomene und ihre Verwendung in einem polyphonen, der gewohnten Hörerfahrung unbekannten auditiven Gefüge wird die zivilisatorische Hörwelt fremd, anders, neu wahrgenommen und der Hörer für das Nochnichtgehörte, möglicherweise für das Unerhörte sensibilisiert. Bei Kriwet hört er nichts, was nicht aus seiner Welt käme, doch er hört es hier, wie er es sonst nie zu hören bekommt.

Schriftliteratur und Sprechliteratur klaffen gründlich auseinander, auch wenn manche dieser Stücke sich renotieren ließen. Sie existieren doch erst dank der ertönenden Stimme, deren Intensität, emotionale Zugabe, deren ironische, klagende, höhnende Färbung nicht notierbar sind, obwohl sie unablösbar zum Text gehören.

Ernst Jandl muß an dieser Stelle erwähnt werden. Er ist im deutschen Sprachraum vermutlich der Autor, der am konsequentesten die Sprech- qualität von Literatur herausgearbeitet und mit der eigenen Stimme reali- siert hat. Äußerungen von Jandl, die das erhellen, gibt es zu dem Hörspiel *das röcheln der mona lisa*, das zuerst 1970 gesendet wurde. Jandl sagt im Begleittext zu der Platte: „Alles wurde nicht nur geschrieben, sondern zugleich gehört und dann so realisiert, wie ich es gehört habe. Das Text- material ist geschrieben, stammt aus Abfallhaufen von Einfällen, Notizen und Gekritzeltem",[8] doch erst die Stimme bringt den Strom – Jandl selbst

7) ebenda, S. 250
8) Text auf der Plattenhülle zu Ernst Jandl: *das röcheln der mona lisa*.
   Reihe »Hörspiel heute«, Deutsche Grammophon / Luchterhand Verlag, 2574 003 Stereo

spricht das ganze Stück: mit dem Tonfall beißender Lustigkeit, desperater Schärfe, insistierendem Hohn. Reizpartikel für das Ganze war, wie Jandl anmerkt, eine aus dem Werbemüll aufgelesene Floskel ‹schöner sterben›. In Gang kommt der Sprechfluß erst, wenn auch noch „die Absicht, überhaupt etwas zu tun, fallen gelassen" wird, also der im Moment wirksame Impuls allein gilt. Das Verfahren erinnert an das von Kagel bei der Arbeit am *Tribun* gewählte.

Die Momentaneität, die Unvorhersehbarkeit des nächsten Augenblicks, wie sie nur der Hörer, gebunden in den Zeitverlauf seiner Wahrnehmung, erfahren kann, strukturiert das Stück. Jandl dazu: „Auf jeden Fall sollte dies geschehen: daß Dinge eintreten, die nicht erwartet wurden, und womöglich in ununterbrochener Folge; und daß der Hörer allmählich in eine Haltung des Fragens gerät, ohne daß er vorerst tatsächlich fragt, denn das würde sein Hören, und damit das Spiel, unterbrechen ..."

Es ist ein Stück allein für das Ohr; es entstehen beim Hören keine optischen, keine szenischen Illusionen. Jandl verfügt über eine eigene Kompositionstechnik, die Hör-Augenblicke durch modifizierendes Wiederholen penetranter zu machen und sie mit einer Irritation zu versehen, durch die sie dem Gedächtnis eingepreßt werden, so daß ihre emotionale Vibration noch lange nachwirkt.

Banalitäten, meist verformuliert (*glaube öffnung und liebe*), Zitate, abstruse Redereien (*ich dir machen an mir temperaturüberraschung*) mischen sich mit bösartigen Anreden und Pseudodialogen. Der Hörer gerät in eine Reizbarkeit, weil sich immer wieder neue Löcher aus Unsinn und Bedeutungsvermutung öffnen und weil er dauernd im Ungewissen bleibt, ob sich nicht unter der Blödelei ein perfider Stoß verbirgt.

„Der Hörer", so setzt Jandl seinen vorhin zitierten Ausspruch fort, soll „sich seiner fragenden Haltung erst nach dem Ende des Hörspiels bewußt" werden, indem er zuerst die Antwort vermißt, dann merkt, daß er fragen wollte, und schließlich erkennt, daß er nur sich selbst fragen kann. So behält auch der Titel: *das röcheln der mona lisa* bis zum Ende seine Verrätselung. Die Antwort, die der Hörer vermißt, ist im Stück verborgen, und der Hörer muß sie sich wahrnehmenderweise Faden für Faden zusammenspinnen. Die Thematik, die sich allmählich verdichtet, ist von einer Art, die kein Besserwissen, keine belehrende Attitude des Autors verträgt. Auch die thematischen Indikatoren, in Gestalt etwa der Sterbe- und Todesmotive, sind nur Momente in diesem von allen möglichen Emotionen durchtränkten, befremdlichen, vielsinnigen Textverlauf. [9]

6

Stücke, wie die hier besprochenen, haben ihre Thematik, doch sie tragen sie nicht vor sich her. In ihnen kommt ein Moment extrem zum Vorschein, das Sprache ganz allgemein auszeichnet: die mögliche Vielsinnigkeit von Formulierungen, die Bedeutungselastizität der Wörter, sichtbar in der Fähigkeit unbegrenzter Metaphorik, das Zulassen von Ungenauigkeit im üblichen

9) Vgl. auch oben S. 292 ff.

Sprachvollzug, ohne daß dieser dadurch behindert würde. Flexibilität, Nichtfixierbarkeit von Sprache also, die den Spielraum, die Beweglichkeit ihrer Benutzer allererst ermöglicht, Überlebenschancen eröffnen mag, freilich auch die Lüge dicht neben die List lagert. Musterfall für alle Zeiten: der Sprachtrick des Odysseus bei den Zyklopen, durch leichte Verschiebung der Lautung seines Namens diesen zu tarnen und so der tödlichen Bedrohung vorzubeugen – Handlung durch Sprache. Auf diese Weise entsteht in der Situation eine sprachliche Realität, die es vorher nicht gegeben hat und die auch danach nie wieder in Erscheinung treten wird.

Sprache, soviel läßt sich hier leicht ablesen, arbeitet nicht mit festen Bausteinen nach starren Regeln, sondern steuert ihr Zeichenpotential entsprechend der jeweiligen Intention. Ihre Bedeutungen sind elastisch, vielsinnig verwendbar, und gerade das Vermeiden von Eindeutigkeit, das Offenlassen, möglicherweise einer Hintertür, kann beabsichtigt sein. Verstehen vollzieht sich offensichtlich nicht, indem den Sprachzeichen die ihnen einsitzenden Bedeutungen entnommen werden, sondern vielmehr als eine Art von Hervorbringen des Sinns im Hin und Her der Partner. Mitmischen das Vorwissen des Hörers oder des Lesers, die Erfahrung, die er mit der Verwendung von Sprache selber hat, und vor allem sind die Prismen seiner Intentionen, seiner Wünsche und Zielsetzungen, bewußt oder nicht, wirksam.

Beide Vorgänge – der des Textherstellens wie der des Textverstehens – bleiben letztlich unaufklärbar. Werden darin doch unaufhörlich heterogene Elemente, unverträgliche Partikel, die von sich aus nichts miteinander zu tun haben, in Zusammenhang gebracht: ein Zusammenhang, der nicht nur dem Erzeuger des Textes sinnvoll erscheint, sondern der auch dem Hörer oder Leser was zu sagen hat, auch wenn es nicht genau das ist, was sein Erzeuger damit gemeint hat.

Wenn Literatur sich die Bezeichnung »experimentell« zulegt, dann in dem Sinn, daß ihr in hohem Maße Offenheit, Vieldeutigkeit, Unverträglichkeit eignet. Das hat ihr Gefährdungen eingebracht, und nicht grundlos wurden die nazistischen Scheiterhaufen reichlich mit solcher Art von Büchern beschickt. Diktatoren verlangen Bekenntnis und Parteinahme, und eine solche ist von Wert nur, wenn sie eindeutig ist, sich also mit den diktierten offiziellen Sprachregelungen deckt.

Hitlers Haß auf die Intellektuellen – und sie gehörten mit zu den Ausrottungskandidaten – resultierte aus dem Haß auf die Fähigkeit, wie Odysseus mit der Sprache handeln und ihre Spielräume, auch die subversiven, nutzen zu können.

7

Es ist ein bemerkenswertes Phänomen, daß mit der krisenhaften Kumulation der modernen Zivilisation in unserem Jahrhundert Autoren auftreten, die ihre Beziehung zur Sprache radikalisieren. Ich gehe in diesem Zusammenhang bevorzugt auf die akustische Seite der Literatur ein, doch gilt das, was dazu zu sagen ist, entsprechend auch für die visuelle Erscheinungsform der Literatur.

Noch ehe das neue Medium des Rundfunks in den zwanziger Jahren gesprochene Sprache in zuvor ganz unvorstellbarer Weise aktualisiert und verbreitet, entsteht eine akustische Poesie, die in die Öffentlichkeit drängt. Erste Symptome enthalten die frühen Stücke Gerhart Hauptmanns; sie schleusen dialektgefärbte Alltagsrede und allerlei Gebrauchsidiome, regelabweichende Sprache also, auf die Bühne als weiteres Ärgernis zu allen anderen, die diese Stücke mit sich brachten. 1912, im Vorfeld des Ersten Weltkriegs, entwarf Filippo Tommaso Marinetti im *Manifesto tecnico della letteratura futuristica* ein poetisches Programm, das dazu aufforderte, die traditionelle Syntax aufzuknoten, alle stilistischen Umstände und Schmuckstücke abzustoßen und die Magnetfelder der Wörter freizusetzen. Der futuristische Dichter solle „alle Formen der Lautmalerei, auch die schlimmsten Kakophonien benutzen" können, „die die unzähligen Geräusche der sich bewegenden Materie wiedergeben." [10]

1914 erfanden die Futuristen das Simultangedicht, das von mehreren Sprechern in wechselnder Dichte und Tonlage gesprochen und in einen gestisch-visuellen Kontext verwoben wurde. Über die Aufführung eines Simultangedichtes zwei Jahre später, als die Todesmaschinerien von Verdun bereits auf Hochtouren liefen, notierte Hugo Ball in sein Tagebuch (am 30. 3. 1916):

„Das *Poème simultan* handelt vom Wert der Stimme. Das menschliche Organ vertritt die Seele, die Individualität in ihrer Irrfahrt zwischen dämonischen Begleitern. Die Geräusche stellen den Hintergrund dar; das Unartikulierte, Fatale, Bestimmende. Das Gedicht will die Verschlungenheit des Menschen in den mechanischen Prozeß verdeutlichen. In typischer Verkürzung zeigt es den Widerstreit der vox humana mit einer sie bedrohenden, verstrickenden und zerstörenden Welt, deren Takt und Geräuschablauf unentrinnbar sind." [11]

Für die italienischen Futuristen waren die »Parole in libertà«, die befreiten Wörter, homogen mit den Phänomenen der technischen Zivilisation. Lärm und Rapidität der Maschinen, einschließlich der des Krieges, galten als Epiphanien herrlich brutaler Vitalität, Stimulantien, nicht – wie für Ball 1916 – als Widersacher ihrer Kunst. Und so konnte es geschehen, daß nicht nur der Krieg, sondern auch der faschistische Aktionismus mit seiner antitraditionalistischen Projektion faszinierend wirkte.

Seit dem Sommer 1915 sammelte Karl Kraus die Originaltöne der zivilisatorischen Sprachwelt für die Szenen seines Welttheaters *Die letzten Tage der Menschheit*. Er macht den Sprachverhau deutlich, in dem die Zürcher Poeten die Welt verheddert fanden. Für sie ist die im Verkehr befindliche Sprache beteiligt an der Verkommenheit des Weltgeschehens. So tasten sie nach einer integren Sprachverfassung, aus der mit den Wörtern auch der Unrat, den diese transportieren, getilgt ist. Hugo Ball entwirft eine Lautsprache als Instrument für die elementaren menschlichen Äußerungen, die imstande ist, die Anmutungen der Dinge ebenso wie die seelischen Schwingungen zu vermitteln.

---

10) Zitiert nach: Christina Weiss, *Seh-Texte.* Zirndorf 1984, S. 27
11) Peter Schifferli (Hg.), *Die Geburt des Dada.* Zürich 1957, S. 116 f.

Es spricht einiges dafür, daß den Zürcher Dadaisten die Arbeiten und Konzeptionen der russischen Futuristen bekannt gewesen sind. Bereits 1913 hat Aleksej Kručenych in seiner *Deklaration des Wortes als solchem* eine, wie wir heute sagen würden, radikal alternative Poesie entworfen, die er »Saum« nannte. Das Wort setzt sich aus der Vorsilbe *sa* mit der Bedeutung ‹jenseits, hinter› und dem Substantiv *um*, ‹Sinn, Verstand, Vernunft, Geist›, zusammen. Die neugeschaffene Verbindung sa-um verweist also auf etwas jenseits des Begrifflichen und, im Hinblick auf die Poesie, jenseits der rational verfaßten Sprache.[12] Kručenych und seine Freunde suchten mit »Saum« die ganze Tiefe des sprachlichen Feldes ab nach neuen, offenen Ausdrucksmöglichkeiten. Für ihn ist – wie er in dem erwähnten Manifest schreibt –

„der Künstler frei, sich nicht nur in der allgemeinen Sprache (des Begriffs) auszudrücken, sondern auch in einer persönlichen (der Schöpfer ist ein Individuum) und in einer Sprache, die keine bestimmte Bedeutung hat ... Die allgemeine Sprache bindet, die freie gestattet sich vollkommener auszudrücken ... Der Künstler hat die Welt neu gesehen und gibt, wie Adam, allem neue Namen ...“[13]

In der Saum-Poesie ist alles zugelassen, bevorzugt freilich das Ungewohnte, das Unerhörte: Sprachfunde aus abgelegenen Sprachen, Abweichungen, Fehlleistungen der Normalsprache, Stottern, Lispeln, emotionale Laute, Mundartliches, Druckfehler, bei Chlebnikov werden auch Tierlaute notiert.

Velimir Chlebnikov ist wohl der konsequenteste, erfindungsreichste und ausschweifendste Poet dieser Generation. Seine Obsession bezieht sich auf eine Sprache, die alle vernutzten Idiome unterläuft und die dennoch oder vielleicht gerade deshalb von jedem Menschen zu verstehen ist. Aus den Urwurzelwörtern des Russischen mit ihrer wortgenerierenden Potenz müsse sich eine solche Sprache bilden lassen, wie er glaubt, die Sternensprache. 1919 schreibt er in einem Essay:

„Die Wortschöpfung lehrt, daß die ganze Vielfalt des Wortes von den Grundklängen des Alphabetes ausgeht, die die Samen des Wortes ersetzen... Man kann sagen, daß die Alltagssprache Schatten der großen Gesetze des reinen Wortes sind, die auf eine unebene Fläche gefallen sind.“[14]

Chlebnikovs Traum, daß der revolutionäre Umsturz der alten Welt sich mit dem poetischen Entwurf einer neuen treffen könne, war längst abgedreht, als er 1922, 37jährig, starb. Majakowski, Freund im Leben und im Geiste, versuchte parteinehmend, die Vision in Realität umzumünzen; verzweifelt schied er acht Jahre später, 1930, aus dem Leben.

Im April 1918 schrieb Raoul Hausmann, vertraut mit den italienischen und den russischen Futuristen, erste Buchstabengedichte, die er im selben Jahr auch als Lautgedichte öffentlich in Berlin vortrug. Er und Kurt Schwitters haben in den zwanziger Jahren die Lautpoesie in entgegengesetzten

---

12) Zu »Saum« s. Anmerkungen und Erläuterungen in: Velimir Chlebnikov, *Werke*. Hg. von Peter Urban. Reinbek 1972, vor allem Bd. 1, S. 404 f., Bd. 2, S. 590 ff. (Nachwort)
13) ebenda, Bd. 1, S. 404 f.
14) ebenda, Bd. 2, S. 321, 323

Richtungen ausgebildet: Hausmann mit der Intention, alle artikulatorischen Möglichkeiten auszuschöpfen, auch Stöhnen, Lallen, Zischen usw., und die Lautungen mit der Gestik als einer weiteren sprachlichen Dimension zu verbinden. Hausmann hat beim Vortrag seiner Lautgedichte den ganzen Körper als sprechendes Organ benutzt, also die Disziplinierung der emotionalen Seite der Sprache aufgelöst, welche die Verschriftung mit sich gebracht hatte. Bewußt oder unbewußt stehen zahlreiche Lautpoeten der Gegenwart auf seinen Schultern.

Kurt Schwitters, angeregt von einem Hausmannschen Lautgedicht, verfolgt den entgegengesetzten Weg. Er konzentrierte sich programmatisch auf den Buchstaben und dessen Lautung als Baustein der Lauttexte. Beide, Hausmann und Schwitters, gingen damit bewußt über das Konzept der Lautgedichte Hugo Balls hinaus. Denn diese wurden wegen ihres thematischen Hintergrunds als onomatopoetisch und damit im Grunde der konventionellen Lyrik verhaftet kritisiert. Schwitters orientierte seine *Ursonate* an musikalischen Parametern. Nachdem er das Stück mit Buchstaben aufgeschrieben hatte, machte er in den 30er Jahren sogar den Versuch, eine eigene Notenschrift für den Vortrag zu entwickeln, doch es blieb bei dem Versuch, und alle Realisationen stützen sich auf die verbalen Anweisungen des Autors für Rhythmus, Tempo und Tenor des Vortrags. Die auch bei Schwitters verwendete Titelfassung *Sonate in Urlauten* verdeutlicht den doppelten Bezug, der die Komposition bestimmt: einmal den Rückgriff auf sprachlich elementare Lautung – Urlaute – als Kontrast zur verlebten Wortsprache; dann die strenge kompositorische Ausarbeitung, die ebenfalls als Kontrast zur Gebrauchssprache mit ihrer Ungenauigkeit und Beliebigkeit zu werten ist.

Die Lautpoesie ist im Laufe der dreißiger Jahre nahezu verstummt. Die Gründe dafür liegen auf der Hand. Wiederbelebt wurde sie nach dem Ende des 2. Weltkriegs in Paris, und zwar zunächst noch im traditionellen Sinn von Isidore Isou, der im Grunde den Versuch machte, das Konzept von Raoul Hausmann zu reglementieren, indem er zum Alphabet zur Kennzeichnung aller weiteren Mundgeräusche 52 zusätzliche Zeichen erfand. In die Zukunft griff jedoch der vom französischen Rundfunk (ORTF) eingerichtete »Club d'Essai«, ein Experimentalstudio, in dem die Komposition radiophoner Stücke mit allem verfügbaren tönenden Material, sprachlicher und nichtsprachlicher Herkunft, erprobt wurde. Autoren und Komponisten arbeiteten dort nebeneinander. Pierre Schaeffer und Pierre Henry konzipierten die »musique concrète«, in der sprachliches Material als Tonelement unter anderen erscheint.

Der Ausgriff auf die Weltgeräusche als ästhetisches Material ist weitaus älter als die Erfindung der elektromagnetischen Aufzeichnungsverfahren, durch die diese künstlerische Arbeit erst zum Ziel kommen konnte. Auch hier gehen Bedürfnis und Konzept der Realisationsmöglichkeit voraus. Die frühesten Stichworte stammen von Marinetti und stehen in seinem erwähnten *Manifesto tecnico della letteratura futuristica*. Einer aus der Gruppe der russischen Futuristen, Dsiga Wertow, später als Filmregisseur berühmt geworden, montierte 1915 mit Hilfe des Phonographen Natur- und Maschinengeräusche. 1922 gab es in Baku ein Konzert, als dessen Instrumente Fabriksirenen und Dampfpfeifen fungierten.[15] Tondokumente davon sind offenbar nicht erhalten. Sowjetische Komponisten schrieben in den zwanziger Jahren Stücke, in denen konventionelle Instrumente Rhythmen und Klänge der Industrie- und Maschinenwelt darstellen.

Wohl als erster hat Filippo Tommaso Marinetti in seinem frühen Manifest die ästhetische Relevanz der Geräusche erfaßt. Er blieb auf dieser Spur, wenn er 1939 fünf kurze Hörspiele schrieb, die er »radiophonische Synthesen« nannte. Er verwendet darin keine Sprache, sondern kombiniert Geräusche aus der zivilisatorischen Umwelt mit musikalischen Fragmenten. Marinettis Hörstücke blieben zu seinen Lebzeiten Konzept. Der WDR hat sie jedoch jüngst realisiert.

Die von Schaeffer und Henry entwickelte musique concrète geriet in den fünfziger Jahren bereits in die Konkurrenz mit der noch jüngeren elektronischen Musik, deren offenbar unbegrenzte Möglichkeiten der Klangerfindung die musikalische Arbeit mit dem mundanen Geräuschmaterial hausbacken erscheinen ließen, zumal die musique concrète den semantischen Assoziationshof nicht loswurde. Im Zusammenhang mit dem Hörspiel erweist sich dieser Mangel jedoch als Wert, da sich dadurch der Kontext zu den sprachlichen Materialien herstellen läßt und eine spannungsreiche, durchgehende Komposition möglich wird, ohne daß dabei Sprache als Sprache untergehen müßte. Ein Beispiel dafür ist Pierre Henrys Hörspiel *La Ville / Die Stadt*, das 1984 im WDR gesendet wurde. Manche Sprachelemente sind darin reine Klangpartikel, andere wirken jedoch mit ihren semantischen Momenten und vermitteln eine zusätzliche Dimension, die dem Klang- und Geräuschmaterial allein verschlossen wäre.

Durch die elektromagnetische Aufzeichnung ist das Problem, wie lautpoetisch konzipierte Texte notiert werden können, entlastet worden. Die Tonbandaufzeichnung macht nun zumindest die einmal entstandenen, möglicherweise spontan entstandenen Ton- und Geräuschereignisse der getreuen Wiederholung zugänglich, und sie ermöglicht dem Film vergleichbare kompositorische Verfahren. Die Notation kann auch post festum durch Nachschrift nach dem Tonband angefertigt werden, so daß das Stück wie in einer Architekturzeichnung seine Struktur aufdeckt. Partituren, die der Studioarbeit vorangehen, lassen sich jedoch nicht vom konzeptionellen Wissen des Autors lösen; sie können nur als Hilfskonstruktionen bei der Realisation gelten. Das Werk selbst existiert schließlich nur auf dem Band in authentischer Form.

8

Man hat angesichts der Überflutung unseres Alltags mit Bildern vom visuellen Zeitalter gesprochen, und die Titelgebung einer »Bildzeitung« ist auch in dieser Hinsicht symptomatisch. Mit derselben Berechtigung jedoch ließe sich auch vom akustischen Zeitalter sprechen. Zwar die Natur ist für uns nahezu verstummt. Doch dafür tönt die Zivilisation in einem Ausmaß, das

---

15) Abb. ebenda, Bd. 2, Nr. 57, 58

keine frühere Generation zu erleben brauchte. In die Produktions- und Verkehrsgeräusche mischen sich die der Musikindustrie. Dank der radiophonen Verbreitungstechnik und der transportabel handlichen Wiedergabegeräte sind sie allgegenwärtig und von nichts abhängig als einem bißchen elektrischer Energie. Lusthören und Zwangshören liegen dabei unvermittelt und oft unversöhnlich nebeneinander.

Untergrund für unsere Toleranz gegenüber der ausgedehnten akustischen Szenerie unserer Welt ist das elementare Bedürfnis, in einer hörbaren Welt zu leben. Daher hat sich etwa der völlig stumme Film als ungenießbar erwiesen, und schon der Stummfilm wurde wenigstens von einer Klavierkulisse begleitet. Zu hören, ohne zu sehen, ist uns offensichtlich erträglicher, als zu sehen, ohne zu hören. Dem hörend Vernommenen vermögen wir szenische, bildhafte, ereignishafte Phantasmen abzugewinnen, die es an unsere Erfahrungs- und Erinnerungswelt anschließen. Stumme Bildfolgen dagegen mit akustischen Assoziationen anzureichern ist unsere Einbildungskraft offenbar nicht imstande.

In diesen Zusammenhang paßt die Beobachtung, daß sich in unserem Jahrhundert eine neue Mündlichkeit der Kommunikation ausgebreitet hat. In welchem kritisch-krisenhaften Zusammenhang diese Mündlichkeit mit der ausufernden Vertextung und Verschriftlichung stehen mag, von der vorhin die Rede war, mag hier offen bleiben.

In Diskussionen, Konferenzen, Talk-shows, Ansprachen, Volksreden, Interviews, Reportagen wird mündliche Sprache in einem Umfang und einer Beschaffenheit hervorgebracht, die sie weithin der Verschriftlichung entziehen. Was zu hören noch hinnehmbar war, ist zu lesen in vielen Fällen ein Graus.

Sprache gewinnt in unserer Zeit offensichtlich wieder Stimme. Die technischen Voraussetzungen sind dabei unabdingbar: von der Möglichkeit, Gesprochenes mühelos aufzeichnen, speichern und transportieren zu können bis zur Mobilität der Sprecher dank der heutigen Verkehrsorganisation. An jedem Ort zu jeder Zeit lassen sich die gewünschten Sprech-Partner zusammenbringen, und was sie von sich geben, läßt sich überallhin und jederzeit verbreiten. Selbst die Stimmen der Toten können dabei sein wie die der Lebenden. Die über Tausende von Kilometern transportierte und an zahllosen Orten ertönende Cassettenstimme Chomeinis ist ein Beispiel dafür, daß die Wirksamkeit einer Stimme heute weder zeit- noch ortsgebunden ist.

Die emotionale Seite der Stimmführung, der Stimmwirkung ist bekannt. Golo Manns zitierte Äußerung über die Nazistimmen ist ein Beleg dafür. Weniger deutlich zeigt sich die kognitive, die verstandeszugewandte Seite der mündlichen Rede. Die Schlüssigkeit und rationale Qualität einer Argumentation hängt nicht von der Form der Übermittlung, schriftlich oder mündlich, ab, doch hat jede Form ihre eigentümlichen Vorteile. Die des mündlichen Vortrags bestehen vor allem darin, daß das im Augenblick als einleuchtend Vernommene den Hörer sofort entlastet. Durch die Stimme tönt eine Person, und sie bürgt mit ihrem sonoren Tenor für die Wahrheit, zumindest aber für die Aufrichtigkeit der Inhalte. Die Stimme bringt das Moment der Gewißheit hervor jenseits der komplexen, der vielleicht ganz und gar komplizierten Sachverhalte, der Kontroversen, des endlos-müh-seligen Wenn und Aber, das ihnen anzuhängen pflegt. Der Zuhörer, der sich auf den Stimmtenor einläßt und sich auf ihn verläßt, fühlt sich nicht betrogen, sondern entlastet, da ja Argumentatives mitgeliefert wird, das seinen Verstand erreicht hat, wenn zwar es überschienen ist von der willentlich aufgenommenen Gewißheit, die dem Stimmtenor eignet. Die vorgetragenen Argumente fallen dabei dem Erinnerungsprozeß anheim. Bloß gehört, sind sie nicht mehr genau rekapitulierbar, wie sie es beim Lesen wären. Sie vermischen sich mit anderem, und die argumentativen Gewichte verrutschen allmählich entsprechend dem Vorwissen und den unterschwelligen Interessen, die im Hörer wirksam sind. Reflexion und Kritik haben schlechte Voraussetzungen.

Sprache wird Stimme, und Stimme hat ihre eigentümliche Sprache. Das gilt für die gesellschaftliche Kommunikation wie für die Literatur. In beiden Bereichen ist dabei das Verhältnis zum Schreiben und zur Schrift zu beachten. Nehmen wir den einen Extremfall der politischen Rede, die in der Regel auch agitativ ist. Der sarkastisch erfundene Satz: Was interessiert mich mein Geschwätz von gestern – den die dupierten Redeopfer abschießen, bestätigt die Rederealität: Sie ist nicht auf Dauer angelegt und entzieht sich also der Verschriftlichung, selbst wenn sie protokollarisch aufgezeichnet wird. Dabei spielt es keine Rolle, daß Reden in der Regel vorher schriftlich fixiert werden.

In der Lautpoesie seit Beginn des Jahrhunderts hat sich dagegen ein Prozeß der Lösung von der Bindung der Sprache ans Alphabet als dem Substrat von Schrift abgespielt. Die gestisch emotionale Beschaffenheit von Sprache, die ansonsten nur im Alltag oder in sozialen Extremsituationen wirksam wird, wurde als Ausdruckspotential erschlossen. Der ganze artikulatorische Spielraum des Menschen ist sprachfähig geworden – nicht nur insofern er Wörter und Sätze hervorbringt, sondern auch indem Lautzeichen in den außeralphabetischen Bereichen gebildet werden: stöhnende, atmende, hechelnde, gurgelnde, kreischende, lachende Lautzeichen, die in dem Zusammenhang, in dem sie erscheinen, ihre Bedeutungen gewinnen. Gewußt hat man davon immer, doch es blieb durch die Jahrtausende hindurch, wenn man von religiösen und existentiellen Ausnahmesituationen absieht, ein diffuses, der bloßen Spontaneität oder aber schamanischen Spezialisten überlassenes Ausdrucksmaterial. Die Lautpoesie hat in einem Jahrhundert, das die orale Sprache als Mittel der Verführung aktiviert und also die neue Mündlichkeit ins Gesamtverhängnis verwickelt hat, die Sprache der Stimme ganz neu und anders als je zuvor entdeckt und damit unseren Spielraum erweitert.

Ich breche an dieser Stelle meine Skizze ab und stelle die Punkte zusammen, um die es mir ging:

1. Das Moment der Reflexion auf die Mittel und die Verfahren, die Werk-poetik also, sind Teil des poetischen Arbeitsprozesses, wobei je nach aktueller Konstellation einmal mehr die reflexive, handwerkliche Seite, einmal mehr die intuitive, spontane, einfalls- und traumzugewandte Seite akzentuiert werden kann. Auch in der sogenannten experimentellen Poesie verläuft die Trennlinie zwischen Erfindern und Nachmachern, nicht zwischen Einfall und Reflexion.

2. Es gibt im Grunde zwei Typen von Literatur: diejenige, die die Schrift nur als Zeicheninstrumentarium versteht, das zwischen Autorintention und Leseverstehen vermittelt und dabei möglichst unauffällig zu bleiben hat; und die andere, die sich vor einem offenen Verstehenshorizont auf die Zeichensprachen von Laut oder Schrift unmittelbar einläßt und mit diesen arbeitet. Beide Literaturweisen scheinen mir in einer hochgradig zeichenvermittelten Zivilisation wie der unseren unentbehrlich zu sein. Das führt auf den nächsten Punkt:

3. Literatur steht in einem eigentümlichen Bezug zu dem zivilisatorischen Verschriftungs- und Vertextungsprozeß mit seinen historischen Entschei-dungen und Folgen. Sie kann ihn zeitweise übersehen und außer Acht lassen, doch wird sie von ihm immer wieder eingeholt, so daß sie ihn zum Thema und seine mundanen Phänomene zum Material machen wird.

4. Sofern Literatur ihrer Substanz nach Sprache ist, kann sie sich der Ent-wicklung nicht entziehen, in deren Verlauf die Arbeitsweisen und die Verstehensweisen die Bereiche der verschiedenen Künste übergreifen; daß also etwa am Hörspiel nicht nur Sprache, sondern auch musikalische Parameter und filmische Kompositionsweisen beteiligt sind, wie anderer-seits es heute Komponisten gibt, die die Musik als Verlängerung von Sprache behandeln. Die übergreifenden Bezüge ließen sich auf Grafik / Musik und Szenik / Aktionskunst ausdehnen.

5. Das Verständnis dessen, was Literatur sein kann, scheint mir gegenwärtig völlig offen. Diejenigen, die mit Sprache arbeiten, werden sich von keiner ängstlichen Definition am Weiterarbeiten hindern lassen.

Die Verzweigungen von Sprache
nehmen unablässig zu

1987

1

„Von nun an konnte ein Werk aus einem einzigen Wort bestehen."
A. Kručenych – V. Chlebnikov

2

Poesie hat keinen Zweck – oder unabsehbar viele. Daher taucht sie auf an unvermuteten Stellen und erscheint in Aggregatzuständen, auf die niemand gefaßt ist.

3

Einer ihrer Zwecke ist es, die Reichweite von Sprache zu erproben, auch über die Grenze hinaus, weit über die Grenze hinaus, bis zu der die Alltagssprache mitzumachen, nachzumachen imstande ist. Daran hängen zwei Annahmen: daß die möglichen sprachlichen Äußerungsweisen weitgreifender und vielfältiger sind als das gesellschaftliche Sagebedürfnis; und daß Widerständigkeit gegen die Versprachlichungsgewohnheiten in der Sprache selbst sitzt, daß das Nichtsprachliche zu dem Prozeß gehört, in dem Sprache virulent wird, und zwar nicht nur im Sinn einer dialektisch wirksamen Negation, sondern als etwas Erratisches, nicht weiter Hintergehbares, Endgültiges – nicht nur Sandkorn im Muschelfleisch, sondern Riß, Loch.

4

Jede sprachliche Äußerung führt das Risiko des Verfehlens mit sich. Nie ist es völlig gewiß, daß das, was ich sage, auch dem entspricht, was mich zur Kundgabe bewegt, und meine Äußerung weist unbestimmbare Momente der Ablenkung, der Mißweisung, der Verwirrung auf, deren Wirkungen mir erst im nachhinein zeigen, daß sie doch nicht so geraten ist, wie sie mir gegenwärtig war, so daß sie weit entfernt davon ist, das zu bewirken, was ich im Vorgriff bereits bewirkt zu haben glaubte.

Auch steht meiner Redeintention die ‹Innensprache› meines Gegenüber im Wege. Sie ist nur oberflächlich standardisiert und kann insofern mit meiner Äußerung konform gehen. Im Innenbereich aber wird sie verzogen von Erinnerungspotentialen, Stauungen und Speicherungen von Schmerz, Wut, Entzügen und was derlei sonst noch ist, das immerfort zur Artikulation drängt durch die Ritzen; meinen Äußerungen aufspringt, sie infiziert, unmerklich meist. Solche Einspielungen sind nicht von vornherein destruktiv, sorgen jedenfalls aber für Überraschungen, Spannungen, Gelächter wie Tränen. Selber sprachlos nutzen sie ein breites Band an möglichen Kundgabeweisen, von denen die verbale Sprache nur eine ist: Körpersprache vor allem, unwillkürliche Gesten, unmotivierte Bewegungen, auch Handlungen, Haltungen dienen Nichtsprachlichkeiten dieser Art zum Vehikel.

5

Wird diese Symbiose aus dem alltagsgeläufigen Zusammenhang gelöst, kommt ‹Theater› in Gang, im banalen Sinn („mach doch nicht so'n Theater") wie im wörtlichen. Dessen Spiel wird erst gelingen, wenn es nicht beim agierenden Umsetzen des Textbuchs bleibt, vielmehr der Körper des Spielers in seiner Nichtsprachlichkeit zugelassen wird. Sein Widerständiges muß mit ins Spiel kommen, die Tiefenbrüche, die Verbales nicht oder nur in marginalen Spuren erreicht. Der Körper des Spielers ist es, der sich äußert und der selber auch das Textbuch ist, das die Äußerungen hergibt. Sie mögen von den schriftgefaßten Äußerungen des Spiels provoziert und dimensioniert werden, bleiben der Sprache gegenüber doch das Andere, das Improvisierte, Unvorhergesehene, das von Zufallssituationen, Einfällen abhängt; das dann auch erfaßt, formuliert und fixiert, also Text im geläufigen Sinn werden mag.

Der Körper des Spielers, dazu gehören seine Glieder, seine Stimme, sein Atem, sein Puls, sein Speichel, bildet ein besonderes Textcorpus, das identisch ist mit seinem eigenen Autor. In den Äußerungen des spielenden Körpers ist ein äußerster Rand von Sprache erreichbar. Das Zucken des Augenlids, das Anhalten des Atems, Speichelfäden, Verstummen, Erstarren als extreme Artikulationen des Widerständigen gegenüber der Sprache und doch auch noch an ihrem Innenrand: sind zuzulassen als die sprachlichen Verfassungen, an denen jedermann teilhat, auch wenn sie um nahezu jeden Preis gemieden werden.

Der Körper des Spielers in einem Raum, der nichts außer ihm enthält, bringt unwiderstehlich seinen Text hervor, der ihm ansonsten vielleicht vorenthalten wird. Auch wenn er sich passiv, bloß seine Zeit verstreichen lassend, verhält, äußert er sich doch bereits durch seine Bewegungslosigkeit an einer bestimmten Stelle, durch die Wahl dieser und keiner anderen Stelle, durch deren Veränderung, durch das Zeitmaß, mit dem er sie vornimmt, und natürlich durch jede willkürliche und unwillkürliche Bewegung. So ist er, in den Spielraum als Text eingelassen, für einen Zuschauer lesbar; verstehbar, obwohl doch von allen Bezügen außer denen des leeren Raums abgeschnitten, verstehbar, da weder Engel noch Laus, sondern bei Bewußtsein, und das teilt auch der Zuschauer, so daß noch winzige Zeichen, Anzeichen vielleicht nur, in dessen gespannter Innenhöhle Resonanz finden.

6

Erst seitdem der Mensch schreibt, gibt es Sprache auch ohne Gestik. Sprechen von sich aus ist immer körpersprachlich. Hände, Arme, Schultern, Kopf, Gesichtszüge sprechen unvermeidlich mit, wenn Stimme laut wird. Gestisches kondensiert sich, wenn durch die Hand Äußerungen graphisch artikuliert und bildnerisch fixiert werden. Der Zeitfluß wird verlangsamt, dann stillgestellt. Ausgrenzung, Beschwörung, Vergewisserung, Reflexion kommen zur Geltung, wenn das Geäußerte sowohl dem Vertönen des Sprachlauts wie der momentanen Drastik der Körpergeste entzogen wird. Die Funde an den Wänden frühhistorischer Höhlen lassen ablesen, daß visuell fixierte Äußerungen schon anfänglich benötigt wurden, vielleicht im Kontext mit (rituellen, magischen) lautsprachlichen Kundgaben. In der Situation, wo der unmittelbar gegenwärtige Lebenszusammenhang überschritten und zeitlich bzw. räumlich nicht Anwesendes, nicht Verfügbares in ein übergreifendes Denken, Planen, Handeln einbezogen werden sollte, wurde eine stabilisierte, distanzierende, fixierbare Sprachweise erforderlich. Sie wurde erreicht, an vielen Stellen der bewohnten Erde, durch die Entwicklung bildhafter, visueller Zeichen, die sich nicht auf die Dinge, sondern auf deren Begriffe bezogen – Ideogramme, nicht Abbildungen.

Vollends erreicht wurde das Ziel erst mit der Erfindung der Alphabetschrift. Die Wiedergabe der tönenden Sprache durch etwa zwei Dutzend Schriftzeichen schließt allerdings nicht nur die viel größere Menge an phonologisch relevanten Lauten von der Schriftfassung der Sprache aus, sondern bedeutet auch den Verzicht auf die Notation alles dessen, was der Mensch an seiner Sprache als lebendig empfindet: Intonation, Sprechtempo, Dynamik, Pausen, Stimmlage, alles Emotionale und Sonore. Dem Leser bleibt es überlassen, dies alles mit Hilfe der eigenen Sprachsinnlichkeit wiederzubeleben. So hat der Filter der Alphabetschrift die Sprache gründlich verändert, auch die gesprochene – im positiven Sinn, worüber hier nicht zu sprechen ist, und im negativen insbesondere dadurch, daß nicht nur die sonore Qualität von Sprache – vor allem in der Poesie – ausgewaschen, sondern auch ihre visuelle Zeichendimension im Dienst der Fixierung der verbalen Sprache funktionalisiert und damit ebenfalls entsubstanzialisiert wurde. Der Mensch verfügt im Hören und im Sehen über zwei weitgespannte, äußerst differenzierungsfähige Wahrnehmungsbereiche, denen Artikulationsorgane in Gestalt von Mund und Kehlkopf auf der einen und der Hand auf der anderen Seite zugeordnet sind. Es entspricht daher nicht der menschlichen Sinnesausstattung, Sprache nur auf den einen, den auditiv-phonetischen Bereich zu gründen und den visuell-haptisch-gestischen als bloßen Dienstleister in der (Alphabet-) Schrift aufgehen und verschwinden zu lassen. Wohl nicht zufällig gehört unser ‹Begriff› zu ‹be-greifen›, und das könnte besagen, daß in der Frühzeit der Begriffs- und Sprachbildung am elementaren, noetisch-kreativen Prozeß, der artikulatorisch-tastend sich vollzieht, haptisch-visuelles Potential beteiligt ist. Dessen Zeichenspielräume wären demnach für Artikulationszugriffe ebenso geeignet wie die auditiv-phonetischen. Die dem akuten Fall gemäße Wahl und Entscheidung für die Stimmorgane und das Ohr oder für die Hand und das Auge mag von inneren, individuellen Tendenzen ebenso abhängen wie von gesellschaftlichen, auch rituellen Vorprägungen.

7

Die gestisch-visuelle Seite der Sprache hat ein ähnliches Schicksal wie die oral-sonore: Sie verlor ihr zivilisatorisches Gewicht im gleichen Maße, wie die Verschriftung aller relevanten gesellschaftlichen Vorgänge zunahm. Abseits des Wirkungsraumes der Alphabetschrift blieben visuelle Zeichenidiome jedoch immer in Gebrauch, als Marken, Piktogramme, Gaunerzinken usw. Darüber hinaus hat sich eine im Grunde ideographische Bild-Sprache von hoher Wirksamkeit und Verbreitungskraft erhalten: nämlich die der religiösen Bildlichkeit, die ein rundes Jahrtausend lang die europäische Bildphantasie beherrscht hat. Da die christliche Wort- und Buchreligion im Unterschied zur jüdischen und zur islamischen kein Bilderverbot kannte, konnte sie vor allem im Hinblick auf die nichtalphabetisierten Bevölkerungsteile, und das waren jahrhundertelang fast alle, eine Bildsprache zur Verbreitung und Verdeutlichung ihrer Botschaft entwickeln und nutzen. Erst die Reformatoren rekurrierten drastisch und teilweise radikal auf das ‹Wort› und auf das Buch als einzige Verkündigungsgrundlage und gaben damit, sicher unbeabsichtigt, der Alphabetschrift einen unermeßlichen Monopolisierungsschub. Die Bilderstürme jener Zeit beweisen, daß die Bildsprache als Analogie und Konkurrenz der Wortsprache gewertet wurde und der eigentümliche Überschuß an Botschaft, den bildnerisch Artikuliertes besitzt, nicht tolerabel erschien.

Die Substanz dessen, was wir als ‹Kunst› in einem gesonderten Bereich halten, ist in hohem Maße bildsprachlicher Natur, unbeschadet der ästhetischen Qualität ihrer Gebilde. An der Ikonographie und an der Symbolik der religiösen Kunst tritt hervor, daß die bildnerische Sprache einen unverkennbaren ideographischen Einschlag hat, und es scheint möglich, lexikalische Auflistungen herzustellen, aus denen hervorgeht, daß Figuren, Farben, Größenverhältnisse, Gegenstände, Positionen auf der Fläche ebenso bedeutungsbesetzt sind und syntaktische Relationen aufweisen wie Worte, Wortverbindungen, Redensarten und Satzteile. Wie die Bedeutungen der Wörter und die syntaktischen Regeln der Sprache sind auch die bildnerischen Elemente, Ordnungs- und Kompositionsschemata arbiträr und nicht natur- und realitätsabbildend.

Die ‹sprachliche› Qualität von Bildern hat das Verschwinden der religiösen Bildsprache überdauert und besteht bis heute, allerdings drastisch modifiziert; auch sind die Bezugskonventionen diffuser, offener, esoterischer, labiler geworden. So etwa kristallisieren sich in den Bildern surrealistischer Maler in aller Deutlichkeit ideographische Figurationen, die, wie die des Traums, der sprachlichen Faßbarkeit zugleich nahe scheinen und entzogen bleiben. Die Parallelität surrealer Bilder und surrealer Texte im Hinblick auf ihre Symbolbeschaffenheit könnte auch ein Indiz für eine gemeinsame Fundierung von visueller und verbaler Sprache sein.

8

Die Alphabetschrift ist wegen der Verkürzung des erfaßten Lautmaterials eine Kurz-Schrift. Im praktischen Gebrauch hat sich aus der Kapitalschrift die gerundete, also geläufigere Unzialschrift entwickelt und über diese hinaus eine Mischung aus großen und kleinen Lettern mit dem Ziel einer flüssig schreibbaren Handschrift. Als der Buchdruck sich durchgesetzt und weite Funktionsbereiche des Schreibens übernommen hatte, konnte die handschriftliche Gebrauchsschrift zur Individualschrift werden, und psychographische Züge konnten nun in die kalligraphisch standardisierte Normschrift einfließen. Der schreibenden Hand erschloß sich ein Äußerungsfeld, das zwar sprach- und schriftbezogen blieb, sich zugleich jedoch psychogrammatischen Verläufen öffnete, die dem Textinhalt konkurrierten.

Seit dem 17. Jahrhundert schlagen sich auch in der Malerei handschriftliche, scripturale Elemente nieder. Manchmal schießen die bildnerischen
Figuren geradezu aus handschriftlich strukturierten Pinselzügen zusammen,
manchmal unterläuft oder desavouiert der handschriftlich bewegte Pinsel-
strich den Bildinhalt, und es wird unter diesem ein anderer, scriptural
vermittelter ‹Text› sichtbar, lesbar. Über den handschriftlichen Duktus ist
Schrift, obwohl ein sprachbezogenes Äußerungsmittel, in der Malerei und
in der Grafik manifest geworden, wobei der verbale Bezug selbst ausgeschieden, nur als irritierende Anmutung und verschlossene Möglichkeit
gegenwärtig ist. In zahlreichen Ausprägungen sind scripturale Momente
in der Kunst unseres Jahrhunderts virulent geworden.

9

Bedenkt man die Sprachleistungen bildnerischer Werke, dann verwundert
es nicht, daß in bestimmten Situationen die Abschottung zwischen verbaler
und visueller Sprache porös wurde. Im 19. Jahrhundert öffneten sich mit der
massenhaften journalistischen Nutzung der neuen Bildreproduktionsverfah-
ren – zuerst der Lithographie, dann der Photographie – die Schleusen für
die Ausbreitung einer völlig neuen bildnerischen Praxis. Vordergründig ist
der Zweck dieser Verfahren zwar das Abbilden, ja Abspiegeln von Realitäts-
ausschnitten zur Information, Illustration, Dokumentation, zur privaten
Erinnerung wie zur agitatorischen Demonstration. Die Bilder und Bild-
sequenzen erhalten jedoch im Verwendungszusammenhang – im Journal,
im Plakat etwa – eine sprachvergleichbar kondensierte Funktion. Oft
stehen sie dabei in verbalem Kontext, jedoch nicht immer.

Der Idee nach spiegelt das Photo ein Segment der sichtbaren, nicht-
sprachlichen Realität. Ohne Auswahl fixiert es jede im Ausschnitt ange-
troffene Einzelheit. Auch die bewußte Kameraführung kann nur in engem
Rahmen selektieren. Vom Betrachter verlangt daher das Photo in einem
ganz anderen Sinn als das Kunstbild eine synthetische Leistung. Er muß
im einzelnen identifizieren, was er sieht, im Benennen der Einzelheiten
diese isolieren, endlich die Konstellation der Details zueinander und zur
außerbildlichen Realität klären. Während bereits in der Textur eines Kunst-
bildes Sprache steckt, weist das Photo einen Hohl- und Leerraum vor, der
auf die Ausleuchtung und Füllung durch die Sprache des Betrachters wartet.

10

Ein Photo kann sich als labyrinthisch erweisen, wenn ich mich in solcher
Weise illuminierend, deutend, Bezüge knüpfend auf es einlasse. Da es den
Anspruch auf maximale Realitätsteilhabe nie aufgibt, behält es immer fragmentarischen Charakter und kann nicht bei sich zur Ruhe kommen, sondern
suggeriert über seinen Rand hinaus alle möglichen Anschlüsse. Auf ihm
versammelte Details können für die eine Nutzung und Deutung belanglos
sein; gerät das Photo in einen anderen Zusammenhang, kann das Belanglose auf einmal belangvoll werden. Andere Photos, graphische, verbale
Elemente können solche Kontexte herstellen.

Verbaler Text und Photobild haben ganz verschiedene sprachliche Affinitäten. Mag der Text auch noch so deformiert, verstümmelt sein, er bleibt begriffsorientiert und syntaktisch gekämmt. Das Photo läßt Sprache nur tangential an sich heran, und es behält allen sprachlichen Aufhellungs- und Identifizierungsversuchen gegenüber fast immer einen doch nicht ganz aufklärbaren Rest. Sie sind nicht gegeneinander austauschbar, Photo und verbaler Text, doch sie lassen sich verbinden, wie Öl und Wasser, und ihre Emulsion ergibt ein übergreifendes Drittes, den ‹visuellen Text›.

Die Schriftkomponenten eines solchen ‹Textes› gewinnen unvermeidlich bildnerische Qualität. Buchstabenformen erscheinen gestisch und werden wie Partikel eines ideographischen Notats lesbar. Ihre geometrische Struktur vermag als Korrelat oder Gegenlager der figuralen Passagen wirksam zu werden. Wortbedeutungen, Textinhalte – auch wenn sie nur andeutend, fragmenthaft auftreten – blenden Hintergrundbeziehungen über die Bildelemente, schließen Bedeutungshöfe auf, die den Bildteilen allein nicht, jedenfalls nicht in dieser Abkürzung, zugänglich wären. Diese für ihr Teil können narrative Fenster aufstoßen und durch die Verknüpfung mit Analogien und Erinnerungen Anmutungen vermitteln, die sich der Verbalisierung verschließen. Das im Grunde unabschließbare Hin und Her zwischen Identifizierbarkeit – also Benennbarkeit – und, dem Traumbildgeschehen vergleichbarer, Verschlossenheit und visionabler Verrätselung bei offensichtlicher visueller Griffigkeit hält den Lesevorgang in Atem. Er kann daher zu keinem Ende kommen.

1. Postscriptum: Ein nächster Abschnitt hätte sich nun, in der angebrochenen Konstellation der Äußerungs- und Artikulationsbereiche von Sprache, mit der Stimme in der Sprache und der Sprache der Stimme zu beschäftigen. Die sonore Seite der Sprache ist durch die extreme und von beklemmend großartigen Erfolgen immer weiter getriebene Verschriftung aller geschichtlich relevanten zivilisatorischen Aktivitäten unserer europäischen Kultur in noch viel größerem Ausmaß als die visuelle an den Rand geraten – bis in unser Jahrhundert hinein. Dieses Verhältnis allerdings hat sich, wodurch auch immer bedingt und bewirkt, inzwischen gründlich verändert. Ohne Übertreibung sprechen wir von unserem Zeitalter als dem der Bilder, und mit demselben Recht kann man auch von dem der tönenden Wörter sprechen. Visualisierung und Sonorisierung haben sich bemerkenswerterweise bereits durchzusetzen begonnen, ehe die Medien von Rundfunk und Fernsehen ausgereift waren.

Mit den Möglichkeiten der Speicherung, Bearbeitung, raum- und zeitunabhängigen Verbreitung, die Ton- und Filmband anbieten, sind beide Bereiche, der visuelle und der sonore, textfähig geworden in schriftanalogem Sinn. Schnitt, Blende, Montage usw. erlauben es, mit einem Film- oder Tonband wie mit einem Schrifttext umzugehen. Filmemacher verstehen sich als Autoren, Autoren benutzen die Kamera wie die Schreibmaschine, Komponisten komponieren aus verbalem Material Hörspiele, Bilder bestehen aus Scripturen, Texte zeigen sich als Bilder ...

Ein 2. Postscriptum weist auf die »Sprache der Computer« hin. Zweifellos werden die Vertextungsmethoden dieses Mediums, jedoch auch seine bildnerische Beweglichkeit weitreichende Veränderungen unseres Äußerungsspielraums und der Artikulationsformen bewirken, vergleichbar nur denen, die einst durch die konsequente Nutzung der Alphabetschrift in Gang kamen. Dies geschieht jedoch, wie mir scheint, und es war Thema dieses Textes, im größeren Zusammenhang unseres gesamten sprachlichen Potentials, das außer den verbalen und scripturalen Äußerungsfeldern auch die sich regenerierenden oder gar neu konstituierenden visuellen und sonoren umfaßt.

Nachwort

Dieser Band enthält die mir wesentlich erscheinenden nichtpoetischen Texte von den 50er Jahren bis 1993. Die meisten sind bereits veröffentlicht worden, sind jedoch – bis auf die jüngsten – nicht mehr zugänglich. Einige unveröffentlichte wurden aus dem Manuskript übernommen. Bis auf wenige formale Korrekturen, Angleichung der Groß-Kleinschreibweise und zusätzliche erläuternde Fußnoten wurden die ursprünglichen Fassungen unverändert gelassen.

Die Texte wurden zur Orientierungshilfe grob nach Themen gruppiert. Jedem ist jedoch das Entstehungs- bzw., wenn nicht mehr zu ermitteln, das Erstveröffentlichungsjahr beigegeben als Zeichen dafür, daß die Texte ihren bestimmten Ort in meiner Schreibbiographie haben. Die reflektierenden Äußerungen betrachte ich nicht als schattiges Nebenwerk, sondern sie vermitteln katalysatorische Momente, die im poetischen Schreiben wirksam sind. Erzählerisches, Lyrisches hatte ich schon früher aufgeschrieben. Doch es zählte erst das, was im Kontext poetologischer Reflexion entstanden ist und so dem zufallsbedingten Nachahmen von Zusammengelesenem entkommt. Das Ausmaß an Nichtkenntnis der für unser Jahrhundert maßgebenden Kunst und Literatur, das durch die perfekte kulturpolitisch-ideologische Abschottung der heranwachsenden Generation durch die Nazis bewirkt wurde, ist heute kaum mehr vorstellbar. Das theoretische Verhalten gegenüber dem ästhetischen Material und der poetisch virulenten Sprache ergab sich nicht nur im Aufgreifen und als Fortsetzung authentischer Arbeitsweisen der Moderne, sondern wurde – und gewiß nicht nur in meinem Fall – auch von der Situation des Beginns am Nullpunkt bedingt und von der Erfordernis geweckt, die eigenen Schreibimpulse an den Aussagemethoden der Autoren und Künstler zu prüfen und zu potenzieren, die Symptome der geistigen Freiheit aufwiesen. Dies konnte nur im reflektierenden Wahrnehmen geschehen, das sich als reflektierendes ‹Aufheben› (ein Begriff, der uns damals noch nicht geläufig war) bewegte. Es trat dabei eine paradoxe Textlandschaft hervor: erst mit Hilfe des Fremden vermag sie sich zu materialisieren, und doch entsteht sie überhaupt erst im Moment des Betretens.

Die erste Textgruppe der Sammlung bezieht sich in der Überschrift auf das ‹Artikulieren›. Damit ist nicht so sehr das Formulieren als der Aspekt des oralen Gliederungs- und Hervorbringungsprozesses gemeint, der dem sprachlichen Zeichensystem wie selbstverständlich das Substrat verschafft und gewohnheitsmäßig schon im Moment der Wahrnehmung aus dieser verschwindet. Der Aspekt wird in einer Hinsicht als autonom erfahren. Er geht der Fixierung durch die Schrift voraus und vermag sie sogar, etwa in der phonetischen Poesie, überflüssig zu machen. Mitspielt jedoch bereits in den frühen Texten die Erfahrung und die Nutzung der Partikelstruktur, des Fragmentcharakters von Texten. Daraus ergeben sich Montage- und Konstellationsverfahren, die sich zur Methode des Collagierens ausweiten. Die Vergabelung meiner Arbeiten in verbale auf der einen Seite, in visuell und in akustisch akzentuierte auf der anderen Seite beginnt bereits in den

50er Jahren. Sie wird seit Anfang der 60er Jahre durch die intensive wie produktive Beschäftigung mit dem Phänomen Schrift als eines nicht nur funktionalen, sondern auch autonomen Zeichenbereiches und die etwa gleichzeitig einsetzende Entwicklung neuer Hörspielmethoden zu eigenen Arbeitsfeldern mit wechselnden Schüben ausgebildet.

Das von Anfang an aktive poetologisch-theoretische Interesse hatte eine deutliche dialogische Komponente. Ich kann mir meine Ergebnisse nicht ohne die Impulse und Beimischungen aus den Gesprächen und Auseinandersetzungen mit den Freunden denken, die von ihrer Seite her in Gang waren, neugierig, prüfend, entwerfend, probierend, analysierend. Hier will ich, da sie in bestimmten Phasen für mich besonders bedeutsam waren, nur Karl Otto Götz, Walter Höllerer, Dietrich Mahlow und Klaus Schöning nennen. (Auf einem ganz eigenen Blatt steht der keiner Alterung unterworfene, wenn auch immer wieder von langen Pausen unterbrochene Austausch mit Carlfriedrich Claus.) Im Werkhintergrund von K. O. Götz lernte ich, in den frühen 50er Jahren, nicht nur den Surrealismus, sondern auch Methoden und Kategorien experimentellen Arbeitens kennen. Walter Höllerers reflexionsbeweglicher, kombinatorischer Geist war der beste Genosse beim Knüpfen poetologischer Knoten. *movens* (1960) war unser deutlichstes Ergebnis. Beim Studium in Freiburg hatte ich Dietrich Mahlow kennengelernt. Er erschloß mit seiner Lust am Wahrnehmen neuer künstlerischer Phänomene und seiner Begabung zu innovativen Konzeptionen und ihrer Realisierung nicht nur ästhetische Denkräume, sondern auch mannigfache Umsetzungsmöglichkeiten. Sein sehr komplex angelegtes Ausstellungsprojekt zum Thema »Schrift und Bild« (1963) gab mir beträchtliche theoretische und produktive Impulse. Fruchtbar wurde auch für meine Arbeit in beiden Hinsichten seine Idee, das »Prinzip Collage« neu zu formulieren und seine Reichweite zu erproben. Ohne die immer wieder erneuerten, mit reger reflektierender Beteiligung verbundenen Aufforderungen und Anstöße Klaus Schönings wäre wohl die Reihe der Hörspiele, die während der 70er und 80er Jahre entstanden sind, nicht gelungen. Seine Begierde nach dem im Wortsinn Un-erhörten provozierte ein an den Grenzen orientiertes konzeptionelles Denken.

Im Zusammenhang mit der Ausstellung »Schrift und Bild« (1963) sind mehrere Aufsätze entstanden, von denen hier zwei wiedergegeben werden (S. 80 und S. 87). Zwar decken sie sich streckenweise inhaltlich, ergänzen sich jedoch in der Darstellung der autonomen Leistung von Schrift im ästhetischen Kontext. – Ausgespart habe ich die zu Ausstellungseröffnungen entstandenen Texte – bis auf zwei, welche dem Werk Bernard Schultzes und Karl Otto Götz' gewidmet sind. Denn diese gehören zu meiner frühen, grundsätzlichen Beschäftigung mit den kategorialen Beziehungen und methodischen Nachbarschaften zwischen bestimmten verbalen und bildnerischen Arbeiten. – Daß seit dem Beginn der 80er Jahre eine Reihe von Aufsätzen zu den Werken von Helmut Heißenbüttel und Ernst Jandl geschrieben wurde, ist nicht nur den biographischen Anlässen, sondern auch den verwandten Fragestellungen zu verdanken. Sie in einem Kapitel zusammenzustellen, scheint mir angemessen zu sein.

Kurzbezeichnungen:

artikulationen =
franz mon, *artikulationen*.
Verlag Günther Neske, Pfullingen 1959

das wort auf der zunge =
das wort auf der zunge.
franz mon, *Texte aus vierzig Jahren,
ausgewählt und zueinander und zu
sprachblättern in subjektive wechsel-
beziehung gesetzt von carlfriedrich claus,*
Gerhard Wolf Janus press, Berlin 1991

hören ohne aufzuhören =
franz mon, *hören ohne aufzuhören*.
neue texte 26/27/1982, hg. von heimrad
bäcker, Linz 1982

movens =
*movens. Dokumente und Analysen zur
Dichtung, bildenden Kunst, Musik, Archi-
tektur,* in Zusammenarbeit mit Walter
Höllerer und Manfred de la Motte hg. von
Franz Mon, Limes Verlag, Wiesbaden 1960

Texte über Texte =
Franz Mon, *Texte über Texte*. Luchterhand
Verlag, Neuwied und Berlin 1970

5   Meine 50er Jahre (1979)
    Vortrag auf einer Tagung der Katholi-
    schen Akademie in Schwerte zum Sympo-
    sium »Literatur der 50er Jahre, konkrete
    und experimentelle Poesie«,
    27. - 29. 4. 1979;
    abgedruckt in: *Sprache im technischen
    Zeitalter,* Heft 71, Juli/Sept. 1979;
    Jörg Drews (Hg.), *Vom »Kahlschlag« zu
    »movens«. Über das langsame Auftau-
    chen experimenteller Schreibweisen in
    der westdeutschen Literatur der fünfziger
    Jahre.* München 1980, S. 3 ff. (erw. Fas-
    sung)

19 Die zwei Ebenen des Gedichts (1957)
    Akzente 3/1957, S. 224 ff.;
    Texte über Texte, S. 7 ff.

22 Artikulationen (1958)
    movens, S. 11;
    Texte über Texte, S. 11 ff.

26 Text und Lektüre (ca. 1959)
    artikulationen, S. 14 f.;
    das wort auf der zunge, S. 8

27 Gruppe und Reihe (ca. 1959)
    artikulationen, S. 20 f.

28 Artikulationen (ca. 1959)
    artikulationen, S. 31 f.

30 Ausdruck und Äußerung (ca. 1959)
    artikulationen, S. 43 f.

31 Der nie begonnene Beginn (ca. 1959)
    artikulationen, S. 54 f.;
    das wort auf der zunge, S. 164

33 »geschnürter wind« (1966)
    Hilde Domin (Hg.), *Doppelinterpretatio-
    nen. Das zeitgenössische Gedicht zwi-
    schen Autor und Leser.* Frankfurt-Bonn
    1966, S. 328 ff.

36 Ein Ereignis namens Bild.
    Zum Werk Bernard Schultzes (1957)
    Zur Ausstellungseröffnung in der
    Zimmergalerie Franck, Frankfurt,
    12. 12. 1957;
    nota 3/1959, S. 15 ff.

42 Bemerkungen zu einer Theorie
    der bildenden Künste (ca. 1958)
    Manuskript

44 Artikulieren und Lesen (1959)
    nota 3/1959, S. 17 ff.;
    Texte über Texte, S. 15 ff.

49 Zu den Bildern von Karl Otto Götz (1960)
    Zur Ausstellungseröffnung in der Galerie
    Daniel Cordier, Frankfurt, 2. 6. 1960;
    gekürzt in: *Das Kunstwerk* 12/XIV 1961,
    S. 13 f.

54 Diese Toten haben ihre eigene Welt -
    Über die späten Bilder von Jawlensky
    (1988)
    ZEITmagazin Nr. 10, 3.3.1989, S. 6 f.;
    Fritz J. Raddatz (Hg.), *ZEITmuseum der
    100 Bilder.* Frankfurt 1989, S. 156 ff.

57 Entwurf zur Theorie einer Architektur
    (1958/59) Zus. mit Günter Bock.
    movens, S. 142 ff.

68 Notizen zu einer labyrinthischen
    Architektur (1967)
    Dick Higgins / Wolf Vostell (Hg.), *Pop
    Architektur, Concept Art.* Düsseldorf
    1969 (nicht pagin.);
    das wort auf der zunge, S. 178 ff.

72 über ein automobiles theater (1967)
    hören ohne aufzuhören, S. 70 ff.;
    das wort auf der zunge, S. 170 f.

75 Texte in den Zwischenräumen (1961)
    Erstabdruck in *diskus*;
    serielle manifeste 66. St. Gallen 1966,
    S. 90 f.;
    Texte über Texte, S. 40 ff.

77 Zur Poesie der Fläche (1963)
    serielle manifeste 66. St. Gallen 1966,
    S. 87 f.;
    Texte über Texte, S. 44 ff.

80 Umsprung der Schrift (1963)
    Katalogbuch der Ausstellung »Schrift
    und Bild«, hg. von Dietrich Mahlow,
    Stedelijk-Museum, Amsterdam / Staatl.
    Kunsthalle Baden-Baden 1963 / Frank-
    furt 1963, S. 9 ff.

87 Schrift als Sprache (1964)
    Hessischer Rundfunk, Januar 1964;
    Texte über Texte, S. 48 ff.

104 Über Plakate (1962)
    Katalog der Gruppe »novum«, 1962;
    hören ohne aufzuhören, S. 49 f.

106 Über konkrete Poesie (1969)
    Ausstellungskatalog »mostra di poesia
    concreta«, La Biennale di Venezia 1969
    (ital.);
    Texte über Texte, S. 136 ff.

112 Notizheft, 1. September (1984)
    Manuskript

113 Text wird Bild wird Text (1986)
    Ausstellungskatalog *Franz Mon* Frank-
    furter Kunstverein 5.5.-1.6.1986, S. 6 ff.;
    das wort auf der zunge, S. 78 ff.;
    Lea Ritter-Santini (Hg.), *Mit den Augen
    geschrieben. Von gedichteten und
    erzählten Bildern*. München 1991,
    S. 231 ff.

123 Die Buchstaben beim Wort genommen
    (1987)
    Der Deutschunterricht, III 1987, Lyrik,
    hg. von Franz Hebel, S. 5 ff.

144 Zu den Sprachblättern von
    Carlfriedrich Claus (1989)
    Ausstellungskatalog *Carlfriedrich Claus,
    »Erwachen am Augenblick«, Sprachblät-
    ter*. Bearbeitet von Klaus Werner,
    hg. von den Museen Karl-Marx-Stadt /
    Westfälisches Landesmuseum Münster
    1990, S. 17 ff.

150 Selbstdarstellung (1978)
    Ausstellungskatalog des Goethe-
    Institutes, 1982

156 Perspektive (1959/60)
    Vortrag auf der Tagung »Der Bund«
    über »Die Dunkelheit in der neueren
    Dichtung«, Wuppertal 1959;
    überarbeitet in *movens*, S. 82 ff.;
    Texte über Texte, S. 22 ff.;
    das wort auf der zunge, S. 151 ff.

164 Bemerkungen zu dem Text *grundriß*
    (1960)
    Adam Seide (Hg.), *Was da ist*.
    Frankfurt 1964, S. 150 ff.

169 An einer Stelle die Gleichgültigkeit
    durchbrechen (1960)
    Vortrag auf der Tagung »Lyrik« des
    Intern. Kongresses der Schriftsteller
    deutscher Sprache, Berlin, Nov. 1960;
    Akzente 1/1961, S. 27 ff.;
    Texte über Texte, S. 35 ff.

173 Sprache ohne Zukunft? (1963)
    Sprache im technischen Zeitalter
    6/1963, S. 467 ff.

175 Beispiele (1965)
    Westdeutscher Rundfunk, 1965;
    Texte über Texte, S. 66 ff.

191 Text als Prozeß (1966)
    Vortrag auf dem 5. Seminar des Arbeits-
    kreises Grafik und Wirtschaft der Gruppe
    56 im BDG, Stuttgart, April 1966;
    Texte über Texte, S. 86 ff.

203 An eine Säge denken (1968)
    Akzente 5/1968, S. 429 ff.;
    das wort auf der zunge, S. 192 ff.

209 Arbeitsthesen zur Tagung
    »Prinzip Collage« (1968)
    Institut für moderne Kunst Nürnberg
    (Hg.), *Prinzip Collage*. Neuwied-Berlin
    1968, S. 13 f.

211 Collagetexte und Sprachcollagen (1968)
    Vortrag auf der Tagung »Prinzip Collage«
    des Instituts für moderne Kunst Nürn-
    berg 1968;
    erw. Fassung in *Texte über Texte*, S. 116 ff.

227 Michel Butors Mobile - eine Textcollage?
    (1968)
    Hessischer Rundfunk, 2.5.1968;
    hören ohne aufzuhören, S. 67 f.

229 wörter und sachen (1980)
     hören ohne aufzuhören, S. 50 ff.;
     das wort auf der zunge, S. 91 f

231 Über den Zufall (1991)
     Manuskript
     Teilabdruck im Ausstellungskatalog
     Zufall als Prinzip, hg. von Bernhard
     Holoczek / Lida v. Mengden, Wilhelm-
     Hack-Museum Ludwigshafen,
     18.1. - 15.3.1992, S. 342

233 »perkussion« (1992)
     Bayerischer Rundfunk »Zehn Minuten
     Lyrik«, 2.11.1992

236 Vorspann zu *wer ist dran* (1962)
     Hörspiel mit Dialogteilen aus der
     Vorfassung von *herzzero*,
     Hessischer Rundfunk, 1962;
     hören ohne aufzuhören, S. 59 f.

238 Vorspann zur Funkfassung von *herzzero*
     Westdeutscher Rundfunk, 1965

240 Literatur im Schallraum. Zur Entwicklung
     der phonetischen Poesie (1967)
     Sender Freies Berlin, 1967;
     Texte über Texte, S. 108 ff.

251 Bemerkungen zur Stereophonie (1969)
     Westdeutscher Rundfunk, 3. Programm.
     19.3.1970;
     Klaus Schöning (Hg.), *Neues Hörspiel,
     Essays, Analysen, Gespräche.*
     Frankfurt 1970, S. 126 ff.

253 Bemerkungen nachträglich zum
     Hörspiel *das gras wies wächst* (1983)
     Saarländischer Rundfunk, April 1983

255 Hörspielkonzepte *blaiberg funeral* und
     bringen um zu kommen (1970)
     Stuttgarter Zeitung vom 5.12.1970, S. 50

258 Vorspann zu *pinco pallino in verletz-
     licher umwelt*, szenisches Hörspiel (1972)
     Hessischer Rundfunk, 1973

259 Vortext zu dem Hörspiel *da du der bist*
     (1973)
     Westdeutscher Rundfunk und
     NCRV Hilversum, 11.10.1973

264 Hörspiele werden gemacht (1974)
     Norddeutscher Rundfunk 3 / West-
     deutscher Rundfunk 3, 24.5.1974;
     Text + Kritik, Heft 60 *Franz Mon*, Oktober
     1978, S. 50 ff.;
     Klaus Schöning (Hg.), *Spuren des Neuen
     Hörspiels.* Frankfurt 1982, S. 81 ff.

275 Über radiophone Poesie (1977)
     Manuskript

277 Anmerkungen zu dem Hörspiel
     hören und sehen vergehen (1977)
     Westdeutscher Rundfunk, Hörspiel
     3. Programm, 11.4.1977

281 Vorspann zu dem Hörspiel *wenn einer
     allein in einem raum ist* (1982)
     Westdeutscher Rundfunk 3,
     Hörspielstudio, 2.11.1982

283 „aber schreiben ist mir pflicht" –
     zu den Texten von Ernst Jandl (1980)
     W. Schmidt-Dengler (Hg.), *Ernst Jandl
     Materialienbuch.* Darmstadt-Neuwied
     1982, S. 28 ff.

287 „eine Art von Erinnerung hatte sich
     erhalten" – Zu *Deutschland 1944* von
     Helmut Heißenbüttel (1980)
     Text + Kritik, Heft 69/70 *Helmut Heißen-
     büttel*, Januar 1981, S. 55 ff.

292 „Das Lachen vollzieht sich im Innern
     der Kapsel" – Über Ernst Jandls Hörspiel
     das röcheln der mona lisa (1990)
     Klaus Siblewski (Hg.), *Ernst Jandl, Texte
     Daten Bilder.* Frankfurt 1990, S. 134 ff.

297 „Was fast gar nichts zählt, ist alles" –
     Über Helmut Heißenbüttels *Textbuch 9*
     (1991)
     Christina Weiss (Hg.), *Schrift écriture
     geschrieben gelesen.* Für Helmut
     Heißenbüttel zum siebzigsten Geburts-
     tag. Stuttgart 1991, S. 51 ff.

302 Literatur zwischen den Stühlen
     (1985/86)
     Vortrag vor der Deutschen Akademie
     für Sprache und Dichtung, 1985;
     *Deutsche Akademie für Sprache und
     Dichtung, Jahrbuch 1985.* Heidelberg
     1986, S. 74 ff.;
     Sprache im technischen Zeitalter,
     Heft 97/1986, S. 37 ff.; erweiterte
     Fassung im Westdeutschen Rundfunk,
     2.12.1986 (hier abgedruckt)

322 Die Verzweigungen von Sprache
     nehmen unablässig zu (1987)
     Norbert Miller u.a. (Hg.), *Bausteine zu
     einer Poetik der Moderne.* Festschrift für
     Walter Höllerer. München 1987, S. 271 ff.

38 *Bernard Schultze*, Katalog der Kestner-Gesellschaft Hannover, 27.1. - 6.3.1966, S. 29

50 *K.O. Götz, Monotypien, Gemälde, Gouachen 1935-1983*, Katalog der Städt. Kunsthalle Düsseldorf, 16.6. - 22.1.1984, S. 50

51 ebenda S. 63

55 Fritz J. Raddatz, *ZEITmuseum der 100 Bilder*, Insel Verlag, Frankfurt 1989, S. 156

58 Konrad Wachsmann, *Wendepunkt im Bauen*. Krauskopf-Verlag, Wiesbaden 1959, S. 200 f.

62 *Bauwelt*, Heft 4/1958
movens, S. 146

66 *Le Corbusier, Architektur, Malerei, Plastik, Wandteppiche*. Katalog Haus des deutschen Kunsthandwerks, Frankfurt, 26.6.- 7.8.1958, S. 51

89 Edoardo Fazzioli, *Gemalte Wörter*. Gustav Lübbe Verlag, Bergisch Gladbach 1987, S. 12

90 nach Evans, *Scripta Minoa*, Oxford 1909

92 oben
Foto: André Vigneau, Edition Tel

Mitte
Harald Haarmann, *Universalgeschichte der Schrift*. Campus Verlag, Frankfurt 1990, S. 286

unten
Victoria- und Albert-Museum, London

97 beide Abb.
Katalogbuch »Schrift und Bild«, Staatliche Kunsthalle Baden-Baden 1963, S. 59

98 ebenda, S. 59

108 oben
Mary Ellen Solt, *Concrete Poetry, A World View*. Indiana University Press, Bloomington - London 1968, S. 109

108 bis 110 Emmett Williams, *An Anthology of concrete poetry*. Something Else Press, New York 1967; (nicht paginiert)

110 unten rechts
Jiří Kolář, *Gersaints - Aushängeschild*. Prag 1966

120 f Franz Mon

124 Foto: J. Colomb-Gerard, Paris

125 Werner Doede, *Schön schreiben, eine Kunst*. Prestel-Verlag, München 1957, Abb. 30

126 Sammlung Pachinger, Linz

127 Massin, *La lettre et l'image. Du signe à la lettre et de la lettre au signe*. Paris 1970; dt. Buchstabenbilder und Bildalphabate. Otto Maier, Ravensburg 1970, S. 50

128 ebenda, S. 30

131 Karl Riha (Hg.), *113 Dada Gedichte*. Berlin 1982, S. 99

132 links
Kurt Schwitters, *Das literarische Werk*, Bd. 1, hg. von Friedhelm Lach, Köln 1973, S. 206

132 rechts
ebenda, S. 200

139 Katalogbuch »Schrift und Bild«, a.a.O., S. 132

140 Privatbesitz

143 Heinz Gappmayr, *Texte*. Ottenhausen Verlag, München 1978

148 Carlfriedrich Claus, *Sprachblätter*. Verlag Klaus Ramm, Spenge 1987, S. 62

153 franz mon, *einmal nur das alphabet gebrauchen*. edition hansjörg mayer, stuttgart 1967

154 *Text + Kritik*, Heft 60 *Franz Mon*, Oktober 1978, S. 44

Umschlag:
Franz Mon, *Knöchel des Alphabets*. Hochschule für Gestaltung Offenbach am Main, Prof. Friedrich Friedl, 1989